왕과 재상

_일러두기

1. 책 이름은 《 》로, 시 제목과 문서, 실록 등은 〈 〉로 구분했다.
2. 각 부의 별면에 재상에 관한 본관, 호(號), 출생과 사망, 관직 진출 등의 항목을 나누어 정리하여 실었다. 관련 항목 가운데 자료가 없는 부분(예를 들면 호)은 생략했다.

왕과 재상

조선의 건국과 기틀을 다진 재상들을 만나다!

초판 1쇄 발행일 2025년 7월 18일

지은이   김진섭
펴낸이   이원중

펴낸곳 지성사   출판등록일 1993년 12월 9일   등록번호 제10-916호
주소 (03458) 서울시 은평구 진흥로 68, 2층
전화 (02) 335-5494   팩스 (02) 335-5496
홈페이지 www.jisungsa.co.kr   이메일 jisungsa@hanmail.net

© 김진섭, 2025

ISBN 978-89-7889-564-4 (03910)

잘못된 책은 바꾸어드립니다. 책값은 뒤표지에 있습니다.

조선의 건국과 기틀을 다진 재상들을 만나다!

왕과 재상

김진섭 지음

지성사

◀ 들어가는 글 ▶

　조선시대를 배경으로 하는 TV 사극은 어떤 주제를 다루든 대부분 영의정, 좌의정, 우의정이 빠지지 않고 등장한다. 이들을 재상(宰相) 또는 삼정승(三政丞)이라고도 하며, 왕을 충심으로 보좌하는 사심 없는 재상에서부터 왕권을 견제하고 통제하려는 권신의 우두머리 또는 오로지 자신의 출세나 가문의 영달만을 꾀하는 이기적인 야심가 등 다양한 모습으로 그려지고 있다. 물론 사극이 모두 사실은 아니지만, 이처럼 재상을 다채롭게 묘사하는 데에는 이유가 있다.
　조선시대 재상은 국왕을 보좌하여 정책 결정에 핵심적인 역할을 하는 등 국정을 총괄하는 최고위직 문신이다. 재상은 단순한 행정관료가 아니라 고도의 정치적 역량을 발휘하는 정치인으로, 때로는 사상가이자 개혁가·전략가의 면모도 발견되며, 여러 방면에서 능력을 발휘했던 인물들도 있었다. 하지만 왕 중심의 정치적 서술이 주를 이루는 정사(正史)에서는 재상들의 활동과 삶이 제대로 조명되지 못하고, 조연에 머무는 경우가 많았다. 따라서 재상들의 역할에 주목해 보면 왕을 중심으로 하는 기존의 서술방식을 넘어 또 다른 정치의 실체와 역사의 새로운 면모를 발견할 수 있다. 특히 혼란과 격동의 시기였던 조선 초기에는 새로운 국가체제를 신속하게 수립하기 위해 국가 비전을 설계하고 이를 제도로 구체화해야 했다. 이러한 과정에서 재상들은 단순한 명령 집행자가 아니라 정치적 이념과 실리를 놓고 첨예한 갈등과 대립을 벌이기도 했고, 민생을 챙기면서 정치적 명분과 지지기반을 다지는 것에도 신경을 써야 했다. 그리고 건국의 기틀을 세우는 과정에서 유교 이념에 근거한 재상 중심의 정치 실현이나 현실 정치에서 왕권과 신권의 균형 등 정치권력에 각별한 관심을 기울이기도 했고, 때로는 목숨을 걸고 권력투쟁에 나서기도 했다. 반면 장기적인 안목으로 정치와 사회, 문화적으로 '조선다움'을 뿌리내리는 데 관심을 기울인 재상들도 있었다.

개인적인 면에서 이들의 모습은 어떨까? 철학이나 소신이 없거나 존재감이 미약한 재상에서부터 노력형이거나 천재적인 능력의 소유자도 있었고, 오로지 백성들의 삶에 관심을 둔 재상이 있는가 하면 왕의 눈치를 살피며 자신의 출세에만 관심을 기울인 재상 등 각양각색이었다. 달리 말하면 충직하고 청렴한 재상도 있었지만, 일부는 권모술수의 달인으로 기억되고, 왕의 측근이나 가신 집단의 수장도 있었으며, 실무능력을 인정받은 참모형이나 들러리 재상도 있었다. 그리고 관점에 따라 평가가 엇갈리는 재상도 있고, 일부는 600년이 지난 지금도 주목받는 등, 재상들에 대한 평가는 천차만별이다.

  이 책은 이러한 재상들에 주목하였으며, 특히 고려에서 관직 생활을 시작하여 조선에서 재상으로 등용된 인물들을 대상으로 그들의 성장과정과 인간관계, 관직 생활과 정책, 정치 성향과 왕과의 관계, 재상으로의 등용과 역사적 평가 등 여러 방면에서 조명해 보았다. 다만 태종과 세종 대의 경우 자료가 부족한 재상들은 제외했고, 세종 대는 맹사성까지를 대상으로 하였다. 그 후에 등용된 재상들은 고려에서의 관직 생활이 2~3년으로 짧은 기간이거나 조선에서 관직 생활을 시작했기 때문이다. 참고로 태조부터 세종 대까지 등용된 재상들의 명단은 별도로 정리해서 첨부해 놓았다.

이 책을 쓰면서 많은 연구논문을 참고했다. 지면을 빌려 감사의 마음을 전한다. 다만 이 책은 전문 학술서가 아닌 대중 역사서이기에 그때그때 참고한 논문을 제시하지 않고, 뒤에 참고 문헌으로 정리해 놓았다. 양해를 구한다.
 이 책이 나오기까지 수고를 아끼지 않은 지성사 이원중 대표와 직원 여러분께도 감사의 마음을 전한다.

김 진 섭

차례

들어가는 글 4

1부
태조·정종대:
창업주와 지원 세력들

배극렴(裵克廉)
　초대 영의정은 어떻게 선정되었나?

명목상 개혁 세력을 대표하다 19
전쟁터에서 이성계와의 만남이 개국으로 이어지다 21
누가 고양이 목에 방울을 달 것인가? 23
조선의 초대 영의정에 오르다 25
태종은 왜 배극렴을 부정했나? 28

조준(趙浚)
　처음부터 혁명을 꿈꾸지는 않았다

급진 개혁 세력의 지략가로 꼽히다 31
뒤늦게 관직에 나아갔지만… 33
동해를 말끔히 씻을 날이 있으리니! 35
파격적인 인사가 이루어지다 38
조준과 정도전 그리고 이방원 40
태종이 조준을 신뢰한 이유는? 42
기생 국화를 수장(水葬)하다 44

김사형(金士衡)
　태조와 태종의 가교(架橋) 역할을 하다

최고의 파트너를 만나다 47
고려에서 배극렴 다음으로 고위직을 지내다 49
태종의 왕권 강화를 지원하다 51
왜 '두문동 72현'의 신화가 생겨났나? 54
'두문동 72현'은 왜 조선에서 만들어졌나? 56
한 번도 탄핵당하지 않고 관직 생활을 마무리하다 58
장인과 사위가 묘를 함께 쓰다 60

정도전(鄭道傳)
정치는 구호가 아니라 실천이다

전쟁통에도 과거를 실시하다 63
4년 만에 사직하다 65
맹자를 만나며 새로운 정치사상을 접하다 67
성균관으로 복귀하여 열정을 불태우다 70
9년 동안 유배와 낭인 생활을 하다 72
다시 시작하다 74
왜 지방직을 자청했을까? 76
정도전과 조준, 동지인 적은 있었는지… 79
조선을 조선답게 85
역사에 오래 남는 국가를 위하여 89

심덕부(沈德符)
조선에서 가문의 역사를 새로 쓰다

다른 길을 선택한 형제가 모두 성공하다 96
숨은 실력자였나? 98
제3의 정치세력 구축을 시도하다 100
한양 건설에 나서다 102
집안이 조선에서 새로운 역사를 쓰다 104

민제(閔霽)
왕권 강화에 모든 것을 내주다

집안이 개혁의 대상으로 지목받다 107
이성계에 이어 이방원을 지원하다 109
국가의 크고 작은 의례 정비에 기여하다 111
법이 까다로우면 민심이 떠난다 114

자식들로 인해 끝까지 마음고생을 하다 116
왕이 조선 최초로 왕비의 폐출까지 거론하다 118
혁명 동지와 왕권 강화는 별개다 121

이서(李舒)
집안에서 고려와 조선의 재상을 배출하다

고려와 조선에서 재상을 지내다 124
이서는 왜 조선에서 주목받았나? 126
최초의 왕실 이혼 사건에 연루되다 128

2부
태종 대:
왕권(王權)과 신권(臣權)의 대립과 조화

하윤(河崙)
킹메이커로 역사에 이름을 남기다

급진 개혁 세력과 다른 길을 걷다 133
한양 천도로 주목받는 듯했으나… 135
스스로 혁명 2세대를 선택하다 137
태종의 즉위를 지원하고 권세를 얻다 140
〈태조실록〉의 편찬을 서두르다 142
왕권 강화를 지원하다 145
나와 그의 사이는 누구도 갈라놓을 수 없다 147
연안 차씨 집안과 악연을 남기다 149

성석린(成石璘)
지식인이자 전문 관료의 길을 걷다

집안이 조선 건국에 참여하지 않았지만… 153
늙은 역적 신돈도 사람을 알아보다 155
정치적 좌절을 딛고 성장하다 157

폐가입진에 참여하여 중재에 나서다 159
혁명에는 반대하다 162
조선에서 다시 기회가 찾아오다 164
초대 서울시장에 발탁되다 166
세월을 경치 좇는 데 보내지 말라 168
43년 만에 재상에 오르다 170
편안할 때 위태로움을 잊지 말아야 한다 173
조용히 앉아 있다 세상을 떠나다 175

이거이(李居易)
최초로 유배지에서 생을 마감한 재상이 되다

베일에 가려진 인물로 평가받다 178
태조에 이어 태종과 사돈이 되다 180
태종의 측근 세력이 견제하다 182
최대의 정치적 위기를 맞이하다 184
왜 4년을 기다렸을까? 187
유배지에서 사망하다 190

조영무(趙英茂)
최초로 무인 출신 재상이 탄생하다

군졸로 시작해서 최고 지위에 오르다 193
태조의 괘씸죄에 걸리다 195
최초로 무인 출신 재상이 탄생하다 197
공신의 혜택을 가장 많이 누리다 199

이무(李茂)
역모죄로 처형당한 재상으로 기록되다

정치 지향형 재상과 관료형 재상 사이에 서다　202
7전 8기의 뚝심을 발휘하다　204
정도전을 고발하다　207
나이에 비해 빨리 출세하다　209
문제는 불충한 마음이었다　212
이무 사건이 확대된 이유는?　214
태종에게는 시간이 필요했다　217
태종을 격노하게 하다　219
왕실 혼인에도 변화가 일어나다　221

권중화(權仲和)
청빈 재상의 모범이 되다

세대교체가 이루어지다　225
말라빠진 말 한 필과 한 되의 이를 전 재산으로 남기다　227
만능 재상으로 능력을 인정받다　229
83세의 고령의 나이에 재상에 오르다　231

남재(南在)
조선의 개국에 참여한 형제, 운명을 달리하다

태종의 정치적 배려로 위기를 넘기다　234
형제가 이성계를 적극 지원한 이유는?　236
세력을 결집하며 개혁에 앞장서다　238
형제가 다른 길을 걷다　240
참모형 관리로 평가받다　242
늙은이가 과했구나!　245
할아버지와 손자가 같은 왕 대에 재상에 오르다　247

이직(李稷)
정치보다는 관리의 길을 선택하다

구사일생으로 살아남다　250
진보와 보수 성향을 모두 지닌 명문가에서 성장하다　252
이성계 집안과 각별한 관계를 이어가다　254
공신 시대에서 세대교체가 이루어지다　257
선택하기보다 선택받는 위치에 서다　259

3부
세종 대:
그 왕에 그 신하들

심온(沈溫)
최연소 영의정이 탄생하다

조선 초기에 3대가 재상을 지내다　265
다음 세대의 대표 주자로 주목받다　267
처신에 각별하게 신경썼지만…　270
44세에 영의정에 오르다　272
태종의 진심은 어디까지였을까?　274
박씨 집안과는 혼인하지 말라　276

정탁(鄭擢)
30대의 나이에 형제가 개국공신 1등에 오르다

집안의 분위기에 영향을 받다　279
고려와 원나라에서 영향력을 지니다　281
파행적인 정치 현실을 비판하고 나서다　284
왕후와 장상이 어찌 혈통이 있겠습니까　286
표전 문제로 형제가 운명을 달리하다　289
명에서 돌아와 각종 구설수에 오르다　291

죽어서도 태종과 각별한 인연을 이어가다 293
가문이 경파와 향파로 분리되다 295

박은(朴訔)
전하의 충신은 오직 박은뿐입니다!

왕의 의도를 잘 읽는 것도 능력이다 298
이숙번과 하윤에게도 맞서다 300
측근 공신들의 공백을 메우다 303
신은 일이 이 지경에 이른지 몰랐습니다 305
태종은 왜 박은을 주목했나? 307
마지막까지 태종의 신하로 남다 309
집안이 많은 일화를 남기다 311

유정현(柳廷顯)
비공신 재상 시대를 열다

의외의 인사가 이루어지다 314
태종의 최측근도 비판하다 316
내 사전에 예외는 없다! 319
법 집행에도 예외를 두지 않다 321
공신의 시대가 막을 내리다 323

유관(柳寬)
나이는 잊어라!

공과 사를 분명하게 구별하다 325
백성을 위하는 한결같은 마음으로… 327
참으로 겁 없는 신하다! 329
최고령으로 재상에 오르다 332
나이는 잊어라! 334

황희(黃喜)
처음부터 준비된 재상은 아니었다

정사보다 야사에 더 많이 등장하다 337
고려와 각별한 인연을 남기다 339
태조의 눈 밖에 나다 341
태종과의 만남으로 서서히 변화하다 343
왕의 지근거리에서 국정을 경험하다 345
태종의 철저한 검증 절차를 통과하다 348
다시 좌천당하다 351
우여곡절 끝에 세종을 만나다 353
모든 지혜와 처신은 민생(民生)으로 귀결되다 355
나라의 재목은 평소에 잘 다듬어야 한다 357
최장수 재상을 지내다 359
열 번이나 사직을 청했지만 거절당하다 362

맹사성(孟思誠)
관직 생활의 절반을 좌천·파직·유배로 보내다

최고의 조건을 갖추고 관직 생활을 시작하다 364
최대 위기를 맞이하다 366
세종 시대에 가장 적합한 관리로 성장하다 369
남의 부탁을 거절하지 못해 고초를 겪다 371
기다림의 미학과 느림의 철학을 실천에 옮기다 374

참고 문헌 377

1부

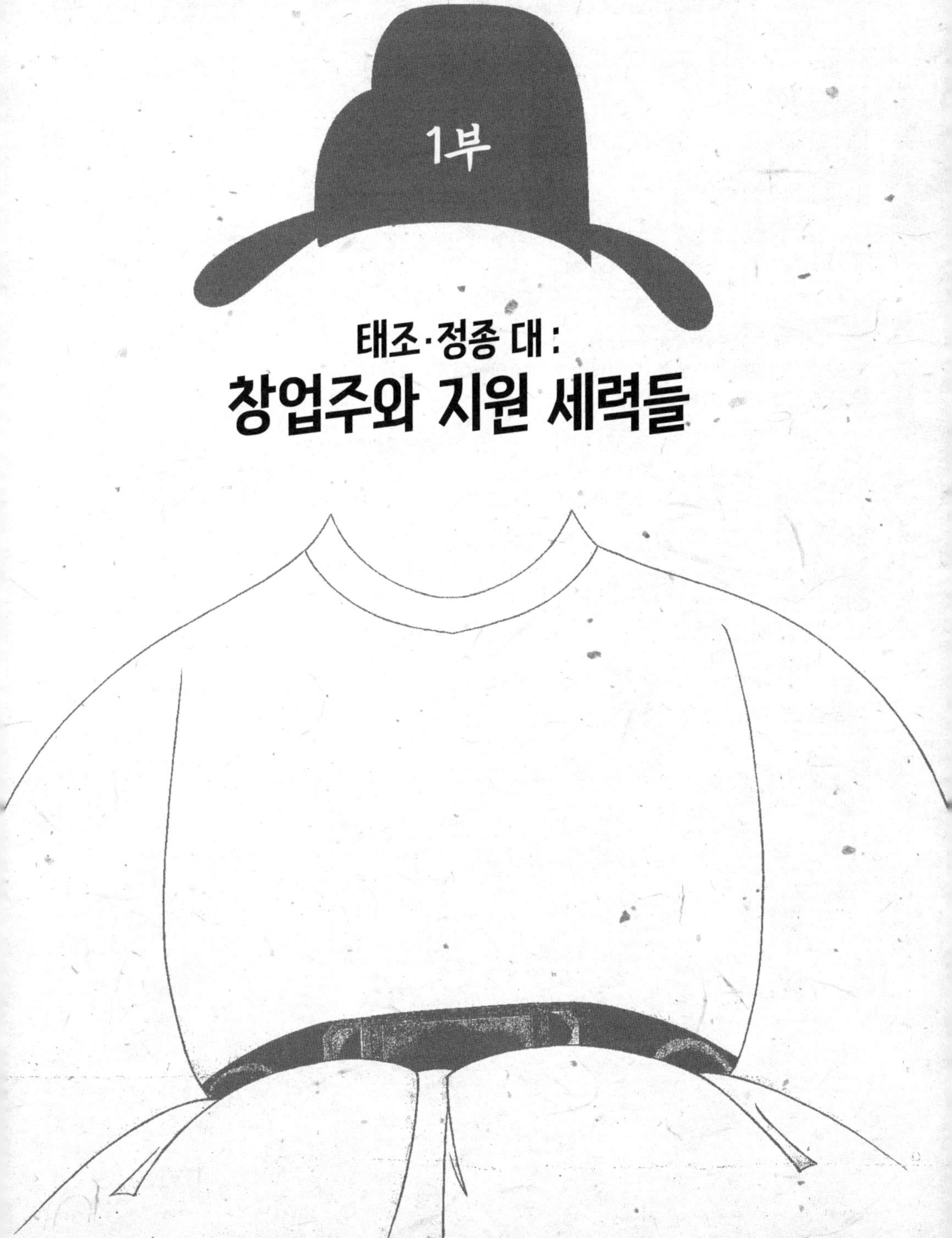

태조·정종 대:
창업주와 지원 세력들

본관: 경산(京山) | **호**: 필암(筆菴), 주금당(晝錦堂)
출생/사망: 충숙왕 12~태조 1년(1325~1392) | **관직 진출**: 문음
재상: 영의정 | **비고**: 사망

본관: 평양(平壤) | **호**: 우재(吁齋), 송당(松堂)
출생/사망: 충목왕 2~태종 5년(1346~1405) | **관직 진출**: 과거
재상: 좌의정, 영의정 | **저서**:《송당집》| **비고**: 사망

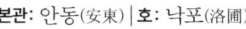
본관: 안동(安東) | **호**: 낙포(洛圃)
출생/사망: 충혜왕 복위 2~태종 7년(1341~1407) | **관직 진출**: 과거
재상: 좌의정 | **비고**: 사망

본관: 봉화(奉化) | **호**: 삼봉(三峯)
출생/사망: 충혜왕 복위 3~태조 7년(1342~1398) | **관직 진출**: 과거
재상: 영의정 | **저서**:《조선경국전》,《고려국사》,《경제문감》,《삼봉집》외 | **비고**: 처형

본관: 청송(靑松) | **호**: 노당(蘆堂), 허당(虛堂), 허강(虛江)
출생/사망: 충숙왕 15~태종 1년(1328~1401) | **관직 진출**: 음직
재상: 좌의정 | **비고**: 사망

본관: 여흥(驪興) | **호**: 어은(漁隱)
출생/사망: 충숙왕 복위 8~태종 8년(1339~1408) | **관직 진출**: 과거
재상: 우의정, 좌의정 | **비고**: 사망

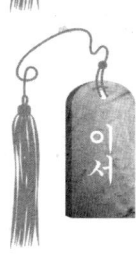
본관: 홍주(洪州) | **호**: 당옹(戇翁), 송강(松岡)
출생/사망: 충숙왕 복위 1~태종 10년(1332~1410) | **관직 진출**: 과거
재상: 우의정, 영의정 | **비고**: 사망

배극렴(裵克廉)

"초대 영의정은 어떻게 선정되었나?"

명목상 개혁 세력을 대표하다

    영의정은 의정부(議政府)의 으뜸 벼슬로, 왕을 도와 정무를 총괄하는 자리다. 따라서 새로 건국한 조선의 초대 영의정은 의미가 남달랐다. 하지만 조선의 초대 영의정에 오른 배극렴(1325~1392)은 이성계(李成桂, 1335~1408)를 지원한 돌격 대장이라는 이미지가 더 어울리는 듯하다.

    배극렴은 문음으로 관직 생활을 시작했고, 후에 문과에 급제한 것으로 전한다. 그의 집안은 고려 말기에 권문세족에 속하지 않았다. 때문인지 그는 진주와 상주의 목사(牧使), 계림윤(鷄林尹)과 화령윤(和寧尹) 등 자주 외직에 나아가 선정을 베풀었다. 그는 문인이었지만 주로 무인으로 활동했고, 조선 건국 과정에서 이성계의 즉위에 앞장섰다는 사실이 주로 강조되고 있다. 그는 개혁에 대한 확고한 사상이나 독자적인 정치세력도 지니고 있지 않았다.

그럼에도 배극렴이 개국공신 1등에 오르고 그의 이름이 개국공신 명단의 제일 앞에 있는 이유가 있다. 고려 말기 사회에서 배극렴은 '배천배야(裵川裵野)'라고 불렸다. 즉 '하천과 들이 그의 것이 아닌 것이 없다'고 할 정도로 대지주였고, 고려에서 재상에 올라 개혁 세력 내에서는 최고위 관료 출신이었다. 그는 이성계보다도 열 살이 많았고, 조선이 개국했을 때는 68세의 고령의 나이로 개국 세력 내에서 최고 연장자였다. 배극렴은 이러한 여건을 기반으로 개국 과정에서 개국 세력의 명목상 좌장 역할을 하며 고려의 기득권 세력을 견제하고 한편으로는 지지 세력을 확보하는 등 나름의 역할을 수행했다.

조선의 개국 과정은 처음부터 혁명을 염두에 두었다기보다는 권력의 전횡과 민생의 피폐 등 정치와 사회의 구조적 모순에 대한 비판 의식에서 출발했다. 이후 성리학으로 무장한 신흥사대부들이 구체적인 대안을 모색했고, 이들 가운데 이성계를 지원하는 개혁 세력이라는 정치집단이 형성된다. 그러나 시간이 지나면서 '고려라는 왕조 국가를 유지하며 개혁해야 한다'는 온건 개혁 세력과 '혁명적인 조치를 통해 적폐를 청산해야 한다'는 급진 개혁 세력으로 나누어져 대립이 격화된다. 이러한 과정에서 신흥사대부 외에도 다양한 인물들이 개혁에 동참하면서 이성계가 급진 세력의 대표로 전면에 부상한다.

이성계를 지원한 세력으로는 신흥사대부 외에도 동북면에서부터 이성계와 함께 동고동락했던 무인 세력이 있었고, 개인적으로 이성계를 추종하던 측근들과 처가 세력 등이 한 축을 이루고 있었다. 여기에 지지 세력의 확장과 개혁의 명분을 확보하기 위해 영입한 고려의 명문가 출신과 고위 관료들도 가세했다.

이성계를 지원한 세력은 조선이 개국하기까지 나름대로 역할 분담이 이루어졌고, 비교적 잡음도 없는 편이었다. 조선 건국 초기에는 고려의 관제를 답습하여 재상들이 국가 최고 의결기관인 도평의사사에 모여 국정 전반에 걸친 대사를 논의하여 결정했고, 왕은 이를 재가하는 형식으로 국정을 운영했다. 여기에는 조선의 건국 과정에서 중요한 역할을 한 인물들이 각 계파를 대표하여 참여했다. 따라서 조선의 초대 왕으로 즉위한 이성계는 비록 왕권이 강력하지는 않았지만, 혼란을 줄이고 새로운 왕조국가의 기틀을 세우는 데 매진할 수 있었다. 이러한 과정에서 조선의 초대 영의정에 오른 배극렴의 존재감이 가볍지만은 않았다.

전쟁터에서 이성계와의 만남이 개국으로 이어지다

배극렴이 고려에서 관직 생활을 하던 시기는 북쪽 변경에서 여진족 등 이민족의 침입이 잦았고, 남쪽에서는 왜구가 침입해 노략질을 일삼았다. 특히 고종(高宗, 1192~1259) 대에 들어서면서 왜구의 침입이 눈에 띄게 빈번해졌고, 충숙왕(忠肅王, 1294~1339) 대에는 폐해가 더욱 극심해지더니 공민왕(恭愍王, 1330~1374)이 즉위한 후에는 함선(艦船)까지 동원하여 내륙 깊숙이 쳐들어와 약탈을 일삼았다.

왜구들은 마을의 창고와 민가를 털고 논밭의 곡식을 베어갔고, 부녀자들과 어린아이들을 주로 잡아 목에 밧줄을 묶어서 노예로 끌고 가는가 하면, 관청이 공격당하고 관리들이 살해당하는 등 전국이 왜구의 약탈 창고가 되었다. 이렇듯 고려 말기에 들어서면서 왜구와의 싸움은 해적과의 전투가 아닌 국가 간의 전쟁 수준으로 확대된다.

왜구들이 대규모로 빈번하게 침입할 수 있었던 이유는 고려 사회의 구조적 모순으로 인한 국방력의 약화가 가장 큰 원인이었다. 부패한 고려 장군들의 행태가 그 예였다. 그들은 전시체제에 장군에게 부여된 권한을 이용해 백성들을 임의로 징집하며 횡포를 부렸고, 사적으로 징집을 면제해 주는 대가를 챙겼다. 심지어 권력을 이용해 지방의 토지까지 탈점했다. 밖에서 칼을 든 왜적이 침입했다면 안에서는 부패한 장군들이 도둑이 되어 백성들을 착취했던 것이다.

우왕(禑王, 1365~1389) 대에는 상황이 더욱 악화되었다. 왜구의 침입으로 백성들과 국토는 처참할 정도로 유린당했지만 왕은 무기력하기만 했고, 집정 대신(執政大臣)들은 권력 유지에 급급했다. 무인들도 왜구와의 전투에 참여하는 것조차 꺼려했다. 그나마 다행이라면 때와 장소를 가리지 않고 전장에 나가 공을 세우며 고려를 위기에서 구한 무장들이 있었기에 국가를 유지할 수 있었다. 최영(崔瑩, 1316~1388)과 이성계가 바로 그들이다.

이러한 시기에 관직 생활을 했던 배극렴은 "중앙에는 자신의 몸만 사리며 개인적인 이익을 챙기는 소인배들로 가득하다"고 비판했고, 지방 관직을 수행하면서 목숨을 걸고 왜구 토벌에도 나섰다. 그리고 우왕 2년(1376)에는 진주도원수로 재직하며 진주에 침략한 왜구를 반성현(班城縣)에서 크게 무찔렀고, 이듬해에는 우인열(禹仁烈, 1337~1403)을 대신해 경상도도순문사로 전투에 참전해서 왜구 방어에 공을 세웠다. 우왕 4년(1378)에는 욕지도(欲知島)에서 왜구를 대파했고, 그 해 겨울에는 하동과 진주에 침략한 왜구를 추격하여 사주(泗州)에서 크게 무찔렀다.

배극렴의 인생에서 전환점이 되는 이성계와의 만남도 전쟁터에서 이루어졌다. 우왕 6년(1380) 왜구가 함선 500여 척을 이끌고 진포에 정박시킨 후 충청·전라·경상 3도에 침입하여 이제까지와는 비교할 수 없는 사상 최대의 피해를 입혔다. 고려의 관군(官軍)은 전투에서 패해 큰 피해를 입고 후퇴했고, 당시 패장이었던 3도 원수 배극렴은 양광·전라·경상 3도 순찰사로 전장에 투입된 이성계와 남원에서 만나게 된다.

왜구 토벌을 위해 지원 나온 이성계는 당시 살아남은 관군들에게 대대적인 환영을 받았다. 물론 치욕적인 패배를 당하고 침울할 수밖에 없었던 배극렴에게도 이성계는 구세주와도 같았다. 더구나 호방하면서도 전투에 나아가서는 신중했던 이성계는 상당히 인상적인 모습이었고, 이성계 역시 비록 패장이기는 하지만 주로 동북면을 중심으로 활동하던 자신에 비해 남부 지역에서 활약했던 배극렴에게 관심을 갖게 된다.

이성계는 결코 장담할 수 없었던 상황에서 전열을 정비하여 왜구를 격퇴하고 나라를 위기에서 구해냈다. 이 전투는 이성계가 '국민적 영웅'으로 부상하는 계기가 되었고, 역사에서는 '운봉대첩'으로 기록된 대단히 값진 승리였다. 그리고 배극렴은 이때의 만남으로 중앙에 복귀한 후에도 이성계와 인연을 이어간다.

누가 고양이 목에 방울을 달 것인가?

우왕 14년(1388) 배극렴은 요동 정벌군의 우군조전원수로 우군도통수 이성계의 휘하에 있었고, 위화도회군에 참여한 후 최영과 권문세족의 제거에 나서며 이성계의 병권 장악을 지원했다. 이후 그는 공양왕 4년(1392) 수문하시중에 이어 문하시중에 등용되어 고려에서 최고위직에 올랐다. 물론 그의 등용은 이성계의 지원도 영향을 미쳤다.

배극렴은 이방원(李芳遠, 1367~1422)이 정몽주(鄭夢周, 1337~1392)를 주

살했을 때 왕명을 받들어 사건 조사 담당관으로 사태 수습에도 나섰다. 이후 그는 이성계의 즉위에도 앞장섰다.

이성계가 즉위하기 5일 전인 1392년 7월 12일, 이날 공양왕(恭讓王, 1345~1394)은 이성계의 집을 방문하여 동맹 의식을 거행하고 연회를 베풀어 우호적인 관계를 유지하기 위해 길을 나설 채비를 하고 있었다. 이성계가 실권을 장악하자 불안감이 더욱 커진 공양왕이 나름의 안정책을 강구하려는 의도였다. 그러나 같은 날 배극렴은 고려의 재상 자격으로 최고 의결기관인 도평의사사의 결정을 이끌어낸 후 이방원·정도전·남은·조준 등 급진 개혁 세력의 핵심 인물들을 대동하고 왕대비를 찾아갔다. 그는 이 자리에서 "지금 왕이 정신이 혼미하고 사리분별을 못하여 임금의 도리를 이미 잃고 인심도 떠나갔으니, 사직(社稷)과 백성의 주재자(主宰者)가 될 수 없다"며 왕을 폐할 것을 주청(奏請)하여 왕대비의 교지를 받아냈다.

왕대비의 교지는 공양왕에게 전해졌고, 공양왕은 "내가 본래 임금이 되고 싶지 않았는데 여러 신하들이 나를 강제로 왕으로 세웠습니다. 내가 성품이 어리석고 둔하여 능력이 모자라 일을 제대로 처리하지 못하니 어찌 신하의 심정을 거스른 일이 없겠습니까?"라며 눈물을 흘리면서 국새(國璽)를 내놓고 강원도 원주로 떠났다.

이렇게 해서 위화도회군 이후 숨 가쁘게 돌아가던 정국이 마침내 종료되고, 고려는 역사 속으로 사라지게 된다. 조선의 개국을 평화적 정권 교체라고 평가하는 이유도 여기에 있다. 그러나 고려의 국왕이 물러났다고 해서 개국이 완성된 것은 아니었다. 비록 공양왕이 물러났지만 왕위는 공석이 되었고, '누가 어떻게 왕으로 즉위할 것인가?'가 문제였다.

새로운 왕위는 이성계가 물려받는 것이 수순이었다. 하지만 찬탈자가 아니라 '민심(民心)과 천심(天心)에 의해 왕위에 올랐다'는 명분과 새 왕조 창업에 대한 당위성이 필요했다. 이 때문에 이성계는 왕위에 오르는 것을 극구 사양했다. 이에 대소신료(大小臣僚)와 한량기로(閑良耆老) 등 전·현직 관리들이 국새를 받들고 이성계의 저택으로 찾아가 왕위에 오를 것을 권했다. 당시 이들을 이끌었던 인물이 배극렴이었다.

하지만 사람들이 몰려오자 이성계는 물에 만 밥을 먹고 있다가 방으로 들어가 문을 닫아버렸다. 그 모습에 당황한 사람들이 어떻게 할지 몰라서 머뭇거리기만 했고, 어느덧 해가 저물었다. 이때 배극렴이 앞장서서 문을 밀치고 방 안으로 들어가 이성계 앞에 국새를 내놓고 거두어줄 것을 청하며 이성계와 담판을 벌였다. 배극렴은 이 자리에서 '이성계가 왕위에 올라야 한다'고 당위성을 주장하며 분위기를 조성했다. 이성계는 "예로부터 제왕(帝王)의 일어남은 천명(天命)이 있지 않으면 되지 않는다. 나는 실로 덕(德)이 없는 사람인데 어찌 감히 이를 감당하겠는가?"라며 수차례 거절했지만, 배극렴 등도 물러서지 않자 결국 받아들이게 된다. 이때 이성계의 나이 58세였다.

조선의 초대 영의정에 오르다

〈태조실록〉에는 이성계가 왕위에 오르는 상황을 다음과 같이 기록하고 있다.

"……대소신료와 한량과 기로 등이 이성계를 부축하여 호위하며 물러가지 않고 왕위에 오르기를 권고함이 더욱 간절하니, 이날에 이르러 태조가 마지못하여 수창궁(壽昌宮)으로 거둥하게 되었다. 백관들이 궁문 서쪽에서 줄을 지어 영접하니, 태조는 말에서 내려 걸어서 전(殿)으로 들어가 왕위에 오르는데, 임금이 앉는 자리를 피하고 기둥 안에 서서 여러 신하들의 축하 인사를 받았다. 〔태조가〕 육조의 판서 이상의 관원에게 명하여 전상(殿上)에 오르게 하고는 이르기를, '내가 수상이 되어서도 오히려 두려워하는 생각을 가지고 항상 직책을 다하지 못할까 두려워하였는데, 어찌 오늘날 이 일을 볼 것이라 생각했겠는가? 내가 만약 몸만 건강하다면 필마(匹馬)로도 피할 수 있지만, 마침 지금은 병에 걸려 손발을 제대로 쓸 수 없는 지경에 이르렀으니, 경들은 마땅히 각자가 마음과 힘을 합하여 덕이 적은 이 사람(이성계)을 보좌하라'고 하였다. 그리고 명하여 고려왕조의 중앙과 지방의 대소신료들에게 예전대로 정무를 보게 하고, 드디어 저택으로 돌아왔다."

당시 나이나 고려 조정에서의 직위를 감안해 볼 때 배극렴은 이성계의 추대에 앞장서는 적임자 역할을 확실하게 수행했다. 그리고 이성계의 즉위 과정에서 보여준 그의 말과 행동은 단순히 개인적으로 호방하고 저돌적인 성격을 뛰어넘어 '하늘이 이미 이성계의 즉위를 허락했다'는 천명설(天命說)로 이어졌다.

백성들 사이에서는 언제부턴가 '목자득국(木子得國)'이라는 노래가 퍼져 나갔다. 즉 목(木)과 자(子)를 합치면 이(李)가 되어 '이씨 성을 가진 사람(이성계)이 나라를 얻는다'는 뜻이었다. 그리고 "어느 날 이성계가 무너져 가는 집에서 등에 서까래 세 개를 지고 나오는 꿈을 꾸었다"는 이야기도 떠돌았다. 즉 서까래 세 개를 등에 지고 있는 이성계의 모습은 '임금 왕(王)'을 의미했다. 또 조선 건국 후에 작성된 《국조보감(國朝寶鑑)》에는 배극렴이 국새를 들고 이성계의 즉위에 앞장섰다는 내용과 함께 '비의 군자지(非衣君子智)', 즉 여기서 비(非)와 의(衣)를 합치면 배(裵)가 되어 배극렴을 의미하며 '배씨 성을 가진 사람이 군자, 곧 왕을 알아본다'는 도참설에 관한 내용도 실려 있다. 그리고 '좌극렴(左克廉) 우조준(右趙浚)'이라며 조선의 건국 과정에서 배극렴과 조준이 이성계를 좌우에서 지원했다는 이야기도 전한다.

배극렴은 조선 건국 후 그 공을 인정받아 개국공신 1등에 책봉되고, 초대 영의정에 오르는 등 최고의 대우를 받았다. 이후 태조의 뒤를 이을 세자 책봉 문제가 초미의 관심사로 떠오르면서 배극렴은 한 차례 더 중요한 역할을 하게 된다.

세자 책봉은 차기 권력의 향배와 정국의 안정과도 연관이 있었다. 여기에 태조가 60세를 바라보고 있어 당시로서는 적지 않은 나이였다. 이 때문에 세자 책봉을 서두르게 되지만 '누구를 세자에 책봉할 것인가?'가 문제였다.

태조는 첫째 부인 신의왕후(神懿王后, 1337~1391)와의 사이에서 장남 진안대군 이방우(李芳雨, 1354~1393)를 포함해 여섯 명의 왕자를 두었고, 계비 신덕왕후(神德王后, 1356~1396)와의 사이에서 두 명의 왕자를 두고 있었다. 그러나 장남은 '고려의 신하로 두 왕을 섬길 수 없다'며 조선의 개국에 협조하지 않아 장남이 왕위를 물려받는 원칙을 지킬 수 없었다. 그리고 조선의 개국에 결정적인 공을 세운 다섯째 아들 이방원이 있었기에 장남 다음 순위인 차남은 처음부터 주목받지 못했다. 물론 차남 또한 왕권에는 관심이 없었다. 그러나 이방원의 계모이자 현직 왕비였던 신덕왕후는 자신의 아들이 태조의 뒤를 이어 왕위에 오르기를 희망했다.

태종은 왜 배극렴을 부정했나?

조선이 개국하고 한 달여가 지난 8월 20일 배극렴과 조준 등 재상이자 개국공신들은 "나이와 공을 따져 세자를 정하는 것이 좋겠다"고 태조에게 건의했다. 비록 이름은 거론하지 않았지만 이방원을 염두에 둔 듯했다. 하지만 태조는 이들의 의견을 귀담아듣지 않았다. 태조는 자신이 사랑했던 신덕왕후의 소생을 세자로 삼고 싶었기 때문이다.

태조와 신덕왕후의 뜻을 알게 된 재상들은 두 사람 사이에서 태어난 두 아들 중에 첫째인 방번(芳蕃, 1381~1398)은 행실이 거칠다는 이유로 제외하고 둘째인 방석(芳碩, 1382~1398)을 세자로 세우기로 의견을 모았다. 이후 태조가 "누가 세자가 될 사람인가?"라고 다시 물었을 때 "장남이나 공이 있는 사람을 세워야 한다"고 말하는 사람은 없었다. 이때 배극렴이 나서서 "막내아들이 좋습니다"라고 말하자 태조는 방석을 세자로 결정했다.

이렇게 해서 의안대군 방석이 이방원을 비롯해 쟁쟁한 형들을 제치고 조선의 초대 세자에 책봉되었지만, 이때의 결정으로 몇 년 후 왕권을 놓고 피바람이 몰아치게 된다. 그러나 세자 책봉에 앞장섰던 배극렴은 세자가 책봉되고 몇 달이 지난 후 병으로 사직했고, 조선이 개국한 지 5개월 만인 태조 1년(1392) 12월 68세의 나이에 사망했다. 따라서 그는 이후에 벌어지는 비극을 직접 겪지는 않았다.

태조는 배극렴이 사망하자 대단히 애통해하며 3일 동안 조회를 폐하고 7일 동안 육식과 어류 등을 먹지 않았다. 그리고 아들을 두지 못했던 배극렴의 장례를 치르기 위해 그의 누이의 외손인 안순(安純)을 상주(喪主)로 삼아 성대하게 장례를 주관하도록 각별하게 명했고, 배극렴의 공을 기려 이미 사망한 그의 부모에게도 관직과 상을 내렸다. 이는 배극렴이 난세에 태어나 정치적으로 성공하고 생을 마감했음을 의미했다. 그러나 그에 대한 평가가 긍정적이지만은 않았다.

배극렴이 사망하자 사관들은 다음과 같이 평했다.

"성품은 청렴하고 근신하며, 몸가짐은 근실하고 검소하였다. 진주·상주 두 주의 목사가 되고, 또한 계림윤과 화령윤이 되어 모두 어진 정치를 하였다. 나아가 합포(合浦) 원수(元帥)가 되어 성을 쌓고 해자(垓字)를 파서 거처 없이 떠돌아다니던 사람들을 평안하게 했다. 수비(守備)하는 것은 잘했으나 다만 싸워서 이기거나 공격하여 취하는 것은 그의 장점이 아니었다. 〔고려의〕 임금에게 마음을 돌려 조준 등과 더불어 서로 모의하여 새 임금을 추대하고는, 마침내 수상(首相)이 되었다. 그러나 배우지 못하여 학술이 없어서 임금에게 의견을 아뢴 것이 없었으며, 세자를 세우는 의논에 이르러서도 임금의 뜻에 아첨하여 어린 서자(庶子)를 세울 것을 청하고는 스스로 공(功)으로 삼으니, 학식과 식견이 있는 사람들이 이를 탄식하였다."

배극렴은 태종에게도 부정당했다. 대표적인 예로 〈태종실록〉에는 태종이 즉위한 후 배극렴이 등장하는 도참설을 거론하면서 "사람들이 말하기를 비의군자지에서 비의는 배극렴이라고 하는데, 배극렴이 재상의 자리에 오랫동안 있지도 않았고, 왕을 보좌하여 다스린 것이 공들인 보람이나 효과가 없었다"라고 비판했다. 물론 태종이 이처럼 배극렴을 부정적으로 평가한 이유에는 '계비 신덕왕후의 아들 방석이 자격이 없었음에도 세자로 천거했다'는 불만이 담겨 있었다.

한편 조선 500년 역사에서 영의정을 비롯해 좌의정·우의정 등 400여

명의 재상이 배출되었지만, 배극렴이 조선의 건국 과정에서 기운을 소진한 탓인지 이후 배씨 성을 가진 사람이 재상에 올랐다는 기록은 찾아볼 수 없다.

배극렴의 묘소는 현재 충청북도 괴산군 증평읍(曾坪邑) 송산리(松山里)에 있으며, 1994년 12월 30일 충청북도 기념물 제98호로 지정되었다.

조준(趙浚)

"처음부터 혁명을 꿈꾸지는 않았다"

급진 개혁 세력의 지략가로 꼽히다

조준(1346~1405)은 냉정한 성격을 지닌 원칙주의자이면서 일중독자라는 평가를 받는다. 하지만 개국 세력 내에서 그의 역할과 위상을 한마디로 정리하기는 쉽지 않다. 현대의 사극 중 여말 선초를 다루는 작품들에서 조준의 존재감에 대한 평가가 엇갈리는 이유도 여기에 있다.

조준은 중앙 정계에서 일찍부터 개혁 성향의 신흥사대부들과 교류하지 않았고, 위화도회군에도 참여하지 않았다. 이 무렵 그는 고향에서 칩거 생활을 하고 있었고, 위화도회군에 성공한 후 이성계의 천거로 다시 관직에 나와 개혁 세력의 최대 현안 과제였던 전제 개혁을 주도하게 된다. 그러나 조준의 개혁안은 "정도전의 개혁안에 비해 토지제도의 폐해를 덜어내는 정도였고, 그나마 완료된 토지개혁은 그것의 반쪽짜리 개혁에 지나지 않았다"는 평가를 받는다. 따라서 급진파 개혁 세력 내에서도 불만의 소리가 나왔다. 하지만 개혁의 가시적인 성과를 처음으로 이끌어 냈고, 이 과정에서 노비로 추락한 양민의 신원이 회복되는 등 혁명적인 결과를 얻어낸 것은 사실이었다. 이 때문에 조준은 전제 개혁을 주도하면서 반대파로부터 급진 개혁 세력의 핵심으로 지목받았고, 집요한 공격을 받아 처형될 위기에 처하기도 했다.

조선 건국 후 작성된 《국조보감》에는 '주초대부필(走肖大夫筆)'이라는 기록이 보인다. 여기서 주(走)와 초(肖)를 합치면 조(趙)가 되어 조준을 말하며, "배극렴이 행동으로 이성계를 적극 지원했다면, 조준은 글로써 건국을 완성시켰다"는 의미이다. 〈태조실록〉에도 "배극렴이 백관을 거느리고 태조의 즉위에 행동으로 앞장섰다면, 조준은 그 문서를 기초하는 등 글로써 조선의 건국을 도왔다"고 기록하고 있다. 조준은 그 공을 인정받아 개국공신 1등에 책봉되었고, 태조에 이어 태종의 두터운 신임을 받으며 8년간 재상을 지냈다.

그러나 조준은 태종의 즉위로 영화를 누린 변절자라는 비난을 받기도 했고, 현대의 역사가들은 "조준은 전제 개혁에 앞장서는 등 개혁 세력의 경제통이자 법과 제도의 기틀을 마련하며 싱크탱크 역할을 담당했다"고도 평가한다.

조준은 성장과정과 관직 생활도 평탄하지 않았다. 조준은 평양 조씨 집안 출신으로, 그의 집안은 고려에서 주로 무관직을 지냈고, 가문이 번성하지는 않았으나 원나라의 부마국이라는 특수한 시대적 상황에서 부흥기를 맞게 된다.

고려는 원나라의 정치적 간섭을 받으면서 몽골어 통역관의 필요성이 높아졌다. 역관들은 원과의 관계를 이용해서 권력과 부를 축적할 수도 있었기 때문에 주목을 받았다. 하지만 역관들은 간사한 꾀를 부리며 사적인 이익을 추구하기도 했고, 사실대로 통역을 하지 않아서 고려의 정국을 혼란에 빠뜨리기도 했다. 때문에 원종(元宗, 1219~1274) 때 국가에서 몽골어 통역관을 직접 양성하기 위해 대상자를 선발했다. 조준의 증조부 조인규(趙仁規, 1237~1308)가 이때 선발되어 밤낮으로 공부하여 뛰어난 몽골어 실력을 갖추게 된다. 이후 그는 30여 차례나 원나라에 사신으로 다녀오는 등 원과의 관계를 기반으로 권세가 하늘을 찔렀다.

원종 10년(1269)에는 당시 세자였던 충렬왕(忠烈王, 1236~1308)이 원나라에 갈 때 수행한 인연으로 충렬왕과도 친분이 두터워지는 등 조인규와 그의 집안은 고려에서 신흥 세력가로 부상했다. 이후 그는 나라의 모든 정치를 총괄하는 문하시중에 올랐고, 충선왕(忠宣王, 1275~1325)의 국구(國舅), 즉 왕의 장인이 되어 권세가의 반열에 오르게 된다. 그리고 그의 아들 조서(趙瑞)·조련(趙璉)·조연수(趙延壽)·조위(趙瑋) 모두 재상의 지위에 오를 정도로 가문이 번성했다. 하지만 조인규의 출세는 원나라와의 특수한 관계를 기반으로 했기 때문에 기존의 권문세족들과는 성격이 달랐다.

뒤늦게 관직에 나아갔지만…

조인규의 딸은 충선왕의 다섯 번째 왕비인 조비(趙妃, 생몰 미상)이다. 그런데 충선왕이 세자로 원나라에 있을 때 혼인하여 즉위할 때 함께 고려에 들어왔던 원나라 진왕(晉王)의 딸 계국대장공주(薊國大長公主, ?~1315)가 조비를 질투했다. 그러던 어느 날 '조인규의 처가 공주를 저주하여 왕으로 하여금 공주를 사랑하지 않고 그의 딸을 사랑하게 한다'는 익명의 글이 궁궐 안에 붙자 계국대장공주는 조인규와 그의 처를 옥에 가두고 이 사실을 원나라 황실에 몰래 알렸다. 결국 조인규는 딸 조비와 아들 그리고 사위와 함께 원나라로 압송되었고, 가세가 기울어졌다.

이후 1308년 충선왕이 복위하여 왕실과 혼인할 수 있는 가문인 '재상지종(宰相之宗)'을 선정했을 때 조인규의 가문도 15개 가문에 포함되었고, 조인규의 아들이자 조준의 할아버지 조련(趙璉, ?~1322)이 재상의 반열에 올라 국정을 돌보는 등 가세를 회복하며 평양 조씨 가문은 고려의 권세가이자 귀족 가문의 위상을 어느 정도 유지하게 된다.

조련은 여러 번 원나라에 사신으로 다녀오면서 원나라의 신임도 받았다. 하지만 심왕 왕고(瀋王 王暠, ?~1345)가 고려의 왕위를 넘보며 충숙왕과의 갈등이 벌어지자 동생 조연수(趙延壽, 1278~1325)와 함께 심왕의 편을 들어 절개를 잃었다는 비난을 받았다.

이후 조련의 아들이자 조준의 아버지 조덕유(趙德裕, 생몰 미상)가 문음으로 관직에 나아가 고위직에 올랐다. 그는 재산을 모으는 데 관심이 없었던 청렴한 관리였고, 조후(趙煦)·조린(趙璘)·조정(趙靖)·조순(趙恂)·조준(趙浚)·조견(趙狷) 등 여섯 형제를 남겨두고 일찍 사망하여 다시 가세가 기울게 된다. 조준의 어머니는 혼자 여섯 형제를 키우며 곤궁한 생활을 했고, 불행의 그림자는 여전히 그의 집안을 감돌았다.

조준의 큰형 조린(趙璘, ?~1368)이 공민왕 초에 홍건적과 왜구를 격파하여 공신에 책봉되는 등 출세의 길이 열리는 듯했다. 하지만 그는 사람들이 실권자 신돈(辛旽, ?~1371)에게 아부할 때 절의를 지켰고, 오인택(吳仁澤, 생몰 미상)·윤승순(尹承順, ?~1392) 등과 함께 신돈을 제거하려다 발각되어 유배에 처해졌다. 조린은 이후에도 다시 김정(金精, ?~1368)과 함께 신돈을 제거하려다 실패하고 공민왕 17년(1368) 신돈이 보낸 자객에게 살해되었다. 조린의 부인과 아이들은 관노가 되었고, 조준은 이러한 고려의 정국에 혐오감을 느껴 책만 읽으며 세상을 등지고 살았다. 그러나 효심이 지극했던 조준은 어머니가 "여러 형제 중에 과거에 합격하여 집안을 일으킬 자식이 없다"며 한탄하는 소리를 듣고 과거에 뜻을 두고 공부를 시작해서 마침내 우왕 즉위년(1374)에 문과에 급제하여 30세의 나이에 관직에 나아가게 된다. 하지만 그의 앞날도 희망적인 것은 아니었다.

조준은 몰락한 가문 출신이었고, 큰형의 죄로 인해 정치적 성장에 한계가 있었기 때문인지 주로 외직 근무를 하게 된다. 그러나 조준은 불평하지 않고 민생 현장에서 벌어지는 부정과 비리를 구체적으로 겪는 등 사회의 구조적 모순을 직접 경험하면서 개혁 의지를 키워 나갔다.

조준이 관직 생활을 하던 시기에 조정의 대신들은 민생보다는 자신의 이익 추구에만 혈안이 되어 있었고, 지방관들 역시 중앙의 권세가들에게 줄을 대며 출세의 기회를 엿보았다. 이 때문에 전국 각지에서 탐관오리들에 의한 부정 비리가 판을 쳤고, 잦은 왜구의 침입으로 농민들이 내륙으로 이주해 버려 해안지대의 기름진 농토가 황폐해져 갔다. 심지어 굶주림에 고통받던 백성들이 삶의 터전을 버리고 전국을 떠돌아다니기도 했다. 당시 '열 집에 여덟아홉 집이 빈집이었다'고 할 정도였다.

동해를 말끔히 씻을 날이 있으리니!

왜구들은 강화도까지 습격하여 고려의 수도인 개경까지 위협했고, 해안 교통로를 차단하여 지방으로부터 조세를 운반할 수 없게 만드는 등 고려는 국가경제가 파탄에 이를 정도로 총체적인 위기에 직면했다. 이러한 시기에 관직 생활을 했던 조준은 비록 문인이었지만, 때로는 왜구와의 전투에도 참여했다. 당시 그와 함께 전투에 참가한 장수들은 "목숨을 아끼지 않는 그를 보고 두려워서 감히 그의 명을 거스르지 못했다"고 한다.

우왕 8년(1382)에는 최영의 휘하에서 체찰사로 왜구의 토벌에 나섰고, 우왕 14년(1388)에는 일사불란하게 군사들을 움직여 강원도에 출몰한 왜구를 물리친 공으로 선위좌명공신에 책봉되기도 했다.

조준은 지방 장관격인 강릉도안렴사로 재직하며 선정을 베풀어 지역 주민들의 사랑과 존경을 받았다. 그러나 그는 여전히 나라가 혼돈 속에서 벗어나지 못하고, 백성들이 고통과 절망 속에서 헤어나지 못하는 현실을 안타까워했다. 당시 그는 관할 지역을 수행하며 다음과 같은 시를 남기기도 했다.

> 계산에 첫눈이 오자 행인도 적은데
> 흥에 겨워 높이 읊으며 이 성에 이르렀네
> 술잔 들고 칼을 보며 내 뜻을 위안하고
> 동해를 말끔히 씻을 날이 있으리니
> 백성들 모두 눈을 씻고 밝힐 때를 기다려라

조준은 '동해에서 왜구들을 깨끗하게 쓸어버리겠다'고 스스로에게 다짐할 정도로 당찬 포부와 개혁 의지를 지니고 있었다. 하지만 자신의 의지만으로 부패한 고려 조정을 상대하며 개혁을 실천에 옮기는 것에 한계를 느꼈는지 우왕 10년(1384) 관직을 버리고 낙향해 버렸다. 조준이 관직에 나아간 지 10년 만이었다. 당시 그가 사직한 구체적인 이유는 권신 이인임(李仁任, ?~1388) 일파와 뜻이 맞지 않았기 때문으로 전한다.

이후 평소 조준을 눈여겨보았던 최영이 임견미(林堅味, ?~1388)와 염흥방(廉興邦, ?~1388) 등 권신들을 제거하고 그를 다시 관직에 천거했다. 그러나 그는 모친상을 이유로 거절했고, 고향에서 은둔 생활을 계속했다. 하지만 그가 고향에서 모든 것을 포기하고 시간만 허비한 것은 아니었다.

조준은 고향에 칩거하면서 경서를 열심히 공부했고, 윤소종·허금·조인옥·유원정·정지·백녕군 등과도 교유했다. 윤소종(尹紹宗, 1345~1393)은 지금의 금산(錦山)인 금주(錦州)에서 모친상을 치르는 동안 남방의 학자들이 많이 와서 수학할 정도로 성리학을 공부한 신흥사대부였고, 후에 급진 개혁파의 전면에서 활동했다. 그리고 허금(許錦, 1340~1388)은 우왕의 옹립을 반대했고, 조준 등과 함께 우왕을 폐하고 자질을 갖춘 왕족을 왕으로 옹립하려는 비밀결사를 모의하는 등 급진적 인물이었다. 그는 은퇴한 후 사재를 털어 약을 사서 귀천(貴賤)을 가리지 않고 많은 사람들의 구호에 나서기도 했다. 정지(鄭地, 1347~1391)는 왜구 소탕에 많은 전공을 세운 뛰어난 무인이었고, 왜구의 소굴인 대마도 정벌을 건의하기도 했다. 이들은 주로 서북 해안 지방의 비교적 명문가 출신으로 학문은 물론 청렴하고 민본정치 사상을 지니고 있었다.

조준은 이들과의 교유를 통해 성리학에 기반한 개혁 사상을 구체적으로 다듬었다. 이들이 '도덕적 수양을 갖춘 지식인들이 정치에 나서서 부조리한 정치 질서를 타파하고 민생을 책임져야 한다'는 책임과 개혁에 대한 의지를 더욱 공고하게 다졌다고 평가받는 것도 그 예이다.

파격적인 인사가 이루어지다

조준은 위화도회군 후 이성계의 천거로 대사헌에 등용되어 4년 만에 다시 관직 생활을 시작했다. 대사헌은 정2품 요직으로 주로 행정 분야의 논의를 통해 모든 관리의 권력남용 등 잘못을 밝혀 죄를 물었고, 억울하게 죄지은 자들을 조사하여 풀어주고 풍속을 바로잡는 일을 맡아보는 사헌부의 최고 책임자였다. 따라서 조준의 대사헌 등용은 파격적인 인사였지만, 당시의 정국을 감안하면 조준에 대한 이성계의 기대가 그만큼 특별했음을 의미했다. 이후 조준은 자신과 교유하던 친구들까지 이성계 편으로 끌어들여 개혁 세력의 확장에도 큰 영향을 미쳤다. 그런 점에서 그동안 앞날을 위해 준비했던 조준에게 분명 기회가 찾아온 것이었다.

위화도회군에 성공한 후 우시중 이성계와 함께 좌시중 조민수(曺敏修, 1324~1390)가 정국의 중심에 섰다. 그러나 서열상 조민수가 이성계보다 위에 있었고, 이성계와 끝까지 함께할 마음이 없었던 조민수는 자신의 지위를 적극적으로 활용하여 이성계를 견제했다.

대표적인 예로 조민수는 이색(李穡, 1328~1396)과 공민왕의 비 정비 안씨(定妃 安氏, ?~1428)의 의견을 수용하는 절차를 밟아 쫓겨난 우왕의 뒤를 이어 9세의 어린 창(昌)을 왕으로 옹립했다. 창왕(昌王, 1380~1389)의 옹립은 조민수가 반(反)이성계 세력과 연합하여 자신의 지위를 공고하게 굳히기 위해 독단적으로 내린 결정이었고, 여기에는 예전에 권신 이인임이 자신을 천거해준 것에 대한 은혜를 갚으려는 의도도 담겨 있었다.

창왕은 우왕의 아들로, 우왕과 제1비 근비(謹妃, 생몰 미상)와의 사이에서 태어났다. 근비는 이인임의 외종(外從)인 이림(李琳, ?~1391)의 딸이었다. 공민왕이 사망하자 조정에서는 왕실 종친 가운데 능력을 갖춘 왕족을 새 왕으로 옹립하자는 주장이 나왔지만, 수시중 자리에 있던 이인임은 이를 무시하고 "공민왕이 이미 후사를 내정해 두었다"며 강녕대군(江寧大君) 우를 왕으로 추대하여 실권을 장악한 후 자신의 족질녀(族姪女)와의 혼인을 주선했다.

반면 우왕을 공민왕의 아들로 인정하지 않았던 이성계 측은 우왕의 아들 창왕의 적통성도 인정하지 않았다. 따라서 창왕을 옹립한 조민수에게 불만이 있을 수밖에 없었고, 결국 회군 두 달 만에 '탐욕이 많아 법을 남용하고 국가적 과제인 사전 개혁(私田改革)을 방해했다'며 조민수를 탄핵하여 그의 고향 창녕으로 추방시켜 버렸다. 당시 조민수의 제거에 앞장선 사람이 바로 조준이었다.

이후 이성계 측이 문무(文武)의 전권을 장악하게 되었고, 조준이 앞장서서 사전 개혁을 추진하고 나섰다. 사전 개혁은 경제적 구질서를 타파하여 권문세족을 몰락시키고 급진 세력이 정국을 주도하여 새로운 질서를 구축해 나간다는 이중의 효과가 있었다. 따라서 조준은 정국의 중심에 서게 된다. 그런데 이 무렵 정도전(鄭道傳, 1342~1398)의 활동이 보이지 않는다는 점에서 두 사람의 관계에 의문이 들기도 한다. 당시 조준과 정도전의 활동은 물론 개혁에 대한 입장에도 차이가 발견되기 때문이다.

조준은 사학(史學)과 경학(經學)은 물론 시문(詩文)에도 능했다. 그는 문집으로 《송당집(松堂集)》을 남겼고, 조선이 개국한 후 1388년부터 1397년까지 10년간 시행된 법령과 장차 시행할 법령을 수집하여 나라를 다스리는 기준이자 조선 최초의 법전인 《경제육전(經濟六典)》도 편찬했다. 《경제육전》은 후에 《속육전(續六典)》·《육전등록(六典謄錄)》 등으로 보완되었고, 《경국대전(經國大典)》 편찬의 토대가 되었다.

또한 조준의 관제 및 사회 개혁안은 정도전과 서로 통하는 점이 많았고, 정도전의《조선경국전》과《경제문감》편찬에도 영향을 준 것으로 평가받는다. 그러나 정도전이 성리학적 이념을 기반으로 국가의 전반적인 분야에서 기틀을 세우고자 노력했다면, 조준은 경제개혁에 더 큰 비중을 두었다. 예를 들면 정도전이 불교를 배척하면서 성리학적 이념에 기반한 국가 질서를 세우는 일을 출발점으로 삼았다면, 조준은 토지제도 등 경제 분야에 적극적인 관심을 기울였다. 정도전 역시 토지제도의 문란을 대단히 심각한 문제로 생각했지만, 근본적인 토지제도의 개혁을 주장했다는 점에서 조준과 분명한 차이가 있었다.

조준과 정도전 그리고 이방원

조준과 정도전은 사이가 좋지 않았던 것으로 보는 견해도 있다. 특히 배극렴의 사망 이후 정도전이 점차 정국을 주도하게 되면서 조준이 정도전과 정치적 의견을 달리했고, 〈태조실록〉에는 조준이 요동공벌을 계획한 정도전과 의견을 달리하면서 결정적으로 사이가 벌어졌다고 한다.

정도전과 남은(南誾, 1354~1398) 등이 태조의 명을 앞세워 요동공벌에 조준을 끌어들이려고 설득했지만, 조준은 병으로 휴가 중이었음에도 불구하고 입궐하여 태조를 만나 요동공벌을 중지할 것을 주장했다. 당시 조준이 반대한 이유는 첫째, 약소국인 조선이 강대국인 명나라와 전쟁을 벌이는 것은 승산이 없으며, 둘째, 조선은 건국한 지 얼마 되지 않아 백성들을 전쟁에 동원하는 것은 국가를 더욱 위기에 빠뜨릴 수 있으며, 셋째, 고려의 귀족 가문 출신이 아닌 태조 이성계를 왕으로 섬기기를 꺼려하는 고려의 권문세족 출신들로부터 조선 왕실의 권위를 보장받기 위해서 강대국인 명나라를 정치적으로 활용할 필요가 있다는 등으로 요약할 수 있다.

또한 〈태조실록〉에는 "(정)도전이 또 (조)준을 대신하여 정승(政丞)이 되려고 하여 남은과 함께 늘 태상왕(이성계)에게 조준의 단점을 말했으나 태상왕이 조준을 대접하기를 더욱 두텁게 하였다"라며 정도전 측에서 정국 운영에 걸림돌이라고 판단한 조준을 재상의 자리에서 물러나게 하려고 적극적인 견제에 나섰지만, 태조의 두터운 신임을 기반으로 조준은 정치생명을 유지할 수 있었다.

이후 명나라 황제가 조선에서 보낸 표전문(表箋文)을 문제 삼아 책임자로 정도전을 지목하여 압송하라고 요구하면서 두 사람 사이가 결정적으로 벌어지게 된다. 당시 조준은 태조에게 정도전을 보내자고 건의하는 등 정도전과 입장을 달리했다. 그러나 이러한 내용들은 정도전이 역적의 죄로 처형당한 후 기록되었다는 사실을 감안할 필요가 있다. 요동공벌 등과 관련해서 조준이 반대한 이유는 구체적으로 기록하고 있지만, 정도전의 의견은 전혀 보이지 않기 때문이다.

또한 〈태조실록〉에 배극렴 등이 세자 책봉을 논의할 때 당시 재상인 조준도 참여했지만, 조준이 발언한 내용은 찾아볼 수 없다. 반면 조준은 태조가 세자 책봉에 대한 의견을 물었을 때 "세상이 태평하면 적장자로 세자를 삼아야 하나 세상이 어지러우면 공(功)이 있는 이를 세자로 삼는다"며 이방원을 염두에 둔 발언을 했다는 기록이 보인다. 그리고 "태조가 조준에게 신덕왕후 소생의 방석의 이름을 쓰게 하니 조준은 땅에 엎드려 쓰지 않았다"고 하며, "이방원을 세자로 책봉해야 한다고 주장했다가 받아들여지지 않자 사직서를 제출했다"는 등 조준과 이방원의 각별한 인연이 기록으로 전한다.

조준은 조선 개국 후 매년 명나라 황제의 생일을 축하하는 사절인 성절사(聖節使)로 명나라에 가는 길에 북평부(지금의 북경北京)에 있던 이방원을 스스로 찾아간 일도 있었다. 당시 이방원은 개국공신에 책봉되지 못했고, 세자 책봉에서도 이름조차 제대로 거론되지 못하고 밀려난 상태였다. 따라서 이방원은 권력으로부터 소외되어 있던 자신을 찾아준 조준을 극진하게 대접했고, 조준은 이방원에게《대학연의(大學衍義)》를 건네며 "공은 큰 뜻을 품고 있으니 외번(外藩)에만 있지는 않을 것입니다"라며 의미심장한 말을 한 것으로 전한다.

《대학연의》는 송나라 유학자 진덕수가《대학》에서 중요한 내용을 선별하여 부연 설명을 첨부한 정치 지침서로, 제왕이 국가를 다스리는 근본과 함께 정치에 대한 모범과 경계해야 할 내용들이 담겨 있다.《대학연의》는 이성계가 전쟁터에 나갈 때도 가지고 다니면서 '전투가 없는 날이면 읽었다'는 책으로, 이방원이 군왕의 자질을 갖추었고 장차 왕위에 오를 것을 예언하는 상징적 의미가 담겨 있었다. 따라서 조준이 이방원의 정치적 야망을 알고 있었고, 암묵적인 지지를 보냈음을 의미했다.

태종이 조준을 신뢰한 이유는?

이방원은 권력을 장악한 후에도 조준을 각별하게 대했다. 정종 2년(1400) 이방원의 처남 민무구(閔無咎, ?~1410)와 민무질(閔無疾,?~1410) 형제가 조준에게 좋은 벼슬을 청했다가 거절당하자 조준을 무고하여 투옥한 일이 있었다. 이 사건은 단순한 청탁 사건이 아니라 두 차례에 걸친 왕자의 난에서 공을 세워 1등 공신에 오른 민씨 형제가 조준을 견제하려는 의도도 담겨 있었다. 그러나 당시 실권자였던 이방원이 '조준은 죄가 없다'며 풀어주었다.

또한 명나라 황실에서 조선 왕실과 통혼의 뜻을 전해왔을 때 명나라 황실과의 각별한 관계가 조선에 도움이 될 것이라는 이유로 찬성한 대신들이 적지 않았다. 하지만 조선에 대한 정보 유출과 명나라의 간섭을 의식한 태종은 유교 법도를 무시하고 자신의 딸 경정공주(慶貞公主, ?~1455)를 상중(喪中)에 있던 조준의 외아들 조대림(趙大臨, 1387~1430)과 서둘러 결혼시켜 버렸다.

당시 조대림은 어머니가 사망한 지 4개월밖에 되지 않은 상중에 있었기 때문에 사간원에서 그의 혼인을 반대했다. 태종 1년(1401)에 상복을 입는 3년 동안은 과거 응시를 금지하는 조치가 내려졌고, 상중에는 관직에 나아가는 것도 법률로 금지했기 때문이다. 그러나 태종은 이를 무시하고 조대림을 사위로 맞아들였던 것이다.

이처럼 조준은 태조에 이어 태종의 두터운 신임을 받았지만, 권력과 관련해서는 신중하게 처신했다. 두 차례의 왕자의 난이 발생했을 때 보여준 그의 행동도 그 예였다.

조준은 1차 왕자의 난이 발생했을 때 이방원을 지원하지 않았다. 이 때문에 이방원은 정도전 등을 처형한 후 박포(朴苞, ?~1400)와 민무질을 보내 조준을 불러오게 했다. 그러나 조준은 망설이면서 점술가에게 점(占)을 치게 하고 즉시 응하지 않았다. 정국을 안정시켜야 할 비상시국에 조준은 최고 지위인 좌의정 자리에 있었고, 냉정하고 침착한 성격으로 알려진 그가 집에서 점을 쳐서 자신의 거취를 결정했던 것이다. 조준은 태종이 이숙번(李叔蕃, 1373~1440)을 보내 다시 부르자 그때서야 의관을 갖추고 이방원을 찾아갔고, 상황을 전해 들은 다음 이방원의 진영에 합류하게 된다.

　이러한 처신 때문에 조준은 기회주의자라는 비판을 받았고, 이방원의 측근들은 '조준을 처벌해야 한다'고 주장했지만, 거사의 명분 축적을 위해 조준을 불러들였던 이방원의 비호로 무사할 수 있었다. 그리고 그는 이방원의 기대대로 백관을 이끌고 "적장자(嫡長子)를 왕으로 세워야 한다"고 건의하여 정종(定宗, 1357~1419)이 왕위에 올랐고, 이방원을 지원하고 나섰다. 조준은 이때의 공으로 정사공신 1등에 봉해졌고, 태조에 이어 태종 대에도 정국의 중심에 서게 된다.

　실록에 따르면 "이성계는 조준에게 크고 작은 일을 모두 물어서 결정했다"고 하며, 이에 "조준도 감격하여 생각하고 아는 것이 있으면 말하지 아니함이 없었다"고 할 정도로 폭넓은 분야에서 능력을 발휘했다. 그는 8년간 재상의 자리에 있으면서 거의 혼자서 정무를 처리할 정도로 정력적으로 일했고, "한 치의 오차도 없이 공명정대하고 철두철미하게 일을 마무리했다"는 평가를 받았다. 그리고 태종이 즉위한 후 하윤(河崙, 1347~1416)이 막강한 권력을 행사한 실세 재상이었지만, 조준 역시 고비 때마다 태종을 지원하며 두터운 신임을 받았다.

기생 국화를 수장(水葬)하다

　조준은 "다른 사람의 조그만 장점(長點)이라도 반드시 취(取)하고, 작은 허물은 묻어두었다"는 평가를 받을 정도로 인간관계가 좋았다. 그러나 국가 기강과 관련된 일에 대해서는 원칙을 중시하는 등 단호했다.

　태조 7년(1398) 흉년이 들어 경상도관찰사가 굶주린 백성들의 진휼(賑

恤)을 청하자 조준이 "각 도의 백성들이 굶주릴 때마다 창고를 개방한다면 비축해 둘 곡식이 없어진다"고 반대한 일도 있었다. 당시 태조는 "창고에 곡식이 있으면 모두 내어 백성을 진휼하라"고 명했지만. 조준은 더 큰 위기에 대비했던 것이다.

자신의 첩이자 유명한 기생이었던 국화가 조준에게 버림받은 것에 불만을 품고 '조준이 반역할 뜻이 있다'고 소문을 낸 일도 있었다. 이에 조준은 직접 그녀를 잡아다 순군옥(巡軍獄)에 가두고 심문한 후 "비록 사사로운 감정에서 비롯된 문제이나 국가 반역에 대한 말을 논한 것은 대역죄에 해당한다"며 그녀를 한강에 빠뜨려 처형했다는 일화가 전한다. 이 사건을 기록한 사관은 "국가의 체통이 서고 기강이 바로잡혔다"고 평가했을 정도로 조준은 국가 기강과 관련한 법 집행에는 대단히 엄격했다.

어느 날, 태종이 "중국의 건문제(建文帝, 1377~1402)는 관대하였는데도 망하고, 영락제(永樂帝, 1360~1424)는 사형을 많이 집행했는데도 흥한 이유가 어디에 있는가?"라고 묻자, 조준은 "다만 관대하고 어진 것만 알았지 기강을 바로 세우지 않았기 때문입니다"라고 서슴없이 대답했다. 이렇듯 맺고 끊는 것이 분명했던 업무처리 방식으로 조준을 원망하는 사람들이 생겨났고, 때로는 견제를 받았다. 결국 그는 자의 반 타의 반으로 재상직에서 물러나 집안에 칩거하면서 손님까지 사양했고, 정치에도 관여하지 않았다.

조준은 태종 5년(1405) 60세의 나이로 세상을 떠났다. 그가 사망하자 사관들은 "조준은 역사에 밝고 경학과 시문에 능하며 도량이 넓었다. 풍채 또한 늠름해서 그를 존경하면서도 감히 그에게 함부로 대하지 못했다"고 평가했다. 그리고 태종은 그가 사망한 후에도 뛰어난 재상으로 평가하면서 "풍도(風度)와 기개(氣槪)는 반드시 조준을 으뜸으로 삼았고, 항상 그의 이름을 부르지 않고 '조 정승(趙政丞)'이라고 칭했다"고 한다.

역사적 경험에 따르면, 한 왕조가 힘을 잃고 민생이 도탄에 빠지면 군웅(群雄)이 각지에서 일어나 쟁투(爭鬪)가 벌어지고, 최종 승자에 의해 새로운 왕조가 탄생하게 된다. 그러나 고려 말기에는 이러한 현상이 발생하지 않았고, 이성계가 자신을 지지하는 세력의 지원을 이끌어내면서 평화적으로 정권교체가 이루어졌다. 따라서 조선의 건국은 이성계의 리더십도 대단히 중요했지만, 한편으로는 사회의 구조적 모순을 직시하고 이에 대한 대안을 모색하며 용의주도하게 지원한 세력이 있었기에 가능했다. 개혁 성향의 신흥사대부들이 바로 그들이다. 그런 점에서 조준은 우왕 14년(1388) 이성계와의 인연으로 개혁에 참여하여 태종 5년(1405) 세상을 떠날 때까지 18년간 여말 선초의 격동기에 정국의 중심에 있었던 당대 제일의 정치가로 꼽을 만하다.

한편 평양 조씨 집안은 조준 대에 다시 부흥기를 맞게 된다. 그의 집안은 조준 외에도 승려가 되었다가 30세가 넘어 환속한 동생 조견(趙狷, 1351~1425)과 조카 조박(趙璞, 1356~1408) 등이 위화도회군 이후 조선의 개국 과정에 적극 참여하여 개국공신 1등에 봉해졌다. 조박은 권신 이인임과 함께 이색 부자를 탄핵하여 파면시키고 조민수를 폐하여 서인으로 만들었으며, '윤이·이초의 사건'에 대한 상소를 올려 이색 일파에게 일대 타격을 가한 인물이다. 또한 조박은 태종의 장인 민제(閔霽, 1339~1408)의 맏사위로 태종과는 동서지간이 되는 등 조준의 집안은 왕실을 포함해 폭넓은 혼인 관계를 맺으며 조선에서 권세가를 이루었다.

김사형(金士衡)

"태조와 태종의 가교(架橋) 역할을 하다"

최고의 파트너를 만나다

태조에 이어서 태종이 집권한 전반기는 좌의정 조준과 함께 김사형 (1341~1407)이 재상 자리를 지키며 보조를 맞추어 정국의 한 축을 담당했다. 두 사람에 대해 "조준은 강직하고 과감하여 거리낌 없이 국정(國政)을 스스로 결정하여 단행했고, 김사형은 관대하며 간단하고 긴요한 것으로 이를 보충하여 앉아서 의정부를 진압했다"라고 평하고 있는 것도 그 예라 하겠다. 요즘 말로 하면 두 사람은 최고의 파트너였다.

김사형은 공민왕 때 문과에 급제해 관직 생활을 시작했고, 조준과 함께 대간을 지내면서 일찍부터 두 사람의 인연이 시작되었다. 이후 "김사형의 정치 노선은 단 한 번도 조준으로부터 벗어나지 않았다"고 평가할 정도로 조준과 뜻을 함께했다. 그러나 "태조가 물러난 이후 조준의 정치적 영향력이 공신 책봉에까지 미쳤다"고 할 정도로 조준은 태조에 이어 태종 대에도 실세 재상이었다. 따라서 김사형이 재상으로서 권한을 행사하기에는 한계가 있었던 것도 사실이다. "김사형이 조준과 함께 8년간 재상의 지위에 있었으나 정사는 모두 조준이 결단하였고, 김사형은 말을 신중히 하고 스스로 삼가며 분수를 지켰다"고 평가한 것도 그 예이다.

이처럼 김사형이 조선에서 정치적인 무게감이 실리지 않았던 이유에는 그의 성품과 함께 개국 세력 내에서 주류에 속하지 않았던 점도 영향을 미쳤다.

김사형은 비록 개국공신 1등에 책봉되었지만, 처음부터 급진 개혁 세력에 참여하지 않는 등 조선의 개국 과정에서 뚜렷한 공을 세우지는 못했다. 태종 10년(1410년) 태조를 종묘에 모시면서 배향공신을 논의할 때 태종이 김사형의 배향 여부를 하윤에게 묻자 "……김사형은 공이 없으니 배향함이 마땅치 않습니다"라고 답했고, 의정부에서는 "김사형은 가문이 귀하고 현달하며 마음에 품은 의지가 맑고 고결하여 태조께서 중히 여기셨습니다. 그러나 본래 개국의 모획(謀劃)에는 참여하지 않았고 또 모든 처리를 한결같이 조준만 따르고 가타부타하는 일이 없었으니 배향할 수 없습니다"라고 말해 조준만 태조의 배향공신에 오르고 김사형은 오르지 못했다. 하지만 김사형이 기회주의자였거나 능력이 부족했던 것은 아니다.

김사형은 고려에서 개성윤을 지냈고, 보리공신(輔理功臣)의 호를 받았다. 그리고 공민왕의 서연(書筵)에 이성계·정몽주·정도전 등과 함께 강론에 참여할 정도로 학문적으로 실력을 인정받았고, '경(敬)을 마음의 근본으로 삼고 게으름을 경계할 것'을 주장할 정도로 상당히 부지런했다. 뿐만 아니라 '윤이·이초 사건'의 처리 과정에서는 정몽주와 서로 탄핵을 주고받을 정도로 개혁에 대한 열정과 강단도 지니고 있었다.

〈태조실록〉에는 관리로서 탁월한 업무 능력과 사심 없이 일한 김사형의 관직 생활에 대해 다음과 같이 평가하고 있다.

"젊어서 화요직(華要職)을 두루 거쳤으나 이르는 데마다 직책을 잘 수행하였다. 무진년(1388) 가을에 태상왕(태조)이 국사를 담당하여 여러 방면에 걸쳐 정사를 잘 다스렸고, 대신(大臣)을 나누어 보내 각 지방을 전제(專制)하게 하였을 때 김사형은 교주강릉도도관찰출척사가 되어 부내(部內)를 잘 다스렸다. 경오년(1390년)에 지밀직사사로서 대사헌을 겸하였고…… 1년이 넘었는데 조정이 엄숙해졌다."

태조는 백관의 품계가 정돈되어 있었음에도 조회할 때 정도전·조준과 함께 김사형을 별도로 불러 국정을 논의했고, 연회를 베풀 정도로 그에 대한 신임이 두터웠다. 그리고 김사형은 주변에 적을 만들지 않을 정도로 인간관계도 원만했다.

고려에서 배극렴 다음으로 고위직을 지내다

김사형은 안동 김씨 집안 출신이다. 그의 집안은 비록 고려 왕실과는 통혼하지는 않았지만, 이천 신씨·청주 한씨·남양 홍씨·안동 권씨·경주 이씨 등 고려의 권문세족 집안과 혼인 관계를 맺을 정도로 고려의 명문가였다. 따라서 그는 고려의 귀족 출신이었고, 개국공신 중에서 배극렴 다음으로 고위직을 지냈다.

김사형은 김방경(金方慶, 1212~1300)의 5대손이다. 김방경은 고려 후기에 삼별초의 난과 왜구 정벌에 큰 공을 세운 고려의 명장이자 충신이며, 문무를 겸비한 재상으로 최고의 정치권력을 누렸다. 그리고 김방경의 막내아들 김순(金恂, 1258~1321)은 "아버지 김방경이 왜구를 정벌할 때 함께 종군하기를 청했지만 허락을 받지 못하자 몰래 배에 올라 종군했다"는 일화도 전하며, "성품이 관대하고 후덕했다"는 평가를 받았다. 그리고 그는 예서(隸書)를 잘 쓰고 거문고와 퉁소를 즐기는 등 다재다능했다.

김순은 충선왕이 세자 때의 스승이었고, 충선왕의 개혁도 지원했다. 그러나 충렬왕 25년(1299) '한희유(韓希愈, ?~1306)가 불법한 일을 꾀한다'고 무고한 사건에 연루되어 가문의 일원이 원나라로 호송되었고, 충렬왕 26년(1300) 김방경까지 사망하자 김순은 고향 안동으로 낙향하여 은거 생활을 하다가 사망했다. 하지만 그동안 그의 집안이 이룩해 놓은 인적 기반과 정치력을 기반으로 후손들이 가문의 위상을 유지할 수 있었다. 특히 김순의 아들이자 김사형의 3대조 김영돈(金永旽, 1285~1348)은 충혜왕을 폐위시키려고 시도했던 조적(曺頔, ?~1339)의 난이 일어났을 때 시종한 공으로 1등 공신에 책봉되기도 했다.

조적은 충렬왕 때 환관들과 결탁해 권세를 떨쳤던 고려 후기의 역신(逆臣)이다. 그는 재물을 놓고 장인의 외손인 허경(許慶)과 다투다 왕의 미움을 받아 몰래 원나라로 도망친 후 채하중(蔡河中) 등과 함께 왕위에 욕심을 지니고 있었던 심왕 왕고에게 아부하면서 온갖 모략으로 충숙왕을 비방하여 원나라 조정이 왕을 불신하도록 조장하는 등 수단과 방법을 가리지 않고 충숙왕을 헐뜯었다. 그리고 충숙왕이 복위하자 함께 귀국하여 복직이 이루어졌고, 이후 충숙왕이 사망한 뒤 충혜왕이 복위하자 심왕과 함께 원나라로 가던 중 평양에서 충숙왕의 비 경화공주(慶華公主, ?~1344)로부터 충혜왕의 음란한 행동을 듣고 왕의 폐위를 공언하고 개경으로 다시 돌아와 국인(國印)을 몰래 감추어두고 1,000여 명의 무리를 이끌고 충혜왕을 공격했으나 패배하여 살해되었다.

　김영돈 또한 충목왕의 개혁 정치를 적극 지원했고, 정치도감을 설치하여 폐정을 시정하던 중 불법행위를 일삼던 기황후의 조카 기삼만(奇三萬, ?~1347)을 순군옥에 가두어 사망한 일이 발생했다. 원나라에서는 사신을 보내 관련자들을 처벌했지만, 김영돈은 왕후와의 정치적 대립과 기삼만 사건으로 정치도감 활동이 중지되어 정계에서 물러났기 때문에 처벌받지는 않았다.

　김영돈의 동생이자 김사형의 증조부 김영후(金永煦, 1292~1361) 역시 조적의 난으로 왕이 원의 수도에 갔을 때 간신들이 변란을 꾸몄으나 왕을 시종한 공으로 1등 공신에 봉해졌고, 원나라에서 충혜왕을 잡아갈 때 시종한 백관들이 모두 도망갔으나 끝까지 남아 있다가 창을 맞기도 했다.

　김영돈은 충목왕 대에 좌정승과 우정승을 지냈고, 그를 포함해 공민왕 대에는 김사형의 조부 김천(金蕆)과 김사형의 형 김사안(金士安, ?~1391) 등이 조정에서 활동했다. 그러나 김사형의 집안이 특정 정치 성향을 지니고 있지는 않았던 것으로 보인다. 김사안은 창왕이 즉위한 1388년 이색·이숭인 등과 함께 명나라에 가서 창왕이 명 황제를 직접 뵐 수 있도록 청했으나 창왕이 왕씨가 아니라는 이유로 거절당한 일도 있었다.

태종의 왕권 강화를 지원하다

　김순의 자손들은 출가한 김사순(金思順, 생몰 미상)을 제외하고 모두 《고려사》와 〈묘지명(墓誌銘)〉 등에 이름이 올라 있다. 〈묘지명〉은 '사망한 이의 덕과 공로를 글로 새기어 후세에 영원히 전한다'는 뜻으로, 죽은 이의 성씨와 벼슬 그리고 고향과 생몰 시기 및 자손들에 대한 기록을 두 개의 정방형 돌에 새긴 뒤 포개어 무덤 속에 묻어둔 것을 말한다.

김사형의 집안은 사위와 며느리들도 당대의 이름난 가문의 자녀들이었고, 고려 말기에 과거를 통해 정계에 진출하여 개혁에 동참했던 신흥사대부들도 배출했다. 김사형 역시 신학문인 주자성리학을 공부했고, 과거에 급제한 후 이성계를 비롯해 조준·정도전 등과도 교유했다. 특히 그는 이성계보다 여섯 살 아래였지만, 이성계가 오랜 벗으로 대하며 절친한 관계를 유지할 정도로 성품이 뛰어난 것으로 전한다. 그러나 조선의 개국 과정에서 김사형의 구체적인 활동은 전하지 않는다.

다만 그는 "위화도회군 후 교주강릉도도관찰출척사로 나갔고, 공양왕 2년(1390) 지밀직사사 겸 대사헌에 이어 지문하부사로 승진했으며, 이성계의 추대에 참여한 공으로 개국공신 1등에 봉해졌다"는 기록으로 보아 급진 개혁 세력과 뜻을 같이한 것으로 보인다. 그러나 그가 처음부터 이성계의 추대에 참여하지는 않았다고 보는 견해도 있다. 즉 그가 개혁에는 동참했으나 역성혁명까지는 생각하지 않았음을 의미했다. 그럼에도 그가 개국공신 1등에 오르고 조선에서 관직 생활을 이어갈 수 있었던 이유는 평소 그를 아꼈던 이성계와의 친분 관계와 고려 말기에 그의 집안의 위상 그리고 개인적인 성품 등이 복합적으로 작용한 것으로 보인다.

김사형은 조선이 개국한 후 다양한 분야에서 능력을 발휘하여 공을 세웠다. 예를 들면 태조 5년(1396) 대마도 정벌에 나섰고, 정종 1년(1399) 명나라에 사신으로 다녀오기도 했다. 태종 2년(1402)에는 이무(李茂, 1355~1409) 등과 함께 세계지도인 〈혼일강리역대국도지도(混一疆理歷代國

都之圖)〉의 제작에도 참여했다.

　김사형은 조준처럼 정도전의 요동공벌에 찬성하지 않았고, 1차 왕자의 난이 발생한 이후에야 사태를 감지했다. 그러나 그는 1차 왕자의 난이 일어난 후 백관을 거느리고 대궐에 나가 적장자(嫡長子)를 후사로 세울 것을 요청해 정종의 즉위를 도운 공으로 정사공신 1등에 봉해졌다. 그리고 태종 1년(1401) 좌의정에 올라 정국의 안정과 태종의 왕권강화 정책을 지원했다. 〈혼일강리역대국도지도〉의 제작도 그 예였다.

　이 지도는 임진왜란 전후 또는 일제 강점기에 일본으로 건너간 것으로 추정되나 현재 원본은 전하지 않는다. 다만 모사본이 일본 류코쿠대학 도서관에 소장되어 있고, 이를 다시 필사한 소장본이 규장각에 있다.

　이 지도는 아시아·유럽·아프리카를 포함하는 구대륙 지도로, 중국에서 〈혼일강리도〉를 들여와 우리나라와 일본을 추가하여 우리나라에서 제작한 첫 세계지도이면서 동양에서 가장 오래된 세계지도이다. 중국의 옛 세계지도는 대부분 우리나라와 일본은 자세하게 그리지 않거나 빠뜨렸으나 이 지도는 압록강의 상류와 두만강의 유로(流路), 즉 물 흐르는 길이 부정확하기는 하지만, 서해안과 동해안의 해안선이 현재의 지도와 큰 차이가 없는 등 매우 정확하다는 평가를 받는다.

　또한 여기에는 아프리카 대륙과 아라비아반도는 물론 희망봉이 발견되기 전이었음에도 희망봉도 상세하게 그려져 있는 등 당시로서는 동서양을 막론하고 가장 훌륭한 세계지도로 평가받는다. 이 지도는 전체에서 조선이 상대적으로 몇 배나 크게 그려져 있다는 점도 하나의 특징으로, 당시 세계지도를 제작한 이유에는 조선의 위상과 함께 국왕 태종의 권위를 높이고 통치력을 강화하려는 의도가 담겨 있었다.

왜 '두문동 72현'의 신화가 생겨났나?

　김사형의 집안은 고려에 충절을 지킨 인물도 배출했다. 특히 그의 형 김사염(金士廉)은 두문동 72현으로 꼽힐 정도로 고려에 끝까지 절의를 지킨 것으로 전한다. 하지만 정사(正史)에는 두문동과 관련한 구체적인 자료는 전하지 않는다. '두문동 72현'에 대한 이야기가 조선에서 만들어진 신화라는 견해도 있다.

　신흥사대부들은 공민왕이 신돈을 등용하여 개혁 정책을 추진하는 과정에서 성균관을 중심으로 성장 기반을 마련할 수 있었다. 하지만 신돈의 등용에 반발하여 관직에서 물러나거나 적극적으로 활동하지 않았던 신흥사대부들도 있었다. 그리고 공민왕의 갑작스러운 사망과 우왕의 즉위로 권신 이인임이 권력을 장악하자 일부 신흥사대부들은 은거 생활을 선택했고, 위화도회군 이후에는 고려와 왕실을 지키려는 입장과 새로운 국가의 건설을 놓고 갈등과 대립이 심화되는 과정에서 다시 은거 생활을 선택한 이들이 생겨났다. 이들은 조선이 건국되자 '고려왕조에 의리를 지키며 충성할 것인가? 아니면 조선왕조에 협력할 것인가?'를 놓고 다시 입장이 갈라지게 된다. 이들 가운데 목숨을 바쳐 고려에 끝까지 충절을 지킨 이른바 '두문동 72현'과 관련한 신화가 생겨났다. 여기에는 고려에 충절을 지킨 다양한 인물들이 포함되어 있으며, 이들이 모두 같은 날 같은 장소에서 사망한 것은 아니다.

　두문동 72현이라는 용어도 당시에 형성된 것이 아니다. 두문동 72현이 공식적으로 거론된 것은 조선에서 성리학이 최고로 발달한 조선 후기 영조 16년(1740)이었다. 당시 영조가 개성을 방문하면서 처음으로 거론했고, 영조 27년(1751)에 비로소 두문동에 동비(洞碑)가 세워지고 비문에 영조가 친필로 쓴 글을 새겨 넣었다. 그리고 100년이 지나 구체적인 명단이 만들어지게 된다.

또한 구전(口傳)되던 이야기들이 문자로 정리되는 과정에서 고려에 충절을 지킨 이들이 처형되거나 비운의 삶을 사는 등 비극적인 내용은 삭제되고 충절을 상징하는 이야기가 강조되었다. 예를 들면 정조 6년(1782) 개성유수 정창순(鄭昌順, 1727~?)이 고려시대의 역사적 기록과 유물 등 풍부한 내용을 수록한 《송도지(松都誌)》를 편찬하면서 두문동 72현과 관련한 이야기를 수록했고, 이를 저본으로 더욱 풍부한 내용이 《중경지(中京誌)》에 상세하게 수록되어 있다.

현재 인천광역시 강화군 강화읍 남산리의 남문 밖에 있는 부조현이라는 고개의 유래담도 그 예이다. 지금은 '서로 도와준다'는 의미의 부조현(扶助峴)으로 표기하지만, 본래는 부조현(不朝峴)으로 '조회하지 않은 고개'라는 뜻이었다. 남문 밖에는 지금도 부조마을이라는 이름이 남아 있으며, '고려 왕조의 신하들이 조선 개국 후 새로운 조정에 불복하여 동참하지 않고 구신골〔舊臣谷〕로 은거하기 위해 넘은 고개'라는 유래담도 전한다.

또한 〈영조실록〉에는 영조가 개경을 방문했을 때 가마를 타고 가다가 개성시 동현동에서 성남동으로 넘어가는 고개를 지나면서 그 유래담을 묻자 "조선이 개국한 후 과거를 실시했으나 고려의 유생들이 응시하지 않고 갓을 벗어 나무에 걸어 놓은 채 이 고개를 넘어 개풍군 두문동으로 들어갔다"고 해서 그때부터 "조정에서 실시하는 과거에 응시하지 않고 넘어간 고개라는 뜻에서 부조개 또는 부조현이라고 했다"는 이야기도 전한다.

이들이 72현이 된 것도 72명을 뜻하기보다는 공자의 제자 72현에서

따온 것으로, 나라에 대한 충절을 대표하는 유학을 공부한 선비 집단을 상징했다.

'두문동 72현'은 왜 조선에서 만들어졌나?

서견(徐甄, 생몰 미상)의 경우 공양왕 4년(1392) 간관들과 함께 정도전·조준·남은 등을 이성계의 핵심 측근으로 지목하여 탄핵했다가 정몽주가 피살된 후 유배되었고, 조선 건국 직후 직첩(職牒, 조정에서 내리는 벼슬아치의 임명장)을 삭탈당했다. 이후 유배에서 풀려나 금천에서 은거 생활을 했던 그는 조선에서 청백리로 뽑히기도 했다. 그러나 그는 끝내 벼슬에는 나아가지 않았고, 태종 12년(1412) 고려를 사모하는 시를 지었다는 이유로 탄핵받았으나 태종이 "전 왕조의 신하가 고려를 사모하는 것은 당연하다"며 용서했다는 일화도 전한다. 이후 서견은 선조 때 충신에 봉해졌다.

두문동 72현으로 전하는 인물 중에는 조선이 개국된 후 관직 생활을 한 인물들도 있었다.

김자수(金自粹, ?~1413)의 경우 "사전(祀典)에 기재된 바를 제외하고는 일체의 부정한 귀신에게 지내는 제사를 금지하고 모든 무당의 궁중 출입을 엄단할 것, 천변(天變)이 자주 일어나는 것은 숭불(崇佛)로 인한 것이니 연복사탑(演福寺塔)의 중수 공사를 중지할 것"을 주장하는 등 고려 말기에 유학자로서 불교의 배척에 적극 나섰다. 그러나 그가 대사성으로 있을 때 박초(朴礎, 1367~1454) 등이 성균박사로 있으면서 척불에 관한 상소를 올렸는데 생원 서복례(徐復禮)가 소에 서명하지 않았다는 이유로 김자수에게 고하지도 않고 함부로 성균관에서 쫓아낸 일이 있었다. 고려가 멸망하자 김자수는 관직을 버리고 두문동에 들어갔다가 고향 안동으로 내려와 은거 생활을 했고, 개국 후 태종이 그를 형조판서에 제수했으나 '자손들에게 자신의 묘 앞에 비석도 세우지 말라는 유언을 남기고 스스로 목숨을 끊었다'는 이야기도 전한다.

하지만 기록에 따르면 김자수는 조선에서도 관직 생활을 하다가 태종 13년(1413)에 사망했다. 그럼에도 그가 고려에 절의를 지킨 인물로 평가받는 이유는 조선 건국 후 추령(지금의 경기도 광주시 오포면 신현리 태재)에 이르러 절명사(絶命詞)를 지어 고려에 대한 충절을 표현했고, 자신이 죽으면 정몽주의 묘와 가까운 곳에 묻어달라며 고려에 대한 절의를 잊지 않았다는 점을 높이 산 것으로 보인다.

두문동 72현의 자손들도 조선이 개국한 후 관직에 진출했다. 대표적인 예로 끝까지 고려에 대한 충절을 지킨 길재(吉再, 1353~1419)의 경우, 아들에게 "너는 마땅히 내가 고려를 향한 마음을 본받아 너의 조선 왕을 섬기도록 하라"며 자손들이 관직에 나아가는 것을 권한 것으로 전한다. 그리고 정몽주를 살해한 조영규(趙英珪, ?~1395)를 탄핵했고, 이방원을 "천하에 둘도 없는 흉인(凶人)"이라고 비판했던 이행(李行, 1352~1432)은 고려가 멸망하자 예천동에 은거하며 수차례 벼슬을 사양하다가 태종 5년(1405) 예문관제학으로 관직에 나왔다. 그리고 그는 아들이 고려에 대한 절개를 지키려고 하자 "새로운 왕 역시 성인이며 너는 나와는 다르니 반드시 나를 따를 필요는 없다. 모름지기 잘 섬기도록 하라"며 아들의 출사(出仕)를 권했다고 한다.

이처럼 사실 여부와 관계없이 끝까지 고려에 대한 충절을 지킨 두문동 72현을 조선에서 주목한 이유가 있었다.

첫 번째는 '망국의 순간에도 군신의 의리를 저버리지 않았던 고려의 충신을 본받아서 조선의 신하들도 본분을 다해야 한다'며 조선에 대한 충절을 강조하여 정치적 귀감으로 삼고자 했기 때문이다. 두 번째로 이들은 조선이 건국된 후 은거 생활을 하며 후진 양성과 주자성리학의 보급에 지대한 공헌을 했고, 후학들이 관직에 진출하여 이른바 사림(士林)이라는 정치세력을 형성하며 도덕성과 함께 충절을 최고의 가치로 내세웠기 때문이다. 그리고 세 번째로 조선이 건국된 후 고려의 관리들을 포섭하고 인재의 등용 차원에서 이른바 두문동 출신으로 거론된 인물들은 특별한 명분을 지니고 있었기 때문이다. 따라서 조선은 이들의 영입에 적극 나섰고, 이들은 정치에 참여하여 태조에 이어 태종 대의 정치세력과 재야 세력의 교량적 역할도 담당하게 된다.

한 번도 탄핵당하지 않고 관직 생활을 마무리하다

김사형은 좌의정에 오른 지 1년 반 만에 태종의 최측근인 하윤에게 자리를 넘기고 관직에서 물러났다. 그리고 태종 7년(1407) 67세의 나이로 세상을 떠났다. 그가 사망했을 때 사관들은 이렇게 평했다. "깊고 침착하여 지혜가 있었고, 조용하고 중후하여 말이 적었으며, 속으로 남에게 숨기는 것이 없고, 밖으로 남에게 모나는 것이 없었다. 재산을 경영하지 않고 음악과 여색을 좋아하지 않아서 처음 벼슬할 때부터 운명할 때까지 한 번도 탄핵당하지 않았으니 시작도 잘하고 마지막을 좋게 마친 것이 이와 비교할 만한 이가 드물다."

이처럼 김사형은 격변기를 살았음에도 한 번도 탄핵받지 않을 정도로 자기 관리와 처신에 신중했고, 관리로서 최고의 평가를 받으며 생을 마감했다. 그리고 그는 최고의 명당에 묘를 썼고, 그곳에 딸과 사위 신효창(申孝昌, 1364~1440)이 함께 잠들어 있다.

신효창은 풍수학제조를 지낼 정도로 풍수에 일가견이 있었고, 우리나라 산천의 근원을 모두 알고 있었다고 한다. 그런 점에서 세계지도를 제작한 장인 김사형과 풍수대가였던 사위 신효창이 함께 묻혀 있다는 사실이 흥미롭다.

현재 경기도 양평군 양수역을 끼고 좌회전하여 가정천을 거슬러 가면 이준경(李浚慶, 1499~1572)과 이덕형(李德馨, 1561~1613)의 묘로 들어가는 입구가 나온다. 이른바 '아홉 명의 정승이 묻혔다'는 '구정승(九政丞)골'로, 명당으로 소문난 곳이다. 여기서 좀 더 올라가면 큰 묘가 나오는데 아래가 신효창의 묘이고, 위가 김사형의 묘이다. 그리고 신효창의 비석에는 다음과 같은 글이 새겨져 있다.

"이곳은 공(신효창)이 직접 잡은 자리이다. 공이 풍수술을 좋아하여 일찍이 동쪽 교외에 나가 양평의 산 기운이 아름답고 빼어남을 보고, 청제봉 아래까지 찾아와서 '이곳이다! 오대산 중출맥이 이곳에 숨어 있구나'라고 말하였다. 마침내 먼저 장인 상락백 김사형의 터를 정하였다. 이어서 그 아래에 축대를 쌓고 '이곳은 나의 노년을 마칠 장소이다'라고 말했다."

그런데 부자(父子) 관계도 아닌 장인과 사위가 왜 같은 장소에 묘를 썼을까? 일반적으로 장인 또는 사위가 아들 없이 사망했을 때 함께 묘를 쓰기도 했지만, 김사형은 2남 1녀를 두었고, 사위 신효창도 4남 3녀를 두었다.

시집간 딸이 "시댁의 번영을 위해 기지를 발휘해 친정의 명당을 손에

넣는다"는 이른바 '딸 도둑 설화'도 있다. 예를 들면 정몽주의 묘를 고향인 영천으로 이장할 때 바람에 날린 명정(銘旌)이 떨어진 곳이 명당이라는 말을 듣고 정몽주의 증손녀가 시댁을 일으키기 위해 밤새 이곳에 물을 길어다 부었다고 한다. 다음날 정몽주의 묘를 쓰려고 땅을 파보니 물이 가득 차 있어 옆에 있는 언덕에 묘를 썼고, 명정이 떨어진 곳에는 후에 정몽주의 증손녀 남편인 이석형을 안장했다고 한다. 물론 사실은 확인할 수 없다.

하지만 김사형의 묘자리는 '딸 도둑 설화'와도 관련이 없다. 김사형과 신효창의 경우는 당시 사회에서 통용되던 윤회봉사(輪廻奉祀)와 균분상속(均分相續)과 연관이 있다. 윤회봉사란 고려와 조선 전기에 행해지던 제사 방식으로 장남이 제사를 전담하는 것이 아니라 아들과 딸들이 돌아가면서 제사를 모시는 것을 말한다. 당시에는 딸이 제사를 모시다가 사망하면 딸의 자녀, 즉 외손이 제사를 모시는 외손봉사도 특이한 일은 아니었다. 현대인들은 외손봉사를 아들이 없고 딸만 있는 경우에 해당하는 것으로 이해하고 있지만, 당시 사회에서 제사를 모시는 것은 재산 상속과도 밀접한 관계가 있었다.

장인과 사위가 묘를 함께 쓰다

《경국대전》에 따르면 "아들과 딸을 차별하지 않고, 출생한 순서대로 재산을 골고루 나누어준다"고 규정하고 있다. 그리고 시집간 여성이 친정에서 가져온 재산의 처분권도 전적으로 여성에게 있었다. 대신 재산을 분배받은 딸들도 아들과 함께 돌아가면서 제사를 모셨다. 그러나 이후 김종직으로 대표되는 사림파에 의해 성리학 이외에 모든 사상과 문화가 사문난적(斯文亂賊)으로 몰리게 되면서 종법(宗法) 또한 강하게 조선을 억압(?)했다. 특히 17세기 중엽부터 윤회봉사와 균분상속은 빠른 속도로 줄어들기 시작했고, 18세기 중엽에 이르면 장남(長男)이 제사를 전담하는 문화가 보편적으로 뿌리내리게 된다. 그리고 재산상속 역시 장남 위주로 이루어졌고, 딸은 재산상속에서 제외된다.

16세기 중반에 율곡 이이(李珥, 1536~1584)의 외할머니 이씨 부인의 〈이씨분재기(李氏分財記)〉, 즉 재산상속에 관한 유언을 담은 문서에 외손자 율곡이 제사를 이어받으면서 제사를 위해 한양의 수진방에 있는 기와집 한 채와 노비, 전답을 상속받았다는 기록이 전한다. 그리고 명종 21년(1566)에는 율곡 이이를 포함해 4남 3녀가 부모님이 돌아가신 뒤 한자리에 모여 남녀 차별 없이 출생순으로 공평하게 땅과 노비를 배분하여 문서로 남긴 기록도 전한다.

그러나 17세기 중반인 현종 10년(1669) 김명열 형제가 후손들에게 남긴 분재기에 따르면 다음과 같이 상속에 뚜렷한 변화가 보인다.

"이 문서를 작성하는 일은 다음과 같다. 종가에서 제사를 모시는 법은 예법에 분명히 있으니 엄중한 것이다. 따라서 많은 토지와 노비를 조상의 제사를 받드는 비용을 충당하기 위해 재산을 분배하여 내어놓고, 제사는 종가에서 전담하여 행하고, 다른 여러 자손은 윤행하지 않아야 한다. 우리나라의 종법(宗法)이 오래전에 무너져서, 여러 자손이 윤행하는 것을 사대부 집안이 모두 규례로 삼고 있지만, 이는 바꿀 수 없는 것이다. 여자는 출가한 다음에는 곧 다른 가문의 사람이 되어 지아비를 따르는 의리가 무겁다. 그러므로 성인이 예의를 제정함에 등위를 낮춘 것이다. 그런데 정(情)

과 의(義)가 모두 가벼워져, 세간의 사대부 집안에서 제사를 사위의 집안에 윤행하는 경우가 종종 있다. 항상 보건대, 사람들의 사위와 외손 등이 제사를 미루거나 빠뜨리는 경우가 많다. 비록 하더라도 제물이 정결하지 않거나 예의가 공경스럽지 않아 도리어 행하지 않는 것만 못하다. 우리 집에서는 일찍이 이 일을 선조에게 물어보고 정하였고, 우리 형제가 헤아려 정한 지 이미 오래된바, 결단코 사위나 외손의 집안에서 제사를 윤행하지 않는 것을 세세토록 법식으로 삼았다.

아버지와 자식의 정과 의리가 비록 남녀의 차이는 없지만, 생전에 봉양하는 도리가 없고 사후에 제사를 행하는 의례가 없는즉, 어찌 유독 토지와 노비만 남자와 균등히 나누어줄 수 있겠느냐. 여자는 토지와 노비를 3분의 1만 나누어준다. 이는 정과 의리에서 전혀 불가할 것이 없으니, 여자와 외손들이 어찌 감히 이 뜻을 어기고 분쟁할 마음을 품겠는가. 이 글을 보면 그 뜻을 미루어 좋은 의미를 알 수 있으니, 누가 보통의 규례와 다르다고 하면서 불가하다고 하겠는가. 종가의 자손이 가난하고 잔약해짐으로써 제사를 빠뜨리는 것은 오히려 가하다. 만약 이를 준행하지 않고 윤행한다면, 기꺼이 우리의 자손이라고 말하겠는가."

이 문서에 따르면 딸은 출가외인이라는 의식이 분명하게 담겨 있다. 그리고 윤회봉사로 인해 제사를 미루거나 빠뜨리는 경우도 있었고, 제사음식이 정결하지 못하고 정성이 부족한 경우가 있었던 사실도 확인할 수 있다. 또한 마지막 부분에서 딸들이 재산상속에 이의를 제기하지 말 것을 반복해서 강조하고 있는 것으로 보아 당시에도 딸들이 재산상속에 대한 불만으로 분쟁을 벌였던 것으로 보인다.

정도전(鄭道傳)

"정치는 구호가 아니라 실천이다"

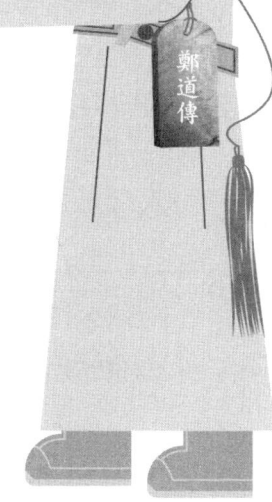

전쟁통에도 과거를 실시하다

정도전(1342~1398)을 평가한 자료에 따르면 빈틈이 없고 대단히 냉정한 성격으로, 요즘 말로 하면 바늘로 찔러도 피 한 방울 안 날 것 같은 느낌이 든다. 하지만 그는 사소한 것에는 신경 쓰지 않는 털털한 성격을 지니고 있는 등 나름의 삶의 여유(?)도 발견된다.

서거정(徐居正, 1420~1488)의 《필원잡기(筆苑雜記)》에는 "정도전이 말을 타고 출근하려고 하는데 신발을 짝짝이로 신고 있는 것을 본 말구종이 '신발이 서로 다르다'고 말하자, 정도전은 태연하게 '한쪽 신을 본 사람은 반대편 신을 볼 수 없을 것이니 걱정하지 말라'며 그대로 출근했다"는 일화가 전한다. 그렇다고 정도전이 낭만주의자나 이상이나 꿈만 좇는 몽상가는 아니었다.

정도전은 학문을 탐구하는 선비라고 해도 현실에서의 실천을 가장 중요하게 생각했다. 이런 정도전을 스승 이색은 "벼슬에 나아가면 해야 할 일은 반드시 하고 어떤 일을 당해서도 회피할 줄 몰랐으니, 옛날의 군자도 정도전과 같은 사람은 많지 않다. …… 이것이 내가 그를 존경하는 이유이다"라며 실천력과 추진력을 갖춘 정도전을 극찬했다.

정도전은 어설프게 자기 확신만 가지고 뚝심으로 일을 밀어붙이지도 않았다. 그는 필요하다고 판단되면 구체적인 대안을 찾기 위해 고민하고 연구했다. 이런 정도전을 권근은 《삼봉집(三峯集)》〈서문〉에서 다음과 같이 평하고 있다.

"시서(詩書)를 강론함에 있어 능히 알기 쉬운 말로 지극한 이치를 형용하여 배우는 자가 한 번 들으면 바로 의(義)를 깨달았으며, 이단을 물리침에 있어서는 능히 그 글에 정통하여 먼저 그 연유를 자세히 설명하고서 마침내 그른 점을 지적하므로 듣는 자가 다 굴복하였다. 이 때문에 경서를 들고 배우려는 자가 골목을 메웠으며, 일찍이 따라 배워서 높은 벼슬에 오른 자도 어깨를 나란히 하여 늘어설 만큼 수가 많았고, 비록 무인이나 학식이 없는 평범한 사람이라도 그의 강론과 설명을 들으면 재미를 붙여 싫증을 내지 않았으며, 불교의 무리까지도 교화(敎化)된 자가 있었다."

정도전은 자신이 살았던 시대의 아픔과 사회적 모순을 회피하거나 절충하지 않았다. 그는 자신이 살고 있는 현실을 온몸으로 받아들이며 변화와 개혁에 나선 지식인이자 실천가로 평생을 살았다.

정도전의 삶은 관직에 나아가는 과정부터 평범하지 않았다. 그는 홍건적의 침입으로 전란의 상처가 가시지 않은 공민왕 9년(1360) 성균시에 합격했다. 그리고 최씨와 혼인하여 다음 해(1361) 장남 진(津)을 낳았고, 생계를 위해 학동들을 가르치며 국자감시를 준비했다. 그러나 공민왕 10년 (1361) 10만의 홍건적이 다시 쳐들어와 개경을 함락하고 궁성과 도시를 폐허로 만들었다. 공민왕은 지금의 안동 지역인 복주(福州)로 피난을 갔고, 이 기회를 틈타 친원파들이 정동행성을 다시 설치하고 관제를 이전으로 돌려놓는 등 정국은 어수선하기만 했다.

이러한 시기에 정도전은 왕의 임시 궁전이었던 청주 행재소에서 시행한 국자감시에 급제해 정8품 충주사록에 제수되어 관직 생활을 시작했다. 이때 정도전의 나이 21세였다. 하지만 당시 관리들은 자기 한 몸 보전하기도 어려운 시절이었고, 그에게는 의지할 좌주(座主)도 없었다.

좌주는 과거를 주관한 지공거(知貢擧)와 동지공거(同知貢擧)로, 과거 급제자들이 이들을 스승이라는 의미로 높여 부르는 말이다. 그리고 과거 급제자를 문생(門生)이라고 한다. 문생들은 좌주를 '자신의 문장을 알아주어 청운의 꿈을 실현시킬 수 있도록 은혜를 베풀어주신 분'이라는 뜻으로 '은문'(恩門)이라고도 했다.

4년 만에 사직하다

좌주와 문생은 평생 부모와 자식 같은 각별한 관계를 유지했다. 《고려사》에 따르면 충목왕(忠穆王, 1337~1348) 3년(1347) 이후에 실시된 10회의 과거에서 공민왕 6년(1357)과 11년(1362)의 두 차례를 제외하고 이제현(李齊賢, 1287~1367)과 그의 문생들이 시험관을 독점하며 조정에서 서로 잘못을 덮어주거나 자기들의 좌주나 문생 또는 동문이 아니면 실력을 갖춘 선비일지라도 받아들이지 않았다. 이 때문에 당파를 형성했다는 비판을 받기도 했지만, 이들은 사회문제에 대한 대책이나 백성들을 교화하는 방법 등을 묻는 과거 시험을 거쳐 관직에 나왔기에 성리학을 기반으로 개혁에 대한 의지를 공유하며 자부심과 함께 정치적 동류의식을 지니고 있었다.

그러나 정도전은 이제현이 시험관으로 참여하지 않았던 공민왕 11년(1362) 과거에 급제했고, 그의 좌주는 홍언박(洪彦博, 1309~1363)과 유숙(柳淑, 1324~1368)이었다. 두 사람은 모두 공민왕의 측근으로 양식을 지닌 관리였지만, 충목왕 대 이후에 성장한 신흥사대부들과는 정치와 학문적 성향이 달랐다. 이제현의 건의로 시부(詩賦)를 없애고 책문(策文)을 시험하던 과거에 다시 책문 대신 시부를 포함시킨 것도 그 예였다.

홍언박은 명덕태후의 친정 조카로, 왕실 외척이었다. 그는 충혜왕(忠惠王, 1315~1344)이 즉위하던 해(1330) 이제현의 아들 이달존(李達存, 1313~1340)과 함께 문과에 급제했고, 공민왕 2년(1353)에는 이제현과 함께 과거를 주관하여 이색·박상충·권중화 등 신흥사대부들을 선발했다. 이후 기철 일파를 숙청한 공으로 1등 공신에 올랐고, 공민왕 10년(1361) 홍건적의 2차 침입 때 개경이 함락되자 문하시중으로 공민왕을 호종했다. 그리고 개경을 탈환한 후 백성들의 피해를 줄이기 위해 농한기에 환도할 것을 주장하는 등 공민왕에게 충언을 아끼지 않았다. 그러나 그는 정도전이 관직 생활을 시작한 다음 해인 공민왕 12년(1363) 김용이 일으킨 '홍왕사의 변' 때 피살되고 말았다.

유숙은 연경에서 공민왕을 4년간 보좌했고, 그 공으로 귀국 후 1등 공신에 오른 측근이었다. 그러나 그는 공민왕 1년(1352) 조일신의 무고로 파직되었다가 복직하는 등 일찍부터 공민왕을 추종했던 또 다른 측근들로부터 견제를 받았다. 그럼에도 공민왕 8년(1359)에 기철 일당을 제거하고 김용의 반란을 진압한 공으로 공신에 봉해졌고, 성리학을 공부하여 상당한 수준의 학식을 지니고 있었다. 그는 신돈의 모함으로 낙향하게 되었을 때 대신과 문생 그리고 퇴직한 관리들이 몰려나와 전송할 정도로 주변의 신망도 높았다. 그러나 신돈의 견제를 받았던 그는 공민왕 17년(1368) 신돈이 보낸 자객에게 살해되었다.

이처럼 정도전은 조정에서 지원해줄 세력이 없었지만, 실력을 인정받아 공민왕 13년(1364) 종7품 전교주부를 거쳐 이듬해 왕의 비서직인 통례문지후로 승진했다. 당시 그는 왕을 가까이에서 보필하며 신돈의 개혁도 볼 수 있었다. 그러나 신돈을 비판한 인물 중에 그와 각별한 관계를 유지했던 친구들이 많았고, 공민왕이 모든 것을 포기한 듯 점차 엽기적인 행동을 벌이자 공민왕 14년(1365) 벼슬을 버리고 삼각산 옛집으로 돌아가 버렸다. 관직 생활을 시작한 지 4년 만이었다.

하지만 평소 정도전의 성격을 감안하면 그가 관직을 버린 것이 아니라 병환 중인 아버지를 간병하기 위해 관직에서 물러난 것으로 보인다. 그의 아버지 정운경(鄭云敬, 1305~1366)은 공민왕 12년(1363) 병으로 사직했고, 정도전이 관직에서 물러난 다음 해인 공민왕 15년(1366) 1월에 사망했기 때문이다. 따라서 정도전은 아버지의 상을 치르기 위해 다시 고향 영주로 내려가게 된다.

맹자를 만나며 새로운 정치사상을 접하다

정도전이 아버지의 삼년상을 치르던 중에 공민왕 15년(1366) 12월 어머니가 사망하자 어머니의 삼년상이 더해져 거상 기간이 4년으로 늘어났다. 정도전은 유교의 예(禮)에 따라 부모의 삼년상을 치렀다. 공민왕은 삼년상을 치른 정도전에게 '부모상에 성인(聖人)의 예절을 잘 지켰다'고 칭찬했으며, 정도전은 얼마 되지 않는 유산을 동생들에게 모두 골고루 나누어주고 자신은 허약한 노비 몇 명을 거두었다는 일화도 전한다.

정도전은 부모상을 치르면서 두 동생도 가르쳤고, 유학은 물론 역사·제자백가·병법·불경·음악·수학·의학 등 폭넓은 분야를 공부했다. 그리고 정몽주를 포함해 이색의 문하생 등 친구들과도 편지와 시를 주고받으며 교류를 이어갔고, 소문을 들은 영남 지방의 유생들이 가르침을 얻고자 정도전을 찾는 발길이 이어졌다.

이 무렵 이미 신유학인 성리학이 지방까지 확산되었고, 성리학을 접한 지방의 선비들은 타락한 불교를 대신해서 자신들의 정체성을 형성하고 세계상을 창조할 새로운 이념에 목말라하고 있었다. 따라서 정도전의 가르침은 이들에게 삶의 방향성을 정립하는 계기가 되는 등 많은 영향을 미쳤다.

정도전은 남방의 학자들에게 신유학의 가르침을 통해 역사 인식을 기르고 현실 정치에서의 실천 의지도 전수했다. 이들 중에는 후에 높은 벼슬을 지낸 사람도 많았고, 이들은 개혁을 넘어 혁명의 든든한 지지 세력이 되기도 했다. 안비판(安秘判)·이안렴(李按廉)·성중서(成中書)·김사농(金司農)·유판도(庾版圖) 등이 그들이다.

또 하나 주목되는 것은 그가 부모상을 치르면서 《맹자》를 하루에 한 장 또는 반 장씩 정독할 정도로 공부에 집중했다는 사실이다. 맹자(孟子, BC 372~BC 289)는 민본사상(民本思想)을 최고의 가치로 삼아 왕도정치를 펼칠 것을 주장한 사상가로 중국 춘추시대의 공자보다도 상당히 진보적인 정치관을 제시한 전국시대의 인물이었다.

맹자는 사람들과 나눈 치열한 문답과 논쟁도 기록으로 남겼다. 특히 여기에는 "백성의 뜻을 거스르는 정치와 군주는 백성의 뜻에 따라 바뀌어야 한다"며 혁명을 정당화하는 논리도 담겨 있다. 예를 들면 사치스럽고 방탕한 생활로 나라를 도탄에 빠뜨렸던 주왕(紂王, ?~BC 1046)을 무왕(武王, ?~BC 1043)이 처형한 사건에 대해 맹자는 "주라는 사내를 죽였다는 얘기는 들었어도 군주를 시해했다는 얘기는 듣지 못했다. …… 군왕이 포악하거나 무능하면 이미 군왕으로 볼 수 없다"는 논리를 내세워 "백성이 군왕을 선택할 수 있다"는 유명한 말을 남겼다.

이처럼 《맹자》는 '정치의 근본은 백성들의 삶에 있으며, 이를 거스를 경우 군주를 바꿀 수 있다'는 혁명의 정당성을 제공해 주기도 했지만, 정도전은 맹자를 뛰어넘으려고 시도했다. 맹자가 말한 역사 발전 순환론에 따르면, '한 왕조와 제왕의 흥망성쇠는 하늘이 내린 5백 년의 국운에 국한되므로, 이 기간이 지나면 다른 사람이 정권을 대신해야 한다'고 보았다. 그리고 요순에서 상·탕까지가 5백 년이고, 상·탕에서 주 문왕까지가 5백 년이며, 주 문왕에서 공자까지가 5백 년이라는 역사적 사실을 들어 이를 증명했다. 그러나 정도전은 이를 뛰어넘어 8백 년 또는 그보다 더 오래 유지되는 정치체제를 갖춘 나라를 만들고자 했다. 따라서 이 시기에 맹자와의 만남은 정도전의 인생에서 각별한 의미가 있었다.

그런데 정도전에게 민본사상으로 무장하고 개혁을 넘어 혁명의 정당성을 깨우쳐준 《맹자》를 소개한 사람이 바로 정몽주였다는 사실도 흥미롭다. 결과적으로 마지막 고려인이 조선의 창업자에게 이념적 명분을 지원한 셈이었기 때문이다.

성균관으로 복귀하여 열정을 불태우다

공민왕 18년(1369) 정도전은 부모상을 마치고 삼각산 옛집으로 돌아왔다. 하지만 복직을 서두르지 않은 탓인지 아니면 조정에서 그를 챙겨줄 후견인이 없었기 때문인지는 모르겠지만, 바로 복직이 이루어지지 않았다. 그는 학동들을 가르치며 어렵게 생계를 유지하다가 공민왕 19년(1370) 가을, 5년 만에 성균관박사로 복직했다. 당시 이색이 성균관대사성으로 있었고, 정몽주·박상충·박의중·이숭인·김구용 등 이색의 제자들이 성균관박사로 경학을 강론하고 있었다. 이때 그의 나이 29세였다.

이 무렵 성리학이 확립되던 시기였다는 사실을 감안하면 인재 양성을 위한 성리학 교육기관이자 현재의 국립대학에 해당하는 성균관으로 정도전의 복직이 이루어졌다는 점은 대단한 의미가 있었다. 성균관박사는 정치에 직접 참여하는 자리는 아니었다. 경전을 가르치고 수업이 끝나면 젊은 유생들과 토론이 이어지는 것이 일상이었다. 따라서 정의감에 불타는 혈기 왕성한 젊은 유생들과의 격렬한 토론 시간은 정도전의 열정을 더욱 자극했고, 한편으로는 정도전의 정치사상을 지지하는 젊은 유생들이 형성되는 시간이기도 했다.

또한 성균관에서 정몽주와 지칠 줄 모르는 연구와 토론을 이어가는 등, 두 사람은 많은 시간을 함께 보내며 성리학을 통해 개혁 이론을 더욱 정교하게 정립하는 시간을 갖게 된다. 정도전은 '도덕의 으뜸'이라며 정몽주를 칭송하는가 하면, "여러 생도가 각기 학업을 연수하여 사람마다 이견이 있었는데, 선생은 그 물음에 따라 명확히 분석하여 설명하되 털끝만큼도 차이가 나지 않았다"고 극찬하면서 유학의 경전을 성리학적 관점에서 일관성 있게 해석한 최초의 고려인으로 정몽주를 꼽는 데 주저

하지 않는 등 두 사람 사이에 절대적인 신뢰가 자리잡게 된다.

공민왕 20년(1371)에는 수원으로 유배되었던 신돈이 처형되었다. 신돈의 개혁이 실패로 막을 내린 것이다. 이후 단행된 조직개편에서 무인 최영과 경복흥(慶復興, ?~1380)이 다시 부상했다. 이들은 권력을 상실했던 경험을 되풀이하지 않기 위해 도당의 권한을 강화해 나갔고, 이 무렵 신흥사대부들이 국사를 논하는 상대역으로 성장하고 있었다.

정도전은 공민왕 20년(1371) "예악에 밝고 일처리가 매끄럽다. …… 왕이 그를 몹시 사랑했다"는 평가를 받을 정도로 능력을 인정받았고, 태상박사로 특진하여 예의정랑과 성균관박사를 겸하게 된다. 태상박사는 제사를 주관하고 왕의 묘호와 시호를 제정하는 자리로, 왕으로부터 실력을 인정받고 신뢰받는 직책이었다. 이어서 교서를 작성하는 지제교를 맡았고, 인사행정을 관장하는 등 조정에서 관리로 연륜을 쌓아갔다.

정도전은 신돈의 처형 사유를 종묘에 고하는 제의도 주관했다. 여기에는 '6년 여에 걸친 신돈의 시대가 막을 내렸다'는 공식 선언과 함께 공민왕이 친정하겠다는 의지가 담겨 있었다. 따라서 정도전이 자신에게도 개혁 정치에 참여할 수 있는 기회가 올지 모른다는 기대를 가질 만했다. 하지만 공민왕 23년(1374) 9월 공민왕이 시해되면서 고려는 다시 먹구름이 밀려왔다.

조정에는 개인의 이익 추구를 우선하는 기득권세력이 여전히 기승을 부리는 가운데 중흥(中興)의 불씨는 살아날 기미가 없었고, 이인임 등 수구세력이 조정의 혼란을 틈타 정권을 장악하며 개혁의 시계 바늘을 다시 과거로 돌려놓았다. 당시 33세의 젊은 관리 정도전이 공민왕의 죽음에 대해 어떤 생각을 했을지 궁금하지만, 아쉽게도 이와 관련한 기록은 찾아볼 수 없다.

9년 동안 유배와 낭인 생활을 하다

권신들은 공민왕의 친명정책도 친원정책으로 되돌려놓았다. 정도전은 이에 강력하게 반발했지만, 오히려 그에게 북원(北元)의 사신을 영접하라는 명령이 떨어졌다. 정도전은 이를 거부하며 저항하다가 전라도 나주로 유배되었고, 정몽주 등 신흥사대부들도 대거 유배되었다. 정도전은 물론 신흥사대부들이 집단으로 권신들에게 저항하다가 패배를 당한 것이다.

이후 유배된 신흥사대부들은 1년여 만에 복직이 이루어지기 시작했지만, 조정에서 존재감을 회복하기에는 시간이 필요했다. 그런데 3년 동안 유배 생활을 했던 정도전은 유배에서 풀려난 후에도 고향으로 거주지가 제한되어 칩거 생활을 해야 했다. 그리고 거주지 제한이 풀려 삼각산 옛 집으로 돌아온 후에도 복직이 이루어지지 않았고, 부천과 김포 등을 전전하며 낭인 생활을 하게 된다. 정도전은 이 시기에 무척 힘든 생활을 했지만 한편으로는 백성들의 삶의 현장을 더욱 구체적으로 경험하면서 많은 변화를 겪었다.

우왕 9년(1383) 7월 정도전은 이성계를 찾아 나섰다. 〈태조실록〉에 따르면 당시 정도전이 이성계를 찾아가 혁명을 모의한 것으로 기록하고 있다.

"정도전은 동북면도지휘사로 있던 태조를 따라 함주 막사로 갔다. 태조의 호령이 엄숙하고 군대의 대오가 질서 정연한 것을 보고 정도전은 은근히 말하였다. '참 훌륭합니다. 이런 군대라면 무슨 일이든 못하겠습니까?' 라는 말에 태조가 '무슨 뜻이냐?'고 묻자, 정도전은 '동남방의 근심인 왜적을 칠 수 있다는 뜻입니다'라며 짐짓 딴청을 부렸다. 그러고는 '군영 앞에 노송(老松) 한 그루가 있으니 소나무 위에다 시를 한 수 남기겠습니다'라고 했다."

당시 정도전이 남긴 시는 다음과 같다.

창망한 세월 한 그루 소나무
청산에 자라나며 몇만 겹인데
다른 해 서로 만날 수 있으랴
사람 사는 곳에 곧 따라가리라

이처럼 정도전과 이성계의 만남은 정도전이 평소 말했던 '푸른 소나무 최고봉에 옮겨줄 위인'과 '백아의 거문고 소리를 알아주는 지음'을 찾아나선 것이었고, 동시에 오랜 세월에 걸친 낭인 생활의 청산을 의미했다. 이때가 정도전이 42세, 이성계가 49세였다.

정도전은 이성계의 군대를 면밀하게 관찰한 후 오래 머물지 않고 다시 김포의 집으로 돌아갔다. 그리고 이듬해인 우왕 10년(1384) 봄과 여름, 함주 막사를 두 번 더 방문했다. 그는 방문길에 함흥부 남쪽에 있는 함주막의 도련포(都連浦)에서 다음과 같은 시를 짓기도 했다.

이때를 당하여 차마 옛 노래 듣단 말가
함주는 본래 이 나라 중앙이라오

이 시는 이성계가 나라를 구할 지도자라는 의미로 들리지만, '나라를 구하는 개혁이 이곳에서 시작된다'는 다짐으로도 해석된다. 즉 정도전은 이성계와의 만남으로 개혁에 대한 확신을 갖게 되었음을 의미했다.

다시 시작하다

우왕 10년(1384) 정도전은 9년 만에 종4품 전의부령(典儀副令)으로 복직이 이루어졌다. 이때 정도전의 나이 43세로, 당시 이성계와 정몽주의 적극적인 천거가 있었던 것으로 보인다. 같은 해 7월 정몽주와 함께 우왕의 즉위에 대한 승인과 시호를 요청하기 위해 사신의 일행으로 명나라로 떠나게 된다.

정도전이 복직하자마자 명나라로 떠나게 된 사연이 있었다. 주원장이 다시 트집을 잡아 군사를 동원하겠다는 위협을 가해 왔고, 고려는 주원장의 생일 축하 사절을 보내 선물과 함께 성의를 다해 그를 설득해 보기로 의견을 모았던 것이다. 따라서 고위직 관리 중에서 사신을 보내야 했으나 워낙 민감한 사안이라 적임자를 찾기 힘들었다. 더구나 그동안 명나라에 사신으로 간 관리들은 주원장의 노여움을 사서 곤혹을 치르거나 심지어 목숨을 위협받기까지 했다. 이 때문에 약삭빠른 관리들은 사절단에 선발되지 않으려고 권신들에게 뇌물을 바치는 일까지 있었다. 이때 임견미가 정몽주를 천거했고, 정몽주가 이를 받아들였다.

그러나 출발하기 전부터 문제가 한두 가지가 아니었다. 시간도 촉박했지만, 특히 서장관을 구하는 것이 문제였다. 서장관은 정사·부사와 함께 중국에 사신 일행으로 가는 정식 외교사절로, 사신단을 감찰하고 인마(人馬)를 점검하는 등의 실무 책임자였다. 그리고 사행 중에 일어난 매일매일의 일들을 기록하고 귀국 후에는 왕에게 보고해야 했다. 따라서 서

장관은 사절단에 없어서는 안 되는 중요한 자리였기 때문에 아무나 임명할 수 없었다.

정몽주는 정도전을 떠올렸고, 정도전은 그의 제안을 받아들였다. 이렇게 해서 두 사람이 함께 목숨을 걸고 나라를 위한 사행길에 나서게 된다. 훗날 공양왕이 "우리나라가 명나라와 국교를 유지할 수 있었고, 나라와 생령이 영원토록 편하게 된 것은 정몽주와 정도전의 힘이다"라고 칭찬을 아끼지 않았던 것에서 당시의 급박한 상황을 짐작할 수 있다.

두 사람은 성공적으로 임무를 수행하고 다음 해 귀국했다. 정도전은 이때의 공으로 귀국하기 전에 이미 종3품 성균관쇄주와 왕의 교서를 작성하는 지제교로 승진했다. 그리고 귀국 후에는 제례와 교서 작성 업무를 다시 맡았고, 외교문서 작성과 사신들을 접대하는 업무도 병행했다. 그의 대표 저서인《삼봉집》도 이 시기에 정리한 것으로 전한다.

《삼봉집》은 정도전 개인은 물론, 조선의 건국과 관련해서도 특별한 의미가 있다.《삼봉집》은 정도전에게 유배와 유랑 시절을 정리하는 등 개인적으로 새로운 출발을 의미했지만, 구체제를 청산하고 새로운 정치체제를 구축하기 위한 기본 이념서로 평가받기 때문이다. 따라서 정도전에게 이 무렵은 자신의 경험과 사상을 총체적으로 재정리할 수 있었던 시간이었고, 이는 그가 여전히 치열하게 살며 대안을 마련하고 있었음을 의미했다.

우왕 13년(1387) 정도전은 돌연 외직 근무를 자청하고 나섰다. 당시 그는 "신은 생활을 영위하는 지혜가 졸렬하여 먹을 것은 적은데 식구는 많아 외직을 구하여 남은 세월이나 보내려고 한 것입니다"라고 이유를 설명했다. 분명 의외였다. 정도전이 갑자기 지방 수령직을 자청한 것도 그렇지만, 생활고 때문이라는 이유도 이해하기 힘들기 때문이다.

당시 지방관의 녹봉이 제대로 지급되지 않아 불법과 탈법으로 수입을 보충하는 일이 일상사였고, 한번 지방으로 내려가면 특별히 누군가 챙겨주지 않는 한 중앙으로 복귀도 쉽지 않았다. 이에 따라 지방관들 중에는 신변 보호와 승진을 위해 중앙의 권신들에게 뇌물을 바치고 현지에 있는 재산을 관리해 주는 등 대리인 역할을 하는 자들도 있었다. 심지어 중앙관청의 아전인 서리(胥吏)가 뇌물로 관직을 사서 임명되기까지 했다. 하지만 이들은 학문은 고사하고 글도 모르는 자들이 많아 천자문을 시험 봐서 백 자 이상을 쓰면 임명하는 기준이 마련되기도 했다. 이 때문에 양식을 지닌 문인들은 지방관으로 부임하는 것을 좌천으로 인식하는 등 대단히 부끄럽게 생각했다.

물론 정도전 역시 이러한 지방 수령의 실상에 대해 누구보다 잘 알고 있었다. 그럼에도 그가 지방직을 자청한 이유는 무엇이었을까?

왜 지방직을 자청했을까?

정도전이 지방관을 자청한 것과 관련해서 전하는 자료가 없어 구체적인 이유는 알 수 없다. 다만 당시의 정국과 이후 벌어진 일들을 감안하면 몇 가지 추론이 가능하다.

첫째, 정도전은 복직은 했지만, 권신들이 버티고 있는 조정에서 운신의 폭이 좁았다. 권신들은 여전히 그를 달가워하지 않는 눈으로 보았고, 정도전 역시 권력을 전횡하는 그들의 행태를 지켜보아야 했다. 10년 만에 돌아온 그의 눈에 비친 고려 왕실과 조정은 특별히 달라진 것이 없었지만, 대안도 없이 부딪혀본들 소용없다는 것을 이미 유배 경험을 통해 잘 알고 있었다. 따라서 정도전이 민생 현장으로 눈길을 돌리게 되었을 가능성도 충분했다.

둘째, 정도전은 유배와 유랑 생활 등으로 지방에서 생활하며 지역 실정을 경험하기는 했지만, 관리로서 지방을 체험한 적이 전혀 없었다. 이때의 지방직이 그의 관직 생활에서 처음이자 마지막이었다. 따라서 그의 행보는 지방 관리를 직접 체험해 보려는 의도로도 읽힌다.

정도전은 《삼봉집》과 《경제문감》 등에서도 "위민정치(爲民政治)가 실효를 거두기 위해서 지방관이 중요하다"며 다음과 같이 말했다.

> "수령을 존중하면 천하 국가가 존중되는 것이다. 수령을 존중한다 함은 첫째 수령의 자질을 높여 현명하고 능력이 있는 자를 임명한다는 것이고, 둘째로는 수령의 품계를 높이고 중외경내(重外輕內)의 원칙을 세워 외직을 거친 사람을 중용해야 한다는 것이다. 국가는 지방 수령이 공평하게 일을 처리할 수 있도록 하고, 덕과 의를 갖추고 청렴하고 부지런히 일할 수 있도록 배려해야 하며, 백성을 존중하려면 당연히 수령을 존중해야 한다. 지방관이 국가의 존중에 힘입어 토지를 개간하고, 인구를 늘리고, 학교를 진흥하고, 풍속을 바로잡고, 재판과 형벌을 공정하게 하고, 도적을 막고, 군역과 노동력 부과를 균등하게 하고, 세금을 가볍게 하는 데 힘쓰면 국가는 자연스럽게 안정된다."

한마디로 '국가 운영의 답은 현장에 있다'는 것이 지방관에 대한 정도전의 생각이었다.

셋째, 정도전이 지방관을 자청한 것에 대해 주변에서 아무도 언급하지 않았다는 점도 주목된다. 당시의 정국을 감안하면 단순히 먹고살기 위해 지방직을 자청한다는 것은 도피나 무책임한 행동으로 받아들일 수 있는 문제였다. 따라서 이 문제에 대해 누군가 어떤 방식으로든 한 번쯤 거론할 만했고, 훗날 그가 처형된 후에는 이기주의자나 기회주의자로 비판할 수 있는 좋은 공격거리였다. 그럼에도 이에 대한 언급이 전혀 없다는 것은 이성계를 포함해 주변 사람들과 사전에 교감이 이루어졌을 가능성도 배제할 수 없다.

넷째, 위화도회군을 전후해 급박하게 돌아가는 상황에서도 정도전은 모습을 보이지 않다가 척불운동을 들고나오면서 급진 개혁 세력의 전면에 나섰고, 조선이 개국한 후에는 구체적인 대안을 쏟아내면서 왕성하게 활동했다는 점도 주목된다. 조선 개국 이전에 이러한 구상을 정리하는 등 사전에 준비할 시간이 없었다면 불가능한 일이었기 때문이다. 그리고 《삼봉집》도 이미 정리가 끝난 상태였다는 사실을 감안하면 이 무렵 무언가를 준비할 시간 등 특별히 다른 이유가 있었을 가능성이 충분하다. 이때 그의 나이 46세였다.

정도전은 남양부사로 재직하면서 선정을 베풀었다. 유배지에서 "바른 것을 지키며 때를 기다리라"는 깨우침을 실천에 옮긴 것이다. 그러나 그가 지방직에 있는 동안 위화도회군이 일어났고, 이후 조준이 전제개혁을 주도하며 부상했지만 정도전의 활동은 보이지 않는다. 반면 정도전이 척불운동에 나섰을 때 조준이 척불에 관해서 언급한 적이 거의 없는 등 조준의 활동이 보이지 않는다. 따라서 두 사람이 마치 역할 분담이라도 한 것처럼 교대로 정국을 주도한 것으로 보이지만, 정도전이 급진 개혁 세력 내에서 견제를 받아 소외되었을 것으로 보는 등 정도전과 조준이 경쟁 관계에 있었다는 견해도 있다. 따라서 정도전과 조준의 관계에 대해 좀 더 구체적으로 살펴볼 필요가 있다.

정도전과 조준, 동지인 적은 있었는지…

성장과정에서 이성계를 만나기까지 두 사람의 공통점을 살펴보면 다음과 같다.

첫째, 두 사람은 어려운 환경에서 성장했고, 관직 생활을 하는 동안 집안은 물론 권문세가의 지원도 받지 못했다. 두 사람은 오로지 자신의 능력이 자산이었고, 권세가들로 인해 정치에서 소외된 경험도 있었다.

둘째, 정도전은 아버지의 영향을 많이 받았고, 조준은 형의 영향을 받는 등 두 사람은 가족을 통해 부조리한 정치와 사회의 구조적 모순을 깨우쳤다.

셋째, 두 사람은 현실 정치에서 개혁을 실천에 옮기고자 노력했고, 개인적으로 개혁에 대한 구체적인 준비 기간도 가졌다. 정도전이 10여 년 동안의 유배와 유랑 생활을 통해서 단련되었다면, 혼탁한 정치에 실망한 조준은 관직을 버리고 4년 동안 은둔 생활을 하며 개혁을 공부하고 실천 의지를 다졌다.

넷째, 두 사람 모두 이성계와의 만남이 인생의 전환점이 되었다. 그리고 조준 역시 정도전이 이성계를 만난 시기와 비슷한 우왕 10년(1384)에서 13년(1387) 사이에 이성계를 만난 것으로 전한다. 이후 두 사람 모두 이성계와 각별한 인연을 유지하며 두터운 신임을 받았다.

정도전이 이성계를 만난 다음 해에 이성계가 처음으로 우왕에게 〈변경을 안전하게 할 대책〉이라는 상소문을 올린 것도 정도전과 관련이 있는 것으로 보고 있다. 당시 이성계의 상소문은 정도전의 《조선경국전》과 《경제문감》 등에서 강조한 내용과 유사했기 때문이다. 그리고 조준은 이성계에게 《대학연의》를 건네며 "이것을 읽으면 가히 나라를 만들 수 있다"고 말했다는 일화가 전한다. 《대학연의》는 조준과 이방원의 관계를 설명할 때도 등장하며, 이를 통해 '태조와 태종이 왕위에 오르는 데 조준의 영향이 적지 않았다'는 사실을 간접적으로 말해주고 있다. 또한 〈태조실록〉에 따르면 조선이 건국된 후 이성계는 "정도전이 아니었으면 여기까지 올 수 있었겠는가?"라며 공개적으로 정도전의 공을 말했고, 조준에 대해서는 "그의 기량이 비범함을 알아보고 일을 논의해 본 후 크게 기뻐하여 그를 옛 친구처럼 대우했다"며 조준의 능력을 극찬하고 있다.

이외에도 위화도회군 후 이성계는 조준을 대사헌에 천거했고, 정도전을 성균관대사성에 천거하여 두 사람 모두 개혁에 나서게 된다. 하지만 두 사람이 협조 관계를 유지했다는 구체적인 근거는 어디에도 보이지 않는다. 그렇다고 그들이 경쟁 관계에 있었다는 결정적인 증거도 찾아볼 수 없다. 다만 조선 건국 후 명의 황제에게 보낸 표전 문제로 외교적 갈등이 발생하고 왕자의 난이 일어난 시기까지 두 사람은 민감한 국정 현안에 대해 의견을 달리한 것으로 전한다. 그리고 이러한 관계는 두 사람이 기본적으로 지니고 있었던 다음과 같은 차이점과도 연관이 있었다.

개인적 환경에 차이가 있었다: 첫 번째로, 가문에 차이가 있었다. 정도전은 지방 향리 출신으로 아버지 대에 처음 과거를 통해 중앙에서 관직 생활을 하게 되면서 개경으로 올라왔다. 따라서 그의 집안은 중앙의 권문세족과는 인맥이 없었다. 그리고 조선 건국 후 정도전이 권력의 중심에 서게 되지만 혼인 관계를 통해 혈맹관계를 구축하는 등의 사례는 전혀 보이지 않는다.

반면 조준의 집안은 가세가 기울기는 했지만, 조준의 아버지 조덕유가 음보로 관직에 나아가 고위직에 올랐고, 조준 역시 과거를 보기 전에 음보로 관직에 나아갔다는 사실이 주목된다. 음보란 '조상의 은덕으로 벼슬을 하게 되었다'는 의미로, 그의 집안이 당시 고려 사회에서 명문가로 인정받았음을 의미하기 때문이다.

또한 이 무렵 조정에는 조인규의 외손자로 재상을 지낸 염제신(廉悌臣, 1302~1382)과 그의 아들 염흥방 등 조인규의 후손은 왕의 측근들을 포함해서 권신들이 적지 않았다. 조준이 이들과 교류했는지는 확인할 수 없지만 조준의 집안이 여말 선초의 시기에 왕실을 포함해 권세가의 집안과 혼인 관계를 맺었고, 개국 후 다시 한번 중흥기(中興期)를 맞았다는 점은 정도전과 비교된다.

두 번째, 성장과정은 물론 관직 생활을 하는 동안에도 두 사람의 인연이 보이지 않는다. 정도전은 공민왕 11년(1362) 과거에 급제하여 관직 생활을 시작했고, 정도전보다 네 살이 어렸던 조준은 그보다 12년 후인 우왕 즉위년(1374) 과거에 급제하여 관직 생활을 시작했다. 따라서 조준이 관직 생활을 시작할 무렵 정도전은 유배지에 있었고, 정도전이 복직할 무렵 조준은 관직을 버리고 은거 생활을 하고 있었기 때문에 두 사람이 관직 생활 동안에는 만날 기회가 없었다.

세 번째, 두 사람은 교유 관계에서도 공통점이 발견되지 않는다. 정도전은 이색의 문하생들과 교유했고, 남은·오몽을·심효생·장지화·황거정·이근 등과도 정치적으로 뜻을 함께했다. 이들은 역성혁명을 주도했고, 급진적이면서 실력을 갖춘 인물들이라는 평가를 받는다. 그리고 정도전은 성균관의 젊은 유생들과 남방의 신흥사대부들과도 교류했다.

반면 《고려사》에 따르면 "조준은 우왕 대의 정치에 실망하고 관직에서 물러나 윤소종·허금·조인옥·유원정·정지·백군녕 등과 결사를 맺고 부흥의 뜻을 맹세했다"고 하며, 이들은 학문적으로 사제(師弟)나 동문 관계가 아니고 문인과 무인의 구별도 뚜렷하지 않았다.

또한 정도전과 조준이 서로 교유했다는 기록도 찾아볼 수 없다. 당시 지식인들은 교유의 징표로 서로 시문을 주고받았고, 이를 자신의 문집에 수록하여 기념으로 남겼다. 그러나 정도전의 경우 《삼봉집》에 조준과 관련한 시문이 두 편 있지만, 모두 조선 건국 이후에 지은 것들이다. 그리고 조준의 《송당집(松堂集)》에는 공양왕 3년(1391) 정도전이 지은 시에 답한 〈대동강 배 위에서 정삼봉의 시에 차운(次韻)을 하다〉라는 시문이 한 편 있을 뿐이다.

정도전이 조준과 교유 관계를 유지한 인물들과 교유했다거나 조준이 이색의 문하생이나 정도전이 교유했던 인물들과 왕래했다는 기록도 찾아볼 수 없다. 이색의 문집에도 조준은 물론 그와 가깝게 지냈던 인물들의 이름이 나오지 않는다.

네 번째, 학문에서도 차이를 발견할 수 있다. 정도전은 당대를 대표하는 대학자 이색의 문하에서 공부했다. 그리고 성리학의 도통(道通)으로 인정받았던 정몽주와도 학문적으로 서로를 인정했으며, 성균관 유생들에게도 강론을 펼쳤던 정통 주자학자로 분류된다. 그러나 조준은 글에 주자학적 요소는 있으나 정통 주자학으로 보기 어렵다는 평가를 받는다. 또 누구에게 학문을 배웠는지 전하지 않고, 성균관과도 인연이 없었다. 따라서 조준은 이색을 포함해 성균관 출신 성리학자들과는 학문적 계보를 달리했다.

조준은 가난한 집안 형편 때문에 독학을 했고, 후에 윤소종에게 성리학을 배웠다는 이야기도 전한다. 윤소종은 이색의 문하생으로, 언제부터인지는 모르지만 이색을 포함해 그의 문하생들과 사이가 벌어졌고 조준과 가깝게 지낸 것으로 전한다.

출신 지역과 지지기반이 달랐다: 정도전과 조준이 교유했던 인물들의 출신 지역과 지지기반의 차이도 뚜렷했다. 조준은 개경을 중심으로 경기 이북 지역의 서해안 변두리 지역 출신들과 주로 교유했다. 이들 중에는 비록 경제력이 뒷받침되지는 않았지만, 고려 중기 이후 정치적 부흥기를 누렸던 신흥 권문세족 출신들이 적지 않았다. 이들은 "서북과 동북의 변경 지대에서 끊임없는 전란의 위험을 겪으며 부국강병의 필요성을 절감했고, 경사에 관한 높은 지식을 쌓고 우국(憂國)과 애민(愛民)을 바탕으로 개혁 의지를 키웠다"는 평가를 받는다.

반면 정도전이 교유한 인물들은 지역적으로 충청·경상·전라 등 하삼도(下三道) 출신들과 한미한 집안 출신들이 적지 않았다. 이는 여말 선초의 사회적 변동기에 과거를 통해 관계에 진출한 중소 지주 출신의 신흥사대부들 중 하삼도 지방 출신의 비중이 늘어난 것과도 연관이 있다. 물론 두 부류 모두 도덕성 면에서 흠은 없었지만, 정치적 성향 면에서 차이가 있었다.

고려의 역대 왕들은 권문세족을 견제하기 위해 과거를 적극 활용하여 자신의 지지기반을 충원했다. 따라서 과거가 관직 진출의 유일한 기회였던 지방 향리 출신들이 과거에 급제하는 비율이 높아졌다. 특히 고려 말기에 들어서면서 이들은 대부분 도덕성과 성리학에 대한 학문적 식견을 갖추었고, 중앙의 권문세족들과는 특별한 인연이 없었다. 또한 이들 중에는 개혁 성향의 사대부들로 하삼도 출신이 많았고, 조선의 개국 과정에도 대거 참여하게 된다. 개국공신 52명 가운데 경상도를 관향으로 하거나 거주한 경우가 12명, 충청도 8명, 강원도 7명, 평안도 6명, 전라도 5명, 함경도 5명, 경기도 3명, 황해도 3명으로 개경에 가까울수록 공신이 적고 하삼도 출신이 절반을 차지하고 있는 것이 그 예라 하겠다. 그리고 이들 중 정변으로 피살된 개국공신 12명 중에 경상도 4명, 전라도 4명, 충청도 2명 등 하삼도 출신 문인들이 10명이나 된 것도 정도전과 연관이 있었다.

개혁에 대한 인식에도 차이가 있었다: 정도전과 조준은 개혁과 정치체제에 대한 인식의 차이도 발견된다. 대표적인 예로 토지제도의 경우 두 사람 모두 정전제(井田制)를 모범으로 삼았지만, 내용면에서는 차이가 있었다. 정도전은 태조 왕건의 토지제도를 긍정했지만, 그렇다고 요순시대나 하·은·주의 삼대와 비교할 정도는 아니었다. 반면 조준은 왕건의 전시과(田柴科)를 삼대의 어진 정치를 계승한 훌륭한 제도로 보았고, 태조 왕건 시대의 전시과를 회복하는 것을 삼대의 이상(理想) 정치를 실현하는 것으로 인식했다.

또한 조준 역시 정도전과 같이 '군신공치(君臣共治)'를 주장했지만, 왕권의 존엄성과 군주의 역량을 중시했다. 그리고 그는 폐가입진 사건 때까지도 이성계를 모범적인 재상으로 생각했고, "고려 왕족 중에서 능력을 갖춘 인물을 왕으로 옹립해야 한다"고 주장할 정도로 역성혁명까지는 생각하지 않았다.

반면 정도전은 "군주(君主) 한 사람이 전권을 행사하여 모든 정무를 효율적으로 처리하는 것을 기대할 수 없다. …… 군주는 재상을 적임자로 선발하면 정치가 잘되고, 그렇지 못하면 정치가 어려워진다"며 정치적 성패의 관건은 전적으로 재상에게 달려 있으며, 이에 재상이 중심이 되고 사대부와 백성이 뒷받침하는 정치체제를 구축하고자 했다. 또한 왕과 재상은 왕도정치의 동업자이고, 재상은 군주의 스승이라고도 했다.

이처럼 두 사람의 인식 차이는 협력관계의 유지에 어려움이 있었고,

이 때문에 주변 사람들까지도 사이가 벌어진 것으로 보이며, 〈태조실록〉에는 다음과 같은 사건도 전한다.

정도전을 따르던 감찰 김부(金扶)와 황보전(皇甫琠)이 새 감찰 김중성(金仲誠)의 집에서 술을 마신 후 조준의 집 앞을 지나면서 "비록 큰 집을 지었지만, 어찌 오래갈 수 있겠는가? 후일에 반드시 다른 사람의 소유물이 될 것이다"라고 말했다. 그런데 이 말이 조준에게 전해졌고, 조준은 다시 태조에게 고했다. 이 말을 들은 태조는 화를 내면서 "나라와 고락(苦樂)을 같이한 사람을 오래가지 못한다고 한 것은 사직이 오래가지 못한다고 한 것이다"라며 엄하게 다스릴 것을 명했다. 결국 김부는 처형되었고, 관련자들도 모두 태형을 받았으며, 김부와 함께 술을 마신 감찰 18명도 파직되었다. 당시 조준이 태조에게 김부의 처형을 면해 줄 것을 청하지 않았다고 해서 정도전과 조준 사이에 감정의 골이 깊어졌다고 한다. 이후 정도전은 역적으로 몰려 이방원에게 처형되었고 그의 모든 것이 부정되지만, 조준은 태종의 즉위와 통치 과정에 참여하여 각별한 대우를 받을 정도로 두 사람의 인연은 끝까지 엇갈렸다.

그럼에도 정도전의 모든 것이 지워지지는 않았다. 조선 개국 후 정도전이 보여준 활동 범위는 한 사람이 했다고 믿기 어려울 정도로 국가 경영의 모든 분야를 망라하여 깊은 족적을 남겨 놓았기 때문이다.

조선을 조선답게

귀족주의 사회에서 관료주의 사회로: 정도전이 구상한 이상적인 정치제도는 재상을 최고 실권자로 하고, 권력과 직분이 분화된 관료들이 정치에 참여하는 것이었다. 따라서 왕은 이념적으로는 초월적인 존재이지만, 현실 정치에서는 사대부를 대표하고 상징하는 존재였다.

그가 왕권을 제한하고 정치적 균형을 이루기 위해 능력 있는 관리의 선발 제도에 적극적인 관심을 기울인 이유도 여기에 있다. 대표적인 예로 문장을 작성하는 기술적 측면보다 경서의 뜻을 깊이 깨우친 선비를 관리로 선발하기 위해 시험 과목을 개선했고, 이에 따라 권력의 세습을 통한 특권층이 형성되는 요인을 제거하고 오로지 개인의 능력을 평가 기준으로 삼아 국가가 관리를 선발하고 육성함으로써 인적자원의 충원 구조에 커다란 변화를 불러일으켰다.

조선은 개국한 다음 해(1393)에 개편된 과거제도를 실시할 정도로 인재 선발을 서둘렀고, 과거 시험은 소수의 결격자를 제외한 모든 사람에게 응시 기회를 공평하게 부여했다. 그리고 서리도 임기를 마치면 문반으로 승진할 수 있는 기회를 보장하여 처음으로 관직에 오를 때를 가리키는 초입사직(初入仕職)의 하나가 되도록 했다. 그 결과 조선시대에는 관리의 충원에서 과거 비중이 절대적이었고, 정치에 참여할 인적자원의 범위가 전국으로 확대되었다. 그리고 이들이 조선 사회의 공론을 주도하게 된다.

하지만 생계를 위해 일해야 하는 일반인들에게 과거 응시는 '그림의 떡'이었다. 따라서 이들이 과거에 합격할 확률은 대단히 희박했지만, 고려와 비교하면 상당히 진보적이고 개방적인 조치였다. 고려가 귀족주의 사회였다면 조선을 관료주의 사회로 평가하는 이유도 여기에 있다.

법과 제도만으로 모든 것을 통제할 수 없다: 정도전은 법과 제도를 통한 엄격한 규제나 통제만으로 사회질서를 유지하기보다는 합리적이고 자발적으로 사회가 운영되는 것을 중시했다. 그를 혁명가이자 경세가로,

새로운 왕조 국가의 이념을 기반으로 새로운 정치체제의 탄생을 시도한 진보적 정치가이자 사상가라고 평가하는 이유도 여기에 있다. 그리고 정도전에 대한 다양한 평가는 조선의 새로운 시작이 구호에 그친 것이 아닌 정치체제에 대한 깊은 관심과 탐구의 결과였고, 조선의 건국은 우리 역사와 문화의 전환점이라는 평가로 이어진다.

현실적인 외교정책을 선택하다: 정도전은 동아시아 지역에서 막강한 영향력을 행사하고 있었던 명나라와의 외교를 통해 국가적으로 평화를 유지함은 물론, 왕조 교체의 정당성을 확보하여 정국을 안정시키기 위해 사대 외교를 선택했다.

사대 외교는 조선 국왕이 중국 황제에게 신하의 예를 취하고 중국의 연호를 사용하며 조공을 바치는 대신 중국은 조선을 침략하지 않고 외적의 공격에 공동방위의 책임을 지며, 조공에 대한 답례 형식으로 무역을 하는 쌍무적인 관계를 말한다. 따라서 조선의 사대 정책은 임기응변의 외교술이 아니었다. 즉 그가 선택한 사대 외교는 단순히 대국에 의지해 국체를 유지하는 것이 아니며, 상국의 지나친 간섭으로 자국의 질서가 흔들리는 것을 수용한 것도 아니었다. 예를 들면 외교에서 '섬김도 파기할 수 있다'는 근거는 '왕이 부도덕하고 독선적일 때 신하가 왕을 파기할 수 있다'는 논리와 동일했다. 정도전이 명나라에 사대하면서도 조선의 국방과 재정, 문화적 주체성을 강화하기 위해 적극적인 관심을 기울인 것도 이러한 이유 때문이었다. 그런 점에서 정도전은 조선의 이익과 안정을 최우선으로 하는 현실적인 외교 노선을 견지했던 현실론자였다.

사치와 낭비를 가장 경계하다: 정도전은 태조가 "새 도읍지를 물색하라"는 명을 내리자 다음과 같은 이유로 반대했다.

"전하께서 기강이 무너진 전조(고려)의 뒤를 이어 처음으로 즉위하여 백성들이 소생되지 못하고 나라의 터전이 아직 굳지 못하였으니, 마땅히 모든 것을 진정시키고 민력(民力)을 휴양(休養)하여, 위로 천시(天時)를 살피시고 아래로 인사(人事)를 보아 적당한 때를 기다려서 도읍 터를 보는 것이 만전(萬全)한 계책이며, 조선의 왕업이 무궁하고 신의 자손도 함께 영원할 것입니다."

정도전은 풍수지리에 의지한 천도의 논의에 대해서도 "국가가 장차 망하려고 할 때는 귀신에게 듣고, 흥하려고 할 때는 사람에게 듣는다"고 비판하면서 "민생을 먼저 안정시킨 후에 수도를 옮기자"고 건의했다.

정도전의 주장은 태조의 의지를 꺾지는 못했다. 하지만 천도를 논의하는 과정에서 "사람이 살기에 충분한 공간과 교통 문제를 비롯한 도시의 기능성과 과학적 입지 조건에 무게 중심을 두는 등 논의의 쟁점이 풍수지리에서 유가(儒家)의 합리주의로 옮기게 되었다"며 "정도전이 모든 논쟁을 잠재우고, 그가 교조적으로 지키고자 했던 유교적 합리성이 불교와 풍수지리적 신비주의에 대한 승리였다"는 평가를 받았다.

이후 조선이 개국한 지 2년이 지나 한양이 새로운 도읍지로 최종 확정되자 정도전은 한양 도성의 범위를 정하는 등 도시설계를 만들어 태조에게 바쳤고, 유교의 교리에 기반하여 새로운 수도 건설에 앞장섰다. 그리고 기공식을 한 지 1년 만인 태조 4년(1395) 9월 새 궁궐과 종묘가 완성되었고, 그해 12월 천도가 이루어졌다.

정도전은 새 궁궐의 이름을 《시경》의 〈주아(周雅)〉 편에서 "국왕과 왕조가 만년토록 큰 복을 누리기를 기원하다"는 의미를 담아 '경복궁(景福宮)'이라 했고, 대궐 내 각 전각들과 궐문의 이름에 이르기까지 유학의 가르침을 담아 이름을 지었다. 그리고 한양의 중심에 종묘와 사직, 궁궐과 관아, 시장과 민가, 학교와 사당을 조성하여 최대한 공적 건물과 공적 기능만으로 채우는 등 한양을 유교적 이상 도시로 건설했다.

또한 점포의 크기를 제한하고 대신들의 저택도 40칸을 넘지 못하게 했으며, 숙석(熟石, 인공으로 다듬은 돌) 같은 사치품 사용을 금하여 절제된 도시를 조성했다. 조선의 궁궐 역시 "고려에 비해 웅장하거나 화려하지는 않지만, 단아하고 장중한 자태를 지녔다"는 평가를 받는다. 정도전은 궁궐 조성과 관련해서 다음과 같이 자신의 생각을 남기기도 했다.

"궁궐이 사치스러우면 반드시 백성을 수고롭게 하고, 국가재정에 손상을 입히게 마련이다. 그렇다고 너무 누추하면 조정에 대한 위엄을 보여줄 수 없다. 검소하면서도 누추하지 않고, 품위를 지키면서도 사치스럽지 않은 것이 아름다운 것이다. 검소한 것은 덕이 되지만, 사치한 것은 악이 되는 것이니 사치스럽기보다는 검소해야 한다."

역사에 오래 남는 국가를 위하여

조선을 저술하다: 정도전은 바쁜 일정 중에도 저술 작업을 통해 조선을 설계했다. 그리고 이 과정에서 경세제민(經世濟民)과 부국강병(富國強兵)에 필요한 것이라면 병학·의학·지리·산술·천문·음양학 등 잡학에도 관심을 기울였다.

그의 저술들은 "민본주의에 기반하여 재상 중심의 권력구조와 《주례》에 바탕을 둔 국가사회주의적 성격을 지닌 경제구조 그리고 한당(漢唐)의 군현제도와 군사제도를 절충했다"고 평가받는 등 국가 경영의 모든 분야를 망라하고 있다. 새 왕조 창업에 대한 정도전의 꿈과 열정이 저술 작업을 통해서도 분출된 것이다.

정도전은 각종 유서(儒書)들을 참고하여 문물제도의 논거로 삼는 데 필요한 교재도 저술했다. 조선 건국 후 그가 사망할 때까지 불과 6년 동안 저술한 교재들은 정교함은 물론 중복이나 누락도 없으며, 유교적 이상 국가를 건설하기 위한 강령과 구체적인 통치 교범으로 "600년간 지속될 조선 문명의 설계도를 완성했다"는 평가를 받는다.

건국의 정당성을 노래하다: 정도전은 조선의 건국과 관련해서 신비한 사건이나 그 계기를 설명하기 위해 신령스러운 사람까지 끌어들여 이야기의 재료로 삼는 등 도참설과 비기(秘記)의 내용까지 활용한 상징조작으로 역성혁명과 건국의 정당성을 노래한 작품들을 저술했다.

〈문덕곡(文德曲)〉은 '언로를 열고, 창업 공신을 보전하고, 토지개혁을 실시하고, 법질서를 세워 정치와 경제를 바로잡는 등 태조의 학문과 덕을 찬양하며 문치주의 시대를 열었다'는 업적을 기리는 악장이다. 그리고 〈몽금척(夢金尺)〉은 태조의 꿈에 어떤 신령스러운 사람이 나타나 "경시중(경복흥)은 깨끗한 덕행은 있으나 또한 늙었으며, 최삼사(최영)는 강직한 명성은 있으나 고지식하다"고 말하며 금으로 된 자[金尺]를 주면서 "문무를 겸비한 이성계야말로 백성이 바라는 지도자라고 예언했다"는 내용으로, 이성계가 하늘의 계시를 받은 군주이며, 조선의 건국이 천명에 의한 것이었음을 노래하고 있다.

3편의 노래를 수록한 〈수보록(受寶錄)〉은 '보배처럼 영험한 책을 받았다'는 뜻으로, 이성계가 어떤 사람에게 지리산 석벽에서 발견된 참서(讖書)를 한 권 받았는데, "목자(木子, 이성계)가 왕이 되고, 주초(走肖, 조준)와 비의(非衣, 배극렴) 그리고 삼전삼읍(三奠三邑, 정도전·정총·정희계)이 목자(이성계)를 도와 8백 년 왕업을 이룬다"며 조선 창업의 당위성을 강조했다.

이외에도 〈납씨곡(納氏曲)〉과 〈궁수분곡(窮獸奔曲)〉은 이성계가 각각 나하추(納哈出)와 왜구를 물리친 공을 찬양한 내용이고, 〈정동방곡(靖東方曲)〉은 위화도회군을 찬양한 작품이다. 정도전은 이 작품들에 곡을 붙여 궁중음악과 궁중무용으로 만드는 등 유교의 정치적 이상을 실현하기 위해 궁중의 예악(禮樂)에도 각별한 관심을 기울였다. 유학에서는 예악을 중시했다. 예와 악은 각각 질서와 화합을 뜻했고, 질서는 삼강오륜(三綱五倫)의 토대를 이루며, 화합은 인심의 순화와 풍속을 원활하게 다스리는 것으로 받아들였기 때문이다.

태조 3년(1394)에 새 도읍의 토목공사가 시작되자 〈신도가(新都歌)〉를 지어 새 도읍에 대한 자부심과 희망을 노래했고, 한양의 도성 공사가 완료되자 6언 절구의 〈신도팔경시(新都八景詩)〉를 지었다. 여기에는 한양의 모습을 8장으로 나누어 찬양하며 한양 건설에 대한 자부심과 함께 번영을 기원하는 정도전의 마음이 담겨 있다.

통일된 통치 기준을 마련하다: 정도전은 나라의 근본을 세우면서 통치 체제는 중앙집권제를, 통치 철학으로는 왕도정치와 민본주의를 기초로 하여 각종 제도의 정비에 필요한 백과전서식 교재 작성에도 심혈을 기울였다.

태조 3년(1394)에는 《조선경국전》을 편찬하여 태조에게 바쳤다. 《조선경국전》은 조선의 최고 법전인 《경국대전》의 편찬에 기초가 된 우리나라 최초의 포괄적인 정치체제 연구서이자 조선왕조 최초의 법전으로, 중국의 사례와 고려의 경험을 조선의 현실에 맞게 정립하여 "새로운 정치체제를 구축하기 위한 제도와 운영 원리를 제시하여 정치를 중심으로 모든 사유(事由)를 구성했다"는 평가를 받는다.

예를 들면 《조선경국전》에는 교육의 기회를 균등하게 부여하고, 인재를 적극 양성하여 등용하며, 합리적인 재무구조로 백성의 세금을 완화하고 국가재정을 확충하는 등 《주례》의 육전 체제를 조선의 현실에 맞게 기술하고 있다. 그리고 왕위 계승 방법, 재상과 관리의 관직 구분, 군현제도와 호적제도의 정비, 관리의 선발과 관료의 급료 체계 등 행정과 관련한 세부 내용과 사치의 방지 그리고 농업·광산·의료·물가조절 등 경제 운용 방안도 수록되어 있다.

또한 사대 외교, 도덕 정치, 군대의 조직과 운영, 치안과 범죄인의 처벌, 성곽과 교량 건설, 관혼상제, 우편제도 등 새 왕조가 추진해야 할 과제들에 관한 통일된 제도와 정책이 수록되어 있다. 고려의 경우 정치와 종교가 혼재된 경향이 있고, 체계적인 법전을 갖추지 못해 각 행정 부서가 관례나 규정에 따랐던 것에 비해 조선은 일관된 통치 기준을 마련하게 된 것이다.

정도전은 《대명률(大明律)》을 해설한 《대명률직해(大明律直解)》도 편찬했고, 《조선경국전》의 일부를 보완해 《경제문감(經濟文鑑)》도 펴냈다. 이 책은 주자의 〈경해(經解)〉를 중심으로 남송 대의 《주례정의》와 《산당고색》을 전거(典據)로 《조선경국전》 〈치전(治典)〉의 권력구조 부분을 보완하여 중국 역대 왕조의 통치 사례와 변천 과정을 정리하고, 재상·대간·위병·감사·수령의 직책과 우수한 관리의 등용 원칙 등을 제시하고 있다.

그리고 재산이 많고 세력이 강한 집안이나 권세가 있고 지위가 높은 사람 등에 의한 사적인 지배를 차단하고, 중앙과 지방을 일원화하여 공권력에 의한 중앙 집권적 국가의 운영 방안에 대해서도 서술했다.

또한 부위제의 연혁과 장단점 그리고 운영 방안을 논한 《역대부병시위지제(歷代府兵侍衛之制)》도 저술했고, 이무가 전라도관찰사로 임명되었을 때 지방 수령론을 정리한 《감사요약》도 써주었다. 이 책은 현재 전하지 않아 구체적인 내용은 알 수 없지만, 중국과 우리나라 역대 감사의 연혁과 득실을 개관하고, 옛 선비들의 논설과 지방 수령에 대한 근무 평가 기준을 제시하는 등 《경제문감》의 〈감사의 직책〉과 유사했을 것으로 추정하고 있다.

태조 4년(1395)에는 조준·정총·박의중·윤소종 등과 함께 《고려사》를 편찬했다. 이 책 역시 현재 전하지 않지만, 전 왕조의 역사를 정리하여 편찬함으로써 새 왕조의 출발을 정당화하려는 의도로 해석된다. 또 태조 6년(1397)에는 《경제문감》을 보완해서 《경제문감별집(經濟文鑑別集)》도 저술했다. 《경제문감》이 신하의 직책과 도리를 밝혔다면, 《경제문감별집》은 중국과 고려의 역대 제왕들의 치적과 군주의 도리를 수록하고 있다. '조선의 군주론'이라는 평가를 받는 이 책은 정치서이면서도 역사서에 가깝다. 이외에도 《주역》의 오위효상(五位爻象, 임금의 자리)에 대한 정자(程子)의 전(傳)을 바탕으로 군주의 몸가짐을 밝힌 《경제의론(經濟議論)》도 지었다. 이 책은 재상 중심의 정치체제를 담은 정도전 정치사상의 완결편으로 평가받는다.

이처럼 정도전은 새로 건국한 국가의 기틀을 다지기 위해 다양한 분야에 걸쳐 지침서를 펴냈고, 이를 기반으로 새로운 정치체제에 걸맞은 제도와 정책을 마련하여 직접 실행에 옮겼다.

성리학적 이념과 질서를 세우다: 정도전은 〈심난기(心難氣)〉, 〈기난심(氣難心)〉, 〈이유심기(理諭心氣)〉 등 세 편의 철학 논문을 수록한 철학서 《심기리편(心氣理篇)》도 저술했다. 이 책은 불교·도교·유교를 각각 심(心)·기(氣)·리(理)로 표현하고, 불교와 도교가 서로를 비판하게 한 다음 유교가 잘못을 깨우쳐 줌으로써 성리학의 우월함을 입증한 철학 사상서이다.

태조 7년(1398) 여름에는 불교의 윤회설·인과응보·지옥·화복·걸식 등을 성리학적 관점에서 비판한 15편의 글과 불교의 폐단을 열거한 4편의 글 등 모두 19편으로 구성된 《불씨잡변(佛氏雜辨)》을 펴냈다. 불교에 대한 논설을 주제별로 나누어 종교·철학·윤리·사회·역사 등 전 분야에 걸쳐 기술한 《불씨잡변》은 "사회의 지도 이념으로서 순기능을 상실한 불교를 비판하면서 왕에서 백성에 이르기까지 불교의 정신세계에서 벗어나 성리학적 질서를 정착시키기 위한 사상의 전환을 시도했다"는 평가를 받는다. 특히 《불씨잡변》은 정도전이 사망하기 직전에 완성한 '문명 개혁을 마무리하는 최후의 저술'이기도 하다.

병법서를 쓰고 직접 훈련시키다: 정도전은 《삼봉집》에서 "문(文)은 태평한 정치를 이루는 것이요, 무(武)는 난리를 평정하는 것이다. 이 두 가지는 사람에게 양팔이 있는 것과 같아서 하나라도 없어서는 안 된다"라며 문무(文武)의 중요성을 강조하면서 글공부를 하는 문인도 무를 겸비해야 진정한 선비라고 강조했다. 그리고 스스로 진법(陣法)을 익히고 병법서(兵法書)를 저술했으며, 조선 개국 후 자신이 익힌 진법과 병서로 군사들을 직접 훈련했다.

그는 조선 개국 후 4개월 만에 절제사 수하의 병사들 중에서 무략(武

略)이 있는 자들을 뽑아 〈진도(陣圖)〉를 가르칠 것을 건의했고, 사흘 후 구정(毬庭, 격구장)에서 〈진도〉를 펼쳐놓고 강도 높은 군사훈련을 실시했다. 그리고 대규모 전술훈련을 목적으로 하는 병법서 〈사시수수도(四時蒐狩圖)〉를 태조에게 올리며 군제 개혁의 필요성을 역설하기도 했다.

정도전은 제갈량이 창안한 8진을 기본으로 하여 지형과 군사력에 따라 전술을 36가지로 정리해 《팔진삼십육변도보(八陣三十六變圖譜)》를 저술했고, 중국의 진법과 용병술을 토대로 이를 더욱 발전시켜 《오행진출기도(五行陣出奇圖)》도 저술했다.

또한 점술가들의 태을사상을 적용한 병법서로 전하는 《태을칠십이국도(太乙七十二局圖)》와 양저의 《사마법》을 기초로 중국의 역대 병법을 우리 실정에 맞게 제작한 《강무도(講武圖)》도 저술했다. 이 책은 현재 전하지 않지만, "뛰어난 무장이었던 태조가 극찬하며 이 책에 의거해 군사훈련을 실시하도록 명했다"는 것으로 보아 매우 뛰어난 실전서로 추정된다.

정도전은 군사 분야에서 단순히 진법이나 병서만을 중시하지 않았다. "전쟁에서 승패의 기본 요인은 사람에게 달려 있다"고 보았던 그는 장수와 병사들 사이의 튼튼한 신뢰 관계를 군사학의 핵심으로 꼽았다. 믿음은 항상 불변한 것이나 전투에는 일정한 규칙이 없었기 때문이다.

세종 때 집현전대제학 변계량(卞季良, 1369~1430)은 여말 선초의 3대 진법서로 이제현·하윤·정도전의 저술을 꼽았고, 그중에서도 정도전의 진법을 "공격과 수비에 대한 전술이 다른 것과 비교할 수 없을 정도로 가장 뛰어나다"고 평가하는 등 실전 위주로 작성된 정도전의 병법서들은 "전술 운용 면에서 과학적이고 현실적인 계책들을 집대성해 놓았다"는 평가를 받는다.

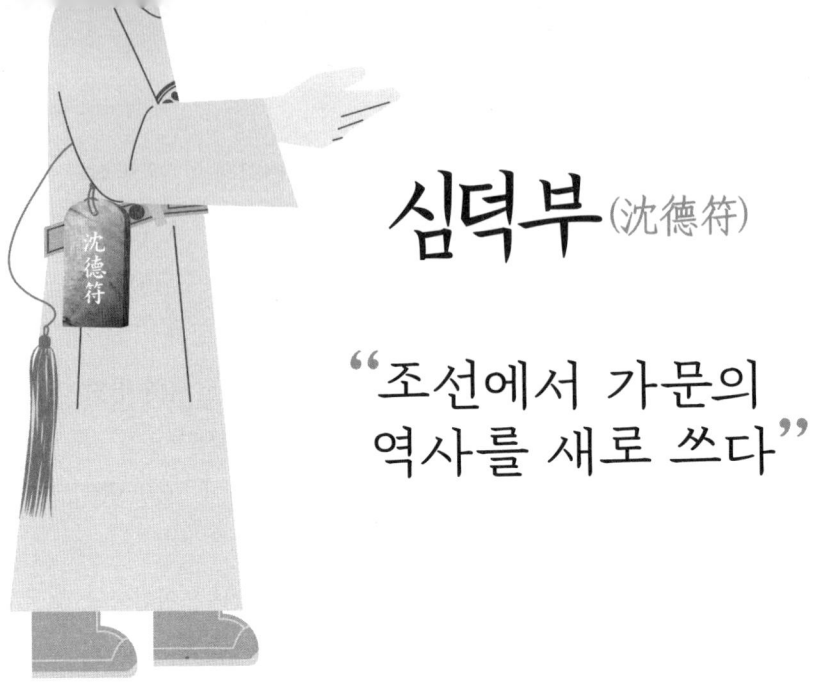

심덕부 (沈德符)

"조선에서 가문의 역사를 새로 쓰다"

다른 길을 선택한 형제가 모두 성공하다

심덕부(1328~1401)는 서해도원수와 서경도원수를 지내는 등 우왕 대에 서북면 지역의 병권을 관장하며 조정에 영향력을 지니고 있었다. 서북면 지역의 군사력은 동북면에서 군사력을 장악하고 있던 이성계와 비교되는 유일한 곳이었기 때문이다.

물론 이성계의 군사력은 개인에게 소속된 사병을 기반으로 하고 있다는 점에서 차이가 있었지만, 서북 지역은 중국과의 교통로이면서 국경 지역이었다. 그리고 고려의 수도 개경과도 지리적으로 가까웠기 때문에 고려는 건국 이후 요충지로서 서경 지역의 군사력에 지속적인 관심을 기울였다. 또한 그는 요동 정벌군이 구성되었을 때 조민수와 이성계에 이어 서열 3위의 위치에 있었다. 그러나 심덕부는 그와 관련한 자료가 많지 않아 조선의 건국 과정에서 숨은 실력자로 평가되기도 한다.

《조선왕조실록》에 심덕부는 무인으로 기록되어 있다. 여말 선초에 고위직에 오른 인물 중에는 문인과 무인의 구별이 정확하지 않은 경우가 적지 않다. 아마도 이 시기의 정국과도 연관이 있는 듯하다. 중앙의 권문세족들은 권세를 이용하여 중앙의 요직을 차지하며 문인의 위상을 유지할 수 있었고, 심지어 무인 출신 권신들도 문인의 직위를 유지할 수 있었다. 그러나 일반 관리들의 경우 지방직을 전전하는 경우가 많았고 때로는 전투에 참가하여 홍건적이나 왜구의 침입을 막아내며 무공을 세우기도 했다. 심덕부 역시 이러한 이유로 문인 집안 출신이면서도 무인으로 성공한 인물로 분류된다.

심덕부는 경상도 청부현 출신으로, 청송 심씨 집안에서 태어났다. 그의 집안은 원나라의 간섭을 받던 고려 중기 이후 남부지방 출신이 고려의 수도 개경에 진출하여 뿌리내린 신흥 가문으로 보인다. 청송 심씨의 시조는 심홍부(沈洪孚, 생몰 미상)로, 충렬왕 때 하위직인 종9품 위위시승을 역임했고, 국가에 공을 세워 청기군(靑杞君)에 봉해졌다. 그리고 2세조 심연(沈淵)은 합문 소속의 종6품 지후 벼슬을 지냈고, 3세조이자 심덕부의 아버지 심용(沈龍)은 정5품직인 전리정랑을 지냈다.

이후 심덕부 대에 집안이 부흥기를 맞았고, 심덕부가 무인으로 활약하면서 이성계를 만나 인연이 이어지게 된다. 그러나 그의 집안이 모두 조선의 개국에 참여한 것은 아니다.

심덕부의 동생 심원부(沈元符, 생몰 미상)는 고려가 멸망하자 두문동에 들어가 충절을 지킨 것으로 전한다. 심원부는 조선 건국 후 여러 차례 벼슬을 내렸으나 조정에 나오지 않았고, 자손들에게도 벼슬에 나아가지 말 것을 유언으로 남겼다고 한다. 이 때문에 청송 심씨는 조선 건국에 참여한 후 한양에 뿌리내린 심덕부 집안의 경파(京派)와 심원부의 유훈을 지키며 고향에서 사는 향파(鄕派)로 나누어졌다. 이후 심원부의 후손들은 조선 영조 대부터 현재까지 250여 년간 만석(萬石)의 부를 누리며 영남의 대부호로 전국적인 명성을 떨쳤다. 형제가 전혀 다른 길을 선택했지만 중앙과 고향에서 모두 성공(?)한 셈이다.

숨은 실력자였나?

심덕부는 충숙왕 말년에 음직으로 관직 생활을 시작했다. 성격이 강골인 그는 물러설 줄을 몰랐고, 우왕 6년(1880)에는 화약을 제조한 최무선과 왜구 정벌에 나가 최초로 화포를 전투에서 사용하여 대승을 거두는 등 많은 무공을 세우며 장수(將帥)로서의 능력을 인정받았다. 이후 그는 요직을 거치며 승진을 거듭하면서 중앙 정계에서도 영향력을 확장해 나갔다.

심덕부는 평소 주변으로부터 "품행이 단정하며 성품이 깨끗하고 굳건하였다"는 평가를 받았고, 두 번이나 명나라에 사신으로 가서 "전대(專對)함이 재치 있고 빨랐다"는 평가를 받을 정도로 외교 능력까지 인정받았다. 여기서 전대는 사신(使臣)을 의미하는 말로, '사신이 외국에 나가 질문을 받으면 혼자 모든 답변을 했다'는 것에서 유래했다. 또한 그는 어머니가 돌아가셨을 때 '너무도 애통한 나머지 몸이 수척해졌다'고 소문이 날 정도로 효자였다.

심덕부는 우왕 11년(1385) 문하찬성사로 동북면상원수를 겸하여 전장에서 이성계와 생사고락을 함께하며 북청과 함주 등지에 침략한 왜구를 토벌하는 등 국가를 위기로부터 구해냈고, 공양왕 대에는 재상의 지위에 올라 이성계와의 인연이 중앙 정치 무대로 이어졌다.

두 사람의 만남에 대해서는 구체적인 내용이 전하지 않지만, 강골한 무인 기질에 천성이 부지런하고 청렴결백한 심덕부와 이성계는 여러 가지 면에서 비슷한 점이 많았다. 따라서 서로에게 관심을 갖기에 충분했고, 여기에 혼탁한 정국을 회피하지 않았던 책임감 등 당시 사회에 대한 정치적 견해도 서로에게 영향을 미친 것으로 보인다.

심덕부는 이성계의 선배 무장이었지만, 이성계를 지원한 것으로 전한다. 특히 이성계가 위화도회군을 단행했을 때 서경도원수로 조민수와 함께 좌군에 속해 있었던 그는 회군에 동참하여 회군공신 1등에 봉해졌다. 그리고 '폐가입진(廢假立眞)'에도 참여했다.

폐가입진은 "우왕과 창왕은 본래 왕씨가 아니라 신돈의 자손이므로 왕실의 종사를 받들게 하는 것은 옳지 않다"는 이유를 내세워 공민왕의 비인 정비 안씨의 교서를 받드는 형식으로 창왕을 폐위하여 강화도로 추방하고, 정창군(定昌君) 왕요(王瑤)를 공양왕으로 옹립한 사건을 말한다. 당시 흥왕사에서 군사들의 호위를 받으며 열린 회의에서 이성계를 비롯해 심덕부·정몽주·지용기·설장수·성석린·박위·조준·정도전 등 9명이 참석했다. 이들은 공양왕이 즉위한 후 중흥 9공신에 책봉되었다.

그러나 심덕부는 공양왕 2년(1390) "심덕부 휘하의 세력 중에서 서경 세력과 연계하여 이성계를 제거하려고 했다"는 '김종연 사건'에 연루되어 고초를 겪기도 했다. 이 사건에 그의 휘하인 조유가 깊이 관련되어 있어 정치적 타격을 받게 된다. 이 때문에 심덕부는 무고를 당해 황해도 토산으로 유배되었다가 3개월 만에 풀려났고, 공양왕 3년(1391) 종1품 문하시중으로 다시 복직되었다. 같은 해 이성계·정몽주 등과 함께 '사직을 안정시켰다'는 공을 인정받아 안사공신(安社功臣)에 책봉되었다.

제3의 정치세력 구축을 시도하다

무장 김종연(金宗衍, ?~1390)의 아버지는 신돈을 죽이려고 모의한 것이 발각되어 살해되었고, 김종연도 피신했다가 신돈이 주살된 후 복귀했다. 이후 그는 원수로 왜구와의 전투에 참가하여 공을 세우며 정치적 입지를 다져나갔다. 그러나 공양왕 2년(1390) "이성계가 명나라를 침략할 계획을 세우고 있으며, 이성계에 의해 실각된 재상들이 명나라가 고려를 토벌해 주기를 바란다"고 명나라에 보고한 '윤이·이초 사건'이 발생했다. 이 사건을 조사하는 과정에서 관련 문서에 자신의 이름이 포함되어 있다는 사실을 알게 된 김종연은 봉주(鳳州)에 숨어 있다가 붙잡혔다. 다음 날 다시 도망에 성공해서 포위를 뚫고 서경으로 간 그는 윤구택(尹龜澤)을 만나 "심덕부와 지용기(池湧奇, ?~1392)가 함께 이성계를 제거하기로 공모했다"며 병력 지원을 요청했다. 윤구택은 김종연에게 협조하는 척 하며 이성계 측에 이 사실을 전했고, 김종연은 다시 도망하여 곡주(谷州)의 숲속에 숨어서 지내며 추위와 굶주림으로 고생하다 결국 붙잡혀 심문을 받다가 사망했다.

이 사건은 '심덕부·지용기 역모 사건'으로 이어질 정도로 파장이 컸다. 당시 심덕부는 결백을 주장하며 스스로 옥에 들어가 대질신문을 강력하게 요구하다가 파직당했다. 그는 파직된 후에도 직위를 내놓지 않고 버텼다. 당시 대사헌 김사형 등은 지용기의 고신과 공신녹권만 거두자고 했으나 낭사 진의귀(陳義貴, ?~1424) 등이 '지용기가 역모를 꾸몄다'고 주장하여 가산을 적몰하고 장 1백 대를 쳐서 삼척으로 유배 보냈다.

심덕부 역시 간관들의 탄핵으로 토산으로 유배되었으나 3개월 만에 다시 풀려난 것으로 보아 그의 반역 혐의는 무고로 보인다. 하지만 사건을 처리하는 과정에서 이성계 세력에 편입되지 않은 인물들이 정계에서 물러나고, 이후 이성계 친위 세력이 전면에 등장하게 된다. 결과적으로 '윤이·이초 사건'과 '김종연 사건'으로 급진 개혁 세력과 대립했던 세력이 제거된 것이다.

이때 심덕부 세력 역시 타격을 입은 것으로 보인다. 이 때문에 일부에서는 심덕부가 이성계 세력과 고려의 왕실을 지키려는 세력의 중간에서 '도평의사사를 중심으로 재상권을 강화하여 제3의 정치세력을 구축하려고 시도했다'거나 '심덕부가 역성혁명을 지지한 것이 아니라 도평의사사를 중심으로 개혁하여 권력 장악을 시도했다'는 견해도 있다. 그 근거로 첫째, 후에 도평의사사를 장악한 급진 개혁 세력이 주동이 되어 공양왕을 제거하는 과정에 심덕부가 동조했다는 기록이 보이지 않고, 둘째, 이성계를 왕으로 옹립하는 과정에서도 그의 활약이 구체적으로 전하지 않으며, 셋째, 심덕부가 개국공신에 책봉되지 않았다는 사실 등에 주목하고 있다.

이외에도 급진 개혁 세력과 온건 보수 세력의 갈등이 깊었던 공양왕 대의 정국을 감안하면 누군가 제3의 길을 생각해 볼 수 있는 문제였다. 특히 올곧은 성품과 공양왕의 신임을 받았던 당시의 여건 등을 감안하면 심덕부가 적임자에 해당했다. 그리고 심덕부는 공양왕 때 지방 통치의 책임을 맡았던 관찰사 제도를 폐지한 후 안렴사를 부활시키고, 관리들의 서무를 도당(都堂)에 직접 보고하도록 건의하는 등 정치제도의 개혁에 참여했으며, 이성계 측으로부터 견제를 받았다는 사실도 이러한 추론에 힘을 실어주고 있다.

하지만 이유야 어떻든 심덕부에게 힘이 실리지는 않았던 것으로 보인다. 그 근거는 첫째, 어느 시점에서 그의 세력이 제거되거나 대폭 위축되었기 때문에 조선 개국을 전후한 시기에 그의 존재감이 예전 같지 않았고, 둘째, 심덕부가 조선 개국 후에도 한때 무고를 받는 등 견제를 받았고, 두 차례의 왕자의 난이 일어났을 때도 그의 활동이 보이지 않으며, 셋째, 자신의 세력을 지녔던 것으로 전하는 심덕부가 이방원이 세자 시절에 단행한 사병 혁파에 특별한 반응을 보이지 않았고, 세종이 즉위한 후 심덕부의 아들 심온(沈溫, 1375~1418)이 역모죄로 북쪽 국경에서 체포되어 수원으로 압송된 후 사망하게 되었음에도 주변의 반발이 전혀 없었다는 점이다. 그리고 마지막으로, 심덕부의 아들 심온을 비롯해 심덕부의 후손들이 조선에서 독자적인 정치세력을 형성하기보다는 일찍이 관리로서 성공한 명문가로 정착했다는 사실도 주목할 만하다.

한양 건설에 나서다

심덕부는 조선 건국 후인 태조 3년(1394) 신도궁궐조성도감(新都宮闕造成都監)의 판사가 되어 한양의 궁실과 종묘 건설을 총괄하는 등 새 도읍지 건설에 적극 참여했다. 그가 일찍부터 한양 천도에 참여한 사실은 당시 정국에서 정치적으로 상당한 의미가 있었다. 예를 들면 한양 천도는 새 왕조 국가의 출발이라는 의미가 있었고, 여기에는 개성을 중심으로 한 고려의 옛 권문세족의 세력을 무력화하려는 의도도 담겨 있었다. 이처럼 심덕부가 한양 천도에 적극 나선 것은 서북면 지역을 중심으로 한 그의 영향력이 구세력에 대한 견제와 함께 한양 천도를 원활하게 수행할 수 있는 기반이 되었기 때문이다.

심덕부는 한양에 머물며 궁궐터와 인근 지역을 관리하라는 명을 적극 수행하여 태조의 두터운 신임을 받았다. 이후 그는 태조의 추천으로 정종 2년(1400) 72세의 나이에 좌의정에 오르게 된다.

1차 왕자의 난으로 정치적 부담을 느낀 조준과 김사형 등 재상들이 사직하기를 청하자 정치적 권한이 없던 정종 또한 부담을 느낄 수밖에 없었다. 정종은 고민 끝에 상왕 태조에게 상의했고, 태조는 "조준과 김사형이 굳이 사양한다면 심덕부와 성석린(成石璘, 1338~1423)이 재상직을 대신할 만하다"고 추천했던 것이다.

심덕부가 역모 사건에 연루되는 등 정치적 견제를 받았음에도 재상의 자리까지 오르며 정치생명을 유지할 수 있었던 데에는 조선에서 정치세력을 구축하지 않았고, 권력에 대한 야심이 없는 순수한 인물이었다는 점도 영향을 미쳤다. 여기에 심덕부가 이성계 측의 견제로 위기를 맞을 때마다 이성계는 사전에 사건의 내용을 심덕부에게 귀띔해줄 정도로 두 사람의 관계는 신뢰가 두터웠고, 심덕부를 재상으로 등용한 것에는 태조가 그에 대한 배려와 마지막 의리를 지키려는 의미도 담겨 있었다.

심덕부는 이듬해인 정종 2년(1400) 고령을 이유로 사직한 후 태종 1년(1401) 73세로 병사했다. 이후 그의 가문은 조선 최고의 명문가로 자리 잡으며 가문의 새로운 역사를 써나갔다. 고려 말기부터 주요 가문들과 중첩된 혼인 관계를 맺으며 명문가로 뿌리내렸던 그의 집안은 조선 건국 후에도 그의 아들 심인봉(沈仁鳳)·심의귀(沈義龜)·심도생(沈道生)·심징(沈澄)·심온(沈溫)·심종(沈淙)·심정(沈泟) 등 7형제가 가문을 일으켰다. 특히 심덕부의 여섯째 아들 심종(沈淙)은 태조의 차녀 경선공주(慶善公主, 생몰미상)와 혼인하여 태조의 부마가 되었고, 일곱째 아들 심정(沈泟)은 공양왕의 형 정양부원군 왕우(王瑀, ?~1397)의 사위였다. 그리고 이성계와 계비 신덕왕후의 장남 무안대군 방번(芳蕃, 1381~1398) 역시 왕우의 사위로,

심덕부의 집안은 고려에 이어 조선 왕실과 사돈 관계로 중첩된 혼인 관계를 이루었다.

이외에도 심덕부의 다섯째 아들 심온의 부인 순흥 안씨는 세종이 즉위한 후 좌의정으로 물러난 안천보(安天保, 1339~1425)의 딸이다. 안천보는 고려에서 관직 생활을 시작했으나 면직된 후 가야금과 책을 벗 삼아 16년 동안 은둔 생활을 하다가 태종 8년(1408)에 다시 관직에 나왔다. 그리고 세종의 비 소헌왕후(昭憲王后, 1395~1446)는 심덕부의 손녀이자 안천보의 외손녀로, 그녀는 어려서 안천보의 집에서 성장했다. 따라서 심덕부는 태조에 이어 태종과도 사돈이 된다.

집안이 조선에서 새로운 역사를 쓰다

심덕부의 집안은 아들 심온이 세종 때 영의정에 올랐고, 세조 때 좌의정에 오른 심회(沈澮, 1418~1493), 인조 때 우의정과 영의정에 오른 심열(沈悅, 1569~1646), 선조 때 우의정과 좌의정을 지낸 심희수(沈喜壽, 1548~1622), 명종 때 우의정·좌의정·영의정을 지낸 심연원(沈連源, 1491~1558), 우의정과 좌의정을 지낸 심통원(沈通源, 1499~?) 형제 등 13명의 재상을 배출했고, 이들 중 9명이 영의정에 올랐다.

일반적으로 영의정을 오늘날의 총리에 비교하여 '일인지하(一人之下) 만인지상(萬人之上)'이라고 표현하지만, 총리는 왕조 사회의 영의정에 훨씬 못 미치는 자리다. 그리고 태조에서 고종까지 515년간 조선 역사에서 106명의 영의정이 등용되었다는 사실을 감안하면 한 가문에서 10퍼센트에 약간 못 미치는 영의정을 배출했다는 것은 대단한 수치에 해당한다.

또한 세종의 비 소헌왕후 외에도 명종 비 인순왕후와 경종 비 단의왕후 등 3명의 왕비와 4명의 부마를 배출했다. 세종 집권 중반기에 우의정을 지낸 노한의 아들 노물재(盧物載)는 심온의 사위로 심덕부에게는 손녀사위이며, 성종 때 재상을 지낸 노물재의 아들 노사신이 그의 증외손이다.

이처럼 조선 500년 역사에서 명문가로 뿌리내린 청송 심씨 집안은 이른바 서론과 노론 그리고 왕실 외척으로 정계에서도 영향력을 지녔던 조선 10대 벌족 중 하나로 꼽힌다. 심덕부의 집안이 이처럼 번창할 수 있었던 이유에는 명당터와 관련 있다는 이야기도 전한다.

일반적으로 문중의 선산에 선조의 묘를 쓰지만, 반드시 그런 것은 아니었다. 특히 심덕부의 집안은 명당이 있으면 거리를 따지지 않고 묘를 조성한 것으로 전한다. 청송 심씨 시조인 심홍부는 경북 청송에 묻혔지만, 2세조 심연은 교통이 발달하지 않은 고려시대였음에도 전북 익산의 함열읍 남당리에 묻혔고, 3세조인 심용은 경기도 화성에 그리고 심덕부는 경기도 연천에 잠들어 있다.

경상도 청송 출신인 심연의 묘가 전라도에 조성된 이유는 그가 익산 고을 수령을 지낸 후 그대로 석탑촌 자연동에 눌러살았기 때문이라고 한다. 그러나 풍수가들 사이에서는 다음과 같은 일화가 전한다.

본래 심연의 묘는 선산인 경북 청송에 있었다. 그런데 효심이 지극했던 아들 심용이 아버지의 묘가 명당이 아닌 것을 한탄하던 어느 날, 한 지관이 집에 찾아오자 극진하게 대접했다. 그러나 지관은 심용의 마음을 몰라주고 날마다 술을 마시며 무위도식했다. 심용은 전혀 내색하지 않았고, 10년이 지난 후에야 "이제 명당 하나 잡아줄 때가 되지 않았느냐?"며 넌지시 지관에게 물었다. 그러자 지관은 재산의 절반을 처분하여 돈으로 바꾸어 따라오라고 했다. 심용이 지관의 말대로 돈을 마련해서 지관을 따라나섰고, 지관은 전라도 지역까지 와서 어느 종가의 사당을 가리키며 명당이라고 일러주고는 가버렸다. 당황한 심용은 망설이다가 종가에 들어가 그동안의 사정을 이야기하고 땅을 팔 것을 간청했다. 하지만 종가 주인이 단번에 거절하자 심용은 한발도 물러서지 않고, "차라리 여기서 굶어 죽겠다"며 대문 앞에서 단식을 했다. 결국 주인은 땅을 팔겠노라 허락했고, 심용은 넉넉하게 값을 치르고 그곳에 아버지의 묘를 썼다고 한다.

반면 현대의 풍수가에 따르면 심덕부의 묘가 대단한 명당이 아니라는 견해도 있다. 이 때문에 심덕부의 아들 심온 등이 젊은 나이에 처형당하는 비운을 겪었는지도 모른다.

민제 (閔霽)

"왕권 강화에 모든 것을 내주다"

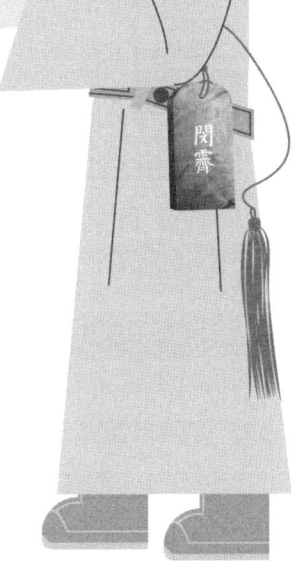

집안이 개혁의 대상으로 지목받다

민제(1339~1408)는 급진적인 개혁, 즉 혁명보다는 온건한 개혁 성향을 지니고 있는 인물이었다. 그럼에도 그는 조선의 개국 과정에서 "정치에서 조화와 균형을 도모했다"는 평가를 받는 등 조력자 역할에 충실했고, 조선 건국 후에는 "정치적 안정과 왕실의 정통성 확립에 기여했다"는 평가를 받는 등 그의 집안은 조선 왕실에 '아낌없이 주는 나무'가 연상될 정도로 각별한 인연을 유지했다.

민제는 여흥 민씨 집안 출신으로, 여흥은 지금의 경기도 여주이다. 그의 집안은 고려의 무인 집권기에 권문세족을 이루었고, 공민왕이 개혁을 단행하면서 구세력의 제거에 나섰을 때 여기에 포함될 정도였다.

특히 민제의 7대조 민영모(閔令謨, 1115~1194)가 인종 16년(1138) 과거에 합격한 후 벼슬이 정2품 문하시랑평장사에 오르며 가세(家勢)가 확장된

1부 | 태조·정종 대: 창업주와 지원 세력들 107

다. 민영모는 과거에 응시했을 때 답안지가 율격(律格)에 맞지 않아 시험을 관장하는 동지공거인 이지저(李之氐, 생몰 미상)가 선발하지 않으려 했으나 지공거 최유(崔濡, 1072~1140)가 "민영모의 글에 기개가 있다고 주장해 합격했다"는 이야기도 전한다. 그리고 충혜왕의 장인이며 충정왕의 외할아버지 윤계종(尹繼宗, ?~1346)의 부인이 여흥 민씨 집안 민적(閔頔, 1270~1336)의 딸이다.

민제의 집안은 대대로 공신과 재상을 배출하여 충선왕 대에는 왕실과 혼인할 수 있는 '재상지종(宰相之宗)'에 속하는 귀족 가문이 되었고, 고려 말기에는 개경 지역을 중심으로 한 중앙 정계의 대표적인 명문가로 인정받았다. 따라서 그의 집안은 문벌가(文閥家)로 성장하는 과정에서 보수 성향을 지닌 권문세족에 속했지만 '부귀를 탐하지 않고 지조가 있다'는 평가와 함께 학식과 덕망을 인정받았고, 새로운 학문인 성리학에 조예가 깊은 개혁 성향의 인재도 배출했다.

민영모의 5대 손으로 충렬왕과 충선왕 때 뛰어난 성리학자로 인정받은 민지(閔漬, 1248~1326)가 대표적 인물이다. 문과에 장원으로 급제한 그는 충선왕이 세자 때의 사부였으며, 뛰어난 학문을 바탕으로 태조 왕건부터 고종까지의 고려 역사를 정리하여 우리나라 역사서 가운데 최초의 강목체(綱目體, 역사 편찬에서 편년체 서술의 한 방식으로 사실에 대하여 먼저 '강', 곧 그 개요를 요약하여 쓰고 다음에 '목', 곧 자세한 경위를 쓰는 형식) 역사서로 평가받는《본국편년강목(本國編年綱目)》도 편찬했다.

민제의 큰아버지 민사평(閔思平, 1295~1359) 역시 성리학의 명분론에 입각하여 척불(斥佛)에 앞장서는 등 뛰어난 성리학자였다. 그는 신흥사대부들의 신망을 받았고, 충숙왕 때 "성품이 강직하여 세속에 아부하지 않고 거리낌 없이 남의 선악을 밝혀 윗사람의 신망을 사지 못하여 출세에 파란이 많았다"고 평가할 정도로 성품이 강직했던 최해(崔瀣, 1287~1340)와도 깊은 교유 관계를 유지했다. 민제와 그의 집안이 사회의 적폐 청산에 관심을 기울였던 개혁 성향의 신흥사대부들과 폭넓은 교유 관계를 유지한 것도 민사평의 영향이 적지 않았다. 그리고 이러한 집안 분위기는 이성계와의 각별한 인연으로 이어졌다.

이성계에 이어 이방원을 지원하다

민제의 집안은 고려 말기에 중앙 정계에서 급부상한 이성계 집안과는 비교할 수 없을 정도로 위상이 높았다. 그럼에도 민제의 딸이 이방원과 혼인한 원경왕후(元敬王后, 1365~1420)로, 민제는 태종의 장인이 된다. 그리고 태조의 넷째 아들 이방간(李芳幹, 1364~1421)도 여흥 민씨 집안 민선(閔璿, 생몰 미상)의 딸과 혼인하는 등 두 집안이 각별한 관계를 유지했다.

또한 권문세족의 후예이면서도 평소 성리학을 철저하게 신봉하며 예의범절을 갖추었고, 성품이 온화하면서 검소하고 절제력을 지녔던 민제는 주변으로부터 "학식과 덕망을 갖추었고, 부귀를 탐하지 않고 지조가 높았다"는 평가를 받았다. 당시 사회에서 민제의 위상과 그의 집안은 사돈인 이성계가 중앙에서 뿌리내리는 데도 영향을 미쳤다.

민제는 공민왕 7년(1357) 19세에 과거에 합격해 관직 생활을 시작했다. 이후 그는 이단(異端)과 음란하고 방탕한 행동을 배척하며 성리학을 적극 수용했던 청렴한 학자형 관리로, 특히 예조판서와 예문관제학 등을 역임하며 예(禮)를 다루는 분야에서 능력을 인정받았다. 그러나 조선의 개국 과정에서 민제의 구체적인 역할은 전하지 않는다. 평소 그의 성품을 감안하면 권력투쟁과 같은 정치적 사건에 관여하기보다는 조용하게 뒤에서 이성계를 지원한 것으로 보인다. 그리고 조선 개국 후에는 조정에 든든한 버팀목이 되어주었다.

반면 여장부였던 민제의 딸 원경왕후와 민무구·민무질 등 아들 4형제를 비롯해 여흥 민씨 집안 출신들이 조선의 개국 과정에 적극 참여하여 민제의 집안은 이성계의 친족 다음으로 많은 공신을 배출했다. 그러나 그의 집안 출신들이 처음부터 역성혁명에 동의한 것은 아니었다.

고려 말기에 대사헌을 지낸 민제의 동생 민개(閔開, 1360~1396)의 경우 이성계의 위화도회군과 공양왕 옹립에 찬성했고, 이방원이 정몽주를 제거하자 "정몽주에게 협력한 신료들을 논죄해야 한다"고 주장하는 등 급진 성향을 지니고 있었다. 하지만 민개는 성리학적 의리관에 입각하여 역성혁명에는 반대했다. 〈태조실록〉에 따르면 "배극렴 등이 국새를 받들고 태조의 저택에 나아가니 사람들이 마을의 골목에 꽉 메웠다. 그러나 대사헌 민개가 홀로 기뻐하지 않으면서 얼굴빛에 나타내고, 머리를 기울이고 말하지 않았다"고 한다. 이 때문에 이성계의 측근인 남은 등이 그를 처형하려고 했지만 조준 등의 제지로 무사할 수 있었다.

조선 건국 후 다시 관직에 나온 민개는 대사헌으로 재직하며 왕씨(王氏)들의 외방분거(外方分居)를 주장했고, 이듬해 경상도관찰출척사로 나아가 이지현(梨旨縣) 등 일부 지역에 대한 행정구역의 재조정을 건의하는 등 새로 건국한 나라의 기틀을 마련하는 과정에 적극 참여했다. 그는 관찰사로 있을 때 병을 얻을 정도로 건강에 대해 지나치게 무관심해서 태조가 "하루에 사시진찬(四時進饌)하도록 하명했다"는 이야기도 전한다.

민제의 자식들은 조선 개국 후 이방원의 즉위에도 적극 지원하고 나섰다. 1차 왕자의 난이 발생했을 때 그의 아들 민무구는 대장군으로 군사력에 대한 지휘권을 지니고 있었고, 그의 딸이자 이방원의 부인(원경왕후)은 이러한 여건을 활용해 병사와 무기를 숨겨두었다가 사병 혁파로 세력을 잃어버린 남편에게 병사와 무기를 내주며 선제공격을 권하여 승리에 기여했다.

이후 1차 왕자의 난에 대한 공신 책봉에 불만을 품은 박포가 이성계의 넷째 아들이자 이방원의 바로 위 형 회안대군 이방간과 이방원 사이를 이간질하여 2차 왕자의 난이 일어났을 때도 원경왕후는 대담한 성격과 탁월한 정치적 판단력을 발휘하며 친정 동생들과 함께 남편 이방원을 지원했다. 당시 집에서 결과를 기다리는 원경왕후 앞에 이방원이 탔던 말만 화살에 맞아 돌아오자 남편이 싸움에서 패배했다고 판단한 그녀가 직접 싸움터로 나가려고 했다는 일화도 전한다.

반면 이방원에게 반기를 들었던 이방간은 2차 왕자의 난에서 패배하여 부부가 토산으로 유배된다. 이방간의 부인은 민선의 딸로 그녀 역시 여흥 민씨 집안 출신이었다. 따라서 그녀는 이방원의 부인과 같은 대군부인이었지만 이후 유배지에서 전혀 다른 삶을 살다 생을 마감했다.

국가의 크고 작은 의례 정비에 기여하다

이방원이 권력장악에 성공하자 민씨 형제들은 대단한 권세를 누렸다. 그리고 민제 역시 정종 대에 우의정에 오른 후 태종 집권 초기까지 우의정과 좌의정을 지냈다. 그러나 민제는 재상직에 올라서도 "부조리한 것과 타협하거나 권력을 이용한 사적인 이익 추구를 제일 경계했고, 국가의 기틀을 바로 세우고, 왕이 올바른 군주가 될 수 있는 주춧돌이 되었다"

는 평가를 받았다.

또한 여흥 민씨 집안의 부상은 왕자의 난을 기점으로 기존의 개국공신 세력이 약화되고, 이후 태종을 중심으로 한 새로운 정치세력의 등장과도 연관이 있었다.

민제는 뛰어난 인재가 있으면 태종에게 추천하는 역할도 담당했다. 그가 추천한 인물로는 태종 대에 재상을 지낸 하윤과 이무를 비롯해 조호(趙瑚, ?~1410), 민제의 문하생으로 정종 1년(1399) 문과에 장원급제한 전가식(田可植)과 태종 대에 재상을 지낸 조영무(趙英茂, ?~1414)의 아들 조서(趙敍, 1370~1429), 청렴결백하고 총명한 자질로 학문에 힘써 명망이 높았던 옥고(玉沽, 1382~1436), 이무의 아들 이공의(李公義) 등이 있다.

특히 민제의 오랜 친구였던 하윤은 이방원을 만난 후 특급 참모로 활약하며 이방원이 왕위에 오르는 데 결정적인 공을 세워 태종의 장자방(張子房, 중국 한나라의 지략가)으로 평가받았다. 또한 하윤은 권근(權近, 1352~1409) 등과 함께 태종의 왕권 강화를 지원하며 개국공신들이 정계에서 점차 물러나면서 생긴 공백을 메우는 역할도 맡았다.

하윤과 권근은 조선의 개국에 참여하지 않았다. 이 때문에 정치적 입지에 한계가 있었던 이들은 취약한 정치적 입지를 보완하려는 의도에서 정치적 야망은 있지만 권력에서 소외된 이방원을 선택했다. 태종 역시 능력을 갖추었지만, 정치적 열세에 있었던 이들의 지원이 큰 힘이 되었음은 물론이다.

예를 들면 신권론자였던 정도전과의 극심한 권력투쟁을 거쳐 천신만고 끝에 왕위에 오른 태종으로서는 왕권 강화론의 이론적 지원이 필요했고, 정도전과 다른 길을 걸어왔던 권근의 입장에서는 정치적 지원 세력이 절실하게 필요했다. 특히 정치체제의 급격한 개혁과 신권의 확대보다는 상대적으로 왕권의 안정을 강조했던 왕권 강화와 정국의 안정에 역점을 두었던 태종과 밀접하게 결합하면서 정치적 입지를 굳힐 수 있었다. 이러한 양쪽의 입장이 역사 인식에 투영되어 결실을 맺은 것이 바로 권근이 주도했고, 하윤 등이 참여하여 찬진(撰進, 글을 지어 임금에게 올림)한 《동국사략(東國史略)》이었다. 《동국사략》이 "권근과 태종이 의기투합한 산물로, 삼국시대의 역사를 성리학적 왕권론의 입장에서 재조명했다"는 평가를 받는 것도 그 예이다.

이처럼 태종에게 인재를 소개한 민제의 역할은 성공적이었다. 하지만 그는 태종 8년(1408) "민제가 조호·김첨·허응 등과 붕당(朋黨)을 지어 난을 도모한다"며 탄핵받는 등 정치적 견제도 받았다. 당시 태종이 나서서 "평소 민제의 성품이 온후하고 청렴하며 사치를 즐기지 않는다"고 변론해서 무사히 넘어갔다.

실제로 민제는 평생 나라를 위해 인재를 키우고 천거하는 일에는 적극적인 관심을 기울였지만, 권력을 추구하거나 정치적으로 세력을 규합하여 정파를 만들지는 않았다. 그는 매사에 신중하게 처신하면서도 필요하다고 판단하면 강단 있게 처리했다. 이는 청렴강직한 그의 성격 탓이기도 했지만, 공민왕 대에 청산해야 할 가문으로 지목되어 몰락의 위기를 겪는 등 여말 선초의 정치적 격동기를 살면서 가문이 하루아침에 몰락하는 정치 현장의 경험도 영향을 미쳤을 것으로 보인다.

민제는 조선 건국 후 학문과 예(禮)를 다루는 분야에서 전문성을 살려 복색(服色)을 정하고 불교 의식 가운데 봄가을에 대장경(大藏經)을 옮겨 도량을 청소하는 의식 외에는 모두 없앨 것을 주장하는 등 유학의 가르침에 따라 국가의 의식을 자세히 정하고 예법을 정리했다. 그리고 한양의 건설과 문묘제도의 감수 등 국가의 크고 작은 의례 정비에도 기여했고, 국가 경제의 근간이면서 조선 건국의 이유이기도 했던 토지제도의 개혁과 관련하여 과전법 제정과 《경제육전》 편찬에도 참여했다.

법이 까다로우면 민심이 떠난다

민제는 태종이 즉위한 후에도 정치적 부담을 주는 것을 스스로 차단하는 등 태종의 정치적 그늘막이 되어주었다. 태종 2년(1402) 문하생 이지직(李之直, 1354~1419)과 전가식 등이 순군옥에 관련되자 그들과 절연하기도 했고, 태종의 장인이라는 이유로 사람들이 출세해 보려는 의도로 접근했지만 사소한 청탁도 들어주지 않았다. 그리고 두 아들 민무구와 민무질 형제가 유배되었을 때 민제의 병을 걱정한 태종의 배려로 유배지를 한양과 가까운 곳으로 옮기자 민제는 오히려 더 먼 지방으로 유배할 것을 청하여 민무질이 대구현으로 유배되기도 했다.

민제는 친밀한 관계였던 하윤이 실세로 부상하면서 권력을 남용한다는 비난을 받자 "온 나라 사람들이 하윤을 정도전에 비유한다. 사람들이 하윤을 꺼려함이 이렇기 때문에 머지않아 환난을 당할 것이다"라며 경계했고, 정종 2년(1400)에는 하윤이 "토지에 부과하는 세금에 관한 법이 고르지 못하다며 토지의 양에 따라 복역의 의무를 정하자"고 건의하면서 담당 관리인 이관(李灌, 1372~1418)을 시켜서 법을 정하도록 하자 민제는 "법이 까다로우면 민심이 떠난다"는 이유로 반대하며 병을 핑계로 출근하지 않았고, "이관에게 책임을 물어 반드시 그를 처벌해야 출근하겠다"며 하윤에 대해 노골적으로 불만을 표시하기도 했다.

민제는 태종이 잠저(潛邸, 왕이 되기 전에 살던 집)에 살 때 그를 가르친 스승이기도 했다. 당시 이방원을 선달(先達)이라고 불렀던 민제는 사위가 왕위에 오른 후에도 때때로 선달이라고 불렀고, 태종 역시 민제를 사부로 예우하며 예전의 스승과 제자 사이로 돌아가기도 했다. 그리고 원경왕후와 함께 민제의 집에 방문하여 잔치를 베풀고 하사품을 내렸으며, 돌아갈 때는 민제의 집 앞에서 바로 말에 오르지 않고 십여 걸음을 걷다가 말에 탈 정도로 민제를 극진하게 예우했다.

민제는 좌의정 성석린이 노모의 봉양을 위해 사직하자 그 후임으로 재상에 올라 국정을 책임졌다. 민제는 명나라 사신이 조선에 오면 집으로 초청해서 잔치를 베풀 정도로 명나라와의 외교에도 영향력을 지니고 있었다. 그런데 태종 7년(1407) 민제가 명나라 사신과의 일로 탄핵받은 일이 벌어졌다.

태종 3년(1403) 명나라에 갔던 우의정 성석린이 귀국하여 "명의 성조 영락제(成祖 永樂帝, 1360~1424)가 조선 왕실과 혼인 관계를 맺고 싶다"는 의사를 태종에게 보고했다. 태종은 조선이 명과 우호적인 관계를 유지할 수 있는 등 전략적인 차원에서 도움이 될 수는 있지만, 정보의 유출과 명에 더욱 예속될 수 있다는 점을 우려했다. 뿐만 아니라 조선 왕실의 공주를 명나라에 시집보내는 것은 공녀 또는 볼모의 성격으로 볼 수도 있는 문제였다. 이 때문에 태종은 혼인 연령에 이른 둘째 딸 경정공주를 조준의 아들 조대림과 서둘러 혼인시켰고, 석 달 후에는 셋째 딸 경안공주(慶安公主, 1393~1415)를 권근의 아들 권규(權踖, 1393~1421)와 혼인시켰다.

그런데 태종 7년(1407) 한양에 온 명나라 사신 황엄(黃儼, ?~1423)이 세자 양녕대군 이제(讓寧大君 李禔, 1394~1462)와 명 황실의 혼인 의사를 전달했다. 이미 한 차례 논란이 있었지만, 이번에는 혼인 대상자가 조선의 세자라는 점에서 차원이 다른 문제였다. 당시 이현(李玄, ?~1415)이 민제에게 이 문제를 논의했다. 민제는 처음에 응하지 않다가 자신의 사위이자 태종과는 동서지간인 조박을 시켜 하윤에게 이 사실을 알렸다.

하윤은 이 사실을 다시 영의정 성석린과 우의정 조영무에게 전하며 "만일 대국의 지원을 얻는다면 동성이든 이성이든 누가 감히 난을 일으키며, 난신적자가 어디서 일어나겠습니까? 전조(고려) 때 원나라에서 보낸 공주로 백 년 동안 내외에 걱정이 없었으니 이것은 지난날의 경험입니다"라며 적극 찬성했다. 그리고 세자가 이미 혼인 절차를 밟고 있다는 사실을 숨기고 조영무 등과 함께 이 문제를 은밀하게 논의했다.

자식들로 인해 끝까지 마음고생을 하다

하윤 등은 세자와 명 황실의 혼인으로 팽창주의 노선을 걷고 있던 명나라로부터 조선의 안전을 보증할 수 있으며, 주변국의 이민족들도 감히 조선을 넘보지 못할 것으로 기대했다. 뿐만 아니라 국내에서도 왕족을 포함해 그 누구도 왕권을 넘보지 못할 것이라는 점에서 좋은 기회라고 판단했다. 그러나 이들의 판단에는 역사의식이 결여된 조급함이 담겨 있었다.

고려의 왕과 혼인한 원나라 공주들은 공민왕의 비 노국공주를 제외하면 모두 투기를 일삼고 고려를 멸시했다. 그리고 사소한 문제까지 원나라에 알려 고려 왕이 쫓겨나는 등 원의 지배기에 고려의 자주성 상실과 친원파의 발호로 국가 기강이 문란해질 정도로 심각한 폐해가 발생했다. 따라서 세자의 혼인은 쉽게 결정할 문제가 아니었다. 그런데 태종이 이 사실을 알게 되었고, 대간에서 이들을 탄핵하면서 민제 역시 '이 사실을 알고도 왕에게 고하지 않았다'는 이유로 탄핵을 받았다.

태종은 '조박 등이 사사로이 의논했다'는 이유로 이들을 국문하도록 명하면서 민제에 대해서는 '다른 뜻이 있어서가 아니라 국가를 위함이었다'며 왕비의 지친(至親)이니 추궁하지 말 것을 명했다. 반면 민제의 아들인 민무구와 민무질을 친(親)세자 세력으로 여겼던 태종은 이후 이들에 대해 노골적인 견제에 나서게 된다. 〈태종실록〉에 따르면 태종은 "민씨 일가에서 세자를 중국 황녀와 혼인시킨 뒤 이를 배경으로 권세를 휘두르려고 한다"고 판단했다. 즉 태종은 왕실 외척이 명나라 황실까지 등에 업게 되면 세력이 확장되어 조선 왕실과 왕권에 걸림돌이 될 수 있다고 우려했던 것이다. 이 때문에 민제는 자식들로 인해 사망할 때까지 심한 마음고생을 겪어야 했다.

민제의 딸 원경왕후와 민무구를 비롯한 아들 4형제는 민제와 달리 활달한 무인 기질을 지니고 있었다. 특히 아들들은 거칠고 절제되지 않은 성격으로 인해 잦은 구설수에 올랐고, 권력을 전횡한다는 비난까지 받아 태종의 눈 밖에 벗어나게 된다. 이에 태종이 몇 차례 경고했지만 민씨 형제들의 신중하지 못한 언행이 문제가 되어 결국 위기를 맞는다.

태종 2년(1402)에 민무구와 민무질 형제는 '태종이 창종(瘡腫)으로 고통이 심했을 때, 시녀를 끼고 왕의 병세를 염탐하며 은근히 집권 기회를 노렸다'며 왕과 왕실에 대한 불충죄에 몰렸다. 그리고 태종 6년(1406) 태종이 갑자기 세자에게 왕위를 물려주겠다며 옥새를 세자에게 보내버린, 이른바 선위 파동(禪位波動)이 일어났을 때도 민씨 형제들의 언행이 문제가 되어 탄핵을 받았다.

당시 태종은 왕위에서 물러나야 할 특별한 이유가 있는 것도 아니었다. 태종은 40대의 건장한 나이였고, 세자 양녕대군은 13세의 어린 나이였다. 또한 태조와 정종이 이미 왕위에서 물러나 태상왕과 상왕으로 있었다. 따라서 태종이 물러나면 왕실에는 어린 국왕과 세 명의 전직 왕이 생존해 있는 기이한 일이 벌어질 상황이었다.

당시 태종의 측근인 하윤·조영무·이숙번 등과 함께 민제는 태종이 선위하겠다는 뜻에 적극 반대하고 나섰다. 결과적으로 태종의 측근들이 중심이 되어 반대 여론을 조성하여 태종을 정치적으로 지원하는 상황이 되었고, 태종은 이를 관망하며 대신들의 동태를 유심히 관찰했다. 왕권을 강화하려는 태종의 계산된 정치적 의도가 담겨 있었던 이 사건은 9일 만에 태종이 "어머니의 꿈을 꾸었다"며 선위 표명을 철회하면서 종료된다. 하지만 이 과정에서 민무구 형제들이 보여준 처신이 문제가 되어 다시 논란이 벌어졌다.

왕이 조선 최초로 왕비의 폐출까지 거론하다

왕실 종친인 이성계의 이복동생 이화(李和, 1348~1408)를 비롯한 대신들이 "민무구와 민무질 형제가 세자 양녕대군을 끼고 돌면서 태종의 선위 표명을 내심 반겼다"며 이들을 처벌해야 한다는 상소를 올렸다.

"지난해 전하께서 장차 내선(內禪)을 행하려 할 때, 온 나라 신하와 백성들이 마음 아프게 생각하지 않는 이가 없었으나, 민무구 등은 스스로 다행스럽게 여겨 기뻐하는 빛을 얼굴에 나타냈으며, 전하께서 많은 사람들의 요구로 복위하신 후 온 나라 신하와 백성이 기쁘게 여기지 않는 이가 없었으나, 민무구 등은 도리어 슬프게 여겼습니다."

이에 태종은 민씨 형제를 반역죄와 연결하였고, 태종의 뜻을 이해한 대신들이 이들의 처벌을 주장하고 나섰다. 그러자 노련한 태종은 한발 물러나 "왕실의 인척으로 국가에 공이 있는 민씨 형제를 처형하는 것은 옳지 않다"며 대신들의 주장을 받아들이지 않았다. 그러나 이것으로 사건이 종결된 것은 아니었다.

이미 반역죄로 거론된 민씨 형제의 일을 없었던 일로 마무리하는 것도 쉽지 않았고, 어떤 방식으로 결론이 나든 태종의 결단이 필요했다. 그러나 태종은 그럴 마음이 없는 듯했다. 왕권과 관련한 일이라면 사소한 일에도 민감했던 태종이 특별한 이유도 없이 왕위를 세자에게 물려주겠다는 것부터가 상당히 정치적인 행위였기 때문이다. 태종은 서두르지 않았고, 태종 7년(1407) 민무구 형제에게 죄를 물어 옥에 가두었다. 4개월 뒤, 원경왕후가 법을 어기고 친정과 내통한 사실이 드러나 상황은 더욱 악화되었다.

당시 민무구 형제의 직첩을 모두 거두어 서인으로 내칠 정도로 태종은 격분했다. 그러나 태종은 장인 민제가 살아 있는 동안에는 대간들이 지속적으로 상소를 올렸음에도 민씨 형제의 처형까지는 허락하지 않았다. 태종 8년(1408) 민제가 병으로 자리에 눕게 되자 유배지에 있던 민씨 형제들을 한양으로 불러들여 문병도 허락했다. 이에 대간들은 거세게 반발했고, 민씨 형제들이 한양에 머무는 며칠 동안 조정의 업무가 마비될 정도로 대간들의 상소가 빗발쳤다. 태종은 대간들의 출근까지 금지시키면서 상소 올리는 것을 막았지만, 민제가 자리에 누운 지 6일 만인 태종 8년(1408) 9월 70세의 나이에 사망하자 태종은 다음 달에 민씨 형제들의 열 가지 죄를 열거한 교서를 반포했다. 그리고 태종 9년(1409)과 태종 10년(1410)에도 태종은 선위 파동을 일으켰다.

물론 이때도 태종은 자신의 왕권에 적극적으로 복종하지 않는 자들의 선별에 나섰고, 조정에서는 민씨 형제를 처형해야 한다는 주장이 이어졌다. 이에 태종은 어쩔 수 없이 이들의 주장을 받아들이는 형식을 취하며 민씨 형제의 처벌 절차에 들어갔다. 이 과정에서 태종 9년(1409) 10월 '민씨 형제들의 죄가 없다'고 거론했던 이무를 먼저 처형했고, 1년 뒤인 태종 10년(1410) 제주도로 귀양 보낸 민무구 형제에게 스스로 목숨을 끊으라는 명을 내렸다.

한편 원경왕후는 "주상께서는 어찌 옛일을 잊으셨습니까? 제가 주상과 더불어 함께 환난을 이기고 비로소 나라를 얻게 되지 않았습니까? 오늘날 잊음이 이렇게 심할 수가 있습니까?"라며 태종이 현재의 자리에 있기까지 자신과 친정의 지원을 상기시키며 강하게 반발했다. 그러나 태종은 원경왕후의 폐출 의사까지 내비칠 정도로 강경했다. 물론 '세자의 생모이고 조강지처를 함부로 내칠 수 없다'는 대신들의 반대로 실행에 옮기지는 않았지만, 원경왕후는 남편의 정치적 성공을 위해 적극 지원한 결과가 친정의 몰락과 조선 최초로 왕비의 폐출까지 거론되었다는 점에서 상당한 배신감을 느꼈다. 이 때문에 마음의 병이 깊어진 원경왕후가 병석에 눕자, 민무휼(閔無恤, ?~1416)과 민무회(閔無悔, ?~1416) 등 두 동생이 누나를 위로하기 위해 대궐에 드나들면서 또 하나의 사건이 터졌다.

어느 날, 누나의 병문안을 왔다가 세자 양녕대군을 만나자 반가운 마음과 서러운 마음이 교차했던 민씨 형제들이 "우리 형 무구와 무질이 어찌 모반하는 일이 있었겠습니까? 세자께서는 우리 집에서 자라셨으니 은덕을 잊지 않기를 바랍니다"라고 하소연했던 일이 발단이 된 것이다.

혁명 동지와 왕권 강화는 별개다

양녕대군은 어린 시절 외갓집에서 성장했다. 특히 왕자의 난 등 가족의 목숨이 달려 있었던 정치적 사건을 치르는 동안 태종과 원경왕후 부부는 양녕대군을 외가에 맡겼기에 양녕대군과 외삼촌인 민씨 형제들의 관계가 각별했다. 따라서 민씨 형제의 말에는 그때의 정을 생각해서라도 장차 왕위에 오르면 억울하게 죽은 두 형을 신원해 달라는 은밀한 부탁과 함께 불만도 담겨 있었다. 그런데 궁궐 안에는 비밀이 없었다.

민씨 형제의 말이 태종의 귀에 들어갔고, 태종은 이번에도 그냥 넘어가지 않았다. 태종은 자신의 뒤를 이어 세자가 즉위하게 되면 외가의 민씨 형제들로 인해 왕권이 약화될 수 있다고 우려했던 것이다. 결국 민무휼과 민무회는 유배형에 처해졌다. 이때가 태종 15년(1415) 4월이었다.

원경왕후는 남은 두 동생의 목숨이 위태로워지자 식음을 전폐하고 태종에게 저항했다. 단식투쟁을 벌인 것이다. 당시 장모 송씨도 충격을 받고 자리에 누웠지만, 태종은 요지부동이었다. 여기에 태종 15년(1415) 염치용 등의 노비 소송 사건에 두 형제가 연루되어 사건이 더욱 복잡하게 얽히며 확대되었다.

염치용이 나라를 상대로 벌인 노비 소송에서 패하자 민무회를 찾아가 억울함을 호소한 일이 있었다. 당시 염치용은 자신의 노비인 서철이란 자가 "태종의 후궁인 혜선옹주 홍씨(惠善翁主 洪氏, 생몰 미상)와 영의정 하윤에게 뇌물을 바쳐 내섬시(內贍寺) 소속으로 바꿨다"고 말했고, 민무회는 경솔하게 이 말을 그대로 믿고 충녕대군 이도(忠寧大君 李祹, 1397~1450. 세종)를 찾아가 염치용을 변호해 주었다. 그리고 충녕대군은 다시 이 말을 태종에게 전했다. 이 말을 들은 태종이 격분하여 민무회를 비롯한 관련자들을 즉각 구금하도록 명했다. 염치용의 말대로라면 결과적으로 태종이 일개 노비의 청탁에 넘어간 하윤과 혜선옹주 홍씨에게 농락당한 꼴이 되었기 때문이다.

그러나 태종은 얼마 지나지 않아 화를 풀었고, 문제의 발단이 된 염치용을 유배에 처한 후 민무회를 풀어주었다. 이것으로 상황이 종료된 것은 아니었다. 대신들은 '민무회를 엄하게 처벌해야 한다'며 탄핵하고 나섰고, 태종은 "민무회의 잘못이 형들에 비할 바가 아닌데 이 이상 처벌은 과하다"며 관용을 베푸는 모습을 보여주었다. 그러나 사간원까지 나서서 민무회의 처벌을 강력하게 요구하자 태종은 "대간들의 요구가 거세니 어쩔 수 없다"며 민무회의 직첩을 회수하도록 조처했다. 해가 바뀐 태종 16년(1416) 1월부터 의정부·공신·육조·대간들이 "민씨 형제를 극형에 처하고, 그들의 가족까지 벌하여 앞으로의 후환을 없애야 한다"는 상소문을 올리자 태종은 의금부도사 이맹진(李孟畛, 1374~1456)을 민무휼이 유배된 원주로, 송인산(宋仁山, ?~1432)을 민무회가 유배된 청주로 보냈다. 다음 날 이들이 도성으로 돌아와 "민무휼과 민무회가 자결했다"고 보고함으로써 사건이 종결된다.

이로써 민제의 네 아들이 모두 사망하고, 그 충격으로 병석에 누워 있던 민제의 부인까지 세상을 떠나자 집안이 몰락하게 된다. 조선 초기의 유력 가문을 기록한 《동국여지승람》〈인물조〉에 여흥 민씨 가문 출신이 보이지 않는 것도 이러한 이유 때문이다.

민씨 형제의 처벌은 왕실 외척만이 아니라 태종의 즉위를 도운 측근 공신 세력의 약화로 이어졌다. 태종은 즉위 초 측근 공신들을 내세워 개국공신 세력을 견제하는 데 적절하게 활용했지만, 시간이 지나면서 측근들이 부상하자 이들 역시 태종의 견제를 받았다. 특히 민씨 형제 사건으로 이들과 정치적 유대 관계를 맺고 있던 측근 공신 세력들에게도 파장이 미쳤다. 이로 인해 생긴 정치적 공백은 조선의 개국에 참여하지 않았거나 심지어 조선의 개국에 반대했던 고려의 관리 출신이 등용되어 메워졌고 측근 공신 세력들과의 세력균형을 이루기 시작했다. 이러한 과정에서 민제의 집안이 가장 혹독한 대가를 치르게 된 셈이다. 태종은 왕권 강화와 왕실의 보존을 위해서 그 누구도 예외로 두지 않았던 것이다. 그런 점에서 민제의 집안은 태종에게 처가이면서 동시에 건국 과정에서 생사고락을 함께했던 정치적 동지였지만, 태종이 즉위한 뒤에는 왕실에 위협이 될 수 있는 외척 세력에 지나지 않았다.

한편 민제의 집안은 다행히 손자 한 명이 남겨져 가문의 대를 이었고, 고려에 이어 조선에서도 명문가로 뿌리내리게 된다.

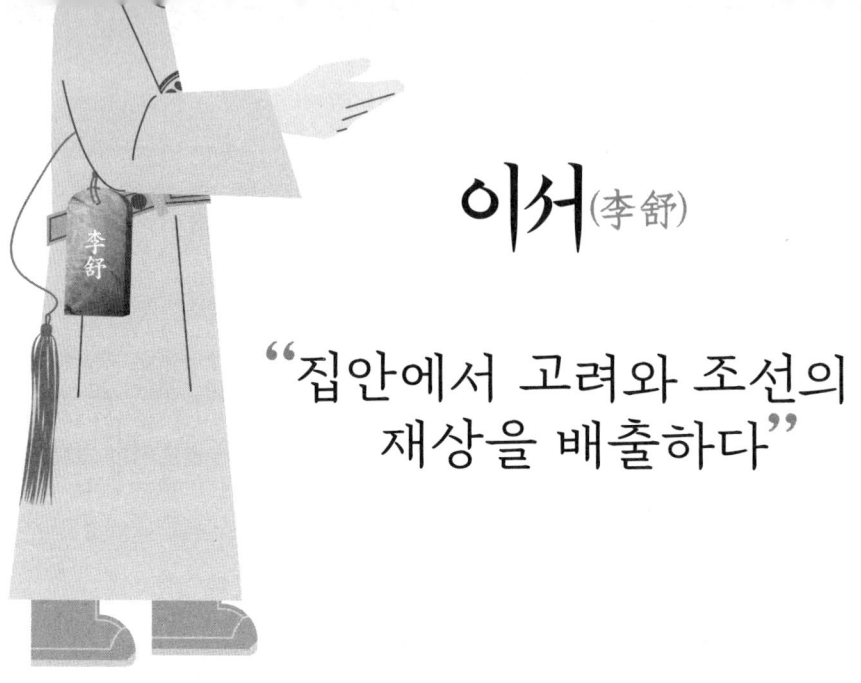

이서(李舒)

"집안에서 고려와 조선의 재상을 배출하다"

고려와 조선에서 재상을 지내다

이서(1332~1410)는 조선의 개국 과정에서 특별히 정치적 사건·사고와 연관된 적이 없는 인물이다. 이 때문에 그는 일반인들에게 잘 알려지진 않았지만, 조선 개국 후 우의정을 거쳐 영의정까지 오를 정도로 여말 선초의 시기에 주목을 받았다.

이서는 홍주(洪州) 이씨 집안 출신으로, 시조는 이유성(李維城, ?~1215)으로 전한다. 이유성은 전라도안찰사 등을 지내며 선정을 베풀어 명망이 높았고, 고려 고종 초에 서경유수가 되었으나 '음률(音律)을 즐기고 관기(官妓)에 현혹하여 병을 얻어 사망했다'는 일화를 남기기도 했다. 이서의 6대조는 재상직인 문하시중을 지낸 이연수(李延壽, ?~1227)로, 고종 3년 몽골군에 밀려 남하하던 거란족의 침입 때 이들을 격퇴하여 공을 세웠다. 이서의 아버지는 고려 후기에 연경궁제학을 지낸 이기종(李起宗, 생몰 미상)으로, 그의 집안은 고려와 조선에서 각각 재상을 지냈다.

이서의 집안은 아버지 대부터 홍주를 관향으로 했다. 홍주는 지금의 충청남도 홍성(洪城)을 말한다. 홍주 이씨는 현대사회에 들어와서도 황해도 개풍군, 충남 서천군과 홍성군 그리고 평안남도 강동군과 강서군 등에 집성촌이 전한다. 고려시대에는 집이나 가족 단위로 가족과 신분관계 등을 기록한 공문서 호적(戶籍)이 등장하면서 관향 또는 본관(本貫)을 축으로 지방 사회가 운영되었다. 그리고 지방 향리 출신들이 과거 시험에 응시하려면 개경에 올라와 공부하는 경우가 많았고, 경제적으로 여유가 있는 집안은 개경에 집을 사기도 했다. 하지만 여유가 없는 경우 세를 내서 집을 마련했고, 땔나무를 팔아 생계를 유지하기도 했다. 이후 관직에 진출하면 개경에 생활 기반을 마련했고, 이들 중에는 관직에서 물러난 후에도 본향으로 내려가지 않는 경우도 있었다. 그리고 대를 이어 관직 생활을 하게 되면 국가에서 지급하는 토지가 없어도 경제력을 기반으로 개경 또는 인근 지역에서 뿌리내리기도 했다. 이서의 선조들도 중앙 관직에 진출하면서 집안이 개경으로 옮겨와 살았던 것으로 보인다.

충숙왕 복위 1년(1332)에 태어난 이서는 25세 나이로 공민왕 6년(1357) 문과에 급제해 관직 생활을 시작했다. 그는 군사를 맡아보던 중앙 관아에서 정6품 군부좌랑까지 올랐으나 세상이 어지럽고 정치가 문란해지자 실망하여 관직을 버리고 은둔 생활을 선택했다.

우왕 2년(1376)에는 조정에서 그에게 정6품 우헌납의 벼슬을 내렸으나 노부모 봉양을 이유로 거절했고, 아버지와 어머니가 사망하여 6년 동안 부모의 묘를 지키며 부모상을 치렀다. 우왕 14년(1388)에도 내부소윤에 임명되었지만, 부모상이 끝나지 않았다는 이유로 거절했다. 당시 국가에서 이서의 효행을 높이 기리기 위해 정문(旌門)을 세워주기도 했지만, 그는 끝내 관직에 나아가지 않았다.

이처럼 이서는 고려에서 관직 생활을 한 기간이 길지 않았고, 고위직을 지내지 않았음에도 조선에서 그에게 관직을 내리며 등용하려고 했던 이유가 있었다. 기본적으로 관리로서 그의 능력과 충직한 성격도 큰 영향을 미쳤지만, 조선은 이서를 통해 고려의 관료들을 영입하고 민심을 수습하려고 했다.

이서는 왜 조선에서 주목받았나?

이서는 우왕 14년(1388) 이성계가 위화도회군에 성공한 후 유일인사(遺逸人士), 즉 청렴하고 능력을 갖춘 관리로 인정받아 종4품 내서사인(內書舍人)에 제수되었다.

이서는 당시에도 관직을 사양했으나 조정에서 받아들이지 않아 결국 벼슬길에 나오게 되었지만, 급진 개혁 세력에 적극 동조하지는 않았다. 다만 그는 배극렴 등이 이성계를 추대하기 위해 이성계의 저택으로 찾아갔을 때 함께 참여하여 그 공으로 개국공신 3등에 책봉되었다. 그리고 다음 달 정3품 형조판서에 등용되어 조선에서 관직 생활을 시작하는데 이때가 그의 나이 60세였다.

이후 이서는 사신으로 명나라에 다녀왔고, 왕과 함께 정사를 논하는 등 적극적인 관직 생활을 했다. 그리고 태종 2년(1402)에는 왕자의 난으로 마음고생이 컸던 태상왕 이성계가 함흥에서 돌아올 때 승려 설오(雪悟)와 함께 안주(安州)에 나아가 태조를 맞아 귀경하기도 했다.

〈태조실록〉에 따르면 이서는 "의기와 지조가 있어 언제든지 바른말을 하였다. 부름을 받고 궁궐에 들어가 임금과 면대하여 아첨하는 일이 없었다"고 평가할 정도로 성격이 강직했고, 주변으로부터 두터운 신망을 받았다. 그러나 그는 강직한 성품으로 인해 고초를 겪기도 했다.

태조 3년(1394) 그가 대사헌으로 재직하면서 바른말을 하다가 위기에 처하자 그를 구하기 위해 정도전까지 나섰지만 파직당한 일도 있었다. 이후 복직한 그는 태조 5년(1396) 신덕왕후가 사망하여 능을 조성한 후 "개국공신을 파견하여 3년 동안 능을 지키게 하자"는 좌의정 조준과 우의정 김사형의 건의에 따라 신덕왕후의 정릉을 지켰다.

2차 왕자의 난이 일어났을 때는 이방원을 지원한 공으로 좌명공신 4등에 올랐다. 조선 개국 후 이서가 공신에 책봉되기는 했으나 등급이 3등에서 4등이었다는 것은 그가 권력투쟁에 적극 참여하지 않았고, 반면 권력을 장악한 쪽에서 그를 필요로 했음을 의미한다. 이후 태종 4년(1404) 천재지변으로 하윤과 성석린 등이 사직하자 조준이 좌의정에, 이서가 우의정에 올랐고, 태종 9년(1409) 우의정 이무가 파직되자 이서가 뒤를 이어 다시 우의정에 오르게 된다. 이서는 70세가 넘는 고령의 나이에 건강을 이유로 물러나기를 청했으나 받아들여지지 않고, 다시 영의정에 오를 정도로 태종으로부터 두터운 신임을 받았다.

이후 고령을 이유로 관직에서 물러난 이서는 기로소(耆老所, 70세가 넘는 정2품 이상의 관료들을 예우하기 위해 설치한 기구)에 들어가 만년을 향리에서 보내다 태종 10년(1410) 78세의 나이로 사망했다. 그가 사망한 후 사관들은 "정직(正直)하고 방엄(方嚴)하며, 청백(淸白)하고 검소(儉素)하여 스스로 분수를 지켰으며, 평생 동안 단정히 앉아 나날을 보냈다. …… 비록 늦게 귀하고 현달하였으나 겸양하고 공손하여 자기를 낮추고, 일찍이 세력과 지위로써 남에게 교만하지 않았으며, 이단(異端)에 혹하지 않아서 죽을 때에 집안사람들에게 경계하여 상제(喪制)를 한결같이 주자(朱子)의 가례(家禮)에 따르고, 불사(佛事)를 짓지 말게 하였다"고 극찬했다.

최초의 왕실 이혼 사건에 연루되다

이서는 최고위직에 오르며 성공적으로 관직 생활을 마감했지만, 관직 생활을 하는 동안 뜻하지 않는 사건으로 위기를 맞기도 했다. 세자빈이었던 현빈 유씨 사건을 그 예로 꼽을 수 있다.

현빈 유씨는 태조와 신덕왕후 사이의 막내아들이자 세자인 방석의 부인이었다. 그런데 태조 2년(1393) 내시 이만(李萬)을 처형하고 현빈 유씨를 궁에서 내쫓은 일이 발생하자 대간과 형조에서 '일의 진상을 밝혀야 한다'며 태조에게 다음과 같은 상소를 올렸다.

"가만히 보건대 이만이 참형을 당하고, 현빈 유씨가 사제(私第)로 돌아갔으나 나라 사람들이 그 이유를 알지 못하여 의심하고 두려워함이 그치지 않습니다. 원하옵건대 전하께서 좌우의 친근한 사람을 법사(法司, 형조와 한성부)에 내려 국문해서 나라 사람들의 의심이 없게 하소서."

이에 태조는 "대신들이 개인적인 집안일까지 참견한다"며 좌의정 조준과 우의정 김사형에게 이렇게 말했다.

"궁중의 젊고 지위가 낮은 환관과 빈과 시녀를 내쫓아 처벌하는 것은 내 집안의 사사로운 일이므로 외인(外人)이 알 바가 아니다. 그런데 지금 대간과 형조에서 이 일을 함부로 논하니, 반드시 외인이 망령되게 스스로 의심하여 전하며 서로 의논하게 될 것이니, 다만 이 무리의 뜻만이 아닐 것이다. 지금 이 무리들을 옥에 가두어 국문하고자 한다."

태조는 이 일을 논한 대간과 형조의 관리 등 관련자들을 모두 순군옥에 가두고 정희계·남은·황희석 등에게 이들을 국문하라고 명했다. 당시 좌의정 조준도 태조 앞에서는 아무 말도 하지 못할 정도로 태조는 대단히 불쾌해했다.

조준은 자리에서 물러나 도승지 이직(李稷, 1362~1431)에게 "대간과 형조는 한 나라의 기율과 법도가 있어 예로부터 이를 소중하게 여겼는데, 온 관사(官司)가 갇히게 되면 나라의 체면이 손상될 것이니 [태조에게] 마땅히 말을 아뢰어 주시오"라며 태조를 설득해 달라는 당부의 말을 전했다. 그러나 태조는 이들에게 죄를 물어 유배에 처했다. 이때 형조판서였던 이서에게도 책임을 물어 순군옥에 가두었지만 다행히 그는 개국공신이라는 이유로 유배되지 않고 집으로 돌아갈 수 있었다.

현빈 유씨 사건에 대해서는 더 이상의 기록이 전하지 않아 정확한 내용은 확인할 수 없다. 그러나 이 사건은 조선 왕실 최초의 이혼 사건이었고, 특히 차기 왕권을 이어받을 세자의 비였다는 점에서 대신들은 심각한 문제로 받아들였다. 더구나 세간에서는 10세 초반인 어린 방석과 혼인한 10대 후반의 현빈 유씨가 내시 이만과 간통했다는 등 말들이 많았다. 이 때문에 대신들은 소문을 잠재우기 위해 사건의 조사를 건의했지만, '태조가 화를 내며 이러한 치부를 드러내지 않으려고 했다'는 의혹이 있었다.

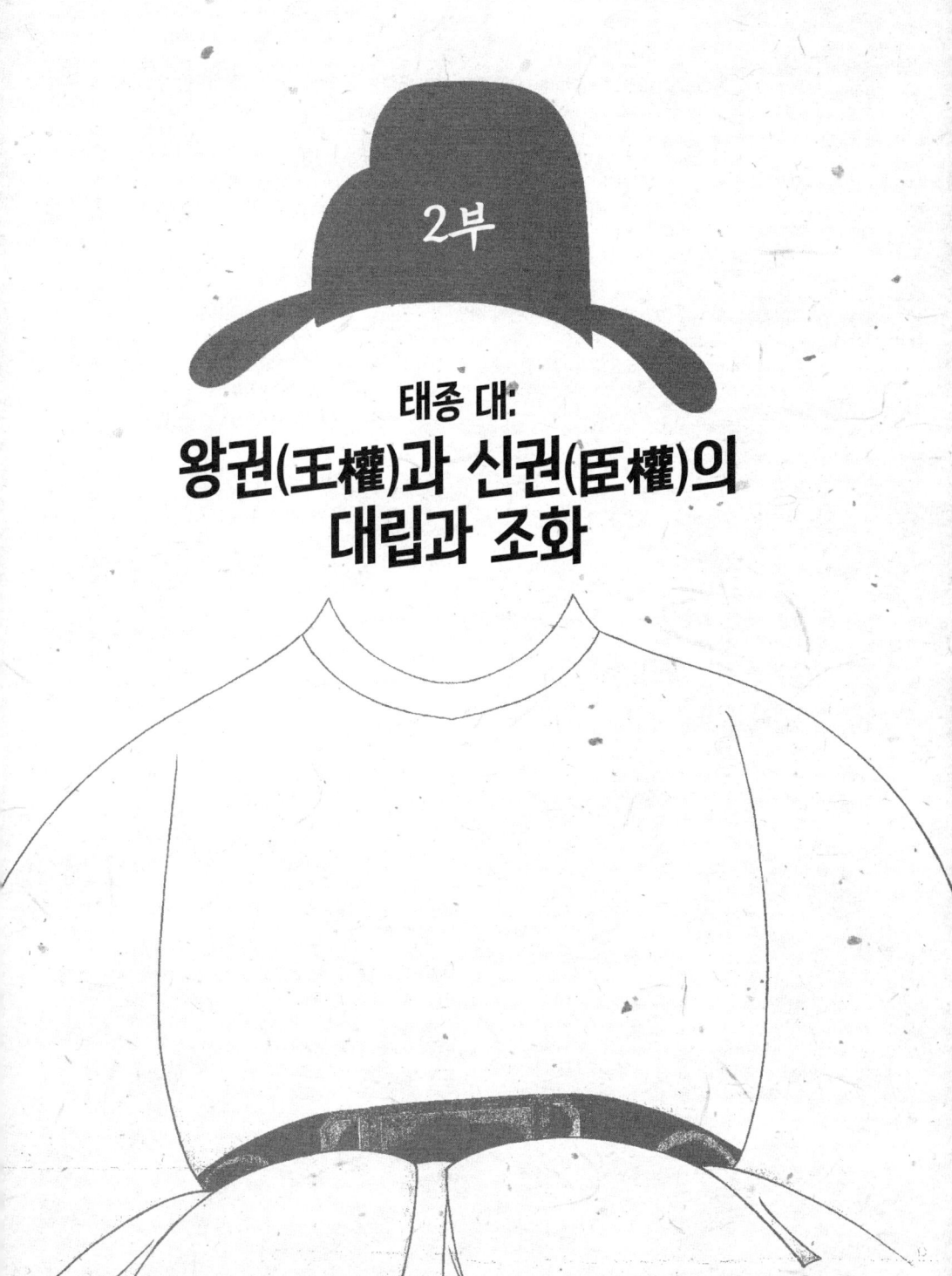

2부

태종 대:
왕권(王權)과 신권(臣權)의 대립과 조화

본관: 진주(晉州) | **호:** 호정(浩亭)
출생/사망: 충목왕 3~태종 16년(1347~1416) | **관직 진출:** 과거
재상: 우의정, 좌의정, 영의정 | **저서:** 《호정집》 | **비고:** 사망

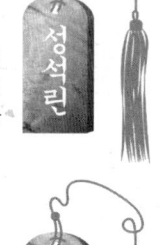
본관: 창녕(昌寧) | **호:** 독곡(獨谷)
출생/사망: 충숙왕 복위 7~세종 5년(1338~1423) | **관직 진출:** 과거
재상: 우의정, 좌의정, 영의정 | **저서:** 《독곡집》 | **비고:** 사망

본관: 청주(淸州) | **호:** 청허자(淸虛子)
출생/사망: 충목왕 3~태종 12년(1348~1412) | **관직 진출:** 음서
재상: 우의정, 좌의정, 영의정 | **비고:** 유배지 사망

본관: 한양(漢陽) | **호:** 퇴촌(退村)
출생/사망: 미상~태종 14년(?~1414) | **관직 진출:** -
재상: 우의정 | **비고:** 사망

본관: 단양(丹陽) | **호:** 익평(翼平)
출생/사망: 공민왕 4~태종 9년(1355~1409) | **관직 진출:** 과거(?)
재상: 우의정 | **비고:** 처형

본관: 안동(安東) | **호:** 동고(東皐)
출생/사망: 충숙왕 9~태종 8년(1322~1408) | **관직 진출:** 과거
재상: 우의정, 영의정 | **저서:** 《향약간이방》, 《신편집성마우의방》 | **비고:** 사망

본관: 의령(宜寧) | **호:** 구정(龜亭)
출생/사망: 충정왕 3~세종 1년(1351~1419) | **관직 진출:** 과거
재상: 우의정, 좌의정, 영의정 | **저서:** 《구정유고》 | **비고:** 사망

본관: 성주(星州) | **호:** 형재(亨齋)
출생/사망: 공민왕 11~세종 13년(1362~1431) | **관직 진출:** 과거
재상: 우의정, 좌의정, 영의정 | **저서:** 《형재시집》 | **비고:** 사망

그 밖의 재상들

■ **유량(柳亮)**
본관: 문화(文化)
출생/사망: 공민왕 4~태종 16년(1355~1416) | 관직 진출: 과거
재상: 우의정 | 비고: 사망

■ **유정현(柳廷顯)**
본관: 문화(文化) | 호: 월정(月亭)
출생/사망: 공민왕 4~세종 8년(1355~1426) | 관직 진출: 음보
재상: 좌의정, 영의정 | 비고: 사망

■ **이지(李枝)**
본관: 전주(全州)
출생/사망: 충정왕 1~세종 9년(1349~1427) | 관직 진출: -
재상: 우의정, 좌의정, 영의정 | 비고: 사망

■ **한상경(韓尙敬)**
본관: 청주(淸州) | 호: 신재(信齋)
출생/사망: 공민왕 9~세종 5년(1360~1423) | 관직 진출: 과거
재상: 우의정, 영의정 | 비고: 사망

■ **이원(李原)**
본관: 고성(固城) | 호: 용헌(容軒)
출생/사망: 공민왕 17~세종 11년(1368~1429) | 관직 진출: 과거
재상: 우의정, 좌의정 | 저서: 《용헌집》, 《철성연방집》 | 비고: 유배지 사망

하윤(河崙)

"킹메이커로 역사에 이름을 남기다"

급진 개혁 세력과 다른 길을 걷다

하윤(1347~1416)은 태종의 최측근 참모이자 태종 대를 대표하는 재상이다. 현대의 사극에서도 중견배우들이 하윤의 배역을 맡아 인상적인 연기력을 보여주었고, 다양한 일화가 소개될 정도로 그는 태종과 관련해서 가장 주목받는 인물이다. 그러나 그는 국가의 이념적 지주를 세운 사상가라기보다는 권력의 획득과 유지에 능력을 발휘한 전략가로 분류된다.

하윤과 그의 집안에 대해 구체적인 내용은 전하지 않는다. 다만 실록에 따르면 그의 본관은 진주로, 고려 중기의 무신이며 고려의 대표적 충신 하공진(河拱振, ?~1011)의 후예로 전한다. 하공진은 다음과 같은 유명한 일화의 주인공이기도 하다.

"거란에 볼모로 잡혀가 거란왕의 신임을 받았던 하공진은 고려로 탈출을 시도하다 발각된다. 이후 그는 연경으로 옮겨져 양가(良家)의 딸과 혼인했고, 철저한 감시를 받으며 살았다. 그러나 이곳에서도 좋은 말들을 사들여 고려로 가는 길에 배치해 두고 다시 귀국을 시도하다가 탄로가 났다. 이에 화가 난 거란왕은 직접 국문(鞫問)에 나섰고, 온갖 악형(惡刑)과 회유로 자신의 신하가 될 것을 요구했다. 하지만 하공진은 심한 욕까지 하며 완강히 거절했다. 결국 거란왕은 하공진을 살해한 후 간을 꺼내 씹었다."

하윤의 아버지는 순흥부사 하윤린(河允潾, 1321~?)으로, 어짊과 의로움을 근본으로 삼아 형벌을 가볍게 하지 않았고, 공민왕 때 환난을 당하자 백성을 구제하여 사람들로부터 칭송을 받았다. 하윤은 18세 때인 공민왕 14년(1365) 문과에 급제하여 관직 생활을 시작했다. 그는 공민왕의 개혁기를 거치며 성장한 신흥사대부로, 20대의 젊은 시절부터 실권자 신돈의 문객(門客)이었던 양전부사의 비행을 정면으로 비판하다가 파직당하는 등 의협심도 강했다.

〈태조실록〉에 따르면 하윤은 우왕 14년(1388) 최영의 요동정벌에 반대하다 양주로 유배된 것으로 전한다. 그러나 《고려사절요》와 《동국통감》 등에는 그가 권신 이인임의 조카사위라는 이유로 최영에 의해 양주로 유배된 것으로 기록되어 있다. 이후 그는 위화도회군으로 복직이 이루어졌으나 '영흥군 사건'으로 광주와 울주로 추방된다.

공민왕 20년(1371) 신돈이 숙청당했을 때 영흥군 왕환(永興君 王環, 생몰 미상)의 처남이자 신돈의 일당에 가담하여 권세를 부렸던 신순(辛珣, ?~1371)도 처형되고, 영흥군도 연좌되어 무릉도(武陵島)에 유배되었다. 그러나 영흥군은 유배지에서 폭풍에 휘말려 실종된 후 생사를 모르다가 '영흥군이 일본에 표류하여 생존해 있다'는 소문을 듣고 그의 부인 신씨가 일본에 사람을 보내 남편을 찾아달라고 조정에 요청했다. 그런데 창왕 1년(1389) 영흥군이라고 자칭하는 사람이 돌아왔으나 생김새가 다르고 할아버지와 아버지 이름과 자신이 살았던 고향도 알지 못해 의심을 받았다.

당시 하윤과 이숭인(李崇仁, 1347~1392) 등 영흥군의 인척들은 공식적으로 영흥군이 아니라고 부정했으나 부인 신씨가 자신의 남편이 틀림없다고 반발하여 결국 소송이 벌어졌고, 영흥군의 두 아들과 여러 사람의 증언에 따라 영흥군이 진짜로 판결이 났다. 이 때문에 영흥군을 부정한 하윤 등이 무고 혐의로 유배되었다.

이후 하윤은 공양왕 3년(1391) 복직이 이루어졌고, 전라도순찰사로 부임하게 된다. 이듬해 조선 개국과 함께 중도파의 회유 차원에서 고려의 구신(舊臣)들을 영입할 때 하윤도 경기도관찰사로 외직에 등용된다. 당시 하윤은 특별히 주목받지 못했고, 정치적 성장을 기대하기에는 한계가 있었다. 이때 그의 나이 45세였다.

한양 천도로 주목받는 듯했으나…

하윤이 조선에서 주목받게 된 것은 한양 천도와 밀접한 연관이 있다. 태조는 개국한 지 한 달도 지나지 않아 "새 도읍지를 물색하여 보고하라"고 명했다. 평소 신중했던 태조의 성격을 감안하면 조금 서두르는 듯했지만, 태조는 고려를 지우고 새롭게 시작하고 싶었을 것이다. 하지만 개경에 뿌리내린 귀족 출신들은 물론, 개국공신들도 민생 안정이 먼저라며 천도에 반대했다. 더구나 개경을 떠나 어디로 갈 것인지를 결정하는 것도 쉽지 않았다.

 개국 이듬해인 1393년 1월 2일, 권중화 등이 "계룡산이 새 도읍지로 적당하다"는 보고를 올리자 태조는 주변의 반대에도 불구하고 1월 18일 계룡산으로 직접 가서 지세(地勢)를 살펴보고는 김주(金湊, 1339~1404) 등을 남겨 신도(新都) 건설을 감독하도록 명했다.

 김주는 공양왕 1년(1389) 도평의사사의 신청사 건축공사를 감독했고, 공양왕 3년(1391)에 도성의 축성 공사에도 참여했다. 이러한 인연으로 전문성을 인정받은 그는 조선 개국 후 계룡산 신도시의 적합성을 조사할 때 조운(漕運)과 도로 관계를 조사하는 데 참여하게 된다. 그리고 한양 천도 때는 심덕부 등과 함께 현지에 남아 새 도읍지 건설공사를 급속하게 추진했다. 이후 그는 태조 7년(1398) 1차 왕자의 난이 끝나고 환관 김사행(金師幸, ?~1398)이 참수당할 때, "……김주가 일찍이 김사행과 더불어 영선(營繕, 건축물을 새로 짓거나 수리함)을 맡아 극도로 정교하기만을 힘써서 괴롭게 했다"며 궁궐을 수리하면서 백성들을 괴롭혔다는 죄로 영주(寧州)로 유배되었으나 성곽 경영의 공로를 인정받아 감형이 이루어졌다.

 이처럼 전문가가 참여하게 되면서 계룡산 신도시 건설은 빠르게 진행되었다. 그러나 같은 해 10월 경기도관찰사 하윤이 "계룡산의 위치가 국토의 남쪽에 치우쳐 있어 수도로서 적절치 않고, 풍수지리상 물이 빠져나가는 장생혈(長生穴)이라 이곳에 수도를 세우면 당대에 패망하게 된다"며 공사 중지를 건의하고 나섰다.

 당시 사람들은 "권력에서 소외되어 지방 외직에 근무하던 하윤이 태조의 눈에 들어 출세해 보려는 야심 때문에 계룡산에 새로운 도읍지 건설을 반대했다"며 하윤을 곱지 않은 시선으로 보기도 했다. 하지만 음양·의술·풍수·지리 등 폭넓은 분야에 해박한 지식을 지니고 있던 하윤의 지적은 타당성이 있었다. 결국 공사가 중단되고 계룡산으로의 천도 계획은 백지화된다. 그러나 천도 의지를 꺾지 않았던 태조는 다시 새 후보지를 물색하라고 명했다. 이에 하윤은 "무악(毋岳)이 국토의 중앙에 위치하고 뱃길이 통하며, 우리나라 옛사람의 비결과 부합되는 바가 많다. …… 중국의 여러 풍수책의 설명에도 모두 비슷하게 들어맞는다"며 현재 서울의 신촌과 연희동 일대의 무악 지역을 새로운 도읍지로 추천했다.

태조는 무학대사와 서운관 관리들 그리고 좌의정 조준·우의정 김사형·삼사판사 정도전 등 중신들과 함께 직접 무악에 가서 지세를 살펴보았다. 하지만 서운관 관리들은 "풍수지리적으로 무악은 새 수도로 적합지 않다. 풍수지리상 명당을 찾자면 현재의 수도인 개경이 으뜸가는 명당이니 굳이 천도할 필요가 없다"는 의견을 제시했다.

정도전 역시 "무악이 국토의 중앙에 있고 뱃길이 통하기는 하나 골짜기 속에 끼어 있어 궁전을 비롯해 관청·시장·종묘·사직 등 도읍지에 걸맞은 공간이 충분하지 않다"고 반대했다. 하지만 태조는 "나는 이미 도읍을 옮기려고 결심했다. 무악이 좋지 않다면 다른 명당자리를 찾아 보고하라"고 엄명을 내렸다. 결국 하윤의 의견에 힘이 실리지 못했고, 태조는 남경(서울)의 옛 궁궐 산세를 살펴본 후 무학대사와 중신들의 의견을 물어 한양을 새 도읍지로 결정하게 된다.

스스로 혁명 2세대를 선택하다

하윤과 조선의 또 다른 인연은 이방원과의 만남이었다. 그러나 그가 언제부터 이방원과 만났고, 어떤 관계를 유지했는지 등에 대해서는 구체적으로 전하지 않는다. 다만 관상(觀相)을 볼 줄 알았고, 이방원의 장인 민제와도 친분 관계를 유지했던 하윤이 어느 날 민제를 찾아가서 "내가 사람의 관상을 본 적이 많지만, 공의 둘째 사위 같은 사람은 일찍이 본 적이 없소. 내가 뵙고자 하니 공이 그 뜻을 전해주시면 감사하겠소"라고 청했고, 민제가 그를 이방원에게 소개한 것으로 전한다.

이후 하윤은 이방원이 왕위에 오르는 과정에서 능력을 발휘하게 된다. 후에 태종은 "한나라에 장자방이 있고, 송나라에 치규(稚圭)가 있다면 과인에게는 하윤이 있다"고 공개적으로 그의 공을 칭찬할 정도로 절대적으로 신임했다. 결과적으로 혁명 1세대인 이성계가 아닌 2세대인 이방원을 선택한 하윤의 결정이 옳았음을 입증한 것이다.

하윤은 고려 말기의 대학자 이인복(李仁復, 1308~1374)과 이색의 문하에서 수학했다. 특히 하윤의 좌주이기도 했던 스승 이인복은 고려 성리학의 원조에 해당하는 백이정(白頤正, 1247~1323)과 권부(權溥, 1262~1346)의 문하생으로, 뛰어난 학문과 덕행으로 신흥사대부들의 존경을 받았다.

이인복은 첫눈에 하윤의 사람됨을 알아보고 자신의 아우 이인미의 딸과 혼인시켰다. 따라서 우왕 때 권력을 농단하여 신흥사대부들의 비판을 받았던 권신 이인임이 처삼촌이 되는 등 하윤은 명문가 성산 이씨 가문을 처가로 두게 된다. 하윤의 개인적 능력과 이러한 집안 배경은 그의 정치적 기반이 되었고, 우왕 6년(1380) 모친상을 당해 잠시 관직을 떠나 있을 때를 제외하고는 관직 생활을 하며 승진을 거듭했다. 그러나 정치적 명분과 원칙보다 실리를 추구했던 하윤은 급진 개혁 세력과 함께하지는 않았기에 조선 개국 후에 많은 난관을 극복해야 했다. 특히 그가 이방원을 주군으로 모시며 극복해야 할 가장 큰 산은 정도전이었다.

정도전은 태조의 전폭적인 지원 아래 조선의 이념에서부터 법과 제도를 만들며 새로운 국가 건설에 매진하고 있었다. 반면 하윤의 주군인 이방원은 개국공신에도 책봉되지 못했고, 세자 책봉 과정에서는 이름조차 거론되지 않았다. 심지어 사병까지 혁파당해 무장해제 되는 등 권력에서 소외되는 듯했다. 그러나 하윤은 이러한 상황을 예견이라도 했다는 듯 차분하게 전략을 구사하며 이방원을 지원했다.

하윤과 정도전은 고려 말기부터 인연이 있었다. 정도전보다 다섯 살 아래였던 하윤은 3년 늦게 과거에 급제하여 관직 생활을 시작했다. 그리고 그는 고려 말기에 정도전을 포함해 정몽주·권근·이숭인·길재 등 신흥사대부들과도 교유했다. 우왕 3년(1377)에는 하윤이 교주도안렴사로 있을 때 김구용·김약재·설장수 등과 함께 원주에서 만나 시를 주고받으며 정도전의 우울한 심정을 달래주기도 했다. 이 무렵 정도전은 유배에서 풀려나 고향에 칩거하며 또 다른 삶을 살고 있었다. 그리고 하윤이 임기를 마치고 개경으로 돌아가게 되었을 때는 정도전이 송별회에 참석하지 못해 시를 지어 보내주기도 했고, 우왕 5~6년경에는 정도전이 순흥 남정에서 개경으로 가는 하윤을 전송하며 두 편의 시를 써주기도 했다.

그러나 조선의 개국 과정에서 같은 길을 걷지 않았던 하윤은 조선 개국 후 정치적 제약에서 벗어나기 위해 개국 세력과는 다른 대안을 찾았다. 그리고 이방원을 선택한 하윤은 이방원과의 정치적 결합을 매개로 비개국파 유신들을 이방원에게 연결해 주는 역할도 담당했다. 반면 하윤은 정도전과의 관계가 점차 소원해지게 된다.

특히 조선 건국 후 조준·정도전·남은 등 소수의 개국공신들이 중심이 되어 정국을 이끌어가게 되면서 권력에서 소외된 세력들의 불만이 생겨났고, 표전(表箋)의 글귀를 문제삼아 명나라 황제 주원장이 정도전을 압송하라고 요구하면서 두 사람의 의견 차이가 뚜렷이 갈리게 된다.

태종의 즉위를 지원하고 권세를 얻다

현실론자였던 하윤은 "대국인 명나라의 압력을 수용할 수밖에 없으니 정도전을 명나라에 보내야 한다"고 주장했다. 그러나 태조의 허락을 받지 못하자 정도전을 대신해서 하윤이 자원하여 좌의정 조준 등과 함께 명나라에 가서 일의 전말을 상세하게 설명하고 돌아왔다.

이후 하윤은 조정에서 점차 주목받기 시작했다. 이 때문에 실록에는 "하윤은 정도전 측의 미움을 사서 계림부원군으로 좌천되었다"며, 1차 왕자의 난이 발생하기 직전에 위기를 감지한 정도전 측에서 그를 지방관으로 쫓아냈다는 이야기도 전한다. 그리고 그는 지방으로 떠나면서 야심은 있었지만 특별히 정치적 입지를 마련하지 못했던 이숙번과 그의 군대를 이방원에게 소개하는 등 계책을 일러주며 선제공격을 하라고 건의했고, 그의 말대로 실행에 옮겨 1차 왕자의 난에서 승리하여 이방원이 왕위에 오르는 데 결정적인 역할을 한 것으로 전한다.

하윤은 1차 왕자의 난에 성공한 후 이방원의 둘째 형 영안대군(정종)을 왕위에 오르게 하고 이방원에게 "때를 기다려야 한다"고 건의했다. 그리고 그는 직접 명나라에 사신으로 가서 왕자의 난과 정종의 왕위 계승에 대한 배경을 설명하고 명나라로부터 이를 인정받고 돌아오는 등 외교력도 발휘했다.

이후 하윤은 정난공신 1등에 책봉되었고, 국가의 행정을 총괄하는 정당문학에 등용되어 정치의 전면에 나서기 시작했다. 그리고 2차 왕자의 난이 평정된 후 후사를 두지 못했던 정종의 뒤를 이어 이방원이 자연스럽게 왕권을 이어받는 절차를 밟았다. 이때 하윤이 건의하여 권근이 이방원의 공적을 추켜세우며 즉위의 정당성을 강조하는 내용으로 양위 교서를 전면 재작성했다. 권근은 그 공으로 좌명공신 4등에 올랐고 하윤은 좌명공신 1등에 오르며 명실상부한 권력의 실세로 부상했다. 그리고 성석린이 고령을 이유로 재상직을 사임하자 하윤이 우의정에 올랐고, 태종 2년(1402)에 좌의정에 오르게 된다. 이때 그의 나이 55세로, 조선에서 관직 생활을 시작한 지 10년 만이었다.

하윤은 태종 즉위 기간에 이거이의 정치적 견제를 받기도 했고, 민무구·민무질 형제 사건의 책임으로 탄핵받기도 했다. 그리고 몇 차례 재상직에서 물러나기도 했지만, 우의정과 좌의정, 영의정을 차례로 거치며 태종의 재위 기간인 17년 10개월 중 17년을 실세 재상으로 권세를 누렸다.

하윤이 이처럼 권세를 누릴 수 있었던 가장 큰 이유는 그가 자신의 정치세력을 구축하지 않았기 때문이며, 태종의 입장에서는 왕권 강화를 위해 하윤의 역할이 필요했기 때문이었다. 달리 말하면 태종은 하윤을 견제할 필요성을 느끼지 못했고, 비록 왕위에 오르기는 했지만 해야 할 일이 산적해 있었다.

예를 들면 태종이 대내외적으로 즉위의 정당성을 알리기 위해 명나라의 고명을 받는 일도 시급한 과제였다. 다행히 명나라 건문제의 고명을 받기는 했지만, 이듬해 황제 자리를 놓고 삼촌과 조카 사이에 정난의 변이 일어나 태종은 건문제에게 받은 고명을 반납하고 영락제의 등극을 하례하는 사신을 보내야 했다. 그러나 당시 명나라의 분위기가 흉흉하다는 소문이 돌아 누구도 선뜻 나서지 않았다. 이때 하윤이 자청하여 태종 2년(1402) 길을 떠나 태종 3년(1403) 영락제의 고명과 인신을 가지고 돌아와 태종은 통치에 한층 자신감을 갖게 된다.

태종에 대한 불만을 숨기지 않았던 태조는 왕위에서 물러난 후 8년을 더 살았다. 조정에는 여전히 태조를 의식하는 관리들이 적지 않았고, 이에 대한 민심도 신경을 써야 했다. 이 때문에 태종은 부왕 태조로 인해 노심초사할 수밖에 없었다. 이러한 분위기에서 태종 6년(1406) 태종이 왕위를 세자에게 물려주고 물러나겠다며 선위 파동을 일으켰다. 당시 하윤은 "제가 재상으로 있는 한 절대 명을 받들지 않을 것이니 누구와 같이 전위(傳位)의 예를 명하겠습니까?"라며 단호하게 나왔다. 하지만 태종도 물러서지 않자 조정의 분위기는 점차 심각해졌다.

〈태조실록〉의 편찬을 서두르다

태종이 왕위에서 물러나겠다며 강경하게 나오자 권근과 유창(劉敞, ?~1421)이 상왕 태조를 찾아가 '태종의 선위는 불가하다'는 주청을 올리며 태조의 협조를 구했다. 태조는 "이것은 하늘이 그렇게 시키는 것이라 나 또한 어찌 제지할 수 있겠는가? 나라에 대신이 있으니 그들이 알아서 잘할 것이다"라고 말했지만, 나이가 들어 마음이 여려졌는지 태종을 자신의 침소(寢所)로 불러 "나라를 전하는 것은 국가의 대사인데 왕(태종)이 나에게 고하지 아니함이 옳겠는가? 더구나 왕은 수염과 머리카락이 벌써 희어졌는가? 학문이 아직 통하지 못하였는가? 아니면 사리를 알지 못하는가? 갑자기 물러나 편히 쉬려고 하는 것은 또한 무슨 뜻인가? 내가 100세를 맞은 뒤에는 자의대로 행하게 두겠지만, 아직 죽기 전에는 다시는 그런 말을 듣고 싶지 않다"며 큰 잔에 술을 부어 태종에게 벌주를 주었다.

태종은 "신이 혼자 들어와 곁에 모시고 있으니 부왕의 말씀을 누가 알 수 있겠습니까?"라며 태상왕 태조의 뜻을 대신들이 알아야 한다고 말했다. 그러자 태조는 지신사 황희(黃喜, 1363~1452)를 불러 자신의 뜻을 전하고 문무백관들에게 알리도록 했다. 이날 태조는 태종이 즉위한 후 처음으로 밤늦도록 함께 술을 마셨고, 태종은 거나하게 술에 취해 새벽이 되어서야 태상왕의 침소를 나왔다. 물론 이 일은 대신들에게 전해졌고, 태종이 태상왕으로부터 공식적으로 왕위를 인정받았음을 확인하게 된다. 이 모든 것이 하윤의 전략으로 전한다.

또한 태종은 태조가 사망하자 실록 편찬을 서둘렀다. 자신이 생존해 있을 때 자신의 즉위 과정을 포함해 정치적으로 민감한 사건과 사고들이 많았던 건국 과정을 정리해 두고 싶었던 것이다. 〈태종실록〉에는 〈태조실록〉의 편찬 과정이 구체적으로 기록되어 있다.

태종은 하윤에게 〈태조실록〉의 편찬을 명했고, 하윤은 기록을 담당하는 관리에게 사초(史草)의 수집을 지시했다. 그러나 담당 관리는 중국과 고려의 사례를 들어 "3대가 지난 후에 실록이 작성되었다"며 실록 편찬에 반대했고, 유관(柳寬, 1346~1433) 등 대신들도 이에 찬성했다. 하지만 하윤은 예전의 사례를 들면서 "근거 없는 말이 무엇이 그리 대단하오?"라며 담당 관리를 책망했다. 이에 담당 관리는 "태조 대의 신하들이 실록을 편찬한다면 후세인들이 과연 신뢰할 수 있겠는가?"라며 물러서지 않았지만, 하윤은 "태조 대에 관리를 지낸 구신들이 더 구체적인 사실을 알고 있고, 실록을 편찬하면서 의도적으로 더하거나 빼는 일은 없을 것이니 시간이 지나 사실들이 잊히기 전에 편찬에 나서야 한다"며 실록 편찬에 찬성했다.

결국 하윤을 포함하여 유관과 변계량 등이 실록 편찬에 참여했고, 춘추관에서는 담당 부서와 지방에서 사초를 기한 내에 바치도록 독촉했다. 그러나 사초를 바치지 않은 자가 많자 "사신으로 자리를 비운 관리를 제외하고 사초를 바치지 않은 자의 자손들이 벼슬에 오르는 것을 금하고 벌금으로 은 20냥을 내도록 해야 한다"고 건의해 태종의 허락을 받았다.

이렇게 우여곡절을 겪으며 실록 편찬이 시작된다. 그러나 사관이 하윤에게 "사관을 실록 편찬에 참여하지 못하게 하니 후세인들이 의심할까 두렵다"며 여전히 우려하자 하윤은 "이 일은 비밀이어서 여덟 한림(翰林)과 함께할 수 없고, 또한 임금의 은밀한 명령이 있었기 때문이오. 지금 두 한림이 참여한 것은 낭청(郎廳)이 부족하기 때문이오"라며 실록 편찬을 진행했다.

마침내 〈태조실록〉이 완성되어 태종이 보려고 하자 하윤은 "국왕이 전왕의 실록을 보는 것은 국정 운영에 도움이 된다"는 논리를 내세워 찬성했다. 하지만 대신들은 "선례를 남기게 되면 후세의 사관들이 국왕의 눈치를 보게 되어 사실을 있는 그대로 기록하기 힘들다"는 이유를 들어 강력하게 반대했다. 결국 태종은 〈태조실록〉을 보지 못했다.

세종 역시 〈태조실록〉을 보고 싶어했다. 세종은 "〈태조실록〉이 하나만 있어 만약 후일에 유실되면 안 될 것이니, 한 권을 더 베껴서 춘추관에 납본하고 한 책은 내가 항상 볼 수 있도록 춘추관에 전하라"고 명했다. 그러나 변계량이 "〈태조실록〉에는 비밀로 해야 할 일이 많습니다. 신과 하윤만이 알고 있을 뿐, 다른 사람은 알지 못합니다. 한 권을 베껴서 여러 사람이 알게 하는 것은 불가합니다. 청컨대 좋은 날을 받아서 사고(史庫)에 넣게 하소서"라고 반대하여 세종이 그대로 따랐다고 한다.

왕권 강화를 지원하다

　태종은 즉위한 후 개국공신과 고려의 관료 출신 그리고 자신의 즉위를 도운 측근 공신들의 지원을 받았다. 이들 중에는 정식 절차를 밟아 출세할 수 있는 제도가 정착되지 않았던 혼란한 시기에 태종을 통해 출세해 보려는 정치적 야심이 있는 자들도 있었고, 태종의 즉위를 적극 지원하지는 않았지만 태조 대에 성장한 관리들이 조정에 자리잡고 있는 등 각 공신들의 정치 성향과 출신 계층이 다양했다. 태종은 정치적 안배 차원에서 이들을 적절하게 재상으로 등용했다. 이 때문에 태종 대의 재상들은 비교적 임기가 짧았고, 유배되거나 죄를 받아 처형된 경우도 적지 않을 정도로 정치생명이 불안정했다. 그럼에도 하윤은 태종의 즉위 기간에 재상을 지내며 오랫동안 정치생명을 유지했다.

　하윤은 다양한 분야에서 태종의 왕권 강화를 지원했다. 예를 들면 사원의 토지를 몰수하는 등 각종 경제개혁을 단행하여 국가의 재정을 확충하고, 백성들이 국가에 노동력을 제공하는 부역제도를 개선하여 전국적으로 실시했다. 그리고 관제 개혁을 단행하는 등 국가 제도 정비에도 적극 나섰고, 사병을 혁파하고 왕의 군사를 맡은 장수를 부를 때 패를 사용하는 아패법(牙牌法)을 제정하여 병권에 대한 명령권을 분산하여 재상이나 군통수권자가 독단적으로 병력을 동원할 수 없도록 제도화하는 등 국왕을 중심으로 하는 군제를 정비하고 문·무의 관직 구분도 확립했다.

　하윤은 도평의사사를 의정부로 개편하여 영의정·좌의정·우의정으로 하는 관제 개편을 비롯해 행정제도와 과거제도 그리고 교육제도 등의 개편에도 적극 나섰다. 그 결과 이제까지 사용하던 고려의 각종 제도에서 벗어나 조선의 새로운 제도를 정착시켜 중앙 집권적 왕조 국가 건설에 기여했다는 평가를 받는다.

하윤은 전 왕조의 역사 정리에도 능력을 발휘했다.

조선은 태조가 즉위한 후 서둘러 전 왕조인 고려의 역사 편찬에 나섰다. 여기에는 고려의 멸망을 재확인하고 조선의 건국을 기정사실화함으로써 조선의 건국에 불만을 품고 있거나 여전히 정세를 관망하는 자들의 고려에 대한 미련을 불식시키려는 의도와 함께 고려에 충절을 지키던 고려 관리들의 정계 진출에 대한 명분과 정당성을 부여하는 의미도 있었다.

또한 하윤은 태종이 즉위한 후 태조 대에 정도전 등이 주축이 되어 편찬한 《고려국사》에 '고려 말기의 이성계와 그리고 개국과 관련한 기록이 충실하지 못하고, 재상과 대간의 직책을 강조하는 등 사실과 다른 내용이 있다'는 이유로 다시 편찬할 것을 건의했다. 여기에는 '조선의 건국 과정에서 정도전을 중심으로 하는 신흥사대부의 역할이 지나치게 강조되었고, 왕도정치와 재상 중심의 정치를 강화했다'는 태종의 불만도 포함되어 있었음은 물론이다.

《고려국사》에 "고려 말기에 왕에게 직언한 사람은 오직 윤소종뿐이며, 수령직을 잘 수행한 관리는 정운경 한 사람뿐이다"라는 기록에 대해 "편찬자와 관련된 업적을 추켜세우는 내용이 많아 공정성이 결여되어 있다"고 지적한 것도 그 예였다. 여기서 윤소종은 고려 말기에 급진 개혁 세력의 전면에 나섰던 인물이었고, 정운경은 정도전의 아버지였다.

하윤은 이러한 내용들을 개정하면서 조선왕조의 정통성을 태조에 이어 태종이 물려받았다는 사실을 역사에 남기려고 했다. 그러나 불행하게도 태종 16년(1416) 개찬을 제안하고 총책임을 맡았던 하윤이 사망하여 완성하지 못했고, 현재는 전하지 않아 구체적인 내용은 알 수 없다.

다만 "고려시대 전체의 역사를 완성한 첫 역사서이며, 고려 멸망의 당위성과 조선 건국의 정통성을 담고 있는 등 조선의 통치 이념을 정립하려는 편찬자의 목적의식이 강하게 담겨 있다"는 평가를 받는다. 그러나 하윤이 태종의 왕권 강화 정책을 무조건 지원한 것은 아니었다.

대표적인 예로 하윤은 의정부의 혁파나 재상이 명예직으로까지 권한이 대폭 축소되는 것에는 동의하지 않았다. 이 때문에 6조 장관들의 권한을 강화하여 궁극적으로 왕권 강화를 시도했던 6조직계제가 개국공신들과 재상들을 포함해 신권의 약화를 우려한 문신들의 저항으로 수차례 수정·반복되는 과정에서 태종과 하윤 그리고 대신들 사이에 묘한 신경전(?)이 벌어지기도 했다.

나와 그의 사이는 누구도 갈라놓을 수 없다

대간에서 재상들이 속해 있는 의정부에 대해 "친히 세세한 잡무까지 결재하니 도리를 논하는 정치는 아직 듣지 못한 바입니다. 청컨대 옛 제도를 본받아 의정부에는 삼정승을 두고 6조로 하여금 각각 그 직무를 이바지하게 하소서"라는 상소를 올리자 이에 부담을 느낀 재상들이 자신들과 관련한 문제라는 이유로 출사(出仕)하지 않은 일도 있었다.

태종은 "혐의스러워하지 말고 나오라"고 명했지만, 영의정은 "대간의 말은 위로 옛 법을 따른 것이니 따르지 않을 수 없습니다"라며 재차 물러날 의사를 전했다. 비록 왕권 강화를 시도하던 태종으로서도 의정부 혁파를 곧바로 받아들이기에는 부담이었는지 "의정부가 없으면 국정 운영을 원활하게 할 수 없다"며 재상들의 사직을 받아들이지 않았다. 그러나 대간들도 물러서지 않았고, 6조에서 "의정부를 혁파해도 국정 운영에 차질이 없다"고 주장하고 나서자 재상의 자리에 있던 성석린은 "신이 나이가 많은 몸으로 백관의 우두머리가 되었으므로 항상 그 직임에 맞지 않을까 두려워하였습니다. 이제 대간에서 의정부를 혁파하라고 청하니 그 말이 심히 마땅합니다. 원컨대 신의 직임을 면하게 하소서"라며 사직을 청했다. 남재 역시 "신이 재상의 자리에 앉은 이래로 겨울 날씨가 봄과 같고 목가(木稼, 나무나 풀에 내려 눈처럼 된 서리. 상고대)가 눈과 같고, 크게 비가 오고, 천둥이 울고 번개가 쳐서 천재(天災)가 여러 번 나타나니 음양을 고르게 다스림이 어찌 신의 몸이 알겠습니까?"라며 사의를 표명했다. 그러나 하윤은 사직서를 제출하지 않았다.

당시 대간을 포함한 대신들의 주장에는 재상직에 있으면서 막강한 권력을 행사한 하윤에 대한 비판도 담겨 있었다. 그러나 당사자인 하윤은 "최근에 주상께서 산릉(山陵, 능호가 결정되지 않은 새로 조성된 왕릉으로, 태조의 능을 말함)에 나가는데 신 또한 사직서를 올린다면 모든 일이 처음과 같이 성행하지 못하여 쇠퇴하고 지체하는 폐단이 있을까 두려워하였습니다. 만약 이러한 까닭이 아니라면 신도 반드시 사직서를 올렸을 것입니다"라고 해명했다. 실록에 따르면 하윤의 말에 "임금도 또한 겉으로는 그렇게 여겼다"며 태종이 전적으로 하윤의 말에 동의하지 않은 것으로 전한다. 이 때문에 하윤에 대해 비판적인 사람들은 '권력의 맛을 본 하윤으로서는 재상 자리를 선뜻 내주기가 어려웠을 것'이라고 비판했다.

그러나 태종이 하윤에 대한 신뢰를 완전히 거둔 것은 아니었다. 태종은 즉위 후 크고 작은 일들을 모두 하윤과 상의했고, 때로는 늦은 시각에도 그를 불러 비밀스러운 일을 상의했다. 그리고 하윤이 불리한 입장에 처했을 때도 태종은 하윤을 변론해 주는 등 각별한 관계를 유지했다.

이색의 비문 사건에서 보여준 태종의 태도도 그 예로 꼽을 수 있다.

이색이 사망한 후 하윤과 권근 등이 이색의 비문을 지었다. 비록 개인 비석이었지만, 이색은 고려 말기에 신흥사대부들의 존경을 받았던 대학자로 조선의 개국에 끝까지 협조하지 않은 인물이었다. 따라서 이색의 비문을 작성하면서 "조선의 건국에 대한 합법성을 논리적으로 꿰맞추려는 경향이 있었고, 이 과정에서 조선 왕실을 지칭하는 단어가 왕실을 비하했으니 작성자인 하윤과 권근을 중죄로 다스려야 한다"는 상소가 연일 올라왔다. 이에 태종은 "하윤의 진의가 그렇지 않다"고 하윤을 옹호하며 끝내 상소를 받아들이지 않았다.

태종은 하윤이 관직에서 물러난 후에 그를 위해 연회를 베푸는 자리에서 "하윤은 충직하기가 견줄 만한 사람이 없다. 어느 누구도 나와 그의 사이를 이간질하지는 못할 것이다. 내가 조 정승(조준)을 아끼는 것이 어찌 하윤만 하겠는가?"라며 눈물을 흘린 일도 있었다.

태종은 평소에도 정치적 의도에서 눈물을 보였기 때문에 하윤에 대한 진술에 과장된 면이 없지 않은 듯하다. 하지만 태종이 극찬했던 조준과 공개적으로 비교할 정도로 하윤은 태종의 충직한 신하이기 전에 혁명 동지였다. 그러나 그에 대한 태종의 신뢰가 쌓여가는 동안 하윤은 주변의 견제와 비판을 받았다.

연안 차씨 집안과 악연을 남기다

태종의 즉위를 지원했지만 권력에서 소외된 조영무와 이거이 등 혁명 동지들의 시기심에서부터 정치적 견제 그리고 '하윤이 막강한 권세를 이용해서 권력을 전횡한다'는 우려와 비판에는 다양한 이유가 있었다. 민제를 비롯해 충녕대군의 장인 심온 등도 하윤을 비판했다. 이 때문에 하윤은 조영무와 이거이는 물론 민제와 심온과도 사이가 멀어지게 된다.

하윤은 대간들로부터 "인사 청탁을 받고 통진 고양포(지금의 김포 지역)의 간척지 200여 섬지기를 농장으로 착복했다"며 탄핵을 받았으나 그가 공신이라 하여 묵인된 일도 있었고, 심온을 포함한 대간들이 "의정부는 백관을 거느리고 서무(庶務)를 총괄하면서 불법(不法)을 많이 행합니다. 만약 신의 말이 미덥지 않거든 의정부에서 나날이 정사를 행한 문안을 검사하면 분명하게 알 수 있을 것입니다"라는 상소를 올리기도 했다.

뿐만 아니라 하윤은 '뇌물을 받고, 심지어 노비에게도 관직을 파는 부정 비리를 저질렀다'고 비판받는 등 권력을 전횡했다는 오점을 남기게 된다. 이처럼 태종을 지원하며 한 시대를 풍미했던 하윤에 대한 평가는 다양하지만, 그가 '인품이 뛰어나고 청렴한 관리였다'는 평가는 찾아보기 힘들다.

하윤은 혈통 문제와 관련해서도 구설수에 올랐다.

하윤은 연안(延安) 차씨 집안 외척의 서얼 출신으로 전하는데, 묘하게도 조선의 개국공신 중에는 정도전·조영규·함부림 등도 연안 차씨 집안의 서얼과 인연이 있었다. 그리고 정몽주는 서얼 출신은 아니지만, 어머니가 연안 차씨 집안의 외손녀였다. 따라서 연안 차씨 집안의 외증손인 정몽주와 이들은 모두 인척 관계인 셈이다. 하지만 연안 차씨 집안의 서얼 출신으로 전하는 인물들은 조선의 건국 과정에서 혈통 문제로 공격을 받았다. 이 때문에 연안 차씨 집안과 조선의 개국에 참여한 서얼 계통의 인물들이 정적이 되었다는 이야기도 전한다.

고려의 개국공신을 배출했던 연안 차씨 집안은 고려가 멸망하자 조선

왕조에 협력하지 않았다. 특히 '두문동 72현'이라고 전하는 연안 차씨 집안의 차원부(車原頫, 1320~?)는 이색·정몽주 등과 함께 성리학을 연구하다 문란한 정치에 회의를 느껴 관직을 버리고 평산(平山)의 수운암동(水雲巖洞)에 은거했다.

차원부는 이성계와의 인연도 각별했다. 최영이 요동 공격에 나섰을 때 이성계가 차원부를 찾아가 대책을 묻자 그는 요동 공격에 반대했고, 이성계가 조선 건국 후 당시의 공을 인정하여 그를 개국공신으로 책봉하고 관직을 내렸으나 거절했다고 한다. 그런데 차원부는 조선 개국 후 서얼 출신들의 가계를 기록으로 남겨 세상에 알리려고 했다.

이 때문에 태조 7년(1398) 하윤은 '차원부가 정도전의 난에 관여했다'는 이유로 자객을 보내 차원부와 내외 친족 70여 명을 몰살시켰다고 한다. 여기서 정도전의 난은 1차 왕자의 난을 말한다. 그리고 하윤이 황해도 해주의 신광사(神光寺)에 보관되어 있던 차씨와 유씨(柳氏)의 족보를 기록한 목판본을 불태웠다는 이야기도 전한다.

이후 차원부가 정도전의 난에 관여했다는 것이 무고로 밝혀졌고, 세종 때 하위지 등의 신원운동(伸冤運動)으로 사망한 차원부에게 시중의 벼슬이 추증되고 문절공(文節公)이라는 시호가 내려졌다. 이에 따라 연안 차씨 집안의 서얼 출신들에 대한 시선이 더욱 싸늘해지게 된다. 그러나 차원부와 관련한 기록을 모두 사실로 보기에는 무리가 있다.

차원부가 조선 개국 후에도 생존했다는 기록으로 보아 두문동과 관련한 내용이 모두 사실은 아닌 것으로 보이기 때문이다. 그리고《조선왕조실록》에서 선조 대에 비로소 차원부의 이름이 등장한다. 따라서 조선의 건국 과정에서 차씨 집안의 서얼 출신들에 대한 기록의 사실 여부와 관계없이 특정 인물을 천출(賤出) 또는 얼손(孼孫)의 자손이라고 배척하면서 상대적으로 가문과 혈통의 우월성을 드러낸 배타적 가문 의식을 담아 공격하려는 정치적 의도가 작용했던 것으로 해석된다.

한편 하윤은 태종 16년(1416) 70세로 관직에서 물러나 진산부원군에 봉해졌고, 그해 왕명을 받들어 노구(老軀)를 이끌고 함길도 선왕의 능침(陵寢)을 살펴보고 돌아오는 도중에 정평군아(定平郡衙)에서 사망했다. 하윤의 묘는 그의 고향인 진주시 미천면 오방리 산기슭에 조성되어 있다.

성석린(成石璘)

"지식인이자 전문 관료의 길을 걷다"

집안이 조선 건국에 참여하지 않았지만…

조선 건국 이전인 고려 말기에 몇 차례의 사건·사고를 거치면서 반이성계 세력이 제거되었고, 건국 과정에서 대규모의 물리적인 충돌이 일어나지는 않았다. 그러나 이성계 측을 거세게 몰아붙였던 반대 세력들이 모두 제거된 것은 아니었다. 따라서 조선은 건국 기틀을 다지기 위한 협조를 이끌어내고 민심을 수습하여 건국을 기정사실화하기 위해 지지기반의 확장이 절실했고, 동시에 반이성계 세력에 가담했던 사람들을 어떻게 처리할 것인지에 대해서도 심각하게 고민해야 했다.

반대 세력을 확실하게 구별할 수도 없었고, 이들을 무조건 수용한다고 문제가 해결되는 것은 아니었기 때문이다. 그렇다고 방치했다가 혹시라도 이들이 고려의 재건을 내세워 새 왕조의 존립 기반을 위협할 수 있는 세력과 연계할 가능성도 없지 않았다. 따라서 이러한 가능성을 사전에 차단해야 했고, 이를 통해 하나의 본보기로 남겨놓을 필요가 있었다. 그러나 해결해야 할 과제가 산적해 있었고, 아직 정권이 공고하게 구축되지 않은 상황에서 이러한 집단 색출에 적극적으로 나서기에는 한계가 있었다. 따라서 건국 세력은 대표적인 반대 세력을 처형한다는 극단적인 방법과 함께 고려 사회의 지배계층을 회유하여 포용하는 정책을 병행했다. 개국공신 이외에 1,400여 명에 이르는 대규모의 개국원종공신과 회군공신 등 별도의 공신을 책봉한 것도 그 예였다.

별도로 책봉된 공신들 중에는 조선의 개국 과정이나 이성계의 추대와 관련이 없지만, 학식과 명망 그리고 경륜을 지닌 고려의 고위 관료나 명문가 출신들이 상당수 포함되어 있었다. 심지어 이들 중에는 고려 말기에 이성계와 적대 관계였던 이색·우인열·우현보·설장수 등 조선 건국 후 '도당(徒黨)'을 결성해 반란을 모의했다'는 죄목으로 발표된 56명의 명단에 포함된 인물들도 있었다.

조선 개국 후 반대 세력의 처벌을 강력하게 주장하는 대신들도 적지 않았다. 그러나 태조는 반대파의 세력 결집을 와해하는 등의 온건한 처벌을 통해 민심 이탈을 막는 것으로 마무리하려고 했다. 물론 여기에는 폭넓게 인재를 확보하고 왕조 교체로 인한 지배층의 정치적 위기감을 해소하여 혼란을 최소화하려는 의도가 담겨 있었다. 달리 말하면 개국에 참여하지 않았어도 정권에서 배제하지 않을 것이라는 새 왕조의 암묵적인 보증으로 조선이 구세력의 회유와 포섭에 얼마나 적극적으로 나섰는지를 보여주려 했다.

이색의 경우 태조가 한산백(韓山伯)에 봉하고 원로로 예우하면서 국가의 계책을 자문하는 등 적극적으로 포용에 나선 대표적 인물이다. 이색을 통해 고려의 구세력과 소통하면서 국왕의 위상을 다지려고 시도한 것이다. 비록 이색은 태조의 배려를 거절했지만, 조선에서 관리로 등용되어 국가의 기틀을 세우는 데 기여한 인물들이 적지 않을 정도로 조선의 포용 정책은 상당한 성공을 거두었다. 성석린의 집안도 그 예이다.

성석린(1338~1423)의 아버지 성여완(成汝完, 1309~1397)은 공양왕 4년(1392) 정몽주가 살해되자 국운이 기울어졌음을 알고 포천의 왕방산(王方山)에서 은거 생활을 한 것으로 전한다. 조선 건국 후 그를 회유하기 위해 관직을 내렸지만 거절했고, 태조가 경회루에서 잔치를 크게 벌이며 그를 초청했을 때 '고려의 충신으로 절의를 지키겠다'는 의미로 평복인 흰옷을 입고 참석했다는 일화도 전한다.

늙은 역적 신돈도 사람을 알아보다

성여완은 성석린 외에도 성석용(成石瑢, 1352~1403)과 성석인(成石因, ?~1414) 등 아들 3형제를 두었고, 이들은 모두 고려 말기에 문과에 급제하여 고위직에 올라 중앙 정계에서 활동했다. 이들 역시 조선의 개국 과정에는 참여하지 않았지만, 개국원종공신 포상이 대대적으로 행해졌던 태조 2년(1393)에 공신으로 봉해졌고, 복직이 이루어졌다.

이후 이들 형제는 관직 생활을 통해 능력을 인정받았고 요직에 등용되었다. 성석린의 동생 성석용은 대제학 등을 역임하며 "사람됨이 순박하고 맑으며, 말이 없이 벼슬에 마음을 다하여 봉직하였다"는 평가를 받았고, 성석인은 예조판서로 조정의 일을 의논하다 졸도하여 사망할 정도로 맡은 바 책임을 다했다.

성석린 역시 개인적 출세나 권력에 대한 욕심을 부렸던 관리들과는 결이 달랐다. 그는 18세 때인 공민왕 4년(1355) 사마시에 3등으로 합격하고, 2년 후인 공민왕 6년(1357) 문과에 급제해 관직 생활을 시작했다. 이후 국왕의 문서 작성을 담당했고, 사관(史官)으로 있을 때는 대학자 이제현이 그의 글 짓는 실력을 높이 평가할 정도로 뛰어난 학자이자 문장가로 인정받았다. 그리고 그는 조선 초기 왕실의 주요 인물들에 대한 비문을 모두 쓸 정도로 서예에 능한 예술가이기도 했다.

그러나 그는 고려 말기의 혼탁한 정국에서 조선의 건국으로 이어지는 격변기에 정치가이기보다는 지식인이자 관료로서의 삶을 살았다. 여말 선초에 흔히 볼 수 있는 반발과 은둔 또는 절의와 영합이라는 극단인 면모를 그에게서는 발견할 수 없으며, 그를 여말 선초를 대표하는 행정관료로 꼽는 이유도 여기에 있다.

성석린은 관직에 진출한 후 몇 차례 정치적인 위기를 맞기는 했지만, 특별히 정치적 사건과 사고에 연루되지 않았다. 특히 그는 공민왕에서 공양왕에 이르기까지 고려 조정에서 36년의 관직 생활과 조선 개국 후 태조에서 태종까지 20여 년이 넘는 등 모두 60여 년에 걸쳐 두 왕조에서 7명의 왕을 보필하는 동안 그를 비난하는 사람이 없을 정도로 자기 관리는 물론 관리로서의 업무처리에 빈틈이 없었다.

성석린은 공민왕 17년(1368) 해주목사로 부임한 지 3개월 만에 복귀한 것을 제외하면 대부분 중앙에서 인사·외교·국가 전례·교육·재정·왕명 출납 등 다양한 분야를 거치면서 행정관료로서의 실무 경험을 축적했다. 그가 해주목사로 부임한 데에는 이유가 있었다.

성석린은 평소 성격이 온화하고 검소했으며, 변경하는 것을 좋아하지 않았다. 그러나 일을 논할 때는 남의 의견에 무조건 따르지 않고 자기주장이 확고했으며, 배포가 큰 외유내강형 관리였다. 공민왕은 이러한 성석린을 신임했지만, 이를 시기한 신돈이 자기에게 아부하지 않는다는 이유로 미워했다. 이 때문에 신돈이 공민왕에게 참언(讒言)을 해서 성석린은 해주목사로 부임하게 된다. 당시 그는 '번거롭게 하기 싫다'며 혼자 말을 타고 고을로 갔고, 다시 3개월 만에 성균관사성·삼사좌윤에 임명되어 중앙으로 복귀했다.

《필원잡기》에는 다음과 같은 일화도 전한다.

"성석린은 젊어서부터 뜻이 드높아 큰 절개가 있었다. …… 젊은 시절 너덧 명의 동료들과 더불어 정방(政房)에 있었는데, 신돈이 뒷짐을 지고 곁에서 보다가 문경(성석린)을 가리키며 말하기를, '끝내 반드시 크게 현달할 것이니, 그 복덕은 제군들이 미칠 바 아니다'고 하였는데, 마침내 그 말과 같았으니, 늙은 역적 신돈도 사람을 알아보는 눈을 갖추었다 하겠다."

정치적 좌절을 딛고 성장하다

문인이었던 성석린은 우왕 4년(1378) 왜구가 고려의 수도 개경 근처까지 침입하자 무장 양백연(楊伯淵, ?~1379)과 함께 참전하여 전공을 세워 공신에 책봉되기도 했다. 이때 성석린의 나이 41세로, 다음과 같은 일화도 전한다.

"왜구의 기세에 눌려 여러 장수가 다리를 건너 후퇴하려고 하자 성석린이 '만약 다리를 건너버리면 군사들의 마음이 둘로 갈라지게 되어 등을 돌려서 사력을 다해 싸우지 않을 것이오. 다리를 등지고 결사적으로 싸워야 하오'라며 목숨을 내놓고 싸울 것을 주장하여 결국 승리했다."

이후 공민왕의 개혁이 권문세족 등의 반발로 실패로 돌아가자 성석린 역시 좌절을 경험하게 된다. 하지만 그는 포기하지 않았고, 우왕 즉위 초기에 왕명의 출납을 담당하는 등 요직을 거치며 핵심 관료로 두각을 나타내기 시작했다. 그러나 우왕 5년(1379) 양백연의 옥사가 발생하여 관련자를 조사하는 과정에서 그의 이름이 거론되어 함안의 수졸(戍卒, 변방에서 국경을 지키는 병사)로 유배되면서 정치적 위기를 맞았다.

양백연은 공민왕 19년(1370) 100년 동안 존속해온 쌍성총관부를 공격했을 때 참전했고, 이성계와 함께 고려에 순응한 각 부락의 수장들을 데리고 개선하는 등 공민왕 초기부터 전공을 세우며 성장한 무장이었다. 우왕도 이런 양백연을 주목했다. 하지만 양백연은 자신의 전공을 믿고 교만하게 행동했고, 욕심이 많았다. 뿐만 아니라 간통 사건을 벌이는 등 품행이 바르지 못했고, 성격이 거칠었다. 심지어 군사를 움직이면서 백성들에 대한 배려가 부족해 민간에서는 "차라리 왜구를 만날지언정 양백연의 군대는 만나지 말아야 한다"는 말이 떠돌 정도로 주변으로부터 비난을 받았다. 결국 양백연은 욕심이 지나쳐 '불충한 음모를 꾸몄다'는 이유로 탄핵받게 된다.

이 사건은 처음에는 개인에 대한 처벌로 시작되었지만, 최영이 조사에 적극 개입하면서 성석린을 비롯해 윤승순과 유만수(柳曼殊, ?~1398) 등 고위 관리 20여 명이 연루되어 죽임을 당하거나 관직에서 쫓겨나는 대규모 옥사로 확대된다. 사건이 확대된 이유는 환관과 외척 등을 기반으로 왕권을 회복하려는 우왕에 대해 권신 이인임과 최영 등 무장 세력들이 반발했기 때문이다. 이 사건에 연루된 홍중선(洪仲宣, ?~1379)의 경우 우왕의 스승을 지냈고, 이인임 등이 환관 가운데 유배된 자들을 석방해 달라고 요청했을 때 "환관들이 선왕의 조정에서 권력을 제멋대로 휘둘러 화란(禍亂)을 만들어냈으니 유배 보낸 것은 당연한 조치였다. 최근 간관들이 여러 차례 직언했다가 배척을 받은 후 소환된 사람이 하나도 없는데, 오히려 지금 환관들을 석방한다면 어찌 나라를 다스릴 수 있겠는가?"라고 비판했던 인물로, 이인임과 최영 등에 의해 우왕 3년(1377)에 제거된 지윤(池奫, ?~1377)을 대신해서 우왕의 왕권 강화를 후원할 인물로 평가받았다.

이후 성석린은 복직했지만, 그 역시 정치적 견제를 받았음을 알 수 있다. 그는 대사헌으로 재직하면서 대간들의 언론을 활성화하기 위해 여러 조치들을 추진했고, 삼사좌사 시절에는 환관의 녹봉 감액을 건의하는 등 무너져가던 고려의 제도 정비에도 뚜렷한 족적을 남기며 우왕부터 공양왕 대까지 행정관료로서의 업무 수행에 적극 나섰다.

그는 때때로 왕에게 직언도 서슴지 않았다. 우왕 9년(1383)에는 헌납으로 재직하면서 권근과 함께 우왕의 비행을 극간했다가 우왕이 만취하여 활로 그를 쏘아 죽이려고 한 일도 있었다. 당시 그는 몸을 피해 목숨을 보전했지만, 이로 인해 '언로가 막혀 다시는 진언하는 자가 없어졌다'고 할 정도로 대단히 심각한 사건이었다.

폐가입진에 참여하여 중재에 나서다

우왕 14년(1388)에는 권신 이인임·임견미·염흥방 등 구세력이 축출되고, 최영과 함께 이성계가 정국을 주도하게 되면서 정치권력의 중심부에 급격한 변동이 일어났다. 이때 성석린은 국가 행정을 총괄하는 정당문학에 등용되었고, 같은 해 8월 각 도의 안렴사를 도관찰출척사로 승격하여 개편할 때 양광도도관찰사에 임명되어 해주목사 이후 두 번째 외직에 나아간다. 당시 그의 나이 52세였다.

성석린은 약 1년 동안 도관찰사로 재직하면서 기근이 들자 양광도의 주군(州郡)에 의창(義倉, 곡식을 저장했다가 흉년이나 비상 시기에 가난한 백성에게 대여하던 기관)을 세워 굶주린 백성을 구제할 것을 건의하여 각 도에서도 시행하게 하는 등 선정을 베풀며 뚜렷한 업적을 남겼다. 그리고 그는 양전(量田)을 실시하도록 함으로써 전제 개혁의 토대를 마련하는 등 지방에 대한 급진 개혁 세력의 통제력 강화에도 일조했다.

성석린은 조준에게 보낸 시에서 "예전의 낡은 풍속을 다스릴 마음이 이미 같았으나, 끝났도다. 풍속이 퇴폐하고 사람들의 기강이 무너졌구나!"라며 이미 손을 쓰기에 늦을 정도로 풍속이 퇴폐하고 기강이 무너진 고려 말기의 사회에 안타까워하는 등 개혁의 필요성을 절감하고 있었다. 또한 그는 권력의 핵심에 있었던 최영 일파가 개혁에 미온적이라고 비판했다. 따라서 성석린에게서 고려 말기 성리학으로 무장한 신흥사대부이자 실무에도 밝은 신진 정치세력과 정치적으로 비슷한 정서를 발견할 수 있다.

하지만 성석린은 그의 정치 성향으로 인해 최영 일파의 미움을 받아 무고를 당해 극형에 처할 위기에 몰리기도 했다. 다행히 그는 이성계와 신흥사대부들의 도움으로 위기를 넘겼고, 〈태조실록〉에는 당시 상황을 이렇게 기록하고 있다.

"……국정을 맡은 자가 성석린이 자기에게 붙지 않는 것을 미워해서 죄를 무고하여 하옥하고, 병마도통사 최영을 부추겨서 장차 극형에 처하려 하니, 당성(唐誠, 1337~1413)이 '그 죄가 사형에 이르지 않는다'고 말하였으나, 최영이 듣지 않았다. 당성이 굳이 다투었으나 어쩔 수가 없게 되자, 드디어 법조문을 땅에 집어던지면서 최영에게 이르기를, '도통(都統)이 율문보다 먼저 났습니까? 아니면 율문이 도통보다 먼저 났습니까? 도통이 어찌하여 자기 한 사람의 견해로써 율문을 버리십니까?' 하니, 최영은 당성이 정직하다고 하여 노하지 않았고, 우리 태조 또한 성석린을 구해내려 하였으므로 마침내 사형에서 감형할 수 있었다……."

성석린은 창왕 1년(1389) 폐가입진 사건에도 중재자로 나섰다. 당시 "창왕의 폐위로 공석이 된 왕위에 누구를 옹립할 것인가?"를 논의하면서 왕실 혈통으로 가장 적통에 가까운 정창군이 거론되었다. 그러나 성석린은 "왕족으로 촌수가 가까운 것보다는 현명한 사람을 택하여 왕으로 세우는 것이 중요하다"는 의견을 제시했고, 조준도 "정창군은 왕의 자질이 부족하다"는 이유로 반대했다. 이처럼 합의가 이루어지지 않자 성석린의 의견에 따라 왕실 종친 중에서 몇 명을 선발하여 표결에 부쳤고, 그 결과 정창군이 44세의 나이에 공양왕으로 즉위한다.

이 사건은 이성계 측이 반대파를 제거하고 실권을 장악하는 직접적인 계기가 되기는 했지만, 당시까지도 혁명보다는 고려라는 왕조 국가를 유지하며 개혁을 추진하려는 세력의 영향력을 무시할 수 없었다는 사실도 확인할 수 있다. 그리고 당시 정국에서 성석린의 존재감이 어느 정도였는지 보여주는 예이기도 하다.

혁명에는 반대하다

공양왕 2년(1390) 성석린은 변안열(邊安烈, 1334~1390)의 탄핵도 주도했다. 변안열은 황산전투(운봉전투 또는 황산대첩)에서 이성계의 부장으로 참전하는 등 홍건적과 왜구의 빈번한 침입으로 전시 체제가 지속되는 정국에서 공을 세우며 영향력을 확장해 나갔다. 특히 그는 우왕 대에 이인임과 임견미 등 권신들과 대적할 정도로 성장했다. 그러나 그는 우왕을 다시 옹립하려던 '김저 사건'에 연루되어 한양으로 유배되었고, 간관들은 '변안열에 대한 처벌이 가볍다'며 극형에 처할 것을 요구했다.

당시 성석린은 윤소종과 함께 상소를 올려 "변안열의 유배지인 한양에서 발생한 강도 사건은 실상 우왕을 옹립하려는 이들과 관련 있다"며 변안열을 역모죄로 처형할 것을 주장하여 결국 변안열은 처형된다.

공양왕 4년(1392) 성석린은 이색과 우현보의 당여(黨與)라는 이유로 동생 성석용과 함께 유배되었고, 조선 건국 후에도 태조의 즉위 교서에 "고려 말기에 이색과 우현보 등이 반란을 모의했다"며 처벌해야 할 56명의 명단에 성석린과 그의 동생 성석용이 포함되어 고향으로 유배된다.

성석린이 위화도회군 이후 이성계 세력과 정치적 입장을 같이했고, 창왕 폐위와 공양왕 옹립을 주도하는 등 고려 말기의 행적에 비추어보면 그의 유배는 상당히 의외의 조치였다. 그럼에도 그의 둘째 사위 왕단이 고려 왕씨의 후손이라는 이유로 처형된 사실과 조선 건국 후 정도전의 상소에서 "고려 말기에 도당(徒黨)을 결성하여 불화를 일으킨 죄로 성석린과 동생 성석용이 함께 곤장을 맞았다"는 기록으로 보아 그가 조선의 건국에는 찬성하지 않았고, 건국 세력은 그의 처벌을 하나의 본보기로 삼으려고 했던 것으로 보인다.

공양왕을 옹립한 세력 내에서 정치적 대립과 분열이 있었다는 사실도 이러한 추론에 힘을 실어주고 있다. 정몽주의 경우 위화도회군 이후에도 이성계 세력의 개혁 추진에 동참했지만, '윤이·이초 사건'을 계기로 이성계 세력이 반대파에 대한 공격과 숙청에 적극 나서자 이에 반발했고, 결국 이들과 결별하여 온건 보수 세력의 수장이 되었다.

그리고 공양왕을 옹립한 9공신의 한 사람으로 관우와 장비의 용맹과 비교될 정도로 뛰어난 무장이었던 지용기의 경우 '윤이·이초 사건'에 연루된 김종연과 내통하여 반역을 도모했다는 이유로 탄핵을 받아 삼척으로 유배되었고, 얼마 후 왕익부(王益富, ?~1391) 사건에 연루되어 다시 탄핵되었다.

지용기의 부인과 인척으로 지용기의 집을 드나들었던 왕익부는 스스로 충선왕의 서손이라고 말하고 다니다가 고발되어 체포된 인물로 당시 대사헌 김사형 등은 다음과 같이 지용기를 탄핵했다.

> "지용기는 공신의 반열(班列)에 참여하였으니 진실로 충성을 다하여 보좌함이 마땅한데, 도리어 처의 재종형제인 왕익부를 충선왕의 증손이라 하여 몰래 집에서 길렀으니 불충이 막심합니다. 원컨대 전하께서는 왕익부와 그 일족까지 죄를 주시고 지용기는 고신(告身) 및 공신녹권을 거두어 밝게 그 죄를 다루소서."

결국 왕익부와 동생 왕득부(王得富) 그리고 그 가족 13인이 참수되었고, 지용기는 '왕익부를 비호하여 왕씨의 후예를 숨겨두었다가 후에 모반을 일으켜 왕으로 세우려는 계획을 꾸몄다'며 불충한 죄로 탄핵을 받아 가산이 적몰되었고 유배지에서 생을 마감했다.

또한 설장수는 정몽주가 이방원에게 살해된 후 유배되었고, 조선 개국 후 56명의 처벌 대상자 명단에도 포함되었다가 태조 5년(1396)에야 복직되었다. 그리고 박위(朴葳, ?~1398)는 김종연 옥사에 연루되어 풍주(豊州)로 유배되었다가 사면되어 회군공신에 봉해지며 복직이 이루어졌다.

조선에서 다시 기회가 찾아오다

성석린의 유배 역시 개국 과정에서 이성계 세력과의 정치적 입장 차이가 원인이었고, 전문 관료형에 속했던 성석린은 정치적인 갈등이나 힘겨루기에 익숙하지 않았기에 개국 과정에서 견제를 받고 밀려난 것으로 해석된다. 그러나 개국 후 제거 대상자 명단에 포함되었던 성석린이 불과 8개월 만인 태조 2년(1393)에 복직이 이루어져 개국 세력과 격렬하게 대립하지는 않았던 것으로 보인다.

사실 성석린이 이처럼 빠르게 정계에 복귀할 수 있었던 데에는 복합적인 이유가 있었다.

기본적으로 성석린은 여말 선초의 중요한 정치적 현안에 행보를 같이할 정도로 개국 세력과 정치적 입장 차이가 크지 않았다. 그리고 성석린의 학식과 덕망은 물론 고려 말기의 40여 년간 중·하급 실무직부터 차관급의 고위직까지 다양한 직책을 역임한 경력도 영향을 미쳤다. 즉 그의 중용은 중앙행정 부서의 업무를 종합적으로 파악하며 국정의 실무 경험을 충실하게 축적한 관료로서의 경륜을 감안한 인재 등용이라는 의미가 있었다. 한편으로는 조선 건국과 왕실에 대한 민심을 수습하고 조선의 건국에 반대했던 구세력의 협조를 이끌어내기 위한 회유와 포섭이라는 기대감도 담겨 있었다.

성석린의 폭넓은 인간관계도 조선에서의 관직 생활에 영향을 미쳤다. 그는 조준·이행·권근·하윤 등 조선에서 관리로 출사한 인물들은 물론, 공민왕 대에 신돈의 폭정으로 곤경에 처했거나 고려에 충절을 지킨 인물들과도 우호적인 관계를 유지했다. 그는 태조를 모셨던 조영무와 이무 등이 왕자의 난이 발생했을 때 이방원을 지원했다는 이유로 태조의 미움을 받아 유배되자 이들의 사면을 위해 적극적으로 나서기도 했다.

성석린은 이성계와도 고려 말기부터 친분 관계를 유지했다. 특히 우왕 4년(1378) 성석린이 양백연의 조전원수로 왜구와의 전투에 참여했을 때 이성계 부대와 양백연 부대가 연합해서 왜구를 토벌했고, 이때 두 사람의 인연이 깊어진 것으로 보인다. 이후 두 사람은 고려 말기의 여러 정치적 사건을 겪으며 정치적 동지 관계로 발전하게 된다.

성석린은 이성계보다 세 살이 어렸지만, 두 사람의 관계는 마치 오랜 친구와 같이 가까워졌다. 그가 사망했을 때 사관은 두 사람의 관계를 다음과 같이 평했다.

> "태조가 잠저(潛邸)에 있을 때부터 성석린을 가장 중히 여기더니, 왕위에 오르매 대우함이 더욱 높아졌다. 비록 임금의 마음에 기쁘지 않은 일이 있더라도 그를 보면 마음이 풀리어 노여움을 그치고 [성석린이] 말하는 것은 반드시 들어주었다."

성석린 역시 "왕을 면대(面對)하게 되면 언제나 옳은 도리를 극진히 말하여 기어이 도리에 맞도록 힘썼다"고 한다. 이러한 인연으로 성석린은 고려가 멸망한 후 은거를 선택하지 않고 조선에서 관직 생활을 이어갔다.

초대 서울시장에 발탁되다

성석린은 조선의 새 도읍지 선정과도 각별한 인연이 있었다. 태조는 그를 판개성부사로 발탁했는데, 당시 조선은 한양으로 천도하기 이전이었고, 판개성부사는 요즘의 개성시장이었다. 따라서 그가 조선의 도읍지인 개성의 행정을 책임지게 된 것이다. 또한 그는 평양 등 수도에 준하는 지역의 행정 책임자도 역임했고, 한양을 포함해 새 도읍지로 거론된 지역들의 장단점을 파악하여 보고하는 등 천도 과정에도 적극 참여했다.

태조 2년(1393) 2월, 태조가 여러 신하들과 함께 계룡산으로 행차하여 새 도읍지로 적합한지 둘러볼 때 마침 유배에서 풀려나 삼사우복야로 복귀했던 성석린도 동행했다. 당시 태조는 성석린에게 계룡산 지역의 산수를 관찰한 다음 새 도읍지로 적합한 입지 조건을 갖추고 있는가를 검토하여 보고하라고 명했다.

성석린은 태조 3년(1394) 서운관 관원들과 함께 지리와 도참(圖讖)에 관한 여러 책을 정리하고 교정하는 일에도 참여했다. 따라서 그가 풍수지리에도 상당한 조예가 있었음을 알 수 있다. 당시 그는 정도전과 함께 태조에게 다음과 같이 주장했다.

"무릇 한 국가의 도읍지는 몇 군데에 한정되어 있으니 굳이 새로운 도읍지를 찾기보다 기존의 지역을 도읍지로 하는 것이 옳습니다. …… 굳이 새로 도읍지를 건설하겠다면 민생을 먼저 안정시키고, 몇 년이 지난 후 의논해도 늦지 않을까 합니다."

그러나 새 도읍지로 한양이 건설되었고, 태조 3년(1394) 10월 한양으로 천도가 단행되었다. 이듬해인 태조 4년(1395) 6월 한양을 한성부로 개편한 후 판한성부사를 비롯해 소속 관원들을 임명하여 한성부의 행정조직을 정비하고 성석린을 판한성부사로 발탁했다. 판한성부사는 조선의 새로운 수도 한성부의 행정을 총괄하는 자리로, 현재의 서울시장에 해당한다. 따라서 성석린은 조선의 새 도읍지인 초대 서울시장으로 역사에 이름을 남기게 된다.

이 무렵 한성부의 주요 시설이 조성되는 등 옛 도읍과 새 도읍에 중요한 사건과 변화들이 많이 발생했다. 따라서 성석린이 개성에 이어 한성의 행정을 책임지는 위치에 있었다는 것은 건국 초기에 새 도읍지의 건설과 운영에서 중요한 역할을 담당했음을 의미했고, 그의 등용은 태조의 의지가 적극 반영된 것이었다.

정도전의 경우 비록 천도에는 반대했지만, 태조는 한양 천도를 결정한 후 신도시 건설을 그에게 맡겼다. 그리고 정도전은 치밀하게 계획을 수립하여 신속하게 도시 건설을 마무리하여 천도가 이루어지게 된다. 따라서 천도에 반대했던 정도전이 천도가 결정된 후 태조의 기대를 저버리지 않았듯이, 성석린 역시 천도에 반대했지만 일단 천도를 단행한 이상 판한성부사로서 태조의 의중을 가장 잘 이해하고 새 도읍지를 연착륙시켜야 했다.

특히 태조는 개국공신 등 중신들의 반대를 물리치고 천도를 단행했기에 건국 후 시행된 각종 정책과 사업 중에서도 새 도읍지의 선정과 건설에 각별한 신경을 썼다. 따라서 천도를 단행한 후 새 도읍지의 조성과 운영을 누구에게 맡길 것인가는 대단히 중요한 문제였다. 전 왕조와 현 왕조의 수도에 거주하는 주민들의 민심을 추스르는 등 어느 때보다도 행정 능력과 리더십이 절실하게 필요했기 때문이다. 즉 성석린은 한성부를 명실상부한 조선의 도읍으로 안착시켜야 할 책임을 지게 된 것이다.

그러나 성석린이 판한성부사로 임명된 사실만 기록으로 전할 뿐 그가 구체적으로 어떤 역할을 했는지에 대해서는 전하는 내용이 없다. 행정수도의 책임자는 일상적인 업무를 수행하여 문제가 발생하지 않게 하는 것이었으니, 특별한 문제가 발생하지 않는 이상 기록으로 남길 내용이 없었다는 점에서 성석린은 한성부를 큰 문제없이 잘 운영한 듯하다.

세월을 경치 좋는 데 보내지 말라

성석린은 판한성부사에서 물러난 후에도 한성의 운영과 정비에 관한 주요 현안들에 관심을 기울였다. 태종 1년(1401) 1월, 좌의정이었던 그는 개성에 머물던 태종에게 신년 하례를 위해 갔다가 태종에게 하직 인사를 하는 자리에서 "신도(新都, 한성)의 길이 넓으니 길 양쪽에 백성들이 시루(市樓, 상설 시장)를 지을 수 있도록 허락하고, 남산에 소나무와 잣나무를 심어야 한다"고 건의하여 태종의 허가를 받기도 했다.

한성과 관련한 성석린의 건의는 대부분 한성의 기반 시설 조성에 관한 것이었고, 특히 시장의 조성은 동아시아 국가의 수도 건설에서 핵심 요소 중 하나였다. 뿐만 아니라 그는 태종이 한성으로 재천도할 때도 논의에 참여하여 자신의 의견을 개진하는 등 조선 초기의 한성 건설과 운영 그리고 정착 과정에서 중요한 역할을 지속적으로 수행했다.

이처럼 성석린은 조선에서 관직 생활에 적극 나섰지만, 전 왕조인 고려를 혹독하게 비판하지는 않았다. 그리고 자신이 조선을 선택한 것에 대해 명분을 내세우며 합리화하지도 않았고, 조선의 건국에 대해 태평

성대를 기원하거나 새로운 시대를 맞이하는 진취적인 기상을 담은 시도 보이지 않는다.

반면 조선 건국 후 56세의 나이에 복직된 성석린은 이후 20년이 넘는 동안 관직 생활을 하면서 '개혁을 통해 어진 정치를 회복하여 상처받은 백성들을 보살펴야 한다'는 책임감을 잊지 않았다. 그가 남긴 시에는 지방관으로 나아가는 관리들을 위해 쓴 시가 많은데 여기서도 백성을 대하는 그의 마음을 발견할 수 있다.

그가 관동으로 부임하는 김기에게 써준 시에는 "관동은 봄에 가장 아름다운데, 세월을 경치 좇는 데 보내지 말라"며 관리로서 백성들에게 선정을 당부하는 등 그의 시에는 대부분 '관민(官民) 사이의 거리 좁히기, 공정성 유지하기, 백성 쓰다듬기' 등을 강조하는 내용들이 담겨 있다.

그의 문생인 김분(金汾)이 조그만 고을의 수령으로 부임할 때는 다음과 같은 시를 써주기도 했다.

> 직산이 비록 작은 고을이지만
> 그 또한 우리들의 어진 정치를 시험해 볼 만하네
> 빈부를 물어 백성의 형편을 기록해야지
> 직책에 비해 그릇이 크다는 말은 무성하고
> 청빈한 일은 따를 수 있어야 하네
> 어려서 배운 학문 끝내 무슨 소용 있겠나
> 모름지기 은혜가 백성에게 미쳐야지

성석린은 비록 작은 고을의 수령일지라도 그 직책의 중요성을 백성에서 찾았다. 그리고 맹자(孟子)가 말한 것처럼 "관리는 외롭고 힘없는 가난한 백성들을 우선적으로 돌보아야 하고, 빈부에 따라 차등 있게 부역(賦役)과 세금(稅金)을 매겨야 한다. …… 작은 고을에서 너무 큰일을 시행한다고 말하지만, 부임지에서 낳은 송아지를 두고 간 상림(常林)의 청렴함은 따라야 한다"며 지방의 관리는 지역의 소소한 일에도 관심을 기울여야 하고, 지역민들의 재산을 소중하게 다루어야 한다는 것을 강조하고 있다. 여기서 상림은 중국 삼국시대(三國時代) 관리로, 그는 "부임지에서 낳은 송아지의 소유권은 내가 아니라 지역에 있다"며 두고 갔다고 한다.

이외에도 성석린이 지방관으로 가는 관리들에게 써준 시에는 관리의 추상 같은 위엄보다는 겨울의 따사로운 햇빛 같은 치민(治民)을 강조하고 있다. 그리고 친한 이들에게 보내는 장난기 어린 내용도 있기는 하지만, 사랑이나 풍류 또는 도학을 수용하는 등 관리의 입장에서 벗어난 시는 찾아보기 힘들다.

43년 만에 재상에 오르다

성석린은 정종 1년(1399) 태조의 추천으로 우의정에 임명되어 관직 생활을 시작한 지 43년 만에 재상의 자리에 올랐다. 이때 그의 나이 62세였다. 그리고 태종이 즉위한 후 좌명공신에 오르고 창녕부원군에 봉해졌다.

이후 노모의 봉양과 자신의 병을 이유로 사직을 청하여 우의정에서 물러났다가 태종 2년(1402) 의정부사로 판개성유후사사를 겸직하게 된다. 같은 해 하윤이 명나라에 사신으로 가게 되자 명나라와의 외교적 예우 차원에서 하윤이 좌의정에 오르고 성석린이 다시 우의정에 올랐다.

태종 3년(1403)에는 하윤 등과 함께 태종의 즉위에 대한 고명과 인장을 받아온 것에 대한 사은사로 명나라에 가서 외교적 수완을 발휘하여 명나라로부터 태종의 면복(국왕이 제례 때 착용하는 관복)과 서책을 내려주겠다는 허락을 받았고, 태조 때 표전 문제로 억류되었던 조선의 관리들을 데려가도 좋다는 허락을 받아오는 등 외교적인 성과도 거두었다. 태종 4년(1404)에는 오랫동안 비가 오지 않자 재상으로서 천재지변에 대한 책임을 지고 하윤과 함께 사직했고, 태종 5년(1405) 조준의 뒤를 이어 영의정에 올랐다.

  태종 8년(1408)에는 좌의정으로 재직하면서 의정부의 서무를 6조로 이관하는 제도 개편을 주도적으로 추진했다. 이는 왕권 강화를 위해 6조 직계제를 추진하는 태종의 관제 개편에 성석린이 동의하고 적극적으로 협력했음을 의미했다. 그러나 그는 의정부의 혁파에는 전적으로 동의하지 않았다. 그가 "의정부가 서무에 시달리지 않도록 과다한 업무를 경중에 따라 중요한 것만 남겨놓고 6조에 이관하여 모든 관리의 우두머리인 재상이 정책 결정과 행정의 최고 책임자의 역할에 충실해야 한다"는 상소를 올린 것이 그 예라 하겠다.

  이외에도 그는 태종이 즉위한 후 왕과 세자의 교육을 네 차례나 담당했고, 태조의 사망을 비롯해 정종의 비 정안왕후가 사망하여 조선 건국 후 처음으로 왕실이 상(喪)을 당했을 때 전례에 없었던 장례 절차를 바로 세우는 등 유교적 국가 의례를 정립하기도 했다.

  이처럼 성석린은 일상적인 국정 운영 외에도 최대 현안 사업이었던 신도시 건설·명과의 외교·관제 정비 등 현안 문제에 깊숙이 개입하여 조선 왕조의 국가체제와 국왕의 통치 기틀을 다지는 데 공헌했다. 그리고 그는 권력의 변동이 심했던 태조 대에 근무한 경륜을 바탕으로 태종에게 통치의 자신감을 심어주는 등 태종의 왕권 강화에도 기여했다. 성석린은 정종 1년(1399) 12월 우의정에 오른 후 태종 16년(1416) 관직에서 물러날 때까지 우의정·좌의정·영의정을 역임하면서 당시의 관례에 따라 좌의정과 판이조사를, 우의정과 판병조사를 겸직하여 문·무반의 인사행정을 주관했고, 재상으로서 국정을 총괄하며 외교·의례·교육 등 다양한 분야에서 자신의 경륜을 바탕으로 능력을 발휘했다.

성석린은 정치세력을 형성하거나 권력을 행사하는 데 관심이 없었고, 실세 재상은 아니었다. 그가 영의정으로 있을 때 명나라 사신으로 임명되자 사헌부에서 "영의정 성석린이 비록 상부(相扶)의 우두머리이기는 하나 실로 나라의 정치를 장악하여 업무를 수행하고 있지는 않으니 중국이 정성이 지극하지 못하다고 지적할지 모릅니다. 반드시 집정 대신을 보내야 합니다"라는 상소를 올려 좌의정 하윤으로 바뀐 일도 있었다. 그리고 그는 재상들이 속한 의정부를 혁파해야 한다는 주장에 대해서도 "내가 이미 늙었으니 남에게 미움받는 것을 무어 꺼릴 것이 있겠는가? 일이 비록 남에게 거슬리더라도 이치에 합당하면 행하겠다"라며 특별히 신경 쓰지 않았다.

또 대간들이 대신의 과실에 따른 책임을 물어야 한다며 재상 하윤·성석린·조영무 등을 탄핵하자 하윤은 "대간이 대신의 과실을 함부로 탄핵하지 못하도록 하는 법을 만들어 후세까지 이르도록 하자"고 주장했으나 성석린과 남재는 "후세에 반드시 비웃음거리가 될 것이다"라며 옳지 않다는 이유로 서명하지 않은 일도 있었다.

편안할 때 위태로움을 잊지 말아야 한다

성석린은 태종 7년(1407) 70세라는 고령의 나이에도 국방·지방행정·재정·외교 등 국정의 주요 현안에 관한 대책을 담은 '시무(時務) 20조'를 올렸다. 특히 고려 말기부터 왜구의 잦은 출몰로 백성의 삶이 황폐해지고 거처 없이 떠돌아다니는 일까지 더해지는 등, 국가의 존망을 위협할 정도로 고질적이고 심각한 문제를 직접 겪었던 그는 "편안할 때 위태로움을 잊지 말아야 한다"고 강조하면서, 어느 정도 내치가 달성된 태종 대에 국가가 가장 시급하게 힘써야 할 과제로 군사상 요충지의 정비와 군사력 확충 그리고 북방 지역의 야인과 해안 지방에 침입하는 왜구에 대비한 산성 수축·보충군 설치·천호와 만호의 폐단을 엄단하는 대책 등 11개 조항의 국방정책을 주장했다.

성석린은 태종 대에 여섯 차례나 사직을 청했지만, 태종은 그때마다 받아들이지 않았다. 태종은 그가 조상의 산소에 성묘하러 간다고 하자 털옷을 내리기도 했고, 태종 17년(1417)에는 술과 고기, 과일을 하사하는 등 국가의 원로로 예우했다. 그가 재상에서 물러난 후에도 태종은 국가의 주요 현안이 생기면 그를 국정 회의에 불러서 크고 작은 문제들의 자문을 구했다. 성석린은 태종을 만나면 자신의 경륜을 바탕으로 군왕의 자세와 새 왕조 국가의 통치 방향을 논하기도 했고, 재이(災異)를 당했을 때는 금주령을 내리고 음식을 줄여 경비를 절감하고 음악을 거두어 두려워하여 반성하며 수양하는 군신의 자세를 진언하는 등 국가 원로로서 그동안의 경험을 바탕으로 자신의 의견을 적극 개진하며 국정 운영에 실질적으로 관여했다.

성석린은 태종의 마음 한가운데 자리 잡고 있던 응어리를 풀어주는 결정적인 역할도 수행했다. 1차 왕자의 난 이후 태종에게 노골적으로 불만을 드러낸 태조가 옥새를 가지고 고향 함흥으로 가버린 일이 있었다. 이 때문에 즉위의 명분과 도덕성 면에서 취약할 수밖에 없었던 태종은 태조의 환궁을 위해 대신들을 차출하여 함흥에 차사(差使)로 보냈다. 그러나 태종의 명을 받고 함흥으로 갔던 차사들이 '태조에게 죽임을 당해 돌아오지 않았다'고 해서 한번 가면 소식 없는 사람을 '함흥차사'라고 했다는 유래담이 생길 정도로 태조는 요지부동이었다.

하지만 당시 함흥에 차사로 갔던 인물들이 이후에도 조정에서 활동했다는 기록이 있어 모두 사실은 아닌 것으로 보인다. 다만 그만큼 태조가 강경했고, 태종의 마음고생이 심했음을 의미한다. 성석린도 이와 관련한 일화가 전한다.

태종은 영의정 성석린을 함흥차사로 보냈다. 당시 성석린은 모친상 중이었음에도 함흥으로 가서 태조를 설득하여 한양으로 모시고 왔다. 조선 초기부터 17세기 중반까지 명신(名臣)들에 대한 기록을 모아놓은《명신록》에 따르면 "태조의 오랜 벗이었던 성석린이 차사를 자원했다"고도 하고, 민간에서는 이와 관련하여 슬픈 이야기도 전한다.

태조는 오랜 친구였던 성석린이 방문하자 기뻐했다고 한다. 그러나 성석린이 태조에게 환궁할 것을 건의하자 "너 또한 네 임금(태종)을 위해 나를 달래려고 하려면 그만 돌아가라"고 단호하게 거절하며 활을 들어 그를 쏘려고 했다. 성석린은 "저는 지금 이 자리에서 죽어도 좋습니다. 하지만 제가 임금의 명을 받고 온 것은 아닙니다. 만일 그렇다면 신의 자손이 반드시 눈을 잃고 장님이 될 것입니다"라고 맹세했다. 태조는 결국 옛 친구의 맹세를 믿고 한양으로 돌아갔다. 그런데 묘하게도 성석린은 성지도(成志道)와 성발도(成發道) 등 2남 2녀를 두었는데, 두 아들이 모두 심한 안질을 앓다가 실명했으며 장손도 태어날 때부터 장님이었다고 한다.

이외에도 사육신의 한 사람인 성삼문은 성석린의 동생 성석용의 증손자이고, 성석용의 손자이자 성삼문의 5촌 당숙인 성희(成熺, 생몰 미상)는 사육신이 단종의 복위를 꾀하다가 처형당할 때 연루되어 10여 차례나 극심한 고문을 받았지만 끝내 입을 열지 않았다고 한다. 이후 성희는 김해로 귀양 갔다가 3년 뒤에 풀려나 공주 달전으로 돌아왔으나 비분한 마음이 병이 되어 사망한 것으로 전한다.

조용히 앉아 있다 세상을 떠나다

성석린은 경상도 창녕을 본관으로 하며, 창녕 성씨의 시조는 고려에서 호장중윤(戶長中尹)을 지낸 성인보(成仁輔)이다. 그의 집안은 관향인 창녕에서 향리직을 대대로 세습했던 창녕군의 세족으로 보인다. 이후 성석린의 증조부 성공필(成公弼)이 전객부령을 지냈고, 할아버지 성군미(成君美)는 판도총랑을 지냈다. 그리고 아버지 성여완(成汝完)은 충숙왕 복위 5년(1336) 과거에 급제하여 중앙 관직으로 진출하여 개경에 뿌리내리게 된다. 그러나 고려 후기의 47개 유력 가문에 창녕 성씨가 포함되어 있지 않은 것으로 보아 성여완이 출사하던 고려 말기에는 창녕 성씨가 아직 유력 가문의 반열에 들지는 않았던 것으로 보인다. 이후 그의 집안은 성여완의 아들 3형제가 모두 문과에 급제한 후 고위직에 진출하여 중앙 정계에서 신흥 가문으로 성장하게 된다.

성석린은 충숙왕 복위 7년(1338) 개성의 독곡방에서 태어났다. 그의 호가 독곡(獨谷)인 것도 이와 연관이 있으며, 조선의 초대 판한성부사를 지냈 그의 집터 부근인 현재의 종로구 재동 95번지(안국역)에서 가회동을 거쳐 삼청동 23번지(삼청동길)에 이르는 폭 8~20미터, 길이 1,450미터의 2차선 도로는 1995년 1월 27일 '독곡로'라고 이름 붙였다.

성석린은 태종 15년(1415) 재상직에서 물러났고, 세종 2년(1420) 83세의 나이에 비로소 모든 공직에서 사퇴하고 경기도 포천군 신북면 기지리로 낙향했다. 이곳은 그의 아버지를 포함해 선조가 낙향하여 은거 생활을 하며 터를 잡은 곳으로, 독곡촌과 독곡폭포 등 그와 관련한 지명도 전한다.

성석린은 이곳에서 한가롭게 은거 생활을 하며 86세까지 장수했고, 세종 5년(1423) 병으로 사망했다. 이후에도 이 지역에 거처하는 사람들이 장수했다고 하며, 156세까지 장수했다는 이야기도 전한다. 성석린의 묘는 경기도 포천시 신북면 고일리에 조성되었고, 1986년 포천시 향토 유적으로 지정되었다. 그리고 여기서 50미터가량 올라가면 아버지 성여완의 묘가 있다.

그가 사망한 후 사관들은 다음과 같이 평했다.

"가정에 있을 때에는 검소하게 생활하고 가산을 증식하지 않았으며, 곤궁한 자를 구제해 주기를 좋아하고 약물 등의 하찮은 물건도 남에게 요구하지 않았으며, 청탁을 해오는 자가 있으면 모두 거절하니 사람들이 다 칭찬하였다. …… 진서(眞書)와 초서(草書)를 잘 쓰고 시율(詩律)을 잘 지었다. 만년에 이르러 기무(機務)에서 해임(解任)되기를 원하여 한가로이 스스로 즐기며, 평상시에 거처할 적엔 항상 나무 등받이에 앉아 있었다. 임인년 여름부터 조그만 병이 있었는데, 이때에 이르러 나무 등받이에 의지하고 있다가 조용히 돌아가니, 나이 86세이다."

이외에도 성석린의 사망에 세종과 관련된 일화가 전한다.

세종 5년(1423년) 정월 12일 밤, 세종이 좌우의 대신들에게 "지금 몇 시나 되었느냐?"고 묻자 한 대신이 "벌써 2경(二更)이 되었습니다"라고 대답했다. 여기에서 2경은 밤 9시에서 11시 사이로, 이 시각 성석린이 나무 등받이에 기대어 한동안 묵묵히 앉아 있다가 잠이 들었는데, 조금 있다가 사망했다고 한다.

이 소식을 전해 들은 세종은 매우 슬퍼하여 3일 동안 조회를 열지 않았고, 문경(文景)이란 시호를 내렸다. 도덕을 널리 알린 것을 문(文)이라 하고, 의리에 따라 행하여 이루어진 것을 경(景)이라 한다.

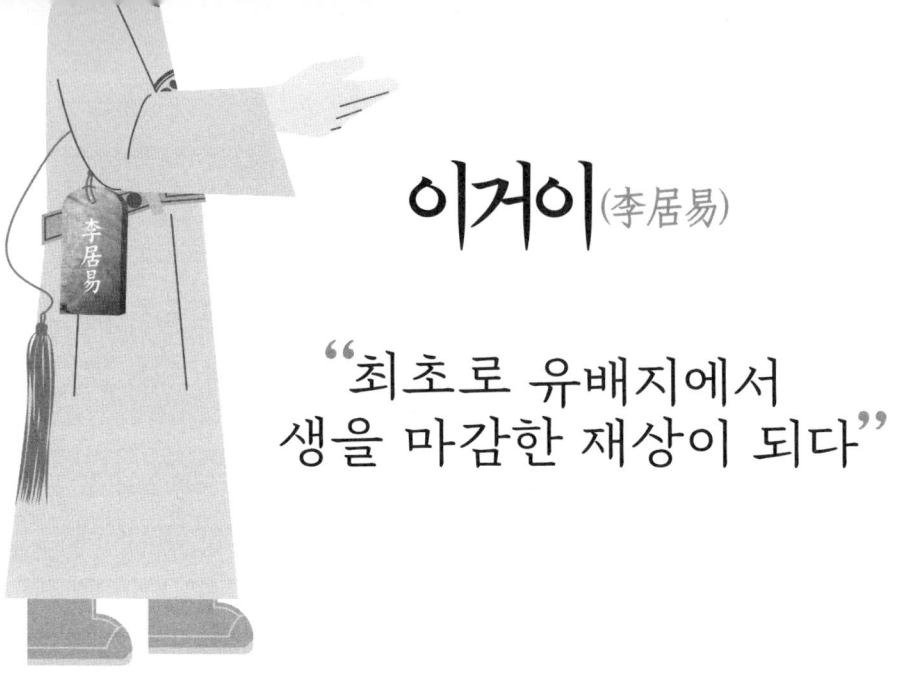

이거이(李居易)

"최초로 유배지에서 생을 마감한 재상이 되다"

베일에 가려진 인물로 평가받다

이거이(1348~1412)는 조선 초기 역사에서 이름이 자주 거론되는 편이지만 그와 관련해서는 구체적으로 알려진 내용이 없다. 이 때문에 많은 의문이 제기되기도 하고, 그에 대한 평가가 엇갈릴 정도로 베일에 싸인 인물이다. 현대의 사극 KBS 〈용의 눈물〉(1996)에서는 왕자들보다 많은 사병을 거느렸고, 도성 밖에 거대한 농장을 소유하는 등 막강한 세력을 지니고 있으면서 성격이 대단히 활달하고 정치적 야심이 큰 인물로 등장해서 주목받았다. 그러나 KBS 〈정도전〉(2014)에서는 그에 대한 언급을 찾아볼 수 없을 정도로 주목받지 못한 것이 그 예라 하겠다.

물론 드라마의 내용이 모두 사실은 아니지만, 그는 대규모의 사병과 뛰어난 재능을 지니고 있었고, 정치적 야심이 컸던 것으로 전한다. 또한 조선 왕실과 겹사돈 관계를 맺는 등 그의 집안은 조선 건국 후 일찍부터 주목을 받았다.

이거이의 본관은 청주로, 고려에서 정2품 평장사를 지낸 이공승(李公升, 1099~1183)의 6대손이다. 아버지는 공민왕의 각별한 총애를 받았던 이정(李挺, 1297~1361)으로, 친족이 모두 벼슬과 명성이 높았고, 고려 후기에 집안이 부흥했다. 이거이 역시 고려 말기에 문과에 급제하여 관직 생활을 시작했다. 문인이었지만 활달한 무인 기질도 지녔던 그는 이성계의 추천으로 강계만호가 되었고, 태조 7년(1398)에는 평안도병마절도사로 왜구를 격퇴하는 등 여말 선초 시기에 무공을 세우기도 했다.

이거이는 고려 말기에 이성계의 유력한 지지 세력이었고, "조선 개국 후 고려로 향한 민심을 조선으로 돌리는 데 기여했다"는 평가를 받을 정도로 여말 선초에 상당한 영향력을 지녔던 것으로 전한다. 그러나 위화도회군에서 조선이 건국하는 과정까지 그의 구체적인 활동은 전하지 않는다. 또한 그는 지금의 충북 진천인 진주(鎭州) 출신으로 막강한 세력을 지녔던 것으로 전하지만, 그의 세력이 어떻게 조성되었고 어디에 기반하고 있었는지 그리고 이성계와 어떻게 만났는지 등에 대해서는 구체적으로 알 수 없다.

이거이는 개국 후 개국공신이 아니라 개국원종공신에 올랐다. 따라서 조선의 개국에는 적극적으로 참여하지 않았던 것으로 보인다. 이후 아들 이애와 함께 1차 왕자의 난으로 정사공신 1등에, 그리고 2차 왕자의 난으로 좌명공신 1등에 오른 것으로 보아 그는 태종의 즉위를 적극 지원할 정도로 태조에 이어 태종과도 각별한 관계를 유지했던 것으로 보인다.

이후 이거이는 고위직에 오르지만 정종 2년(1400) 문하시랑에서 판문하로 승진했을 때 "내 나이 아직 늙지 않아 비록 판문하에 승진하였으나, 솥을 이고 깊은 연못에 들어가는 것과 다를 게 무엇인가?"라며 재상에 등용되지 못한 것에 대한 불만을 토로할 정도로 정치적 야심을 숨기지 않았다. 평소 사이가 좋지 않았던 그의 친형 이거인(李居仁, ?~1402)은 이 말을 듣고 "재주와 덕은 헤아리지 않고, 다만 공신인 것과 아들이 왕에게 사랑받는 것을 이용하여 오직 재상 자리에만 욕심을 부린다"고 비난하기도 했다. 이후 이거인이 귀양길에 오르자 사람들은 이때의 일을 거론하며 '이거이는 오만하고 형제애도 모르는 반인륜적인 인물'이라고 비난했고, 주변으로부터 탄핵받는 등 정치적 견제도 겪었다.

태조에 이어 태종과 사돈이 되다

이거이는 고려 말기부터 이성계와 인연을 이어갔고, 그의 장남 이애(李薆, 1363~1414)가 태조와 신의왕후 사이의 장녀이자 태종의 누이동생 경신공주(慶愼公主, ?~1426)와 혼인했다. 이애는 초명이 이백경(李伯卿)이었으나 정종의 휘(즉위 후 방과에서 경瞰으로 개명)와 발음이 같아 이저(李佇)로 개명했다가 세자 양녕대군 제(禔)와 발음이 비슷하여 태종 10년(1410) 이애로 개명했다. 그리고 이애의 동생 이백강(李伯剛, 1381~1451)은 태종의 장녀 정순공주(貞順公主, 1385~1460)와 혼인하여 두 아들이 왕실의 부마가 되었고, 이거이는 태조와 태종의 사돈이 된다.

이성계의 장남과 차남의 경우 처가는 명문가로 한때 가문이 권세를 누렸으나 당대에는 가세가 기울었던 반면, 넷째 아들 이방간과 다섯째 아들 이방원은 당대의 명문가 여흥 민씨 집안과 혼인했다는 사실을 감안하면, 이방원의 누이동생과 이거이의 아들이 혼인하던 시기에 이거이 집안의 위상을 미루어 짐작할 수 있다.

또한 이거이의 아들 이애는 "기개가 호매(豪邁)하며 정사·좌명 공신이 되어 권세가 대단히 두드러졌다"고 하며, 정종 2년(1400) "영완산부사로 있으면서 사병을 모으고 부도(不道)한 언동(言動)을 한 죄로 개인 농장에 안치되었다 풀려났다"는 기록으로 보아 그 역시 자신의 세력을 기반으로 정치적 야심을 지녔음을 알 수 있다.

이 때문에 정치적으로 견제를 받았던 이애는 태종 4년(1404) 아버지 이거이가 유배될 때 함께 유배된다. 이후 그는 이천과 임강 등 유배지를 전전하다 고향인 진천에서 아버지 이거이와 함께 사는 것을 허락받았고, 이거이가 사망한 후에도 이곳에 거주하다 태종 14년(1414) 52세의 나이에 병으로 사망했다.

그리고 이백강 역시 태종 4년(1404) 아버지의 역모죄에 연루되어 유배 생활을 했다. 그러나 그는 유배 1년 만에 풀려나 복직했고, 아버지와 형과는 달리 불우한 삶을 살지는 않았다.

이백강은 평소 장인인 태종의 각별한 관심을 받았다. 태종이 잠저에 있을 때 직접 그를 선택해서 사위로 삼았고, 2차 왕자의 난이 끝나고 공신을 책봉할 때 태종이 "이백강은 나의 사위이니 그를 [공신에] 제수하라"고 명해 태종을 모시고 보좌한 공을 인정받아 좌명공신에 봉해졌다. 이듬해 우장군을 거쳐 대장군에 오르는 등 무인으로 활동했다.

이백강에 대한 태종의 관심은 그의 성품과도 연관이 있었다. 그는 아버지와 형과는 달리 정치에 관심을 기울이지 않았고, "부마들 중에서 청렴하고 근면하다"는 평가를 받았다. 그리고 항상 사는 곳에 따로 방을 마련해 부모의 초상을 안치하고, 음력 초하루와 보름에는 반드시 제사를 드릴 정도로 효자였다.

또한 그는 명나라에 두 번 다녀왔지만, 개인적으로 물품을 소지하지 않을 정도로 욕심을 부리지도 않았다. 한번은 종자(從者) 가운데 한 사람이 황제가 하사한 지폐로 약재(藥材)를 사려고 하자 이백강은 "황제께서 내려주신 것이니, 가지고 돌아가 집안의 가보(家寶)로 삼겠다"고 말했다는 일화도 전한다.

문종 1년(1451) 이백강이 71세로 사망하자 사관들은 다음과 같이 극찬했다.

"대체로 조그마한 이익 때문에 자신에 누(累)가 되지 않게 하려고 남이 주는 것도 받지 않고, 사사로이 남에게 구하는 것도 없었다. 작은 정자(亭子)를 짓고 주위에 화초를 심어 시간을 보내면서 스스로 즐거워하는 것을 하루의 일로 삼았으므로, 부마(駙馬) 중에서 청렴하고 근면하다고 일컬었다."

태종의 측근 세력이 견제하다

이거이는 정종 2년(1400) 좌의정에 올랐다. 그러나 곧이어 단행된 사병 혁파로 자신의 세력 기반이 상실되는 것을 우려했던 그가 불만을 토로한 사실이 알려져 좌천된다.

이거이와 이애 부자 외에도 조영무·조온·이천우 등 개국공신들까지 사병 혁파에 직접적으로 불만을 표현했다. 이들이 거느리고 있었던 사병의 규모가 컸고, 사병은 곧 자신들의 권력 기반이었기 때문이다. 사실 이방원은 이들의 지원을 받아 두 차례의 왕자의 난에 성공했고, 권력을 장악한 후 더욱 적극적으로 정치에 개입할 수 있게 되었다. 이 과정에서 군사력이 그들에게 집중되는 등 정치권력이 극소수에게 몰리는 현상이 발생했다. 이 때문에 이방원은 왕위에 오르기 전에 사병 혁파를 단행하면서 반대하는 자들을 파면하여 유배 보내는 등 강경한 조치를 취했다. 이 과정에서 이거이도 견제를 받았다.

〈정종실록〉에 따르면 처음에 대간에서는 사병 혁파에 반발한 조영무 등만 탄핵하려고 했다. 그런데 이무 등이 정종에게 "(이)거이 부자(父子)가 병권을 내놓기를 아깝게 여기오니, 뜻을 헤아릴 수 없고 또 신(이무) 등을 지목하여 말하기를, '한 덩어리 고기'라고 하니, 일찍이 염려하지 않을 수 없습니다"라고 보고했고, 이거이의 발언을 심각하게 받아들인 대간에서 그의 처벌을 함께 주장하고 나섰다.

하지만 정종은 부왕 태조의 사돈이면서 실권자인 동생 이방원의 사돈인 이거이가 부담스러울 수밖에 없었다. 이에 정종은 이거이를 직접 불러 탄핵 내용이 사실인지 확인했다. 당시 이거이와 이애 부자는 눈물을 흘리면서 하늘을 가리키며 억울함을 호소했고, 이를 불쌍하게 여긴 정종이 계림부윤으로 좌천시키는 것으로 마무리했다. 물론 여기에는 동생 이방원의 의견도 포함되어 있었다.

이후 다시 중앙으로 복귀한 이거이는 태종 2년(1402) 좌명공신에 오르고 영사평부사로 승진하는 등 태종 대에 출세의 길이 열리는 듯했다. 그런데 거침없는 성격과 정치적 야심으로 인해 비난과 견제를 받는 등 주변에 적이 생겨나게 된다. 대표적인 예로 이거이는 하윤과 사이가 좋지 않았던 것으로 전한다.

〈정종실록〉에는 이거이가 좌의정으로 있을 때 '우의정 하윤이 자기 마음대로 인재를 천거한다'며 미워했고, 아들 이애에게 불만을 토로하기도 했다. 하윤 역시 이거이를 견제했다. 하윤은 재상들에 관한 사소한 상소가 올라오자 책임을 지고 사직서를 제출한 일이 있었다. 이는 좌의정 이거이 역시 재상으로서 책임을 지고 물러나게 하려는 무언의 압력이었다.

태종은 평소 하윤이 사직서를 제출하면 수용하지 않았고, 부득이하게 그의 사직을 받아들이게 될 때면 그를 따로 불러 정사를 의논할 정도로 각별한 관계를 유지했다. 그러나 이때만은 하윤의 사직을 그대로 받아들였다. 이거이에 대한 하윤의 견제를 지원한 셈이다. 결국 더 이상 버틸 수 없다고 판단했는지 이거이도 다음 날 사직서를 제출해서 이거이와 하윤이 함께 재상의 자리에서 물러났고, 공석이 된 좌의정과 우의정에 김사형과 조영무가 각각 올랐다.

이거이에 대한 견제에 태종의 또 다른 측근 조영무도 가세했다. 조영무는 "이거이가 왕실에 딴 마음을 품고 있다"고 고변하기도 했다. 이에 대간들이 이거이를 연이어 탄핵했고, 결국 아들 이애와 함께 유배에 처해졌다. 그러나 이거이 역시 쉽게 무너질 상대는 아니었다. 그는 다시 유배에서 풀려나 우의정에 올랐고, 신하로서는 최고의 관직인 영의정까지 오르는 저력을 보여주었다. 하지만 이거이는 뜻하지 않은 사건에 연루되어 그의 정치생명에 최대의 위기를 맞는다. '이거이 역모 사건'으로도 불리는 이 사건의 전말은 〈태종실록〉에 구체적으로 기록되어 있다.

최대의 정치적 위기를 맞이하다

태종 4년(1404) 태종은 조영무에게 들었다며 종친 이화와 이천우(李天祐, ?~1417) 등을 불러 다음과 같이 은밀하게 말했다.

"신사년(1401)에 조영무가 나에게 고하기를, '신이 이거이 집에 가니 이거이가 신에게 이르기를, '우리들의 부귀한 것이 이미 지극하나, 시작과 끝을 보존하기는 옛부터 어려우니, 마땅히 일찍이 도모해야 한다. 상왕(上王, 정종)은 사건을 만들기를 좋아하지 않는다. 금상(今上, 태종)은 아들이 많지만, 어찌 다 우리들을 불쌍히 여기고 도와주겠는가? 마땅히 이를 베어 없애고 상왕을 섬기는 것이 좋겠다'고 하였다. 내가 이 말을 듣고 조영무에게 경계하여 누설하지 말도록 한 지 이제 4년이다. 이거이도 이미 늙었고, 조영무도 또한 곧 늙을 것이다. 만약 한 사람이라도 특별한 일이 생기기라도 하면, 이 말은 옳고 그름을 따지기가 어렵다."

태종은 이 말을 비밀에 부칠 것을 전제로 했지만, 마지막에 '더 이상 시간이 없다'는 의미를 강조하는 듯했다. 그리고 이러한 태종의 의도를 읽었는지 종친 이화와 공신 김사형 등 35인이 "이거이가 한 말의 진상을 밝히고, 또 담당 부서에서 이 사실을 알게 해야 한다"고 주장하고 나섰다. 이에 태종은 종친·공신·삼부(三府)·대간에게 명해 대궐의 뜰에 모여 증거(證據)하여 듣도록 했다.

이 자리에서 이거이는 "두 아들이 부마가 되었고, 신(臣)이 정승이 되었는데, 무엇이 부족한 바가 있어 이러한 말을 하였겠습니까?"라고 항변했다. 그러나 조영무에게 다시 사실 여부를 묻자 조영무는 자신의 말이 사실이라고 재확인해 주었다. 이거이는 조영무에게 "어찌하여 나를 해치려고 하는가?"라고 따졌지만, 조영무는 "그대가 있고 없는 것이 나에게 무슨 손해되고 이익되겠는가? 또 함께 같은 때에 공신이 되어 집안을 일으킨 사람이다. 다만 군신(君臣)의 분수가 붕우(朋友)의 사귐보다 무겁기에 그대의 말을 주상에게 고한 것이다"라고 대답했다. 이에 하윤이 "이미 알았으니, 마땅히 속히 왕에게 아뢰야겠다"고 말했고, 종친과 공신들 그리고 대간들이 모두 이거이를 법대로 처치할 것을 태종에게 청하며 다음과 같이 주장했다.

"……가만히 보건대, 이거이와 그 아들 이저(이애)는 본디 성질이 광망(狂妄)하고 또한 배운 것도 없는데, 임금의 은혜를 특별히 받아 왕실과 혼인하여 지위가 극품(極品)에 이르렀고, 일가친척이 아울러 높은 벼슬에 있습니다. 진실로 마땅히 조심하고 근신하여, 임금에게 충성을 다하고 나라와 더불어 함께 기뻐해야 할 것인데, 생각이 여기에는 미치지 아니하고 도리어 두 마음을 품었습니다. …… 원하건대, 전하께서는 대의로 결단하여, 이거이와 이저 등을 유사(攸司)에 내려 그 까닭을 국문하여, 죄를 밝게 바로잡아 만세토록 난신(亂臣)의 경계를 삼도록 하소서."

태종은 대신들의 상소를 받아들이지 않고, 이거이에게 고향으로 돌아가도록 명했다. 이에 대신들은 '이거이 부자를 처형해야 한다'는 상소를 연이어 올렸지만, 태종은 이거이가 공신이라는 이유로 받아들이지 않았다.
자신이 직접 문제를 던져놓고, 왕실 종친과 공신 그리고 대소신료들이 총동원되어 "이거이 부자를 처형하라"는 주장에 태종이 유배하는 선에서 사건을 마무리한 것도 그렇지만, 이거이의 발언을 곧바로 문제 삼지 않고 왜 4년이 지난 후에야 공개하여 논란을 불러일으켰는지 또한 의문이다.

왜 4년을 기다렸을까?

태종 즉위 초에는 이성계를 지원하며 개국 과정에 참여했던 공신들을 포함해 태조 대의 노련한 관료들이 조정에 포진해 있었다. 더구나 태종은 정상적인 절차가 아닌 두 차례의 왕자의 난을 통해 왕위에 올랐기에 이들이 딴 마음을 품게 되지 않을까 신경이 쓰였다.

실제로 태종 1년(1401)에 변남용(卞南龍)이 "태조의 조카 이양우(李良祐) 등이 태조를 받들고 난을 일으킨다"고 무고한 사건이 발생해 변남용 부자를 저잣거리에서 목을 벤 일도 있었고, 같은 해 김여생(金呂生)과 승려 묘봉(妙峯) 등이 상왕 정종을 사칭하며 "상왕이 곧 복위할 것이다"라는 말을 떠들고 다닌 일도 있었다. 그리고 다음 달에는 태조가 한양으로 유람을 갔다가 개경으로 돌아오지 않고, 금강산을 거쳐 함흥으로 가버렸다.

뿐만 아니라 조선은 1차 왕자의 난이 끝난 후 한양에서 다시 개경으로 천도했기에 개경은 물론 한양의 민심도 신경 써야 했다. 그리고 태조와의 실랑이는 한 달 반이 지나 일단락되었지만, 태조는 11월에 다시 소요산으로 들어가 별궁까지 짓고 생활했다. 이런저런 일로 태종은 자신의 즉위 과정에 더욱 신경이 쓰일 수밖에 없었다.

태종 2년(1402)에는 신덕왕후의 언니 아들인 안변부사 조사의(趙思義, ?~1402)가 '신덕왕후와 세자 방석의 원수를 갚고 태조에게 충성을 바친다'는 명분으로 난을 일으켰다. 태조는 조사의의 난이 일어나자 4일 후 조사의의 군대 뒤쪽을 통해 함주로 이동했다. 이 과정에서 태조를 호종했던 정용수(鄭龍壽, ?~1412)와 신효창이 조사의와 접촉했고, 이성계를 따르던 세력이 합류해 반군 세력이 대단했던 것으로 전한다.

태종은 조사의가 딴 마음을 품고 있다는 사실을 알게 되자 박순(朴淳)

과 송류(宋琉) 등을 파견해 조사의를 무마하려고 시도했지만, 조사의는 이들을 죽이고 관군을 격파하며 청천강 근처까지 파죽지세로 밀고 내려왔다. 조선 건국 후 관군이 처음으로 벌인 전투라 당황하기도 했지만, 조사의의 반란군 세력을 감당하지 못해 수세에 몰렸던 것이다.

이후 조정에서는 지방의 군사를 동원하여 조사의 군대의 진로를 저지하면서 한편으로는 회유책을 써서 반란군을 분산시키는 데 주력했다. 이때 관군 김천우(金天祐)가 반란군에 잡혀 심문을 받았다. 반란군이 그에게 중앙군의 사정을 묻자 "지금 전국 각지에서 군사가 진격하고 있으며, 황주(黃州)와 봉주(鳳州, 황해도 봉산) 사이로 4만의 군사가 진군하고 있다"고 거짓말을 했다. 이 말이 반란군 사이에 퍼지자 도망가는 병사들이 속출했고, 자기 진영에 불을 지른 자들도 있었다. 관군의 전략이 통했던 것이다. 결국 관군은 한 달 만에 반란군의 진압에 성공하게 된다. 반란군은 전투에서 이기고도 심리전에 무너진 것이다. 그러나 이후에도 관련자들의 처벌이 끊이지 않을 정도로 여파가 심각했다.

이후 태종은 평상시에도 왕권에 위협이 되는 요인들이 있는지 예의주시했다. 그러나 태종은 서두르지 않았다. 대간들이 사병 혁파에 반대했던 이거이를 탄핵하면서 "춘추에서 장공(蔣公)과 희공(僖公)이 각기 동생을 총애했다가 오히려 화근을 불러왔다"는 사례를 들며 종친과 공신에게 관대하게만 대하면 결국 후환이 될 것이라고 주장했을 때도 태종은 받아들이지 않았다. 왕권이 안정적이지 않았던 집권 초기에 무리수를 두어서는 안 된다고 판단했기 때문이다.

태종은 1차 왕자의 난이 종료된 후 다음과 같이 말하기도 했다.

"……정안군(태종)이 방석과 방번이 죽었다는 말을 듣고 이숙번에게 말하기를 '유만수도 내가 오히려 그 생명을 보존하고자 했는데, 하물며 형제이겠는가? 이거이 부자가 나에게는 알리지도 않고서 도당에게만 의논하여 나의 동기(방번과 방석)를 살해했는데, 지금 인심이 안정되지 않은 까닭에 내가 속으로 견디어 참으면서 감히 성낸 기색을 보이지 못하니, 그대는 이 말을 입 밖에 내지 말'라고 하였다."

여기서 유만수는 1차 왕자의 난 때 이방원에게 참수당한 무장이다. 태종이 '처음에 유만수를 처형할 생각이 없었는데 그렇게 되었다'며 유만수의 죽음을 다시 거론한 이유는 이거이 부자가 자신의 뜻을 헤아리지도 않고 자신의 형제인 방번과 방석을 죽였다는 사실을 강조하기 위해서였다. 좀 더 직설적으로 말하면 자신은 형제를 죽일 만큼 비정한 사람이 아니라는 의미였다. 그리고 이거이 부자에게 곧바로 죄를 묻지 못한 것은 당시의 상황이 허락하지 않았기 때문에 후일을 기약했다는 이유도 함께 밝혔다.

태종은 집권 4년차가 되면서 9월에 개경에서 한양으로 완전히 천도할 것을 공포했고, 조사의의 난이 어느 정도 수습되고 명나라로부터 책봉을 받아 초기에 비해 왕권이 자리를 잡아가자 이거이 부자의 문제를 거론하고 나섰다. 태종은 사병 혁파에 반대했던 이거이를 결코 잊지 않고 있었던 것이다. 물론 이거이의 처벌은 단순히 괘씸죄와 같은 태종의 개인적인 복수가 아니었다.

유배지에서 사망하다

태종은 수차례에 걸쳐 공신들의 단합을 강조하는 회맹 의식도 거행했다. 여기에는 지방관까지 참여하게 하여 왕권의 정통성을 확인시키려는 의도도 담겨 있었다. 태종 4년(1404)의 회맹 의식에서 태종이 이거이와 관련해서 다음과 같이 말한 것도 대표적인 예였다.

"국가에서 지난번 무인년간(戊寅年間)과 경진년간(庚辰年間)의 일은 다른 것이 아니라, 공신 가운데 길이 같지 않은 자가 있어 스스로 서로 당파를 나누어 의심하고 시기하여 난을 꾸미기를 좋아하였기 때문이다. 만약 금일(今日)의 일이라면 이거이가 어찌 나를 미워하고, 또 어찌 우리 아이들을 싫어하였기 때문이겠는가? 다만 그가 어리석고 미련하여 말을 하다가 우연히 국가에 간범(干犯)되었던 까닭이다. 원하건대, 여러 공신은 이제부터 경계하여 이와 같이 하지 말며, 마음을 같이하고 덕(德)을 같이하여 왕가(王家)를 좌우에서 도와주면, 다행함이 참으로 크겠다."

이처럼 회맹 의식은 태종이 제시한 금기 사항을 거스르지 않도록 일깨워줌으로써 궁극적으로 왕권을 강화하는 역할을 했고, 이후 왕권과 관련한 공신들의 죄를 거론할 때면 회맹문이 토대가 되었다.

이거이 부자는 물론, 후에 왕실 외척이자 공신인 민무구 형제들의 제거 과정에서도 태종은 그들이 실제로 저지른 죄를 구체적으로 밝히기보다는 앞으로 그들이 왕권을 위협할 여지가 있는지를 우선 고려했다. 그리고 태종은 이거이와 가족들을 평민으로 강등시켜 외방으로 유배하는 것으로 마무리하면서 다른 유력한 종친과 공신들에게 경고를 보내는 것도 잊지 않았다.

그런데 이거이 집안으로 시집간 공주들이 문제였다. 대신들이 "이거이의 아들들과 공주들을 이혼시켜야 한다"고 주장하고 나선 것이다. 그러나 태종은 이들의 주장을 받아들이지 않았고, 이거이의 아들 이백강은 유배지에서 풀려나 가문을 이을 수 있게 되었다.

이후에도 "이거이는 마땅히 처형되어야 할 죄를 지었다"는 상소가 계속 이어졌지만, 태종은 허락하지 않았고, 아예 들으려고 하지 않았다. 이 때문에 태종에게 전달되지 않는 일도 있었고, 상소를 출납하지 못하게 막기도 했다. 뿐만 아니라 태종은 유배지에 있는 이거이 부자에게 쌀과 콩 등 곡식을 내리기도 했고, 이거이의 아들 이백강을 유배에서 풀어주는 등 관용을 베푸는 모습도 보여주었다.

반면, 훗날에 벌어진 처가인 민무구 형제 사건을 처리하는 과정에서 보여준 태종의 태도는 정반대였다. 민무구 형제들의 처리 문제로 논란이 일어났을 때 대신들은 왕의 처가이자 처남들이라는 사실까지 거론하면서 세상 사람들이 다 알고 있는 이거이 사건을 너그럽게 처리한 사례를 들어 선처를 호소했다. 그러나 태종의 반응은 전혀 달랐다. 이미 이거이 사건을 통해 확실하게 경고했고, 왕실 외척인 민씨 형제는 차기 왕권과도 연관이 있었기 때문이다.

한편 태종은 이거이가 탄핵을 받자 태조에게 조언을 구했고, 태조는 "이거이는 같이 일했던 공신이고, 사돈이라는 이유로 목숨만은 살려주는 것이 좋겠다"고 조언했다. 하지만 이거이는 유배에서 풀려나지 못하고 태종 12년(1412) 유배 생활 8년 만에 65세의 나이로 사망했다. 〈태종실록〉에는 그의 사망을 다음과 같이 간략하게 기록했다.

"이거이가 진주(鎭州)에서 죽으니, 부의(賻儀)로 미두(米豆) 30석과 종이 1백 권을 내려주고, 또 관곽(棺槨)까지 내려주었다. 또 충청도도관찰사로 하여금 치제(致祭)하게 하였다."

이거이의 묘는 충북 진천군 진천읍 상계리에 있고, 충청북도 시도기념물 제95호로 지정되어 있다.

이거이는 유배되면서 좌명공신만 삭제되었으나, 세종 16년(1434) 증손 이세보가 범죄를 저질러 원종공신까지 삭제된다. 그리고 이거이의 아들 이애는 세종 6년(1424) 관작이 회복되었으나, 세종 28년(1446) 이백강이 아버지 이거이의 관작을 회복해 줄 것을 상소했지만 끝내 화답을 듣지 못했다.

조영무(趙英茂)

"최초로 무인 출신 재상이 탄생하다"

군졸로 시작해서 최고 지위에 오르다

조영무(?~1414)는 고려 말기에 말단 군졸(軍卒)로 시작해 조선 개국 후 최고위직에 오른 입지전적 인물이다. 그럼에도 실록에는 그의 출신이 한미한 것으로 기록하고 있을 뿐, 정확한 출생 연도도 전하지 않는다. 그나마 그와 관련한 자료에 따르면 그는 단순하고 다혈질적인 성격을 연상시키는 등 다소 부정적인 평가들이 주로 전한다. 현대의 사극 KBS 〈용의 눈물〉(1996)에서는 배우 장항선이, 〈정도전〉(2014)에서는 배우 강민석이 이러한 성격을 바탕으로 연기하여 주목을 받았다.

조영무의 할아버지는 조순후(趙珣厚)이고, 아버지는 조세진(趙世珍)으로 전하나 구체적인 자료는 전하지 않는다. 그 밖에 조씨 집안은 조선의 건국 과정에 적극 참여하여 다수의 개국공신을 배출하면서 주목받기 시작했다. 개국공신 1등에 책봉된 조인옥(趙仁沃, 1347~1396), 이성계의 유일한 동복 누나로 태종에게는 고모가 되는 정화공주(貞和公主, 생몰 미상)와 혼인한 조인벽(趙仁璧, 1330~1393) 그리고 그의 아들 조온(趙溫, 1347~1417)은 개국공신 2등에 봉해졌다.

특히 동북면 출신으로 이성계와 인척 관계였던 조인옥은 주목되는 인물이다. 그는 쌍성의 수복에 참전해 수훈을 세웠고, 위화도회군 후 최영을 비롯한 구세력의 숙청에 가담하는 등 무인으로 활동했다. 그러나 조인옥은 어려서부터 지조와 절개가 있었고 서사(書史)를 좋아하여 손에서 책을 놓지 않았으며, 신흥사대부들과도 교유 관계가 깊었다.

조인옥은 "풍채가 위려하고 장중하며 헛된 말을 하지 않고, 기쁨과 노여움을 얼굴에 보이지 않았다. 응대하는 재주도 뛰어나서 명나라 사신이 올 때에는 반드시 대접하는 일을 담당하였다"는 평가를 받았다. 또한 그는 문인으로서의 능력도 출중했다. 제왕학을 논한《대학연의》와 중국 역대 통치자들이 대단히 중시했고 상당히 수준 높은 역사서로 평가하는《자치통감》을 이성계에게 강의하는 등 이성계 군사 집단의 주요 막료로 활동하며 이성계의 세력 기반 확충에 중요한 비중을 차지하고 있었다.

한편 조영무의 집안은 함경도 영흥 지역에서 대대로 거주한 것으로 전하며, 조영무는 이 지역에서 이성계의 사병으로 활동하면서 일찍부터 이성계와의 인연이 시작되었다. 실록에 따르면 조영무는 "처음에는 동북면의 번상군(番上軍)이었으나 이성계가 그의 미천함을 불쌍하게 여겨 사병으로 발탁하여 관직과 의관까지 챙겨주는 등 특별히 보살펴주었다"고 한다.

이후 "학문도 없고, 무인으로서의 능력도 뛰어나지 않았다"고 평가받은 그가 출세할 수 있었던 이유에는 물불을 가리지 않고 주어진 임무를 수행하는 성격이 커다란 영향을 미쳤다. 따라서 그는 전장에서 뛰어난 공을 세운 무인이기보다는 여말 선초의 격동기에 이성계와 이방원과의 관계를 기반으로 정치적인 성공을 거둔 가신 그룹으로 분류할 수 있고, 요즘 말로 하면 정치군인과 비교할 수도 있다.

대표적인 예로 조영무는 고려 말기에 이방원의 명에 따라 정몽주 제거에 참여하여 조선 개국의 단초를 마련했고, 이후 이성계를 왕으로 추대하는 등의 공으로 개국공신 3등에 오르며 조선에서 정치적 기반을 마련한다. 그리고 이방원을 지원하여 1차 왕자의 난과 2차 왕자의 난에 가담한 공으로 각각 정사공신과 좌리공신 1등에 책봉되면서 권력의 핵심에 다가선다. 이후 그는 태종을 지원하면서 비교적 오랫동안 정치생명을 유지했다.

태조의 괘씸죄에 걸리다

정종이 즉위한 후 인사권을 장악한 이방원이 정사공신들을 요직에 등용하면서 조영무의 출셋길도 열렸다. 당시 조박이 원주목사에서 참찬문하부사로, 하윤이 청도도관찰출척사에서 정당문학으로, 이거이가 평안도병마도절제사에서 참지문하부사로 등용되는 등 이방원을 지원한 인물들이 지방에서 중앙으로 진출할 때 이방원의 처남 민무구와 민무질 형제도 정계에 본격적으로 진출한다.

태종이 즉위하자 조영무도 청도도절제사에서 참찬문하부사로 등용되었고, 조박은 대사헌으로 간쟁 규찰의 임무를 맡았다. 그리고 조영무와 이거이는 군령(軍令)과 군정(軍政)을 총괄하는 의흥삼군부의 관직을 겸직하게 된다. 이는 조영무가 군사 분야에서 태종의 신뢰와 함께 능력을 인정받았음을 의미했다.

반면 태상왕으로 물러나 있던 태조는 태종을 지원한 조영무와 이무에게 심한 배신감을 느꼈다. 특히 태조는 직접 병력을 동원한 조영무를 이무보다 더 미워했다. 조영무가 입신출세한 것은 자신의 은공임에도 불구하고 병권을 남용하여 이방원을 지원했다는 것이 그 이유였다. 달리 말하면 '은혜를 입고 배신한 자는 용서할 수 없다'는 태조의 괘씸죄에 걸린 것이다. 실록에 조영무를 다소 부정적으로 기록한 것도 이와 무관하지만은 않다.

태조가 조사의에게 조영무와 이무를 암살하라는 밀명을 내려 조사의 일파가 조영무의 암살을 시도했으나 조영무는 민첩하게 피신하여 죽음을 모면했다. 그리고 〈정종실록〉에 따르면 정종 2년(1400) 태조가 정종에게 "배신자 조영무 등을 처벌하라"고 압력을 가한 일도 있었고, 이방원을 불러 조영무와 이무 그리고 조온 등을 거론하면서 "지난 난리 때(1차 왕자의 난) 나(태조)를 배반하고 너(태종)에게 붙어 신하로서 두 개의 마음을 가진 불충의 죄를 저질렀다"며 이들을 유배 보내라고 요구하기도 했다.

당시 사헌부와 병조 등에서 '조영무와 이무 등은 죄가 없다'며 유배를 거두어줄 것을 상소했다. 그러나 정종이 "임금이라도 어버이의 뜻을 거스를 수 없다"며 허락하지 않자 재상 성석린과 민제까지 나서서 태조에게 두 사람의 사면을 간곡히 청했다. 하지만 태조가 "너희 임금(정종)이 한 일이니 내 알 바 아니다"라며 끝내 사면 요청을 거절하자 대신들이 문무백관을 거느리고 조영무 등은 정사공신이니 풀어줄 것을 청하며 이들을 변호하여 풀려나게 된다.

2차 왕자의 난이 마무리되고, 이방원이 즉위 절차를 밟고 있던 시기에 관직에서 물러나 있던 조영무는 성석린이 재상직에서 물러나면서 이루어진 개각에서 이거이 부자와 이무 등과 함께 복직된다. 따라서 이들의 복직은 이방원의 즉위를 고려한 정치적 배려였다.

정종은 이들이 복직하던 날 밤 후원에서 잔치를 베풀었다. 이 자리는 곧 왕위에서 물러나게 될 정종이 이방원을 도와 두 차례의 왕자의 난을 지원했다가 상왕 태조에 의해 고초를 겪었던 조영무 등에 대한 위로의 의미도 담겨 있었다. 잔치에는 세자 이방원을 비롯해 이천우·심종·이복근·민무질 등 왕실 인척들이 대거 참석했고, 재상 등 대신들은 참석하지 않았다. 당시 사관이 실록의 기록을 위해 잔치에 참석하려고 하자 정종이 사적인 일이라며 사관을 물리치고 밤늦게까지 음주가무(飮酒歌舞)를 즐겼다고 한다. 따라서 조영무의 복직은 그의 정치적 부활을 의미했고, 이날의 잔치는 조영무가 차기 정권을 이어받을 이방원의 측근임을 재확인하는 자리였다.

최초로 무인 출신 재상이 탄생하다

조영무는 이방원이 왕위에 오르기 전에 단행한 사병 혁파에 반발하면서 한 차례 소동을 벌이기도 했다. 이 사건은 조영무의 성격을 잘 보여주는 예이기도 하지만, 그가 사병 혁파에 강력하게 반발한 이유가 있었다.

조영무의 정치적 기반이 사병에 있었고, 이방원을 지원하며 측근으로 활동할 수 있었던 것도 사병이 있었기에 가능했다. 이 때문에 조영무는 이방원에게 드러내놓고 불만을 토로했고, 심지어 무기를 압수하러 온 군관을 구타할 정도로 강력하게 반발했다.

당시 대간에서 조영무의 행동을 문제 삼았지만, 이방원의 측근을 처단하는 것이 부담스러웠던 정종은 조영무가 공신이라는 이유로 대간들의 주장을 받아들이지 않았다. 이에 상소를 올린 대간들이 사직서를 제출하는 등 조선 최초로 권신(權臣)의 처벌을 둘러싸고 왕과 대신들 사이에 정치적 사건으로 비화될 조짐까지 보였다.

정종은 당황할 수밖에 없었고, 세자 이방원에게 조언을 구했다. 그러나 이방원도 쉽게 결단을 내리지 못했다. 아직 권력을 완전하게 장악한 상태도 아니었고, 조영무 외에도 조선의 개국을 지원한 정치 거물들이 여전히 사병을 소유하며 조영무의 처리를 예의주시하고 있었기 때문이다. 물론 당시의 왕은 정종이었지만, 그렇다고 왕의 권위에 도전하며 사표를 제출한 대간들의 행동 역시 쉽게 지나칠 문제는 아니었다.

이방원은 고심 끝에 '왕권 강화와 왕명에 대한 권위를 지켜야 한다'는 대의명분을 내세우며 대간들의 손을 들어주는 듯했다. 이에 정종은 조영무를 황주에 귀양 보냈고, 함께 불만을 토로했던 이천우와 조온을 파면하여 사건을 일단락지었다. 그러나 조영무가 유배지에 도착하기도 전에 서북면도순문사 겸 평양부윤으로 부임하라는 왕명을 받자 대간들이 다시 상소를 올리는 등 반발하고 나섰지만, 받아들여지지 않았다.

이후 조영무는 태종이 즉위하면서 정치적 위상을 견고하게 다져나갔다. 태종 4년(1404) 주요 무관들의 인사 개편에서 그는 이성계의 사병들이 있었던 동북면을 비롯해 강원·충청·전라 도통사로 임명되는 등 병권의 실세로 떠올랐다. 그리고 같은 해 가을 종1품에서 정1품으로 승진했고, 다음 해인 태종 5년(1405) 이거이 등의 유배에 따라 이루어진 개각에서 우의정에 올라 조선 최초로 무인 출신 재상이 탄생하게 된다.

그러나 조영무는 단순한 성격으로 인해 구설수에 오르기도 했고, 때로는 대간들의 탄핵을 받는 등 우여곡절을 겪었다. 그때마다 공신이라는 이유로 태종의 비호를 받으며 큰 시련 없이 태종 대에 정치생명을 유지했다. 태종 12년(1412) 수군첨절제사에 임명된 박영우(朴英祐)가 위임을 거부하여 물의를 일으키자 그를 추천한 조영무가 탄핵을 받아 파직되었지만 이듬해인 태종 13년(1413) 다시 우의정에 올라 정치적으로 건재함을 과시했다. 그러나 무인 출신이었던 조영무는 재상으로서 업무 장악력이 뛰어나지 않아 "우의정 자리에 있으면서 좌의정 하윤에게 전적으로 정사를 일임했다"는 평가를 받았고, 재상으로서 특별한 업적을 찾아보기 힘들다.

공신의 혜택을 가장 많이 누리다

태종 대에는 정치적 역학 관계에 따라 재상이 자주 바뀌었음에도 조영무는 태종의 두터운 신임을 받으며 오랫동안 재상직을 유지했다. 물론 조영무에 대한 태종의 신뢰는 병권과 밀접한 연관이 있었다.

태종은 사병 혁파에 대한 불만이 왕자의 난의 원인이라는 사실을 부인하지 않았다. 하지만 그는 권력 장악에 성공한 후 왕권 강화를 위해 사병을 혁파하는 등 초강수를 둘 정도로 병권 장악에 각별한 관심을 기울였다. 태종은 충녕대군에게 왕위를 물려줄 때도 "왕(세종)이 30세가 될 때까지 병권만은 내가 직접 관장하겠다"고 선언할 정도로 그에게 왕권과 병권은 불가분의 관계였다.

이러한 사실을 모를 리 없었던 조영무는 결국 이방원의 사병 혁파를 수용하게 된다. 이후 그는 태종을 보좌하며 때때로 앞장서서 돌격 대장 역할을 수행했고, 주변의 능력 있는 무사와 인재들을 태종에게 추천하기도 했다. 그리고 때로는 태종의 신임에 의리로 보답했다.

조영무는 1차 왕자의 난 때 처형된 정도전과 남은 등에 대한 사면을 적극 요청하는 상소를 올려 혁명 동지에 대한 의리를 지키기도 했다. 그러나 일이 묘하게 비화되어 개국공신들과 조선 건국 후 성장한 관료들 사이에 논란이 벌어졌고, 조영무를 포함한 개국공신들이 대간의 탄핵을 받아 파직된다. 이미 나이가 들어 정치의 전면에서 퇴장하기 시작하던 개국공신들이 열세에 몰렸고, 새롭게 부상하던 관료들의 판정승으로 끝난 것이다. 그 결과 왕을 중심으로 새로운 관료조직이 형성된다.

조영무는 태종 13년(1413) 병으로 사직하고 경기도 광주로 내려갔다. 그리고 이듬해 사망하여 경기도 광주 퇴촌면 광동리에 묻혔다. 조영무의 호는 퇴촌(退村)으로, 그가 정계 은퇴 후 말년을 보낸 지역의 이름이 그의 호를 따서 퇴촌면이 되었다는 유래담도 전한다. 경기도 양주군 백석면 연곡리에도 조영무의 위패를 봉안한 묘가 있다. 이를 조영무 별묘라고 하며, 현재 양주시 향토 유적 제12호로 지정되어 있다.

한편 〈태종실록〉에는 조영무와 관련하여 관음(觀音)이라는 궁녀에 대한 이야기도 전한다. 관음은 한양 건설에 공을 세웠던 김주(金湊)와 그의 기첩 사이에서 태어난 딸이었다. 그녀는 10세 때 궁궐에 들어갔으나 기녀의 소생이라는 이유로 궁에서 쫓겨나게 된다. 그 후 조영무가 그녀를 첩으로 삼았는데 '한때 궁녀였던 여인을 첩으로 삼았다'는 이유로 사헌부에서 그를 탄핵했다. 이때도 태종은 조영무가 공신이라는 이유로 비호했고, 조영무의 아들이 물의를 일으켰을 때도 역시 공신 집안이라는 이유를 내세워 무사할 수 있었다. 그런 점에서 조영무는 공신의 혜택을 가장 적절하게 누리고 세상을 떠난 인물이었다.

개국공신들 중에 외직에 근무하는 등 권력에서 소외된 자들도 적지 않았지만, 이방원의 즉위 과정에 참여하여 공신으로 책봉된 측근 공신들과 함께 재상을 포함해 6조와 사헌부 등을 장악하고 특정 사안이 발생할 때마다 정국 운영의 구심점을 형성하며 공신의 혜택을 누리는 자들이 생겨났다. 물론 그들의 뒤에는 태종이 있었다. 조영무를 비롯해 조온과 조박 등이 공신이라는 지위와 함께 고위직에 올라 공신의 혜택을 누린 것이 그 예였다.

이무 (李茂)

"역모죄로 처형당한 재상으로 기록되다"

정치 지향형 재상과 관료형 재상 사이에 서다

태조부터 태종의 집권기에는 공신이 대거 배출되었기 때문에 관료들 가운데 이들이 차지하는 비중이 대단히 컸다.

정종 2년(1400)을 기준으로 문반이 520여 명, 무반이 4,170여 명으로 총 4,700여 명의 관료가 있었다. 그리고 개국공신 55명(이후 3명을 추가한 숫자)과 개국원종공신 1,396명, 정사공신 29명, 좌명공신 47명 가운데 삼공신은 76명으로, 이들 중 이력을 파악할 수 없거나 왕자의 난으로 유배된 경우 그리고 태종 즉위 초에 사망한 조반(趙胖, 1341~1401)과 이지란(李之蘭, 1331~1402) 등을 제외하면 대략 70명으로 집계된다.

개국공신의 경우 정도전 등 7명이 1차 왕자의 난에서 죽임을 당했고, 김인찬 등 13명이 질병 등으로 사망했다. 그리고 나머지 33명 중 조준·김사형·장사길 등 13명이 정사공신에 책봉되었다. 여기에 이무·하윤·이거이·이천우 등 4명의 개국원종공신과 12명이 새로 정사공신에 책봉되었고, 2차 왕자의 난이 마무리되고 책봉된 좌명공신 47명 가운데 16명이 개국공신이거나 정사공신이었다. 이들 중 태종이 즉위한 초기에 삼공신에 모두 책봉된 인물은 5명에 불과했고, 정종과 태종 대에 삼정승을 역임한 인물은 모두 18명으로, 여기에는 개국공신 11명이 포함되어 있었다. 이들 중에는 태종의 즉위를 지원하여 태조 대에 정도전과 남은 등에 비해 약했던 정치권력을 보강하며 재상에 오른 인물들도 있었다.

또한 1차 왕자의 난으로 책봉된 정사공신의 경우 무장 출신과 왕실 종친 그리고 왕실 외척이 주를 이루었다. 반면 2차 왕자의 난으로 책봉된 좌명공신은 왕실 종친과 무장들의 퇴조 현상이 뚜렷했고, 문신들의 진출이 현저하게 눈에 띈다. 이러한 특징은 태종 대의 정치가 무력을 기반으로 하는 정치에서 문신 중심으로 변화하고 있음을 보여준다.

특히 태종은 자신의 즉위를 지원한 공신들의 정치적 역할을 중요하게 생각했다. 이 때문에 "태종 대에는 공신들에게 지급된 포상으로 인해 국고가 부족하였다"는 지적을 받았을 만큼 조선에서의 사회경제적 혜택을 기반으로 공신 출신들이 특권적 지배층으로 자리 잡았다. 그리고 태종은 이를 기반으로 왕권을 강화했다.

따라서 태종 대의 삼공신들은 책봉 시점에 형성된 각 공신들의 정체성보다는 태종의 정국 운영 방식에 어울리는 새로운 결집 형태라는 평가를 받는다. 태종은 태조에 비해 건국의 정당성 확보에는 상대적으로 부담이 적었지만 자신의 즉위에 대한 명분을 확보해야 했고 이를 왕권 강화와 연결해야 했기 때문이다.

태종은 재상의 등용에도 개국공신들과 함께 자신의 즉위를 지원한 정사공신과 좌명공신을 적절하게 활용했고, 재상에 오른 공신들은 태종과 밀착 관계를 유지하며 정국을 주도했다. 그러나 이들에게 힘이 실리지는 않았다. 다만 이들은 국왕 중심의 정국 운영을 추진했던 태종을 지원하며 관료 사회의 한 축을 담당할 뿐이었다.

또한 태종은 공신들의 권력이 비대해질 경우 왕권을 위협할 것을 우려하여 적극적으로 대처하는 과정에서 공신들 내부의 상호 견제와 조율을 적절하게 활용했다. 이 때문에 이들은 공신들의 말과 행동을 문제 삼은 태종의 발언에 민감하게 반응했고, 때로는 공신들이 탄핵을 주도하며 태종의 의도를 따르기에 바빴다. 공신 출신이 각종 사건과 사고에 연루될 경우 정치적 사안에 따라 처신과 결집 형태가 달라진 것도 이러한 이유 때문이었다.

이처럼 공신들은 왕을 지원하는 세력이기도 했지만, 좌명공신 1등에 오른 9명의 인물 중에서 하윤과 조영무를 제외한 7명이 숙청될 정도로 정치적으로 견제를 받았다. 그리고 태종 대의 재상들은 시간이 흐르면서 정치에 무게중심을 두었던 공신에서 관료형 재상으로 바뀌었고, 이무는 그 중간에 위치한 인물이었다.

7전 8기의 뚝심을 발휘하다

이무(1355~1409)는 여말 선초의 시기에 관직 생활을 하면서 주요 사건이 발생할 때마다 연루되었고, 탄핵과 유배가 이어질 정도로 관료 생활이 평탄하지 못했다. 그럼에도 그는 마치 오뚝이가 연상될 정도로 다시 살아나는 뚝심을 발휘했고, 조선 개국 후에도 관직 생활을 이어가며 파란만장한 삶을 살았다.

이무는 삼공신 출신은 아니지만, 원종공신에 이어 정사·좌명공신 1등에 올랐고, 태종 대에 재상의 자리에 오른 인물이다. 그러나 그는 정도전에 이어 두 번째로 처형된 재상이었다. 차이가 있다면 정도전은 정치적 변란에 의해 사망했지만, 이무는 조선 최초로 재상이 역모의 죄로 처형당하는 등 관리로서의 그의 이력은 대단히 특이하다. 심지어 그에 대한 평가를 보면 그의 정체가 무엇인지 대단히 혼란스러울 정도다.

이무는 고려 말기에 관직 생활을 시작한 문인이지만, 그가 문과에 급제한 기록은 찾아볼 수 없다. 그리고 실록에는 본관이 단양인 그의 가문에 대해서도 특별히 강조하는 내용이 없다. 다만 그는 "우왕 8년(1382) 처음으로 서해도안렴사를 지냈다"는 기록이 보이며, 우왕 14년(1388) 위화도회군 때는 요동 정벌군의 좌군도통사 조민수에 속한 서경도원수 심덕부 휘하에서 부원수를 지내는 등 무인으로도 활동했다.

또한 우왕 때는 왕의 비서직인 지밀직사사로 왕을 측근에서 보필했고, 창왕이 즉위한 후 권신 이인임의 당이라는 이유로 간관의 탄핵을 받아 곡주(谷州)로 유배되었다. 그럼에도 그는 공양왕 2년(1390) 회군공신에 녹훈된 것으로 전하며, 같은 해 8월에는 전라도도절제사로 재직하며 왜구를 물리치기도 했다. 그러나 공양왕 4년(1392) 정몽주가 격살당한 후 사헌부에서 정몽주의 당여를 탄핵할 때 이무도 파직되어 다시 유배 생활을 하게 된다. 하지만 그는 충절을 앞세워 고려왕조를 지키려고 했던 정몽주와 같은 세력으로 분류되지는 않는다.

이무는 조선이 개국한 해(1392) 10월 개국원종공신에 봉해졌고, 조선에서 관직 생활을 이어간 것으로 보아 그의 뛰어난 처세술에 주목하기도 하지만, 관리로서 그의 실력과 영향력도 무시할 수 없었다. 그가 태조 2년(1393) 2월 개성부윤에 등용되어 조선의 도읍지에 대한 행정을 맡은 것도 그의 행정 능력이 인정받았음을 의미했다. 이무는 같은 해 태조의 특명을 받고 서강의 군선(軍船)을 점검하여 왜구의 침입에 대비했고, 5월에는 병선(兵船)을 조사했다. 이외에도 연해 요로에서 왜구를 잡았고, 8월에는 다시 경상도에 나아가 병사의 수를 조사했다. 그리고 태조 5년(1396) 12월 일기도(壹岐島, 이키섬)와 대마도를 정벌할 때 도체찰사로 우정승 김사형을 지원하는 등 군사 분야에서도 능력을 인정받은 문무를 겸비한 관리였다.

태종이 즉위하자 이무가 별시위(別侍衛)를 둘 것을 건의하여 받아들여졌다는 점도 주목된다. 별시위는 양반 자제들을 대상으로 지원자를 받아 엄격한 시험을 통해 선발한 국왕의 측근 사병이었다는 점에서 특별한 의미가 있기 때문이다.

이무는 태조 3년(1394) 명나라에 사신으로 다녀오는 등 외교 분야에서도 활동했고, 태조 7년(1398)에는 노비변정도감의 제조도 맡았다. 노비변정도감은 개국 초기에 가장 복잡하고 어려운 사회문제를 다루는 기관이었다는 점에서 그의 능력을 미루어 짐작할 수 있다. 같은 해 8월 사헌부에서 〈진도〉를 익히지 않았다는 이유로 여러 왕자와 함께 탄핵을 받아 파직되었다가 다시 복직이 이루어졌다는 사실도 주목된다.

당시 실시한 군사훈련은 사병을 혁파하고 국가가 병권을 장악하려는 군제 개혁과도 밀접한 연관이 있었다. 따라서 여기에 참여하지 않은 자들을 강력하게 처벌하겠다는 의지를 보이기 위해 왕자들을 포함해 왕실 종친들을 대거 고발했고, 왕실 종친과 고위직 관리의 경우 수하에 있는 자들이 대신 곤장을 맞았다는 사실을 감안하면 당시 파직된 이무 역시 군사력과 연관이 있었음을 의미한다.

정도전을 고발하다

　태조 7년(1398) 1차 왕자의 난 때 이무와 관련한 기록도 흥미롭다. 당시 그는 정도전 등과 함께 남은의 첩의 집에 있었고, 집이 불길에 타오르자 문밖으로 나오다가 빗나가는 화살에 맞고 이방원의 군사와 마주쳤다. 그는 "나는 이무다"라고 말했으나 보졸(步卒)이 이무를 죽이려고 하자 이방원이 "죽이지 말라"고 제지하며 이무가 피신할 수 있도록 말(馬)을 주어 살아날 수 있었다.

　이처럼 이무가 정도전이 처형되는 날 함께 있었음에도 이방원의 배려로 살아남을 수 있었던 이유는 그가 사전에 정도전과 남은 등의 정보를 이방원에게 알려주었기 때문으로 전한다. 그는 그 공으로 정사공신 1등에 책봉되어 정치적 발판을 마련하게 된다. 그런데 태종이 즉위한 후 "내가 정권을 잡은 뒤에 이무를 1등 공신으로 책봉하자 한두 사람이 말하기를 '이무가 무슨 공이 있느냐?'고 했으나 내가 그 체력과 풍채가 볼 만하기 때문에 듣지 않았다"는 기록도 보이고, 1차 왕자의 난에 대한 포상에 불만을 품었던 박포(朴苞)가 "이무(李茂)가 정사공신에 책봉된 것을 비방했다가 태종의 미움을 받고 죽주(竹州)로 유배되었다"는 기록으로 보아 1차 왕자의 난에서 그의 역할이 무엇이었는지 의문이다.

　그럼에도 이무는 "2차 왕자의 난이 일어났을 때 이방원을 비롯해 하윤 등과 함께 대응책을 논의했다"고 하며, 2차 왕자의 난이 끝난 후에는 정종과 세자인 이방원과 함께 사적인 자리를 자주 가질 정도로 정치적으로 부상했다. 태종이 즉위한 후에는 공을 인정받아 좌명공신 1등에 올라 태종의 측근으로 권력의 핵심에 다가선다.

　이무는 태종보다 열두 살이 많았지만, 그의 정치 인생은 태종의 즉위로 새로운 길이 열리게 된다. 정종 2년(1400) 5월 이무가 이거이의 아들 이애(이저)와의 갈등으로 동북면도순문찰리사 겸 영흥부윤을 자임하여 나아간 것도 그 예였다. 당시 세자였던 이방원이 즉위 기반을 다지기 위해 사병을 혁파했고, 이무는 이에 반발했던 이거이 부자를 견제하며 이방원을 지원했다. 같은 해 7월 문하부를 없애고 의정부와 사간원을 분립하는 관제 개혁이 이루어진 후 첫 번째로 우정승에 올라 서반의 실력자로 부상했고, 11월에는 정종이 세자 이방원에게 왕위를 물려줄 때 이무가 정종의 교서를 받들었다.

이때가 이무의 나이 47세로, 나이에 비해 출세가 빠른 편이었다. 그러나 태상왕 태조가 조영무와 함께 이무를 괘씸하게 여겨 이들의 처벌을 강력하게 요구하여 이무는 강릉으로, 조영무는 곡산으로 유배된다. 당시 대신들이 이무와 조영무의 소환을 청했으나 태조가 윤허하지 않자, 좌의정 성석린과 우의정 민제가 문무백관을 거느리고 태조에게 청원하여 경외종편(京外從便), 즉 도성 안을 제외하고 어느 곳에서든 살 수 있도록 허락받았고, 9월에 판삼군부사로 복직되었다.

이무는 50세 때인 태종 3년(1403) 우의정과 중군도총제를 겸해 무반의 인사를 장악했다. 석 달 후, 사은사로 명나라에 가게 된 성석린을 집정 대신인 우의정에 제수하면서 이무가 해임되었지만 중군도총제직을 유지했고, 태종 5년(1405)에는 무과 시험에서 회시감교관(會試監校官)으로 황상(黃象, 생몰 미상) 등 28인을 선발했다. 당시까지 좌주 문생의 관행이 남아 있어 이무에게는 무반에 대한 영향력을 확장하는 기회였다. 또한 태종 7년(1407)에 다시 우의정에 등용되어 이무는 자신에 대한 태종의 신임을 재확인했고, 9월에는 세자 양녕대군과 함께 사행길에 올라 태종 8년(1408) 4월에 귀국하는 등 활동의 폭을 넓혀갔다.

나이에 비해 빨리 출세하다

파직과 유배를 당할 때마다 정치생명이 끝나는 듯했던 이무가 화려(?)하게 다시 돌아오며 정치생명을 유지할 수 있었던 이유는 크게 두 가지를 꼽을 수 있다.

첫째, 이무의 집안은 왕실을 포함해 개국공신과 재상의 집안 등 대단히 복잡한 혼인 관계를 맺고 있었다. 특히 그는 왕실 외척인 민제의 집안과 각별한 관계였다. 이무의 아들 이공의는 민제의 문하생으로 정종 1년(1399) 민제가 시험관이었던 과거에 합격했다. 이때 조영무의 아들 조서 등이 함께 합격했다. 정종은 이들에게 내구마(內廄馬) 1필씩을 하사했고, 민제가 집에서 과거에 합격한 문생들을 위해 잔치를 베풀자 술을 보내기도 했다.

그리고 이무의 또 다른 아들 이공유와 이간은 각각 정종의 측근이자 민제의 사위로 이방원과는 동서지간인 조박과, 민제와 친분이 두터운 조호의 딸과 혼인했다. 그리고 민무질의 장모인 한상환의 부인이 이무의 조카였고, 이무의 외동딸은 세종 때 명재상 맹사성(孟思誠, 1360~1438)의 아들과 혼인하여 맹사성과도 사돈 관계였다. 그리고 둘째, 이무가 군사 분야를 기반으로 조정에서 나름의 영향력을 유지했던 것과도 연관이 있다.

그러나 이러한 이무의 여건은 이후 태종의 견제를 받는 원인이 되었고, 특히 이무가 처형되기까지 일련의 과정을 살펴보면 민무구 형제의 처형 과정과도 밀접한 연관이 있었다.

태종 9년(1409) 태종은 장인, 즉 민무구 형제의 아버지 민제가 사망하자 그동안 논란을 불러일으켰던 민무구 형제의 죄를 직접 조목조목 지적했다.

당시 민씨 형제는 유배 중이었다. 태종 6년(1406) 선위 파동이 일어났을 때 민무구 형제들이 "차기 왕권의 안정을 위해서 세자 이외의 왕자들을 없애야 한다"고 말한 사실이 밝혀져 삼공신들이 탄핵에 앞장섰고, 결국 태종 7년(1407) 민씨 형제들이 유배된 것이다. 그리고 해를 넘겨 태종은 교서를 발표했고, 여기에는 '민씨 형제들이 용서받을 수 없는 죄를 지었으며, 그들의 처벌이 불가피하다'는 태종의 의중이 담겨 있었다. 즉 차기 왕권의 안정을 위해 태종의 왕실 외척에 대한 견제가 시작된 것이다.

태종이 또다시 "세자에게 선위하겠다"고 갑작스럽게 선언하자 한바탕 소동이 벌어지기도 했다. 당시 대신들의 반대로 선위 파동이 8월 13일 철회되고 이틀 후인 15일 태종이 문소전에 나아가 추석제를 지냄으로써 상황이 종료되었다. 국가의 큰 명절인 추석에 제사를 거를 수 없다는 사실을 알고 있었던 태종은 '왕위를 선위하겠다'는 소동이 언제 끝나리란 것도 이미 알고 있었을 가능성이 충분했다.

반면 추석을 코앞에 두고 있었던 공신과 대신들은 마음이 급할 수밖에 없었고, 선위를 철회시키기 위해 더욱 분주하게 움직일 수밖에 없었다. 이 과정에서 태종이 보여준 일련의 언행은 대신들을 시험해 보려는 의도가 담겨 있었고, 특히 민씨 형제 사건은 왕권 강화와 관련한 상징적인 사건이었다. 이 사건이 태종 7년(1407) 6월에 시작되어 약 2년 6개월간 지속될 정도로 시간이 걸린 것도 왕권 강화를 추진한 태종의 의도에 따라 사건이 진행되었음을 의미했다. 그런데 민무구 형제 사건이 진행되는 과정에서 태종은 우의정 이무에 대한 문제를 제기했다. 이 때문에 이무를 민씨 형제 사건을 처리하기 위한 징검다리로 활용하려는 태종의 의도로 해석하기도 한다.

태종은 자신의 즉위 과정에서 배출된 공신들을 지지기반으로 삼았지만, 이들을 효율적으로 통제하지 못할 경우 왕권을 위협할 수 있다는 점을 우려했다. 특히 태종은 왕실 외척으로 세력을 확대해 가던 민씨 형제들을 주목했고, 여기에 이무가 포함된 이유는 공신들과 외척이 연대할 경우 문제가 더욱 심각해질 수 있다고 판단했기 때문이다. 따라서 태종은 기득권층을 형성하며 세력을 구축해 나가던 왕실 인척과 공신들에게 강력한 경고의 메시지를 보내게 된다.

그렇다면 태종이 민씨 형제와 관련하여 측근 공신들 중에서 이무를 주목한 이유는 무엇일까?

이무는 고려 때부터 병권에 관여하며 영향력을 지니고 있었고, 조선이 개국한 후에도 자신의 영향력을 확장해 나갔다. 그리고 태종이 즉위한 후 우의정으로 병권을 장악한 이무는 왕실 외척으로 막강한 권력을 행사했던 민무구 형제와도 가까웠다. 그런데 민씨 형제들이 태종의 왕권 강화를 충실하게 지원하지 않고 권력을 전횡하는 등 구설수에 오르자 태종은 이들을 주목했다. 그리고 이들이 세자 양녕대군이 즉위한 이후인 차기 왕권에 관심을 기울인다고 판단한 태종은 단계를 밟아 제거 작업에 나섰던 것이다.

태종은 이미 태종 6년(1406)에 민무구 형제의 불충(不忠)을 재확인하는 선포를 했고, 이어 발생한 선위 파동도 그 연장선상에 있었다. 여기에 이무가 연루되어 먼저 처형된다. 〈태종실록〉에는 태종 9년(1409) 10월 태종이 대신들에게 이무를 국문(鞠問)할 것을 명하며 이무의 죄를 직접 언급하면서 "겉으로는 민무구 등을 미워하는 것같이 하여 국인(國人)과 더불어 함께 죄를 청하고, 마음속으로는 비호하여 하늘을 가리켜 거짓으로 맹세했다"며 민무구 형제와 관련한 이무의 죄를 조목조목 구체적으로 제시하고 있다.

문제는 불충한 마음이었다

태종이 거론한 이무의 죄는 다음과 같이 요약할 수 있다.

첫째, 1차 왕자의 난이 발생했을 때 양측을 왕래하며 눈치를 보았고, 태종의 형세가 약한 것을 보고 거짓으로 피곤하다며 물러가 있다가 승기를 잡자 다시 왔으니 이랬다저랬다 하여 믿기 어려운 것이 심하다.

둘째, 태종이 오랫동안 종기로 고생하자 민씨 4형제와 신극례(辛克禮, ?~1407) 등이 민씨 집에 모여 어린아이(양녕대군)를 왕으로 옹립하려는 논의가 이무에게서 나왔다.

셋째, 세자를 조견할 때 이무가 민무질에게 "전하(태종)께서 나를 좋아하지 않는데 어째서 나로 하여금 명나라에 세자를 따라가게 하는가?"라며 간사하고 불충한 마음으로 왕의 마음을 망령되게 헤아렸다. 그리고 명나라 사행에서 돌아와 태종을 만났을 때 "세자의 잘못을 지적하며 세자를 가르쳐야 한다"고 청하여 국본(國本)을 동요시키려고 했다.

넷째, 민무질이 이무의 집에 가서 "전하(태종)가 반드시 우리들을 보전하지 않을 것이니 장차 어찌하랴?"하며 스스로 편안할 계책을 물었는데, 이무가 몇 년 동안이나 이를 숨기고 있다가 발설하고는 부인을 민씨 집에 보내 거짓말로 이숙번이 잘못 전했다고 해명했다.

이처럼 태종은 태조 7년(1398) 1차 왕자의 난이 일어났을 때부터 이무가 보인 행동을 지적했고, 여기에는 '이무에 대한 태종의 마음이 한계에 이르렀다'는 의미가 담겨 있는 듯하다. 태종이 지적한 이무의 죄가 구체적이기보다는 현재의 왕에 대한 불충한 마음이 문제라고 해석할 수 있기 때문이다. 따라서 이무의 죄를 명백히 하기 위해서는 민무구 형제의 처벌과 불가분의 연관이 있어야 했다. 이러한 태종의 의도를 읽은 공신들과 대신들에 의해서 이무와 민씨 형제들에 대한 진술이 연이어 나오게 된다.

예를 들면 "이무는 민무구 형제가 유배되자 이빈(李彬, ?~1410)에게 민무질을 옹호하는 말을 했다"는 진술이 나왔고, 이어서 이무의 조카이자 민무질의 장모인 한상환의 부인에게 "민무구 형제를 구원할 뜻을 말했다"는 사실이 드러나게 된다. 또한 이무의 조카사위 한상환은 이빈을 보내 민무질을 방문하게 했고, 심지어 이무가 처형된 후 조호가 "이무는 왕이 될 만하다"고 말했다는 내용이 성석린을 통해 알려졌다.

이러한 진술들로 인해 이무와 민무구 형제만이 아니라 친인척 등 이들과 가깝게 지낸 인물들도 무사하지 못했다.

태종 7년(1407) 민무구 형제의 옥사가 발생했을 때 처음에는 민무구와 민무질 형제 그리고 신극례 세 사람만 거론되었다. 그러나 신극례는 같은 해 7월 민무구 형제가 유배되었을 때 함께 유배되었다가 10월에 유배지에서 사망했다. 따라서 민무구 형제의 처리만 남은 듯했지만, 논란이 지속되는 과정에서 이무의 죄가 거론되었고, 이무와 왕실 외척 등 인척관계에 있는 인물로 확대되면서 사건은 복잡한 양상을 띠게 된다. 신극례의 경우도 그 예였다.

영산 신씨(靈山 辛氏) 집안 출신인 신극례는 태조의 계비 신덕왕후의 조카였다. 즉 신극례의 아버지 신귀(辛貴, ?~1371)는 신덕왕후와 이종사촌 남매였고, 이성계와는 처남과 매부 사이였다. 그리고 신귀의 동생 신우(辛祐)와 신귀의 아들 신극공·신극람·신극례·신극경은 모두 개국원종공신에 봉해졌고, 신귀의 사위 정희계(鄭熙啟, 1348~1396)는 개국공신 1등에 봉해졌다. 뿐만 아니라 신귀의 조카 신유현(辛有賢, ?~1411)과 신유정(辛有定, 1347~1426)도 개국원종공신에 책봉되는 등 영산 신씨 가문은 조선에서 명문가의 기틀을 다지면서 하나의 세력을 형성하고 있었다. 여기에 태종은 계모 신덕왕후에 대해 몹시 감정이 좋지 않았기에 신극례의 집안이 받은 타격도 대단히 컸다.

신유정은 정도전과 뜻을 함께했던 남은의 친척으로 이미 1차 왕자의 난 때 도성 밖으로 유배되었다. 그리고 신극례의 사촌 신유현의 처 조씨는 딸을 민무질의 아들과 혼인시켰다가 직첩이 회수되었다. 그리고 이빈은 이무의 생질인 윤목(尹穆, ?~1410)에게 민무구의 무죄를 이야기했고, 윤목은 사행 중에 민무구 형제를 두둔하고 태종을 비판했다는 사실이 알려져 이무와 함께 조희민(趙希閔, ?~1410)·강사덕(姜思德, ?~1410) 등이 연루되어 유배되었다가 처형된다.

이외에도 이무의 조카 한상환의 처는 태종 10년(1410) 노비가 되었고, 한상환은 태종 16년(1416) 서인으로 강등되었다.

이무 사건이 확대된 이유는?

태종이 이무 사건을 처리하는 과정은 이거이 때와 달랐다. 그 이유는 기본적으로 태종이 이무를 신뢰하지 않았고, 왕권에도 위협이 될 수 있다고 우려했기 때문이다. 즉 풍채가 좋았고, 행정과 군사 분야에서 능력을 인정받는 등 문무를 겸비한 관리로 평가받았던 이무가 독자적으로는 불가능하다고 해도 누군가와 연대할 경우 왕권에 위협이 될 수 있을 정도의 영향력을 지니고 있다고 판단했던 것이다. 상왕 태조가 정종과 태종에게 이무의 처벌을 주장하면서 다음과 같이 말한 것도 그 예였다.

"이무는 본래 남은·정도전 등과 좋아하며 항상 서로 모의하여 너희들(정종과 태종)을 무너뜨리고자 하였다. 무인년 변에도 왕래하면서 반간(反間) 노릇을 행하며 중립을 지키면서 변(變)을 관망하여 이기는 자를 따르려고 하였다. 마침 너희들이 이겼기 때문에 와서 붙은 것이니, 이는 변을 관망하는 불충한 사람이 아니냐? 그러나 모두 정사공신의 열(列)에 두었으니, 만일 급하고 어려운 일이 있으면 무인년에 과인(태조)을 배반하던 일을 본받지 않겠는가!"

태조는 이무를 '이긴 자의 편'이라고 비난했고, 태종 역시 "이무가 자신에게만 충성을 다하지 않는다"고 지적하면서 장차 배반과 역모도 서슴지 않을 것이라며 불충의 죄로 다스리고자 했다.

태종 1년(1401) 이양우와 이천우가 말하기를, "하윤과 이무가 마음을 같이하니 불측한 변이 있을까 두렵다. 그러나 우리들이 태상왕(태조)을 끼고 나오면 누가 감히 당하겠는가?"라며 이양우와 이천우 등이 태조를 다시 옹립하려는 역모의 마음을 품고 있다고 변남용이 고변한 일도 있었다. 이 사건은 무고로 결론이 났지만, 이무가 하윤과 뜻을 같이할 경우 그 세력의 강성함을 우려했고, 태종 9년(1409)에는 대신들이 민씨 형제의 처벌과 함께 이무의 처벌을 주장하는 상소에서 "이무는 대신인데 오랫동안 병권을 잡고 있어 사람들이 복종하였다"며 이무가 고려 말기부터 오랫동안 병권에 관여하며 영향력을 행사했다는 지적을 받았다는 점도 주목된다.

그런데 고려 말기부터 이무의 행적을 보면 그가 단순히 물리적인 군사력만이 아니라 당시 사회에서는 보기 드물게 정보력도 뛰어났던 것으로 보인다. 여기에 다양한 인맥이 더해져 조정에서 정치력이 막강했던 이무를 태종이 그냥 지나칠 리 없었다.

 태종은 두 차례 왕자의 난으로 권력을 장악한 후 사병 혁파를 시작으로 각종 제도의 개혁을 통해 중앙 집권적 왕조 국가를 구축해 나갔다. 고려 말기 이후 재상을 중심으로 국정 운영이 이루어지던 권력구조를 왕이 중심이 되어 의정부-6조-각 사로 이어지는 구조로 바꾸어놓은 것이다. 그러나 이 과정에서 이무의 영향력이 확대되는 듯하자 태종은 제도의 개편을 통해서 그를 견제하기도 했다. 태종이 무과를 없애고 우의정이 지녔던 군사 분야의 권한을 병조로 옮기고 집정 대신의 인사권이나 좌주·문생의 관계를 바탕으로 정치세력을 형성하는 것을 억제한 것도 그 예이다.

 그러나 태종은 이러한 조치만으로는 한계가 있다고 판단했다. 이무가 왕실 외척인 민씨 형제와 함께 오랫동안 병권에 관여하면서 정치세력을 형성할 수 있다는 점을 우려했기 때문이다. 더구나 평소 왕실 외척의 세력이 강해지면 결과적으로 왕권이 약화될 수 있다고 우려했던 태종은 왕실 외척이 직접 세력 확장에 나서거나 대신들 중에서 왕실 외척과 세력 연대를 시도하여 왕권을 약화시킬 가능성을 사전에 차단하기 위해 이무의 병권을 빼앗고, 유배를 보내는 것만으로 마무리할 수 없다고 판단한 것으로 보인다. 이무의 죄를 따지는 과정에서 그의 인척들까지 연루된 것도 이무의 세력을 제거하려는 의도로 해석할 수 있기 때문이다.

 그럼에도 노련한 태종은 혹시 발생할지도 모르는 불상사를 막기 위해 서두르지 않았고, 시간을 두고 절차를 밟아 이무의 숨통을 서서히 조르다 결국 그를 처형하게 된다.

태종에게는 시간이 필요했다

이무의 처형에는 태종의 우려를 자극하는 사건들이 연이어 발생한 것도 영향을 미쳤다. 민씨 형제들이 세자 양녕대군과 명 황실의 혼인을 추진하려고 했던 사건이 대표적인 예였다.

태종은 '만약 혼인이 이루어져서 민씨 집안이 세자의 배우자를 통해 명나라 황실의 세력까지 얻게 되면 그들을 제지하기 어려울 것'이라고 우려했다. 우연일 수도 있겠지만 명나라 황실과 정혼 논란이 종결되고 나서 약 한 달 후에 민무구와 민무질 형제의 사건이 발생했고, 이들의 죄목에 "태종이 자신들을 보전해 주지 않을 것이라고 다른 사람들에게 불만을 말하고 다니면서 세자에게 의지해 국가를 장악하려 했고, 다른 왕자들을 제거하려고 했다"는 내용이 포함되어 있는 것이 그 예였다. 그럼에도 민씨 형제를 처형한 죄목에 이들이 세자의 정혼을 추진했다는 내용을 포함하지 않은 이유가 있었다.

태종은 이 혼인에 부정적이었지만 상국인 명나라 황실과의 혼인을 공개적으로 문제 삼는다면 외교적인 문제로 비화될 소지가 있다는 점을 잘 알고 있었다. 그리고 태종이 문제 삼은 것은 정혼을 추진하는 그 자체가 핵심이 아니라 외척인 민무구 형제가 자신들을 중심으로 세력을 결집하고 확장하려는 의도가 포함되어 있다는 점이었다. 물론 하윤 등 세자와 명나라 황실의 혼인에 적극적인 대신들도 있었지만, 태종이 민씨 형제 문제와 분명하게 선을 그은 것도 이러한 이유 때문이다.

여기에 이무가 포함된 이유는 그가 한때 정도전과 뜻을 같이했고, 태종의 즉위 초부터 문제를 일으킨 민씨 형제와 가깝게 지냈다는 점을 왕권 약화와 연결시켰다. 그럼에도 태종이 집권 초기에 이무를 처벌함으로써 강력하게 경고하는 방법을 선택하지 않은 것은 이무를 포함한 관련자들을 단칼에 처리할 수 있는 분명한 명분이 축적될 때까지 예의주시한 면도 있었다. 또 한편으로는 다른 저항을 불러올 수도 있다는 우려 때문이었다.

즉 즉위에 대한 명분과 왕권의 정통성이 제대로 정립되지 않은 상태에서 태조를 지지하는 세력이 결집하여 저항할 수도 있는 문제였다. 달리 말하면 태종은 '이제 이무를 처형해도 문제가 없다'는 자신감이 생길 때까지 시간이 필요했고, 한편으로는 제거해야 할 명분을 차곡차곡 쌓아가면서 경고의 메시지를 던졌던 것이다.

태종이 선위하겠다고 선언하면서 "무릇 크고 작은 공사를 내게 아뢰지 말고, 의정부에서 처결하라. 스스로 결정할 수 없는 큰일 같으면 세자에게 들어서 행하라"고 명한 것도 그 예였다. 이 말은 표면상으로는 왕위에서 물러나겠다는 의사 표현이었지만, 실상은 그렇지 않았다. 즉 태종은 왕의 자리에서 물러나겠다고 선언한 것이지, 완전히 물러난 것이 아니었기 때문에 '나의 재결이 없으면 그 누구도 시행에 옮길 수 없다'는 의미가 담겨 있었고, 이를 통해 자신의 명을 따르지 않거나 가볍게 여기는 대신들을 눈여겨보았던 것이다.

태종 9년(1409) 5월 태종이 '이무가 왕에게 보고도 하지 않고, 이지성(李之誠)의 자급(資級, 품계를 올려줌)을 건너뛰어 벼슬을 주어 복직시켰다'는 것을 문제 삼은 것도 같은 맥락이었다. 이지성은 이무의 문객으로, 하윤의 처조카였다. 당시 태종은 "권(權)을 훔쳐 무리를 심은 죄와 악(惡)에 무리 짓고 간(奸)에 들붙었다"며 신랄하게 비판했다. 여기서 악과 간은 민씨 형제를 가리킨다.

이무도 이러한 분위기를 감지했는지 사직서를 올렸다. 태종 8년(1408)

9월 이무가 '유배 가 있던 민무구 형제를 옹호하는 말을 했다'는 이유로 이관(李權)이 "이무의 직첩을 거두고 국문해야 한다"는 상소문을 올리자 이무가 사직서를 제출한 것이다. 당시 이무가 몰래 이명덕(李明德)을 시켜서 이관에게 "지금 민무구와 민무질이 한양에 이르렀는데, 자식이 아비에 대한 효심은 한가지다. 들으니 주상께서 머지않아 대간에게 출사를 명한다고 하는 것 같으니, 거동 진퇴(擧動進退)를 가볍게 하지 말고, 만일 나와서 일을 보게 되거든 부디 각박(刻迫)하게 하지 말라"고 말한 것이 알려지면서 이관이 "사인(舍人, 의정부에 속한 정4품 벼슬) 이명덕이 천기를 누설하고 또 대간의 진퇴를 지휘하여 얽어두려고 하니 부당하다"며 직첩을 거두고 국문할 것을 청했다. 그러나 태종은 상소에 답하지 않고 지신사 황희를 이무의 집에 보내 "이 일은 애들 놀이에 가깝다. 피혐하지 말고 일을 보라"며 그냥 지나치는 듯했지만, 태종은 여전히 이무를 주목하고 있었다. 태종이 이지성의 복직에 대해 격노한 것도 그 예였다.

태종을 격노하게 하다

태종 8년(1408) 이지성은 지금의 경상북도 예천인 용궁(龍宮)으로 유배되었다가 풀려나 명나라에 가는 세자를 수행하게 된다. 그때 이지성이 '세자에게 민씨 형제의 억울함을 호소했다'는 사실이 밝혀졌고, 태종은 우의정 이무가 이지성을 사주한 것으로 보았다. 따라서 태종의 선위 파동과 외척 민씨 형제들과의 관계 그리고 여기에 이지성의 발언으로 이무의 죄는 더욱 구체화된다.

그럼에도 사헌부에서 이무 등에게 죄를 물을 것을 청하자 태종은 "관련자가 모두 훈친 대신(勳親大臣)이어서 아래 관원만 벌줄 수 없다"며 이무·이천우·조연 등에게 일을 보도록 명했다. 태종은 당시 귀양 가 있는 이거이를 불러들이려다 그만두기도 했다. 그리고 태종 9년(1409) 6월 이무를 비롯해 하윤·조영무·유량(柳亮, 1355~1416) 등을 광연루에 불러 좌우를 물리치고 민무구의 일을 말하면서 "공의(公義)나 사은(私恩)은 어느 한쪽에 치우쳐 폐할 수 없다"며 더 이상 민무구 형제를 살려둘 수 없다는 뜻을 전했다. 여기에는 이무에 대한 최후통첩의 의미도 담겨 있었다.

이후 태종은 군사 분야의 아패법을 결정할 때 이무를 논의에서 제외했고, '종실 공신이라도 용서할 수 없으니 언로를 넓힌다'는 조치를 단행했다. 즉 '이제 준비가 되었으니 누구든 고발하라'는 의미가 담겨 있는 듯했다. 물론 그 대상에는 민씨 형제와 이무가 포함되어 있었다. 하지만 태종의 기대대로 고발이 이루어지지 않은 탓인지, 태종은 다시 민무구 형제의 일을 직접 거론했다. 그리고 태종 9년(1409) 10월 1일 태종은 의정부와 삼공신을 정전으로 불러 이무의 죄를 의논했다.

태종의 뜻을 확인한 대신들은 다음 날 "이무 등이 능지처참을 받아 마땅하다"고 상소를 올렸다. 그러나 태종은 이때까지도 대신들의 주장을 받아들이지 않았다. 다만 이무의 아들을 유배 보내고, 다음 날 이무를 창원부에 유배 보냈다. 이에 대간들이 이무에게 죄를 물을 것을 다시 청했으나 태종은 "의정부와 공신 그리고 대간들의 말이 각기 달라 처치하기 어렵다"는 이유로 이무의 처형을 수락하지 않았다. 마치 태종은 '대신들이 의견을 모아 일을 확실하게 매듭지으라'는 메시지를 던져주는 듯했고, 다음 날 의정부에서 백관을 거느리고 민무구 형제와 연루된 이무 등의 처형을 주장하는 상소를 올렸다. 그러자 태종은 대신들의 상소를 받아들이는 모양새를 갖추어 유배지로 가던 이무에게 사람을 보내 죽주(竹

州)에서 처형했다. 그리고 해를 넘겨 태종 10년(1410) 민씨 형제에게 자결할 것을 명했다.

이렇게 해서 태종 7년(1407)부터 오랜 시간에 걸쳐 논란이 되었던 민씨 형제의 사건이 종결되고, 정국에도 변화가 일어나게 된다. 대표적인 예로 태종 집권 전반기를 넘기면서 개국공신들이 정계에서 물러나고, 태종의 측근인 이숙번과 왕실 외척인 심온 그리고 유량과 황희 등이 태종을 지원하며 새로운 관료층으로 부상했다. 여기에 성석린 형제 등 창녕 성씨 가문 출신들도 태종 대에 이어 세종 대를 주도했고, 태종 대에 왕실과 혼인 관계를 맺으며 태종을 지원한 박석명(朴錫命, 1370~1406), 성석린의 문생인 허조(許稠, 1369~1439)가 박석명과 황희의 추천으로 중용되어 태종 대에 각종 의례 정비를 주도하며 중견 관리로 성장했다.

고려에 충절을 지켰던 인물들의 자제들도 조선에서 관직에 나와 활동했다. 이색의 아들 이종선(李種善, 1368~1438)과 조신충(曹信忠, 생몰 미상)의 아들 조상치(曺尚治, 생몰 미상) 등이 그들이다. 이종선은 정몽주가 피살되었을 때 일당으로 몰려 서인으로 강등되어 귀양 갔던 인물이고, 조상치는 길재의 문인으로 세종·문종·단종 대에 성삼문·박팽년과 함께 총애를 받았다. 그가 세종 1년(1419) 과거에 장원급제했을 때 상왕 태종이 눈여겨보았다고 하며 "네가 왕씨의 신하 조신충의 아들이냐?"라고 묻고는 곧바로 정언 벼슬을 주었다는 일화도 전한다.

왕실 혼인에도 변화가 일어나다

이무가 처형된 후 정도전에 대한 처리도 마무리되었다.

정도전은 1차 왕자의 난으로 제거되었지만, 그와 함께했던 세력들이 모두 제거된 것은 아니었다. 이무의 사돈이자 태종의 동서인 조박의 경우 고려 말기에 정도전·남은 등과 뜻을 같이하여 개국공신 1등에 올랐고, 정종이 즉위한 후 조박의 아들 조신언(趙慎言)이 이방간의 딸과 혼인하여 정종과 이방간과도 가까운 관계를 유지했다.

이후 조박은 태종 7년(1407) 명나라 황실과 세자의 혼인 문제로 양주로 쫓겨났다가 다시 복직되었다. 그러나 이듬해 태종 8년(1408) 12월에 사망했고, 태종 9년(1409)에 공신녹권이 추탈되어 자손들이 벼슬에 나아가는 길이 막히게 된다. 같은 날 정도전과 황거정 등의 공신녹권을 추탈하고 토지 등을 몰수했으며, 다음과 같이 정도전에 대한 평가도 마무리 지었다.

"……개국의 공은 남은이 많았고 심지어 눈물을 흘리면서 힘써 아뢴 일이 있었으나, 정도전은 개국할 때에도 일찍이 한마디도 없었고, 그 뒤에 (세자를 책봉할 때) 적서를 분별할 때도 한마디도 언급하지 않았다. 그리고 고황제(태조)에게 득죄함에 이르러서는 굳이 피하지 않고 사(私)를 끼고 임금을 속이고 흉포한 짓을 자행하여 그 몸의 허물을 없애고, 이숭인 등을 함부로 죽여 그 입을 멸했으니, 죄가 공보다 크다. 마땅히 전민(田民)을 적몰하고 자손을 금고하라."

이처럼 정도전에 대한 평가에는 사실 여부를 떠나 기록으로 정리함으로써 현실 정치에서 그가 설 자리를 만들어놓지 않겠다는 의도가 담겨있었다. 그리고 이러한 정국의 변화로 태조와 태종 대에 책봉된 공신들의 시대도 서서히 막을 내렸다.

세대교체를 동반한 정국의 변화는 왕실을 중심으로 태종을 지원한 세력들의 혼인 관계에도 영향을 미쳤다. 태종의 즉위 초기까지는 왕자와 공주들이 이거이와 조준 등 주로 개국공신 집안의 자제와 혼인했다. 그러나 조사의 난을 진압하고 이어서 이무와 민무구 형제의 옥사를 전후한 시기에는 새로운 관료들의 집안과 혼인이 이루어지게 된다.

태종 7년(1407) 태종의 장남이자 세자 양녕대군 이제는 김한로(金漢老, 1358~?)의 딸과 혼인했고, 같은 해 차남 효령대군 이보(孝寧大君 李補, 1396~1486)는 고려 우왕 9년(1383) 이방원과 함께 과거에 급제한 정역(鄭易, ?~1425)의 딸과 혼인했다. 그리고 심온의 딸이 태종 8년(1408) 3남 충녕대군 이도와 혼인했다. 물론 이들은 개국공신 집안은 아니었다.

또한 민무구의 옥이 마무리된 후인 태종 11년(1411) 태종의 후궁에 책봉된 명빈 김씨(明嬪 金氏, ?~1479)는 이숙번의 처제였고, 이숙번의 딸은 강회백(姜淮伯, 1357~1402)의 다섯째 아들 강순덕(姜順德, 1398~1459)과 혼인했다. 강회백의 막냇동생 강회계(姜淮季, ?~1392)는 공양왕의 사위로, 공양왕이 폐위될 때 참형을 당했다. 이때 강회백도 개국 세력의 탄핵을 받아 진양으로 유배되었으나 건국 후 관직에 복귀했다. 그리고 강순덕은 후사를 두지 못해 형 강석덕(姜碩德, 1395~1459)의 둘째 아들 강희맹(姜希孟, 1424~1483)을 양자로 들였고, 결국 이숙번의 재산이 강씨 문중으로 전해지게 되어 진주 강씨 집안이 명문거족으로 뿌리내리는 기반이 된다.

이외에도 강석덕은 세종의 장인인 심온의 딸과 혼인했고, 심온의 또 다른 딸은 박석명의 아들 박거소(朴去疎)와 혼인하여 세종과 강석덕, 박거소는 동서지간으로 이들 집안은 모두 사돈 관계가 된다. 그리고 이숙번의 동서인 유좌의 아버지는 유량으로, 태종 15년(1415) 우의정에 올랐으며 조선의 창건 과정에서 제도 확립에 크게 기여하여 명신(名臣)으로 평가받았다.

또한 유기(柳沂)는 이색의 장남 이종덕(李鍾德, 생몰 미상)의 사위로 하윤의 아들 하구(河久, 1380~1417)와는 동서지간이 된다. 유기는 태종 9년(1409) 민씨 형제의 옥사로 유배되었다가 태종 10년(1410)에 윤목 등과 함께 처형되었다. 유기의 아들 유방선(柳方善, 1388~1443)은 아버지의 죄에 연좌되어 유배 생활을 하면서 정몽주·권근·변계량을 잇는 영남 성리학의 학통을 후대에 계승·발전시켰고, 그의 처 고모부들은 민제의 동생 민개와 권근이다.

이러한 혼인 관계의 변화는 왕실 외척의 변화로 이어졌다.

순천 박씨·창녕 성씨·청송 심씨 등 여러 왕실 외척들이 생겨나면서 유일한 왕실 외척이었던 여흥 민씨 집안이 구설수에 오르는 등 견제받기도 했다. 고려 말기에 정몽주의 당여였던 권홍(權弘, 1360~1446)의 딸이 태조의 후궁에 책봉된 것도 그 예였다.

권홍은 박석명과도 사돈 관계를 맺는 등 왕실을 중심으로 신진 관리 출신들과 혼인 관계를 통해 유대를 이어갔다. 그런데 태종 8년(1408)에 내려진 교서에 따르면, 태종 2년(1402) 이지직과 전가식이 제출한 상소문의 서두에 "태종의 옷이 너무 화려하고 응견 성색(鷹犬聲色, 매와 개, 음악과 여색)을 좋아해서 대신들이 실망한다"는 내용이 들어 있었다는 것을 문제 삼아 전가식과 이지직이 "왕의 사치와 호색을 지적하여 태종의 권위를 실추시켰다"는 죄로 파직된 일이 있었다. 당시 태종은 더 이상 사건을 확대하지 않았지만, 6년이 흐른 뒤에 다시 쟁점으로 부각시켰던 것이다.

그런데 이지직과 전가식은 민제의 문생이었다. 이 때문에 권홍의 딸을 후궁으로 맞아들인 것에 대해 "왕비의 가문에서 불만을 지니고 있던 민씨 형제가 배후에서 이들이 상소하도록 조종했다"는 이야기가 돌았다.

권중화(權仲和)

"청빈 재상의 모범이 되다"

세대교체가 이루어지다

태종 대에 성장한 신진 관리들 중에는 두문동에서 살아남은 후손들 외에도 고려에서 관직 생활을 시작한 지 불과 2~3년 만에 새로운 왕조 조선의 관리로 등용되었거나 조선에서 실시한 과거에 급제하여 관직 생활을 시작하며 경륜을 쌓아온 소장 관리들도 포함되어 있었다.

민씨 형제들의 처벌에도 적극 나섰던 이들의 활동을 기반으로 조선의 왕권은 개국한 지 20여 년이 되어서야 왕 중심의 중앙 집권적 제도와 신료들의 공적 충성심을 요구하는 단계에 이르렀다. 따라서 정국의 변화는 세대교체를 예고하는 것이기도 했다.

안원(安瑗, 1346~1411)도 주목되는 인물이다. 그는 공양왕 2년(1390) 왕이 천도하려고 하자 "이는 술사(術士)들의 망령된 행위이다"라고 반대하여 중지시킬 정도로 강단 있는 관리였다. 그러나 그는 조선의 건국에 반대해서 개국 세력으로부터 탄핵을 받았고, 관직에 나아가지 않았다. 이에 태조가 한양으로 천도하면서 개경의 뒤처리를 위해 그에게 강제로 개성유후사를 맡겨 정2품 유후(留後)라는 벼슬이 이때 생겨났다. 이후 태조는 그에게 형조판서를 제수했지만, 관직에 나아가지 않았다. 그러나 태종이 즉위한 후 직접 그를 찾아가 간청하여 관직에 진출했고, "근면 성실하고 대인관계가 원만하다"는 평가를 받았다. 안원은 태종 7년(1407) 대사헌으로 있을 때 태종의 밀명을 받고, 민씨 형제를 탄핵하여 외방으로 유배하기도 했다.

또한 황희는 지신사로 태종의 밀지를 받고 민무구 형제의 옥사를 전개했고, 이숙번이 여기에 가세하여 가장 강력하게 민씨 형제의 처벌을 주장했다. 〈문종실록〉에 따르면 "이때 민무구·민무질 등의 권세가 크게 성하여 종지(宗支, 성과 본이 같은 문중의 종파와 지파)를 모해하니, 황희는 이숙번·이응·조영무·유량 등과 더불어 밀지를 받아 이들을 도모하였는데……"라는 기록도 보인다.

유량의 경우 민무구의 옥이 진행 중이던 태종 9년(1409) 이조판서로 임명되었고, 대사헌을 겸하여 "민씨 형제를 처벌해야 한다"는 상소를 주도했다. 그리고 이숙번은 본래 민무구 형제와 가까운 사이였지만, 민무구 형제들이 하윤 세력과 연결하여 득세하자 '민무구의 옥'을 기점으로 자신의 세력을 결집했다. 〈세종실록〉에는 세종이 "하윤이 나의 외조부(민제)와 교분이 매우 깊었으므로 매양 민씨를 옆에서 도와주었는데, 여러 외숙(민무구 4형제)이 광패하고 건방지어 무도하므로 이숙번이 힘써 민씨를 배척하였다. 이리하여 하윤과 이숙번이 붕당(朋黨)을 나누어 맞섰던 것인데……"라고 말했다는 기록도 보인다.

이숙번은 조선 개국 후 처음으로 실시한 과거에 합격하여 관직 생활을 시작했다. 이후 하윤의 천거로 이방원과의 인연이 시작되었고, 1차 왕자의 난에서 병력을 동원하여 경복궁 주변과 한성부를 점령하고 정도전·남은·심효생 등을 제거하는 데 공을 세웠다. 그리고 2차 왕자의 난에도 출정하여 이방원을 지원한 이숙번은 공을 인정받아 정사공신 2등과 좌명공신 1등에 올랐고, 1차 왕자의 난 이후 태종과 여러 차례 비밀 이야기를 나눌 정도로 태종의 최측근으로 부상했다.

이후에도 이숙번은 박포와 조사의의 반란을 진압하여 공을 세웠고, 군사 분야의 요직을 두루 거치며 왕실을 포함해 권문세가와 혼인 관계 등을 통해 권력을 확장해 나갔다. 그리고 하윤과 대립했던 조영무와 함께 여러 차례 무관 시험 시관을 역임하는 등 조정에서 영향력을 확장하며 하윤과 경쟁 관계에 서게 된다. 조영무 등 태종의 측근들이 정계에서 물러나자 이숙번은 왕의 총애를 믿고 대간이 대신을 탄핵하지 못하도록 성석린에게 강제로 서명하게 하는 등 문제를 일으켜 여러 차례 탄핵을 받았고, 결국 태종 17년(1417) 관직을 삭탈당하고 함양으로 유배된다.

이처럼 태종 대에 세대교체가 이루어진 것이 확실하지만 한편에서는 연로한 대신들이 여전히 조정에서 자리를 지키며 태종을 지원하여 정국의 안정을 꾀했다. '고려의 관리였다'고 해도 무리가 없을 정도로 고려와 인연이 깊었던 권중화도 대표적인 예로 꼽을 수 있다.

말라빠진 말 한 필과 한 되의 이를 전 재산으로 남기다

권중화(1322~1408)는 고려의 명문가로 꼽히는 안동 권씨 집안 출신으로, 아버지 권한공(權漢功, ?~1349)은 고려의 권신(權臣)이다. 권한공은 고려의 공신이자 충신으로 전하며 충렬왕의 총애를 받았다. 또한 그는 충렬왕을 따라 원나라에 머물며 만권당에서 이제현과 함께 문명(文名)을 떨쳤다.

권중화 역시 불우한 성장기를 겪거나 고려에서 관직 생활을 하는 동안 특별히 정치적으로 시련을 겪지는 않았다. 고려에서 관직 생활을 시작한 그는 이후 40여 년 동안 요직을 두루 거치며 고위직에 올랐고, 공민왕과 우왕 등 고려의 왕들로부터 총애를 받았다.

조선 개국 당시 그의 나이는 이미 70세가 넘는 고령이었고, 그가 고려 말기에 이성계 측에 적극적으로 협력했다는 기록도 찾아볼 수 없다. 오히려 그는 우왕의 스승이었고, '윤이·이초 사건'으로 우현보 등과 함께 순군옥에 갇히기도 했다. 그리고 공양왕 2년(1390)에는 고려의 구신 우현보 등과 함께 먼 지역으로 유배되었다가 3개월 만에 감형을 받은 일도 있었다.

이 무렵 공양왕과 정몽주가 '윤이·이초 사건'으로 유배되었던 온건 보수 인사들을 사면하고 복권하여 급진 개혁 세력의 견제에 적극 나섰다는 사실을 감안하면 권중화 역시 온건 보수 세력으로 분류할 수 있다. 그럼에도 그는 조선 개국 후 중용되었고, 조선에서 불과 15년 동안의 관직 생활을 통해 '조선의 명신(名臣)'으로 역사에 이름을 남기게 된다.

권중화는 조선에서 관직 생활을 하면서 관리로서의 역할에 충실했다. 그리고 단 한 번도 정치적인 구설수에 오르거나 탄핵을 받은 일이 없을 정도로 자기 관리에 철저했다. 달리 말하면 그는 여말 선초의 격동기에 정치적 사건·사고와는 거리를 두고 있었다. 그렇다고 그가 소신도 없이 그저 시류에 편승하여 소극적으로 관직 생활을 한 것은 아니다. 실록에 따르면 그는 "권력이 있는 자에게 아부하지 않아서 세상의 존경을 받았다"고 평가할 정도로 청렴결백했고, 뛰어난 업무처리 능력을 인정받았다.

태조를 거쳐 태종 대에 재상을 지낸 인물들은 대부분 자의든 타의든 정치적 사건에 연루되는 등 정치적 영향을 적지 않게 받았다. 따라서 이 시기의 재상들과 관련한 자료는 물론 그들에 대한 평가가 정치적 사건·사고와 연관된 경우가 많았다. 그러나 조선에서 권중화의 관직 생활은 이들과 상당히 대조적이다.

조선 역대 왕들의 즉위 기간에 청빈 재상이 배출되었지만, 특히 세종 대의 재상들이 주목받고 있다. 물론 그 이유는 단순히 개인적으로 청렴한 것에 주목한 것이 아니라 그들의 청렴함이 당시의 정국에 영향을 미쳤기 때문이다. "용감한 장군 밑에 나약한 병사가 없다"는 옛말이 생각나게 한다.

권중화는 세종 대에 청렴한 재상을 대표하는 유관과 같은 시대를 살면서 우열을 가리기 힘들 정도로 조선의 역대 청빈 재상들의 선배이자 모범에 해당한다. 그가 사망했을 때 사관은 "평생 권력에 관심을 기울이지 않고 소신껏 살면서 재산에 관심이 없어 자신의 집을 방문한 손님과 앉아서 이〔蝨〕를 잡으며 담소를 나누었고, 말라빠진 말 한 필과 한 되의 이를 전 재산으로 남겼다"고 기록했다.

만능 재상으로 능력을 인정받다

권중화는 32세인 공민왕 2년(1353) 문과에 급제하여 관직 생활을 시작했다. 따라서 그는 고려에 이어 조선에서 관직 생활을 이어간 관리들의 대선배에 해당했다.

권중화는 왕명을 전하는 우부대언 등을 거치면서 공민왕의 총애를 받았고, "일처리가 주도면밀하고 공(公)과 사(私)의 구별이 분명하다"는 평가를 받았다. 그리고 그가 인사 업무를 맡았을 때 "말이나 행동을 조심하고 세밀하였으며 친분이 있는 사람들에게 사적으로 인사하지 않았으며…… 편안하고 조용하며 스스로 조심하여 권력을 지니고 있고 귀한 사람에게 아부하지 않아서 세상 사람들이 높게 보았다"고 평가받았다.

　권중화는 우왕 3년(1377) 국가 행정을 총괄하는 중서문하성의 종2품 직인 정당문학에 올랐다. 그리고 동지공거가 되어 과거 시험을 주관하여 성석린 등을 선발했고, 그의 문하에서 이름난 선비를 많이 배출할 정도로 학문도 뛰어났다.

　우왕 역시 그를 믿고 따르며 스승으로 삼았고, 명나라에 사신으로 다녀오는 등 외교 분야에서도 활약했다. 특히 그의 학식과 덕망이 알려지자 개혁 성향의 신흥사대부 등 당시 사회에 대한 문제의식을 지닌 뜻있는 선비들이 존경하며 따랐다. 그러나 그는 이성계를 왕으로 옹립하는 역성혁명을 지지한 세력과는 일정 거리를 두었으며, 1392년 주원장의 장남인 명나라 황태자가 사망하여 사신으로 명나라에 갔을 때 조선이 개국했다. 따라서 그가 돌아왔을 때는 고려가 사라졌고, 그는 조선과의 인연도 없는 듯했다.

　하지만 이성계는 고려 말 권신들의 횡포에도 아부하지 않았던 그의 기개에 주목했고, 명나라에 다녀오며 사신의 임무를 빈틈없이 수행하는 등 관리로서의 능력을 인정하여 조선 개국 후 그를 등용했다. 이때 그의 나이 72세였다.

　권중화는 유학을 공부한 문인이면서도 고사(古事)를 비롯해 풍수지리와 길흉을 점치는 지리(地理)와 복서(卜筮)에 통달했고, 의학에도 정통하여 《향약간이방(鄕藥簡易方)》과 수의학서인 《신편집성마의방우의방(新編集成馬醫方牛醫方)》 등 의학전문서적을 편찬하는 등 만능 재상으로 능력을 발휘했다.

《향약간이방》은 민간에서 병을 치료하는 방법과 처방들을 간단하게 묶어놓은 책으로, 현재는 전하지 않아 출판 시기와 내용 등은 구체적으로 알 수 없다. 다만 권근의 《양촌집(陽村集)》에 수록되어 있는 편찬 경위에 따르면 고려 말기에 전하던 《삼화자향약방(三和子鄕藥方)》이 너무 간략해서 권중화가 향약의 보급과 의료 확충을 목적으로 다시 저술한 의학서로 전한다. 그리고 이 책은 당시까지 "중국 의학을 그대로 받아들여 발전시키던 관례를 넘어 우리나라에서 생산되는 의약품을 사용하여 쉽게 병을 치료할 수 있도록 저술했다"는 점에서 "자주적으로 의학을 발전시켰다"는 평가를 받는다.

또한 정종 1년(1399) 78세의 고령의 나이에 한상경(韓尙敬, 1360~1423)과 함께 수의학서인 《신편집성마의방우의방》도 편찬했다. 이 책은 일본에서도 복간할 정도로 주목받았다. 그리고 태조 3년(1394) 태조가 권중화를 비롯해 하윤·정도전·성석린·남은·이근·권근·이무방 등에게 동국(東國, 우리나라)의 역대 현인들의 비록(祕錄)을 두루 상고하여 요점을 뽑아서 바칠 것을 명하자 권중화가 이틀 후 수창궁에서 《비록촬요(秘錄撮要)》를 지어 바쳤다.

83세의 고령의 나이에 재상에 오르다

권중화는 비록 70세가 넘는 고령의 나이였지만, 조선에서 그의 등용은 복합적인 의미가 있었다. 무엇보다도 신생국 조선에는 경륜을 갖춘 관리가 필요했고, 이를 통해 조선의 개국에 참여하지 않은 고려의 양식 있는 관리들을 회유하려는 의도가 담겨 있었다. 특히 권중화는 이러한 의도에 가장 적합한 인물이었다.

그는 조선에서 관직 생활을 시작하면서 조선의 현안 문제의 해결에도 적극 나섰다. 대표적인 예로 그는 고려 우왕 4년(1378) 우왕이 "개경이 바다와 인접하여 왜구의 침입으로 인한 환난이 우려되고 지기(地氣)에는 성쇠가 있으니 개경이 도읍으로 정한 지 오래되어 마땅한 곳을 찾아 보고하라"고 명하자 홍중선(洪仲宣, ?~1397)·이색 등과 함께 새로운 도읍지의 물색에 나섰던 경험과 풍수지리에 대한 식견을 살려 조선의 새로운 도읍지를 선정하는 과정에도 일찍이 참여했다.

그는 태조 2년(1393) 전라도 진동현(珍同縣)를 살펴보고 산수 형세도와 함께 양광도를 답사한 후 새 도읍의 종묘·사직·궁전·조시를 조성할 지세(地勢)를 그림으로 그려서 〈계룡산 도읍도〉를 태조에게 바치며 계룡산을 새로운 도읍지로 추천했다. 보고를 받은 태조는 그해 2월 계룡산을 직접 답사한 후 도읍지로 결정하고 공사에 착수했다.

그러나 계룡산이 새 도읍지로 적합하지 않다는 반대로 신도 건설이 중지되고, 하윤이 무악을 새 도읍지로 추천했을 때 권중화는 "무악의 남쪽은 땅이 좁아서 도읍을 옮길 수 없다"고 반대했다. 마침내 태조 3년(1394) 한양이 새로운 도읍지로 결정되자 권중화는 종묘와 사직 그리고 궁궐터 등을 정할 때 도면을 직접 그려서 바쳤고, 도성의 축조에 나서는 등 한양으로 천도하는 과정에 깊이 관여했다.

이후 권중화는 태조의 두터운 신임을 받았다. 태조 4년(1395) 홍영통이 태조의 생일에 참석하고 돌아오는 길에 말에서 떨어져 사망하는 사건이 발생했는데, 홍영통의 음주가 사고의 원인이었다. 보고를 받은 태조는 조정의 재상과 원로대신들의 안전을 위해 좌의정 조준과 우의정 김사형, 판삼사사 정도전 등과 함께 대나무로 만든 가마를 내려주는 등 각별하게 예우했다.

권중화는 태조에 이어 태종의 두터운 신임을 받았고, 태종 4년(1404) 83세라는 고령의 나이에 우의정에 올랐다. 그리고 태종 7년(1407) 86세의 나이에 최고위직인 영의정에 올랐다. 그러나 다음 해 병으로 영의정에서 사직했고, 같은 해 87세로 사망했다.

권중화는 외아들 권방위(權邦緯)를 슬하에 두었다. 권방위는 집안 형편이 어려웠던 탓인지, 태종 1년(1401) '태상전(太上殿)에서 쓰는 기와를 훔쳤다'는 죄로 탄핵받아 유배되기도 했다. 당시 그가 훔친 기와는 청기와로, 궁궐에서도 함부로 쓰지 못할 정도로 귀했고 금(金) 못지않게 값진 물건으로 전한다.

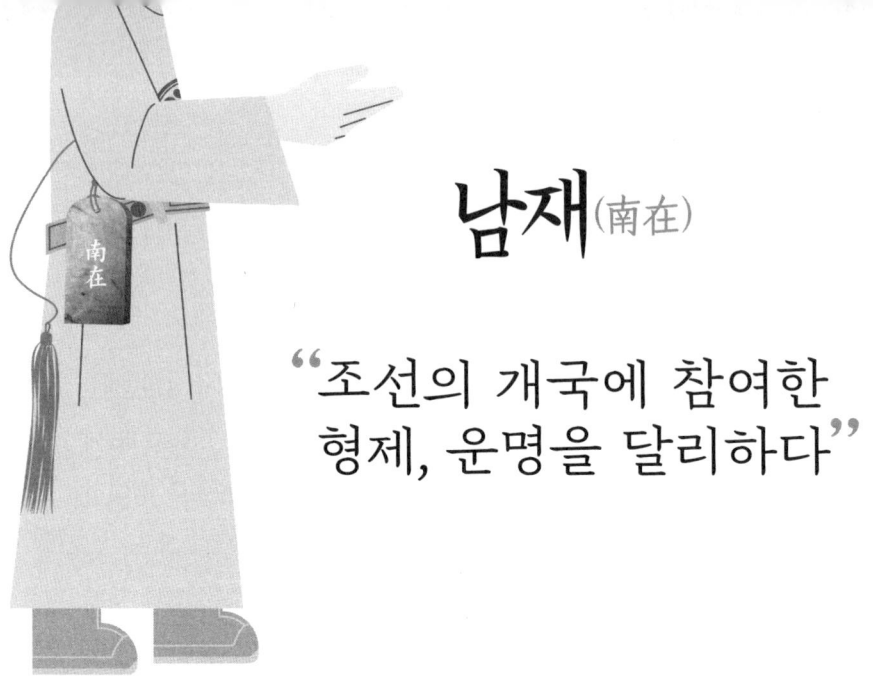

남재(南在)

"조선의 개국에 참여한 형제, 운명을 달리하다"

태종의 정치적 배려로 위기를 넘기다

남재(1351~1419)는 개국공신 1등에 책봉되었고, 태종 대에 재상의 자리에 올랐으나 개국공신이 그의 재상 등용에 큰 영향을 미친 것은 아니다. 그렇다고 그는 태종의 즉위를 지원한 측근 공신도 아니었다. 그는 왕자의 난에 참여하지 않았고, 태종 집권 전반기에는 정치적 시련도 겪었다. 그러나 태종 집권 후반기에 들어서면서 능력과 성실성을 인정받아 우의정과 좌의정을 거쳐 영의정에 오를 정도로 관직 운이 열리게 된다.

남재의 출세는 태종의 정치적 배려도 큰 힘이 되었다. 태종은 정도전 등 정적을 제거하고 즉위에 성공했지만, 조정에는 정치적 영향력을 지닌 개국공신들이 건재했다. 이들 중에는 태종을 적극 지지하지 않거나 정치적 입장을 분명하게 표명하지 않은 공신들도 있었다. 이 때문에 이유만 생긴다면 이들이 언제 왕권을 위협할지 모른다고 우려했던 태종은 이들에 대한 견제의 끈을 놓지 않았다. 그가 즉위하기 전에 추진했던 사병 혁파가 대표적인 예였다. 그러나 권력의 생리를 누구보다 잘 알고 있었던 태종은 사병 혁파와 같은 초강수만 두지는 않았다. 태종은 회유와 협박 등 다양한 방법을 동원하여 개국공신들을 자신의 지원 세력으로 끌어들였고, 한편으로는 개국공신 이외의 인물들을 새로운 지지 세력으로 영입하여 개국공신들의 견제에 활용했다. 물론 이 과정에서 지지 세력으로 돌아설 가능성이 없다고 판단할 경우 기회가 있을 때마다 그들의 세력을 무력화하는 등 제거 작업을 병행했다.

태종은 재상의 자리도 왕권 강화를 위해 전략적으로 활용했다. 특히 집권 전반기를 넘어서면서 왕권이 강화되고 정국이 안정되어 가자 검증 절차를 통과한 관리들을 가까이 두고 통치 체제를 구축해 나갔다. 남재의 재상 등용 역시 이러한 과정에서 이루어졌다.

태종이 남재를 주목한 또 다른 이유도 있었다.

남재는 불우했던 어린 시절을 잘 이겨내고 공민왕 20년(1371) 진사시에 5등으로 합격하여 관직 생활을 시작했다. 그러나 그는 관직에 나아가서도 9년 동안 승진하지 못하고 조회나 의례를 맡아보는 합문지후를 지낼 정도로 주목받지 못했다. 뿐만 아니라 말 한 필은 물론 종도 두지 못했던 그는 장인의 홀대를 받을 정도로 집안 형편이 어려웠다.

또한 남재에게는 남은이라는 동생이 있었다. 그는 공민왕 23년(1374) 과거에 급제하여 고려에서 관직 생활을 시작했다. 그러나 남은 역시 우왕 11년(1385) 삼척에서 왜구를 격퇴한 공으로 사복정에 오를 때까지 10년 넘게 외직에서 근무할 정도로 주목받지 못했다. 2019년 JTBC에서 방영한 드라마 〈나의 나라〉에서 배우 안내상이 "나는 갓 쓴 임금이 되고자 한다"는 등 자신의 불우했던 삶이 배어 있는 대사와 함께 인상적인 연기를 했던 남전이라는 인물의 성격이 남은을 연상시켜 주목받기도 했다.

형제가 이성계를 적극 지원한 이유는?

남재는 의령(宜寧)이 본관이며, 남민(南敏, 생몰 미상)이 시조다. 남민은 본래 당나라 봉양부 여남 출신의 김충(金忠)이다. 그는 신라 경덕왕 14년(755) 당나라의 안렴사로 일본에 사신으로 갔다가 돌아가는 길에 태풍을 만나 경상북도 영덕의 죽도(竹島) 또는 축산도(丑山島)에 표류한 것으로 전한다.

이후 그가 신라에서 살기를 원하자 경덕왕(景德王, ?~765)이 당나라 현종(玄宗, 685~762)에게 이 사실을 알린 뒤에 허락했다. 경덕왕은 그가 여남에서 왔다고 해서 남씨(南氏) 성과 함께 민(敏)이라는 이름을 내리고 영양현(英陽縣)을 식읍으로 하사했다. 일설에 따르면 남씨라는 성(姓)은 그가 남쪽으로부터 왔다고 해서 붙였다고도 한다.

이후 남민은 의령 남씨의 시조가 되었고, 그의 7세손 대장군(大將軍) 남진용(南鎭勇)의 세 아들을 각각 중시조로 하여 분관되었다. 장남 남홍보(南洪輔)가 선조의 대를 이어 영양(英陽)을 본관으로 했고, 차남 남군보(南君甫)는 의령을 본관으로 했다. 그리고 삼남 남광보(南匡甫)는 고성을 본관으로 하여 각각 1세조가 되었다.

의령 남씨의 시조 남군보는 남재의 고조부로, 고려 충렬왕 때 왕의 비서직인 밀직부사를 지내면서 중앙의 관리로 뿌리내렸다. 그러나 그의 가문은 권문세가에 속할 만큼 크게 융성하지는 못했다. 남재와 남은 형제가 능력에 비해 승진이 부진했고 경제적으로 빈곤한 생활을 하게 된 것도 이러한 집안 환경과 무관하지 않은 듯하다. 그럼에도 남재가 고려의 명문 거족 파평 윤씨 집안에 장가들었다는 사실이 주목된다. 가난하고 불우하게 젊은 시절을 보냈던 남재가 어떻게 파평 윤씨 집안에 장가들었는지 구체적으로 전하지는 않지만, 그의 집안 형편이 완전히 좋아지지는 않았던 것으로 보이며, 한편으로는 정치적인 이유가 있었던 것으로 보인다.

남재의 장인 윤호(尹虎, ?~1393)는 공민왕과 내기 바둑을 둘 정도로 가깝게 지내던 사이였다. 어느 날, 공민왕과의 내기 바둑에 져서 "남몰래 속이는 것도 아니 되는데, 밝은 데에서 속이면 마땅히 죄를 주어야 할 것이다. 한 사람의 손(手)을 가지고는 천하의 눈을 가리기 어렵다"라는 시를 지어 바치자 공민왕은 이 시가 자신을 풍자하고 조롱했다며 윤호를 멀리하고, 멀리 양광도도순문사로 보냈다는 일화가 전한다.

따라서 남재는 처가의 지원도 받지 못했고, 동생 남은과 함께 자신들의 능력에 의존해야 했다. 하지만 혼탁할 대로 혼탁해진 고려 말기의 사회에서 능력만으로 출세하기에는 한계가 있었다. 남재 형제는 이러한 현실에 대해 문제의식을 갖게 되었고, 이는 개혁에 대한 관심으로 이어졌다. 특히 남재 형제와 이성계의 만남은 그들의 인생에서 전환기였다.

남재와 남은 형제를 이성계에게 천거한 사람은 조인옥으로 전한다. 이후 남은은 요동 정벌군에 참여하여 조인옥 등과 함께 이성계에게 회군을 종용했고, 회군 후에는 가장 먼저 이성계를 왕으로 추대하자고 주장하는 등 남은은 이성계를 지원한 그룹 중에서도 가장 급진적인 인물로 분류된다.

반면 남재는 위화도회군에 참여하지 않았지만, 윤소종과 함께 개경 동문(東門)에 나가 이성계를 영접하며 〈곽광전〉을 바쳤다. 곽광(霍光, ?~BC 68)은 전한(前漢)의 9대 황제 창읍왕(昌邑王)을 폐하고, 선제(宣帝)를 황제로 옹립한 인물이다. 창읍왕은 향연과 음란을 일삼다 즉위한 지 27일 만에 폐위되었고, 선제는 전한시대에 가장 어진 황제로 꼽힌다. 남재는 이러한 중국 역사를 인용하여 위화도회군의 정당성을 제공했던 것이다.

남재는 이때의 공으로 윤소종 등과 함께 "사직(社稷)의 큰 계책은 옛일을 증거로 인용하여 도왔으니 역시 칭찬할 만하다"며 인정받았고, 동생 남은과 함께 회군공신에 책봉되었다.

세력을 결집하며 개혁에 앞장서다

위화도회군 이후 이성계를 지원한 급진 개혁 세력은 사상적 논리를 갖춘 소수의 핵심 인사들이 세력 결집을 추동하며 개혁을 이끌어나갔다. 남재 형제를 포함해 정도전·조준·조인옥·윤소종 등이 그들이다. 특히 이들은 성리학을 공부한 신흥사대부로, 성리학에서 혁명의 이론적 근거를 정리할 정도로 이념적으로 견고하게 무장하고 있었다.

이들 중에는 고려 사회에서 가문이나 신분 그리고 정치와 경제적인 여건 등의 뒷받침을 받지 못한 인물들도 적지 않았다. 이 때문에 "주변으로부터 냉대와 멸시를 받았고, 능력을 인정받지 못해 사회에 대한 불만이나 문제의식이 강했다"는 평가를 받기도 한다. 특히 남재와 남은 형제를 비롯해 조인옥 등은 '역성혁명'을 실질적으로 모의하고 주동한 세력으로 가장 급진적이며 야심적이고 행동적인 식자 계층으로 평가받았다.

또한 남재 형제를 포함해 정도전 등은 지역적으로 최남부 지역 출신으로 최북단 지역의 무인 집단을 거느린 이성계와 좋은 조화를 이루었다. 하지만 남재와 남은 형제의 앞날이 처음부터 희망적인 것은 아니었다. 비록 이성계가 뛰어난 무공을 세우며 중앙 정계에 등장했지만 그가 중앙에 진출한 초기에 별다른 정치활동이 보이지 않는 이유는 권세가를 중심으로 복잡한 관계를 형성하고 있던 조정에서 한계가 있었기 때문이다.

이성계와 교류한 신흥사대부들 중에는 공민왕 때 신돈의 정권에서 배제된 문인 등 권력에서 소외된 문인들도 적지 않았다. 따라서 이들 대부분은 개인에게 권력이 집중되는 것에 반대했지만, 모두 동일한 정치의식을 지니고 있었던 것은 아니었다. 대표적인 예로 이들이 급진적인 사상을 지녔다고는 하지만, 모두 처음부터 혁명을 염두에 두고 만남이 이루어진 것은 아니었다. 그리고 남재와 남은 형제를 비롯해 윤소종·조준·조인옥 등은 30~40대 소장파라 조정에서의 활동에도 한계가 있었다.

이러한 분위기에서 남재의 동생 남은의 활동은 주목받을 만했다. 그는 정도전을 가장 잘 이해하고 가장 가까이에서 지원한 동료로 평가받았고, 문인으로서의 뛰어난 재능은 물론 모험심과 호방한 성격 그리고 용맹 등 탁월한 무인 기질도 겸비했다. 또한 그는 "계략과 책략이 개국공신 중에서도 가장 뛰어나다"고 평가받을 정도로 명석했고 정치적 야망도 컸다.

공양왕 4년(1392) 정몽주를 중심으로 온건 보수파 세력이 급진 개혁 세력을 공격하면서 "만약 조준과 남은을 탄핵하여 극형에 처하면 조박·윤소종·오사충의 무리는 족히 제재할 것이 없다"며 남은과 조준을 이성계 세력의 핵심으로 지목할 정도로 그는 이미 젊은 나이에 급진 개혁 세력을 이끌었다. 그리고 이성계의 추대에 참여하여 조선 개국 후 공을 인정받아 형 남재와 함께 개국공신 1등에 오르게 된다. 이때가 남은은 39세, 남재는 42세였다.

남은은 조선이 건국된 후에도 이성계의 최측근으로 활동했고, 경상도 지방의 왜구를 소탕하는 등 무공도 세웠다. 그리고 태조 3년(1394) 한양의 종묘와 궁궐터의 조성에 적극 참여하는 등 조선 개국을 전후해서 폭넓게 활동했던 남은은 형 남재보다 한 수 위라는 평가를 받는다. 형제가 개국공신 1등에 책봉되었을 때 남재가 전지(田地) 170결과 노비 20구를, 그리고 남은은 전지 200결과 노비 25구를 하사받아 형 남재보다 더 많은 예우를 받은 것이 그 예라 하겠다.

남은은 조선 개국 후 정도전과 함께 왕권의 제한과 신권이 보장되는 정치체제의 구축에 나서면서 조정의 신진 사류를 형성하여 적극적으로 활동했다. 그러나 그는 군제 개혁 과정에서 요동공벌에 대한 논란이 발생하면서 정치적 견제를 받았고, 결국 1차 왕자의 난 때 정도전과 심효생 그리고 아우 남지(南贄) 등과 함께 '왕자를 없애고 권력을 잡으려 했다'는 죄로 처형되었다.

형제가 다른 길을 걷다

남은은 비록 처형되었지만, 개혁 세력 내에서 인간관계가 원만했다. 〈태조실록〉에 따르면 "남은은 천성이 호탕하였으며, 대인관계가 원만하고 의리가 있어 비판받는 일이 거의 없었다"고 하며 1차 왕자의 난이 일어났을 때의 다음과 같은 일화도 전한다.

"남은은 자신의 첩의 집에서 정도전 등과 함께 있다가 난이 일어났을 때 도망쳐서 성 밖의 포막(鋪幕, 파수 보는 막)에 몸을 피해 살아남았다. 그는 자신의 무고를 밝히기 위해 스스로 출두하려고 했다. 이에 수하인 최운(崔

泣)과 하경(河景) 등이 말리자 남은은 '정도전은 남에게 미움을 받았던 까닭으로 참형을 당했지만, 나는 미워하는 사람이 없다'는 말을 남기고 순군옥에 갔다가 처형당하고 말았다."

이방원 또한 남은의 재주를 대단히 아꼈다. 태종 15년(1415) 사헌부에서 "……난신(亂臣) 남은·이근·박위·변남룡·심효생·유만수의 아들이 현달한 벼슬을 두루 거치어 안팎에 퍼져 있으니, 심히 악한 것을 징계하고 착한 것을 권하는 도리가 아닙니다. 무인년(戊寅年, 1차 왕자의 난) 이후부터 난신의 자손은 그 벼슬을 파면하소서"라며 1차 왕자의 난 때 역모의 죄로 처형당한 자들의 후손들이 고위직에 오른 것을 문제 삼으며 파면할 것을 상소로 올린 일이 있었다. 그러나 태종은 "남은은 섬기던 이에게 충성하였으니, 어찌 난신이라고 할 수 있겠는가? 도리를 아는 사람에게 물어보라"며 대언에게 "빨리 이 소(疏)를 봉하여 다른 사람으로 하여금 보지 못하게 하라"고 명해 끝까지 남은을 배려했다.

세종 3년(1421)에는 상왕으로 물러나 있던 태종이 대신들과 정사를 의논하면서 1차 왕자의 난 때 처형당한 남은과 이제(李濟, ?~1398)의 공이 큰데 태조의 묘정에 배향(공신의 신주를 종묘에 모시는 일)되지 않은 것을 안타깝게 여겨 이들의 신주를 태조의 능에 배향하도록 명했고, 정도전의 공신녹권은 박탈했지만 남은은 개국공신을 유지하고 좌의정으로 추증했다.

반면 남재는 동생 남은과 끝까지 정치적 입장을 함께하지는 않았다.

고려 말기에 개혁에 적극 참여한 남재 역시 신진 사류로 구세력과 대립하는 과정에서 자신의 재능을 발휘했다. 이 때문에 이성계가 해주에서 중상을 입자 정몽주 등 온건 보수 세력이 반격에 나서면서 남재는 정도전·조준 등과 함께 먼 곳으로 유배되어 정치적 위기를 맞았다. 이때 이방원이 정몽주를 피살함으로써 형세가 급반전되고, 유배된 인물들이 다시 돌아오는 과정에서 남재 역시 유배에서 풀려나 복직이 이루어졌다. 이후 남재는 개국 과정에 적극 참여했고, 태조 5년(1396)에 김사형과 함께 대마도 정벌에 참전하여 무공도 세웠다. 그러나 남재는 1차 왕자의 난으로 다시 정치적 위기를 맞게 된다.

당시 송악에 있었던 남재가 난이 일어난 후 궁궐로 돌아오자 태종의 측근들은 남은의 형 남재의 처형을 주장했다. 그러나 태종은 이를 수락하지 않고 오히려 남재를 자신의 집에 숨겨주기까지 했고, 이후 주변의 여론을 의식해 잠시 귀양 보냈다가 소환하여 다시 관직을 내렸다.

이후 남재는 2차 왕자의 난이 일어났을 때 스스로 특별한(?) 역할을 자임하고 나섰다. 이방원의 승리가 확정된 날 밤 그는 대궐의 뜰에 나아가 "지금 정안공(이방원)을 세자로 삼아야 한다. 이 일은 늦출 수 없다"고 외치며 정종의 결단을 촉구했다. 실록에는 이 말을 전해들은 이방원이 "크게 화를 내며 꾸짖었다"고 전하지만, 그의 속마음은 달랐을 것이다. 이방원은 두 번째 왕자의 난을 겪으며 더 이상 기다릴 시간적 여유가 없었기 때문이다. 그렇다고 스스로 자신의 머리를 깎을 수도 없었다. 따라서 이날 남재의 외침은 정치적인 의미가 있었다.

참모형 관리로 평가받다

남재는 산술(算術)에 뛰어나 주변에서 '감히 그를 따라갈 수 없다'는 뜻으로 '남산(南算)'이라는 별명을 붙일 정도로 명석했고, 야심과 추진력도 지니고 있었다. 하지만 그는 정치적으로 뜻을 같이하는 세력을 형성하지 않는 등 동생 남은과는 정치 성향이 달랐다.

학문이 뛰어났던 그는 태종이 즉위한 후에도 태종과 세자 양녕대군을 가르친 스승이었고, 문인으로서의 능력을 발휘하며 태종의 왕권 강화 정책을 지원했다. 태종 역시 그를 신임하며 등용했고, 개국공신 등 태종의 주변 세력들을 견제하는 카드로도 활용했다. 태종 집권 후반기에 접어들면서 마침내 그는 재상의 자리에 오르게 된다. 결과적으로 동생 남은이 새롭게 건국한 국가에서 정치체제에 주목했다면, 형 남재는 새롭게 구축되는 왕권을 선택했던 것이다.

특히 그는 윗사람의 마음을 읽을 줄 알았고 신중한 성격이었다. 요즘 말로 하면 뛰어난 참모형에 속했다. 이런 남재를 실록에는 "성품이 활달하고 도량이 넓었으며, 마음가짐을 지극히 삼가면서도 바깥 형식에 거리낌이 없었으며, 자신의 위험을 무릅쓰고 윗사람을 받들었다"고 평가하고 있다. 이러한 성격은 개국 후 태종과의 각별한 인연으로 이어졌다.

태조 3년(1394) 여러 왕자 중 한 명에 불과했던 이방원이 명나라에 사신으로 가게 되었을 때의 일이 대표적인 예이다.

명 황제 주원장이 조선을 길들이기 위해 꼬투리를 잡아 시비를 거는 등 외교적으로 껄끄러운 시기에 이방원의 사행(使行, 사신 행차)이 이루어졌다. 따라서 그의 안전을 보장할 수 없었고, 사신단에는 정도전과 가까운 인물들도 적지 않았다. 이들은 이방원에게 예를 다하지 않았다는 이야기가 전할 정도로 이방원과의 관계가 원만하지 못했다. 그런데 이러한 분위기를 모를 리 없었던 남재가 이방원과 함께 명나라에 다녀오겠다고 자원했다. 〈태조실록〉에는 태조가 이방원을 사신으로 보내기로 결정했을 때의 상황을 다음과 같이 기록하고 있다.

"전하(이방원)께서 대답하기를 '종묘사직과 관련되는 큰일인데 신이 어떻게 마다하겠습니까'라고 하였다. 태조가 눈물을 흘리면서 말하기를 '네가 허약한 몸으로 만 리 길에 탈이나 나지 않겠는가?'라고 하였다. 조정의 관리들이 모두 전하(이방원)를 위하여 위험하게 여겼다. 남재가 말하기를 '정안군(이방원)이 만 리 길을 떠나려 하는데 우리들이 어떻게 여기서 편안히 누워서 지내겠는가?'라며 자신도 가겠노라고 자청하였다."

이렇게 해서 남재는 이방원과 함께 명나라로 떠났고, 사행 기간 동안 이방원을 성심으로 모셨다. 그리고 이방원을 도와 명의 과도한 공물 요구에 따른 국가와 백성들의 부담을 덜어주기 위해 3년에 한 번씩 조공할 것을 허락받는 등 조선과 명나라의 관계 개선에 공을 세우고 돌아왔다. 이때 남재의 충성심을 확인한 이방원은 이후 그를 가까이하게 되었고, 때로는 보호막이 되어주기도 했다.

1차 왕자의 난 때 보여준 이방원의 행동도 그 예였고, 태종이 왕위에 오른 후 동생 남은이 '이숭인과 이종인을 함부로 죽였다'는 이유로 탄핵을 받았을 때 남재는 태종의 비호로 무사할 수 있었다. 그리고 태종 4년(1404) 남재가 이거이와 이애 부자의 일파라는 탄핵을 받아 하옥되는 등 정치적 고초를 겪을 때에도 태종이 "죄의 경중을 가려 관련자들을 엄중하게 다스려야 한다"며 남재의 무고를 밝혀주었다.

심지어 '세자 양녕대군에게 불경한 말을 하여 역모의 죄를 범했음에도 민무회와 염치용 등의 죄를 의정부에서 논하지 않았다'는 이유로 재상의 자리에 있던 이직과 남재의 죄를 물어야 한다는 상소가 잇따랐을 때에도 태종이 윤허하지 않아 무사히 넘어간 일도 있었다.

늙은이가 과했구나!

남재는 태종 13년(1413) 우의정 조영무가 병으로 사직했을 때 후임으로 우의정에 올랐다. 이때의 인사는 태종에게 특별한 의미가 있었다.

이 무렵 태종의 왕권 강화 정책이 자리 잡아가면서 정국이 안정되고 있었다. 따라서 정치가형 재상보다는 왕을 보필하여 국정의 제반 업무를 관리감독하는 행정가형 재상이 필요했다. 그러나 태종은 "태조 대에는 재상이 조준과 김사형뿐이었으나 내가 즉위한 후에는 재상이 병이 나거나 탄핵을 받아 유배당하는 등 자주 교체되었다"고 우려할 정도로 재상이 자주 교체되었기 때문에 인물난을 겪었다.

그런 점에서 남재는 태종이 찾던 적임자였다. 어느 날, 태종이 "남재가 모든 일에 용기 있게 행동하지 못하지만 재상으로 등용하면 어떤가?"라며 대신들의 의견을 물었다. 여기서 태종이 말한 '용기 있게 행동하지 못한다'는 표현은 단순히 남재의 소심한 성격을 뜻하는 부정적인 의미가 아니라 '이제까지 정치 성향이 강한 재상들이 등용되었다면, 앞으로는 관리형 재상이 필요하다'는 의미가 담겨 있었다. 즉 권력에 관심이 없는 등 정치 상황에 휩쓸리지 않는 관리형 재상에 남재가 적격이라고 판단한 태종이 대신들의 의견을 물었던 것이다. 이에 노련한 재상 하윤은 태종의 의도를 파악하고 '그동안 무인 출신으로 성격이 불같고 신중하지 못했던 조영무보다는 적임자'라며 태종의 의견에 동의했다. 이때 남재의 나이 63세였다. 당시 60세를 넘긴 나이는 비교적 고령에 해당했지만, 조선 개국 후 초대 영의정에 오른 배극렴 이후 재상들의 나이를 감안하면 그렇게 늦은 나이는 아니었다.

이후 태종 16년(1416) 좌의정 하윤이 물러나며 이루어진 개각에서 남재가 영의정에 올랐다. 그러나 그는 여전히 자신의 의견을 내세우기보다 국왕의 뜻을 헤아려 받들었다. 덕분에 그는 특별히 정치적인 사건에 연루되지 않았지만, "재상으로서 특별히 한 일이 없다"는 평가를 받기도 한다. 하지만 남재는 정치적 식견이 모호하거나 단순히 시류에 편승하는 재상은 아니었다. 특히 태종 이후의 왕위에 대한 그의 예상은 적중했다.

세자 양녕대군이 자질 문제로 구설수에 오르며 충녕대군(세종)이 대안으로 조심스럽게 거론되던 시기였다. 당시 남재는 충녕대군에게 이렇게 말했다.

"옛날 주상(태종)께서 잠저에 계실 때 내가 학문을 권하니 주상께서 말씀하시길 '한갓 왕자는 참석할 곳이 없으니 학문은 해서 무엇하겠습니까?'라고 하시기에 '군왕의 아들이라면 누군들 임금이 되지 못하겠습니까?'라고 했습니다. 지금 대군께서 학문을 좋아하는 것이 이와 같으니 제 마음이 기쁩니다."

남재는 충녕대군에게 차기 왕위에 오를 것에 대비해 준비할 것을 충고했고, 이 말이 태종에게도 전해졌다. 평소 같으면 태종이 왕권에 대한 간섭으로 받아들일 수도 있는 민감한 문제였지만, 태종은 "늙은이가 과했구나" 하며 웃어넘겼다. 남재는 이미 태종의 의도를 읽고 있었던 것이다. 남재는 태종의 기대대로 태종 집권 말기에서 세종으로 이어지는 시기에 재상으로 재직하며 평화적인 정권교체가 이루어지는 가교 역할을 하고 세종 1년(1419) 관직에서 물러난다. 그리고 같은 해 69세의 나이에 마지막까지 태종의 재상으로 임무 수행을 마치고 생을 마감한다.

할아버지와 손자가 같은 왕 대에 재상에 오르다

　남재의 집안은 조선시대에 재상을 배출한 주요 가문으로 꼽힐 정도로 명문가로 뿌리내렸다. 그의 손자 남지의 경우 음보로 관직에 나아가 세종 집권 말기에 우의정과 좌의정에 올라 할아버지와 손자가 2대에 걸쳐 같은 왕을 보필하며 재상을 지내는 진기록을 세웠다. 그리고 중종 때 문한(文翰)의 제일인자로 인정받았고 글씨에도 능했던 남곤(南袞, 1471~1527)은 사화를 일으킨 것이 문제가 되어 후대 사림의 지탄을 받았지만, 중종 14년(1519) 우의정을 거쳐 영의정까지 올랐다.

　이외에도 27세에 지금의 국방부 장관인 병조판서에 오를 정도로 능력이 출중했으나 모반 혐의로 처형된 청년 장군 남이(南怡, 1441~1468)는 남휘와 정선공주의 손자이다. 그리고 단종 때 생육신 남효온(南孝溫, 1454~1492)은 남재의 5대손이다. 남효온은 성종 9년(1478) 세조를 비판하면서 세조 대에 벼슬을 지낸 훈신들에게 물러날 것을 요구하는 상소로 이른바 정풍운동을 일으켜 조정에 커다란 파장을 일으킨 인물이다.

　남재의 집안은 조선 왕실과도 인연이 각별했다. 태종 15년(1415) 남재의 손자 남휘(南暉, ?~1454)가 태종의 넷째 딸 정선공주(貞善公主, 1404~1424)와 혼인하여 태종과 사돈 관계를 맺었다. 당시 남재의 손자가 부마가 된 것은 태종의 의지가 담겨 있었다. 실록에 따르면 태종은 고위직이 아닌 4~5품 이하의 사대부 집안에서 사윗감을 물색했으며, 그 결과 남재의 손자가 선정된다. 당시 태종은 이렇게 말했다.

　"문벌의 자손은 교만하고 부귀한 것에 익숙해서 스스로를 망치는 경우가 많다. 새 부마가 재상의 손자이기는 하나 남재는 이미 늙었고, 또한 그의 아비가 일찍 사망하여 어머니에게서 성장했으니 단연 교만하고 방종하지 않을 것이다. 일찍이 조 정승(조준)의 아들 조대림 등을 부마로 삼았으나 그가 반역자 목인해의 꼬임에 빠져 군사를 일으키려다가 자기 명을 다하지 못하고 죽을 뻔하였다. 이에 벼슬이 낮은 집에서 구하면 교만한 버릇이 없을 것이다."

조대림 사건은 김해의 관노(館奴) 출신 목인해(睦仁海, ?~1408)가 조대림을 무고한 사건을 말한다. 태종이 왕권에 위협이 될 만한 공신 세력을 제거해 나가자 포상을 노린 목인해가 의도적으로 조대림에게 접근한 후 조대림의 직위를 이용하여 군사를 움직이게 꼬드겨 놓고 "조대림이 역모를 꾸미고 있다"고 고발했던 것이다. 이 때문에 조대림은 위기를 맞았지만, 다행히 무고로 밝혀져 풀려났다. 하지만 간신들이 출세해 보려는 욕심으로 언제든 왕실을 이용할 수 있다고 우려한 태종은 이러한 가능성을 사전에 차단하기 위해 편모슬하에서 성장했고, 정치세력을 형성하지 않았던 늙은 재상의 손자라면 이러한 불상사가 일어나지 않을 것이라고 판단했던 것이다.

그런데 남휘는 태종의 의도대로 정치와는 거리를 두고 살았지만, 남의 첩을 빼앗는 등 바람기가 심했다. 이 때문에 마음고생이 심했는지 정선공주는 21세의 젊은 나이에 요절하고 말았다.

또한 궁녀들과의 성 추문으로 물의를 빚는 등 여색을 좋아했던 세종의 넷째 아들 임영대군(臨瀛大君, 1420~1469)의 첫 번째 부인은 남은의 손자 남지(南智, ?~1453)의 딸이었다. 그러나 그녀는 지병이 있어 결혼한 지 한 달 만에 강제로 이혼당했다. 남재의 집안은 왕실과의 혼인 관계를 이어갔지만, 좋은 인연이 아니었던 것으로 보인다.

한편 남재는 젊은 시절을 어렵게 보낸 탓인지 세도를 얻게 되자 '남의 노비를 탈취하고 재물에 대해 지나치게 욕심을 부렸다'는 이유로 탄핵받는 등 구설수에 오르내렸다.

태조 7년(1398) 남재가 판정도감으로 있을 때 고소를 당하자 여러 가지 방법을 동원하여 고소인에게 압력을 가해 고소를 취하시킨 일이 있었는데, 당시 고소인은 화병(火病)으로 사망했다고 한다. 태종 14년(1414)에는 유량·정탁 등과 함께 왜관(倭館)에서 백은(白銀)과 인삼(人蔘) 등을 밀무역한 사실이 발각된 일도 있었다. 당시 태종은 "영광스러운 일이 아니니 백성들이 알지 못하게 하는 게 좋겠다"며 죄를 묻지 않아 무사히 넘어갔다고 하며, 말년에는 제법 부유하게 살았지만, 막냇동생 남실(南實)과 재산을 다투어 평생 화목하지 못했고, 남실이 아침밥도 겨우 먹을 정도로 가난했지만 아무런 지원을 하지 않을 정도로 욕심이 많았다는 비난을 받았다.

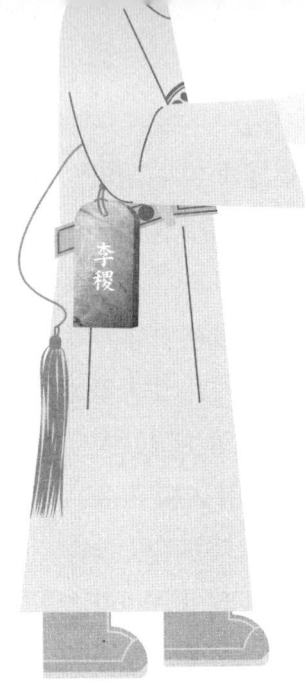

이직(李稷)

"정치보다는 관리의 길을 선택하다"

구사일생으로 살아남다

이직(1362~1431)은 우왕 3년(1377) 16세에 문과에 급제하여 관직 생활을 시작했다. 이후 그는 공양왕 때 예문제학에 오르는 등 뛰어난 재능을 인정받으며 고려에서 중견 관리로 성장했다. 또한 그는 명문가 출신으로 신학문이자 개혁 성향의 성리학을 공부했고, 이성계와의 인연으로 인생의 전환기를 맞게 된다.

조선의 개국 과정에서 이직의 구체적인 활동은 전하지 않는다. 아마도 20대의 젊은 나이였던 그가 정치적으로 핵심적인 역할을 하기에는 한계가 있었던 것으로 보인다. 그럼에도 그는 이성계의 추대에 참여하는 등 조선 개국에 동참했고, 그 공을 인정받아 개국공신 3등에 올랐다. 이후 그는 지신사로 태조를 측근에서 보필하며 관직 생활을 시작했다. 이때 그의 나이 31세였다.

이직은 사신으로 북경에 가서 고명(誥命)과 인장(印章)을 청하여 받아 가지고 돌아오는 등 외교 분야에서도 활동했다. 태조 6년(1397)에는 대사헌에 오를 정도로 승진이 빠른 편이었고, 정종 1년(1399) 중추원사로 서북면도순문찰리사를 겸임하여 왜구를 격퇴하는 등 문인이면서 무공도 세웠다.

이직은 정도전과도 가깝게 지낸 것으로 전하며, 이 때문에 1차 왕자의 난이 일어났을 때 죽을 고비를 맞게 된다. 〈태조실록〉에는 당시의 상황을 다음과 같이 기록하고 있다.

"이직은 개국공신의 일원으로 정도전 등과 함께했는데, 1차 왕자의 난이 일어난 날 밤 남은의 첩의 집에 모여 술잔을 기울이고 있을 때 밖이 소란해지자 위협을 느낀 이직이 노비의 옷으로 갈아입고 불에 타고 있는 지붕 위로 올라가 다른 종들과 함께 불을 끄는 척하다가 도망쳐서 살아남았다."

이처럼 운 좋게 살아남은 이직은 2차 왕자의 난에서는 이방원을 지원했다. 그가 좌명공신 4등에 책봉된 것으로 보아 핵심적인 역할을 하지는 못한 것으로 보이지만, 그가 정도전과 뜻을 함께했음에도 살아남아 관리로 성장할 수 있었던 데는 그의 능력과 함께 고려의 권문세족 출신이라는 집안 배경 그리고 복잡하게 얽힌 혼맥 관계도 영향을 미쳤다.

이직은 성주 이씨 집안 출신으로, 고려 때 정당문학을 지낸 이조년(李兆年)의 증손이다. 그의 집안은 성주 지방에서 대대로 호장직을 이어오던 지방 중소지주에 속했다. 따라서 권문세족에는 들지 못했지만, 고려 말기에 들어서면서 재상과 대제학 등 고위직 관리를 배출하여 명문가를 이루었다.

이직의 할아버지는 이포(李褒, ?~1373)로, 이인복(李仁復)·이인임(李仁任)·이인미(李仁美)·이인립(李仁立)·이인달(李仁達)·이인민(李仁敏) 형제를 아들로 두었다. 이들은 공민왕에서 우왕 대에 관직 생활을 하며 최고의 권문세가를 이루었다.

이직의 아버지는 이인민(李仁敏, 1330~1392)이다. 그리고 이인민의 둘째 형 이인임은 우왕 대에 왕권을 능가하는 최고의 권력을 행사한 권신이었고, 큰형 이인복은 성품은 물론 뛰어난 성리학자로 신흥사대부들의 존경을 받았다. 또한 그는 조일신이 정변을 일으켰을 때 공민왕이 사후처리를 상의하기 위해 독대를 청할 정도로 공민왕의 두터운 신망을 받았다. 그러나 그는 신돈을 멀리할 것을 간하다 파직당했고, 동생 이인임과 이인민이 권력을 농단하자 "나라를 결단내고 집안을 망칠 자는 반드시 이 두 아우이다"라고 공개적으로 비판할 정도로 성품이 강직했다.

진보와 보수 성향을 모두 지닌 명문가에서 성장하다

이직의 아버지 이인민은 우왕 대에 최고 권신으로 군림했다. 이 때문에 우왕 14년(1388) 이성계가 최영을 숙청했을 때 함께 탄핵을 받아 계림부에 유배되었다가 공양왕이 즉위한 후 복직되었다. 그러나 공양왕 2년(1390) '윤이·이초의 사건'에 연루되어 청주옥에 갇혔다가 멀리 유배되는 등 고초를 겪었다.

이처럼 이직의 집안은 우왕 대에 이인임이 집권하면서 보수 세력화되었다. 그러나 한편으로는 성리학을 공부하여 고려 말기에 진보적 성향을 지닌 신흥사대부를 배출하는 등 개혁과 보수 성향을 모두 지니고 있었다.

권문세족을 대표하던 그의 집안에서 이직을 포함해 조선의 개국에 참여하여 다수의 개국공신을 배출한 것도 일찍이 개혁 성향의 성리학을 접할 수 있었던 집안 분위기가 영향을 미쳤다. 하지만 이들은 고려를 지키려는 보수파들로부터 고려왕조를 배반한 변절자라는 비판을 받았다.

이직의 집안은 복잡한 혼맥과 함께 이성계 집안과의 인연도 주목된다. 고려 말기에 과거에 합격한 이방원은 이직의 아버지 이인민의 문하생으로 이인민과는 좌주와 문생 관계였다. 그리고 태종 대에 정계를 주도한 하윤이 이인복의 문하에서 공부했고, 이인미의 딸과 혼인해 하윤과 이직은 사촌 처남·매부 사이였다. 또한 태종의 장인 민제의 아들 민무휼은 이직의 사위였다. 이 때문에 이직은 태종 15년(1415) 민무휼 형제의 옥사에 연루되기도 했다.

뿐만 아니라 이직의 손자 이정녕(李正寧, 1411~1455)은 태종과 후궁 소빈 노씨(昭嬪 盧氏, ?~1479) 사이에서 태어난 숙혜옹주(淑惠翁主, ?~1464)와 혼인하는 등 성주 이씨 집안은 조선 왕실을 포함해 왕실 외척 그리고 당대의 권세가들과 복잡한 혼맥을 이루었다. 이외에도 이직의 또 다른 손자 이함녕(李咸寧, ?~1437)은 세종 17년(1435) 문과에 장원급제하여 집현전에 발탁된 수재였다. 이후에도 성주 이씨 집안은 문과 급제자를 지속적으로 배출하여 조선에서도 명문가로 자리 잡았다.

성주 이씨 집안과 이성계의 인연에서 가장 주목받는 인물은 단연 이제였다. 이제는 이직의 사촌형으로, 이직에게도 커다란 영향을 미쳤다. 이직이 조선의 개국 과정에 참여하고, 개국 후 정도전·남은 등과 가까이 지낸 것도 사촌형 이제와 연관이 있었다.

이제는 권신 이인임의 동생 이인립(李仁立)의 아들로, 이인립은 형 이인임이 권력을 남용하여 원성을 사자 여러 차례 충고했다. 그러나 이인임이 충고를 받아들이지 않자 낙향해 버렸고, 그의 아들 이제는 이성계와 신덕왕후 사이의 외동딸 경순공주(慶順公主, ?~1407)와 혼인했다. 이제는 뛰어난 재능과 정치적 야망도 지니고 있었다. 훗날 이직이 '염치용 사건'으로 탄핵받았을 때 '특별히 공이 없는 이직이 조선의 개국공신이 된 것은 그의 사촌 형 이제의 영향이 컸다'고 비판받을 정도로 그의 집안에서 이제의 정치적 영향력이 매우 컸다.

이제는 공양왕 4년(1392) 급진 세력이 온건 보수 세력의 파상 공세로 위기에 처했을 때 정몽주 살해에도 관여하는 등 조선의 개국 과정에 적극 참여했다. 이후 그는 장인 이성계의 추대에 참여하여 개국공신 1등에 오르며 새롭게 시작되는 조선에서 자신의 정치적 꿈을 펼치고자 했다. 그러나 정도전과 뜻을 함께했던 그는 1차 왕자의 난 때 살해되고 말았다. 이제는 조선의 개국을 이끌어낸 지식인이자 혁명가였지만, 그것으로 그의 역할이 막을 내린 것이다.

이때 남편 이제를 포함해 방번과 방석 등 혈육들이 모두 사망하고 경순공주만 유일하게 살아남았다. 이 때문에 "경순공주의 삶을 가엾게 여긴 태조가 그녀의 머리를 직접 깎아 비구니가 되었다"는 일화도 전한다.

이성계 집안과 각별한 관계를 이어가다

성주 이씨 집안과 이성계의 인연은 명나라와 심각한 외교문제가 발생하면서부터 200여 년 동안 이어졌다. 사건의 발단은 공양왕 2년(1390) '윤이·이초의 사건'에서 비롯되었다. 당시 이들은 명나라에 가서 "공양왕은 고려 왕실의 후손이 아니라 이성계의 인척으로, 명나라를 치려고 한다"고 전하면서 이성계가 이인임의 아들이라고 말했다.

이후 명나라는 주원장이 사망한 후 《대명회전(大明會典)》에 이 말을 그대로 기록하면서 "이인임의 아들 단(旦, 태조 이성계)이 사왕(四王, 공민왕·우왕·창왕·공양왕)을 시해했다"고 썼다. 조선은 이 사실을 태조 3년(1394)에 알게 된다.

이 내용은 이성계에게는 대단한 모욕이었고, 건국 직후 왕통의 합법성과 왕권을 확립해야 하는 조선의 입장에서는 외교적으로 대단히 민감한 문제였다. 명나라는 이를 빌미로 태조를 무시하고 의심하며 조선을 복속하려고까지 했다. 조선에서는 태조와 이인임의 가계를 자세하게 기록하여 명나라에 보내는 등 기회가 있을 때마다 수정을 요청했지만, "명 황제 주원장의 유훈이 《대명회전》에 기록되어 있어 수정이 불가능하다"며 공식적으로 거부했다.

이 문제는 200여 년 동안 시간을 끌다가 선조 17년(1584) 황정욱(黃廷彧, 1532~1607)이 명나라에 가서 "이 내용을 정정하겠다"는 확약을 받고 돌아왔다. 마침내 선조 21년(1588) 유홍(劉泓, 1524~1594)이 수정된 《대명회전》을 가지고 돌아와 일단락되었다. 이 일을 '종계변무(宗系辨誣)'라고 한다.

이처럼 성주 이씨 집안과 이성계의 인연은 결코 좋은 사연만 있지는 않았지만, 고려 말기에 권신 이인임이 우왕 대에 최고의 권력을 행사했고, 신흥사대부들과도 교류하는 등 보수 세력에서 신진 개혁 세력에 이르기까지 폭넓은 인맥을 형성하고 있었던 성주 이씨 집안과 이성계 집안의 혼인은 중앙 정계에서 운신의 폭이 좁았던 이성계의 정치적 기반을 횡적·종적으로 구축해 나가는 기반이 되었다. 그리고 성주 이씨 집안은 조선의 건국 과정에서도 이성계의 든든한 지원 세력이었다.

태종도 이러한 사실을 인식하고 있었고, 그가 상왕으로 물러나 있던 세종 3년(1421) 개국 과정에서 이제가 세운 공을 칭찬하며 태조의 능에 배향하는 등 각별하게 배려했다. 그리고 이제가 사망한 후 두 집안의 인연은 이직이 이어가게 된다. 이직은 사촌 형 이제와는 달리 정치에 대한 관심보다는 관리로서의 임무에 충실했다.

이직은 조선 건국 후 한양의 궁궐과 도성 건축 등 한양 천도와 관련한 신도시 건설이나 동북면의 성곽 구축과 같은 전략지의 축조 등 각종 토목 사업에 참여했고, 태종이 즉위한 후에는 4차례나 사신으로 명나라를 왕래하면서 대명 외교에도 공을 세웠다. 태종 3년(1403)에는 판사령부사로 왕명을 받아 주자소를 설치하고 구리 활자인 계미자(癸未字)를 만드는 데 참여했고, 태종 5년(1405) 6조의 관제가 정비되었을 때 초대 이조판서에 올랐다. 그리고 태종 8년(1408)에 다시 이조판서에 오를 정도로 관리로서의 능력을 인정받았다.

이직은 적극적으로 인재를 발굴하여 체계적으로 육성할 것을 태종에게 직접 건의하기도 했다. 이직의 건의는 인사를 담당하는 이조판서를 지내면서 경험한 인재 육성의 절실함도 영향을 미쳤지만, 당시로서는 상당히 획기적인 제안이었다는 점에서 주목받는다.

예를 들면 재주 있는 자들을 각 직급별로 추천을 받아 분류해 두었다가 필요할 때 적재적소에 등용하자며 요즘으로 말하면 국가 차원에서 인재은행의 운영을 제안했고, 문음과 공음의 혜택을 받을 수 없는 중하위직 관리들의 자손 가운데 18세 이상의 능력 있는 자를 등용하는 법을 만들어 고위직에 한정되어 있는 인재 등용의 기회를 확대하자고 제안하는 등 신분과 위계질서를 중시하는 유교 중심의 신분제 사회에서 개방적인 인재 등용을 제안했다. 뿐만 아니라 그는 지방의 주군현에서도 수령의 추천을 받아 능력 있는 자를 중용하여 지역에 숨어 있는 인재의 발굴 등 인재 등용의 폭을 전국적으로 확대하자고 제안했다.

공신 시대에서 세대교체가 이루어지다

이직은 능력 없는 자를 추천하거나 인재 등용 제도를 악용하여 권력을 전횡하는 탐관오리나 직무 유기자 그리고 유배된 자들에 의한 부작용을 제도적으로 차단하고, 관직에 비해 능력이 부족한 관리는 임기나 시기에 관계없이 언제나 파직할 수 있도록 법으로 규제할 것을 제안했다. 그리고 전문성을 지닌 직업군인 제도의 확립을 건의하는 등 군사력의 강화에도 관심을 기울였다.

또한 그는 동북면도순문사로 재직하면서 범죄자들이 치안이 허술한 변방으로 몰려드는 폐단을 막고, 국경을 넘나들며 야인들의 염탐꾼 노릇을 하는 이단자의 처벌과 유언비어를 퍼뜨려 사회적 혼란을 일으키는 행위를 차단하기 위해 북청 이북 지역에서 통행 증문서 발급 제도를 실시하는 등 국경 지역의 질서 유지와 지역민들의 생활 안정에도 각별한 관심을 기울였다.

이처럼 이직의 활동은 행정가형 전문 관리의 등장을 의미했고, 공신 시대의 뒤를 잇는 세대교체로 이어지게 된다.

2차 왕자의 난이 마무리되고, 태종이 즉위한 후 개국공신 52명 가운데 살아남은 공신은 30명이었다. 그리고 태종의 즉위에 공을 세운 86명의 좌명공신들도 태종의 즉위 기간에 거의 절반 정도가 숙청되거나 정계에서 물러났다. 이 때문에 태종 집권 후반기에 들어서면서 공신들이 눈에 띄게 줄어들었다. 특히 정책을 결정하고 관리감독해야 할 재상 등 고위직일수록 인재의 부재 현상이 심각했다.

태종은 재상 조영무가 병으로 자리에 눕자 후임 재상을 물색하면서 "조영무가 병든 지 오래이니 누가 대신할 만한가? 내가 송사(訟事)를 보니 재상이 된 자가 혹은 파직되고, 혹은 처벌받는 일이 거의 없는 해가 없었다. 재상이 될 적임자를 고르기가 어렵다"고 말하기도 했다.

이러한 상황에서 정치적 야심을 키워온 인물이 아닌 행정가형 관리로 연륜을 쌓은 이직이 태종의 주목을 받았다. 태종은 "상왕(태조) 때의 재상은 오직 조준과 김사형뿐이었다. 이제 이직이 좌의정 하윤과 더불어 친척의 혐의가 있으니 지금은 불가하다. 오직 남재가 있을 뿐이니 남재는 모든 일에 행동함이 나약한데 이를 재상으로 삼는 것이 어떨까?"라고 대신들의 의견을 묻기도 했다. 여기서 태종이 '이직이 하윤과 친척의 혐의가 있다'고 말한 것은 두 사람이 처남·매부 사이임을 뜻한다. 그럼에도 태종이 이직을 거명한 이유는 인재난에 대비하여 장차 재상감으로 주목하고 있음을 의미했다.

이직의 등용은 시간이 오래 걸리지는 않았다. 이듬해인 태종 14년(1414) 판의정부사를 좌의정과 우의정으로 고쳤고 남재와 이직이 각각 좌의정과 우의정에 올랐다. 그러나 태종 15년(1415) 이직은 다시 한번 정쟁에 휘말려 고향 성주로 유배된다.

사건의 발단은 노비를 빼앗긴 황주목사 염치용이 원한을 품고 유언비어를 날조하면서 시작된다. 이후 사건은 이직을 포함해 민무회와 민무휼 형제 그리고 하윤과 남재 등 고위직 대신들과 왕실 인척까지 연루된 대형 사건으로 확대된다. 이를 '염치용 사건'이라고도 한다.

당시 사간원을 비롯해 육조와 승정원 등 모든 부서에서 마치 경쟁이라도 하듯 상소를 올렸지만 '의정부에서만은 상소를 하지 않았다'며 논란에 휩싸였다. 이에 영의정 하윤은 "내가 뇌물을 받았다는 혐의가 상소문에 포함되어 있어 나설 수 없는 처지였다"고 했고, 좌의정 남재는 "사건의 전말을 자세하게 알아본 후 상소하려고 했다"고 해명했다. 하지만 "이 사건에 연루된 민무휼이 자신의 사위이자 왕실 외척이라는 이유로 의도적으로 사건을 무마시키려고 했다"며 이숙번이 우의정 이직을 비판하고 나서자 결국 의정부를 대표해서 이직에게 책임을 물어 직첩을 회수하고 고향 성주로 유배했다.

선택하기보다 선택받는 위치에 서다

이직은 정상이 참작되어 유배에서 풀려나 복직이 이루어졌다. 하지만 황희와 함께 세자 양녕대군의 폐위를 강력하게 반대하다 다시 유배 생활을 하게 된다. 이후 태종이 물러나고 세종이 즉위했고, 이직은 유배지에서 손님도 만나지 않고 책만 읽었다고 한다. 따라서 그는 정계에서 점차 잊히는 듯했지만, 이직의 정치생명이 완전히 끝나지는 않았다. 세종이 즉위한 후 다시 복직이 이루어진 것이다.

이직의 복귀는 그를 주목했던 상왕 태종의 배려도 작용했다. 이에 조정에서는 이직의 복직을 두고 말들이 많았다. 세종 4년(1422) 상왕 태종이 이직의 딸을 자신의 비빈(妃嬪)으로 삼았고, 이후 이직이 유배에서 풀려났을 뿐만 아니라 공신녹권도 되돌려받았기 때문이다. 그의 딸이 신순궁주(慎順宮主, ?~?)로, 33세의 과부였다. 그리고 같은 날 태종은 이운로(李云老)의 딸도 후궁으로 맞아들였는데 그녀(혜순궁주惠順宮主) 역시 과

부였다는 사실이 흥미롭다.

당시 조정에서는 "이직이 유배에서 풀려난 것은 그의 딸이 비빈이 되었기 때문이라며 이직에게 다시 죄를 물어야 한다"는 상소가 줄을 이었다. 하지만 이직은 상왕 태종의 비호를 받으며 다시 조정에서 일하게 된다. 그리고 2년 후인 세종 6년(1424) 마침내 최고위직인 영의정에 올랐다. 이때 그의 나이 63세였다.

이직은 영의정에 오른 후에도 관리로서의 연륜을 유감없이 발휘했다. 대표적인 예로 후대의 역사가들은 "세종 8년(1426)에 완성된 《속육전(續六典)》의 공이 이직에게 돌아가야 한다"며, 이직을 당대의 법률 전문가로 평가한다.

이직은 좌의정으로 자리를 옮겼다가 이듬해인 세종 9년(1427)에 사직했으며, 4년 후인 세종 13년(1431) 70세의 나이로 사망했다. 비록 정치적인 시련을 겪기는 했지만, 개인적으로는 관리로서 최고위직에 오르며 성공적으로 삶을 마감한 것이다. 그러나 이직에 대한 사관들의 평가가 관대하지만은 않다.

실록에 따르면 "그는 천성이 중후하고 근신하며 국론에 어울려 붙게 된 인연으로 공신의 반열에 올라 지위가 극품(極品)에 이르렀으나 세상과 더불어 돌아가는 대로 좇아 따라가며, 일을 당하여서는 가부의 결단이 없으므로 시대 사람들이 이로써 부족하다고 하였다"고 평가했다.

이러한 평가에는 이직이 정치에 소극적이었다는 의미도 담겨 있다. 어쩌면 여말 선초의 격동기에 관직 생활을 했던 그의 삶이 이러한 평가에 영향을 미쳤는지도 모른다. 그는 권세가의 집안에서 태어나 유복하게 자랐고, 조선의 건국 과정에서도 자신의 의지보다는 사촌 형 이제의 영향이 컸던 것으로 보이기 때문이다.

뿐만 아니라 그는 태종의 신임을 받으며 관리로 성장하지만, 그가 태종을 선택한 것이 아니라 태종이 그를 선택한 것이었다. 그리고 이직은 태종에 이어 세종 대에도 관직 생활을 하며 영의정까지 오른 후 정계에서 은퇴했지만, 그는 세종 대의 재상이기보다는 세종의 치세를 본격적으로 지원하는 재상들로 세대교체가 이루어지는 경계선에 있었다.

이직은 이사후(李師厚)·이사원(李師元)·이사순(李師純) 등 아들 3형제를 두었다.

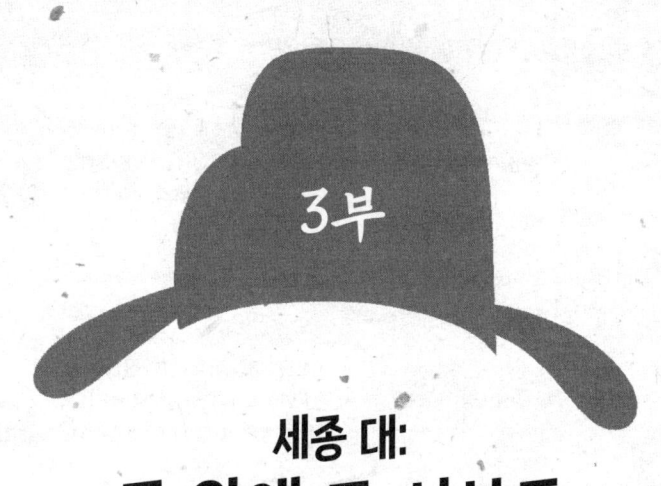

3부

세종 대:
그 왕에 그 신하들

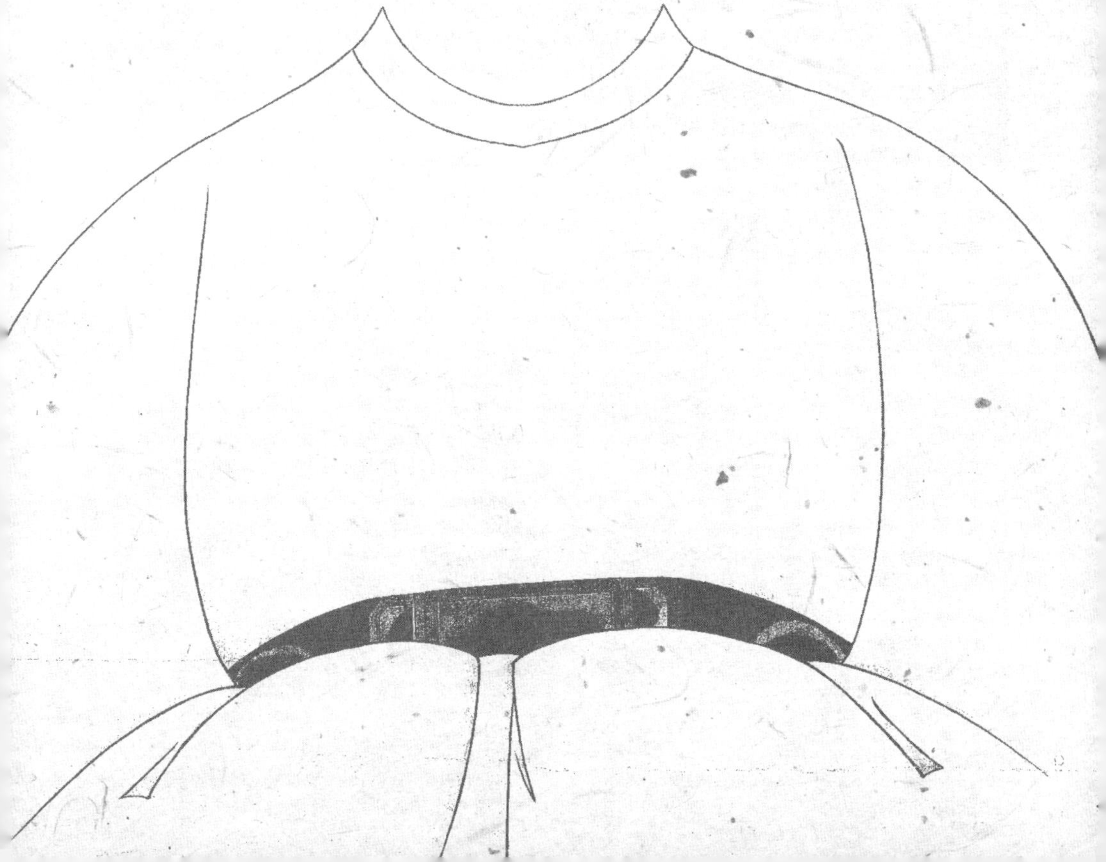

본관: 청송(靑松)
출생/사망: 우왕 1~세종 즉위년(1375~1418) | **관직 진출:** 과거
재상: 영의정 | **비고:** 처형

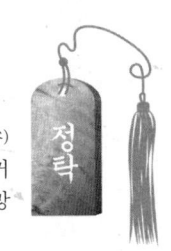

본관: 청주(淸州) | **호:** 춘곡(春谷)
출생/사망: 공민왕 12~세종 5년(1363~1423) | **관직 진출:** 과거
재상: 우의정 | **비고:** 사망

본관: 반남(潘南) | **호:** 조은(釣隱)
출생/사망: 공민왕 19~세종 4년(1370~1422) | **관직 진출:** 과거
재상: 우의정, 좌의정 | **비고:** 사망

본관: 문화(文化) | **호:** 월정(月亭)
출생/사망: 공민왕 4~세종 8년(1355~1426) | **관직 진출:** 음보
재상: 좌의정, 영의정 | **비고:** 사망

본관: 문화(文化) | **호:** 하정(夏亭)
출생/사망: 충목왕 2~세종 15년(1346~1433) | **관직 진출:** 과거
재상: 우의정 | **저서:** 《하정집》 | **비고:** 사망

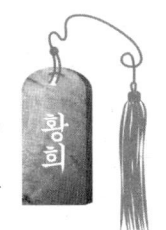

본관: 장수(長水) | **호:** 방촌(厖村)
출생/사망: 공민왕 12~문종 2년(1363~1452) | **관직 진출:** 과거
재상: 우의정, 좌의정, 영의정 | **저서:** 《방촌집》 | **비고:** 사망

본관: 신창(新昌) | **호:** 고불(古佛), 동포(東浦)
출생/사망: 공민왕 9~세종 20년(1360~1438) | **관직 진출:** 과거
재상: 우의정, 좌의정 | **작품:** 〈강호사시가〉 | **비고:** 사망

그 밖의 재상들

■ **조연**(趙涓)
본관: 한양(漢陽)
출생/사망: 공민왕 23~세종 11년(1374~1429) | **관직 진출:** 과거
재상: 우의정 | **비고:** 사망

■ **권진**(權軫)
본관: 안동(安東) | **호:** 독수와(獨樹窩)
출생/사망: 공민왕 6~세종 17년(1357~1435) | **관직 진출:** 과거
재상: 우의정, 좌의정 | **비고:** 사망

■ **최윤덕**(崔潤德)
본관: 통천(通川) | **호:** 임곡(霖谷)
출생/사망: 우왕 2~세종 27년(1376~1445) | **관직 진출:** 무과 급제
재상: 우의정, 좌의정 | **비고:** 사망

■ **허조**(許稠)
본관: 하양(河陽) | **호:** 경암(敬菴)
출생/사망: 공민왕 18~세종 21년(1369~1439) | **관직 진출:** 과거
재상: 우의정, 좌의정 | **비고:** 사망

■ **신개**(申槩)
본관: 평산(平山) | **호:** 인재(寅齋)
출생/사망: 공민왕 23~세종 28년(1374~1446) | **관직 진출:** 과거
재상: 우의정, 좌의정 | **저서:** 《인재문집》 | **비고:** 사망

■ **하연**(河演)
본관: 진주(晉州) | **호:** 경재(敬齋), 신희(新稀)
출생/사망: 우왕 2~단종 1년(1376~1453) | **관직 진출:** 과거
재상: 우의정, 좌의정, 영의정 | **편저:** 《진양연고》 | **비고:** 사망

■ **황보인**(皇甫仁)
본관: 영천(永川) | **호:** 지봉(芝峰)
출생/사망: 우왕 13~단종 1년(1387~1453) | **관직 진출:** 과거
재상: 우의정, 좌의정, 영의정 | **비고:** 피살

■ **남지**(南智)
본관: 의령(宜寧)
출생/사망: 미상~단종 1년(미상~1453) | **관직 진출:** 음보
재상: 우의정, 좌의정 | **비고:** 사망

심온(沈溫)

"최연소 영의정이 탄생하다"

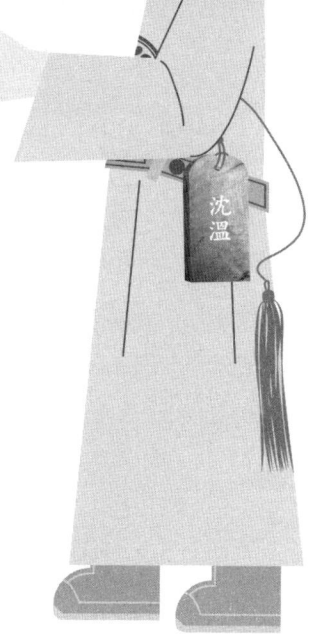

조선 초기에 3대가 재상을 지내다

청송 심씨 집안은 정종 때 재상을 지낸 심덕부에 이어 그의 다섯째 아들 심온(1375~1418)이 영의정에 오르며 조선과 각별한 인연을 이어갔다. 여기에 왕실과 중첩된 혼인 관계를 맺고 있었던 심온의 집안은 당시 세간의 주목을 받기에 충분했다.

심온의 딸이 충녕대군과 혼인하여 후에 세종의 비 소헌왕후가 되었고, 심덕부의 여섯째 아들, 즉 심온의 바로 아래 동생 심종(沈悰, 생몰 미상)은 태조의 차녀 경선공주와 혼인하여 태조의 부마가 되었다. 그리고 심덕부와 심온에 이어 심온의 아들 심회가 세조 대에서 성종 대까지 재상을 지내 조선 초기 3대에 걸쳐 재상을 배출한 조선에서 일찍부터 명문가로 뿌리내렸다.

심온은 관직 생활 등 개인적인 이력도 주목된다. 그는 우왕 11년(1385)

11세에 고려의 감시(監試)에 급제하고 이듬해 문과에 급제하여 일찍이 고려에서 관직 생활을 시작했다. 그는 관직 생활 초기부터 군사 분야에서 활동하며 아버지 심덕부와 함께 전쟁터에서 무공을 세우기도 했다. 이 때문에 그는 아버지와 함께 무인 출신으로 분류되기도 한다.

심온은 아버지 심덕부와 함께 조선의 개국에 참여한 것으로 전하지만, 개국공신에는 책봉되지 못했다. 구체적인 이유는 전하지 않지만 당시 그는 불과 18세의 나이였고, 아버지 역시 개국공신에 책봉되지 않았던 것과 연관이 있는 듯하다.

심온은 조선 개국 후 왕에게 진언을 하는 언관(言官)으로 관직 생활을 시작했다. 이후 그는 국가의 기강을 바로잡는 등 문무를 겸비한 관리로 성장하며 능력을 인정받았다. 태종 11년(1411) 그가 풍해도관찰사로 재직할 당시, 백성을 침탈하고 병기 관리에 소홀한 수군첨절제사 박영우를 파직시키는 등 지방관들의 기강을 바로잡았고, 병사들이 개인적으로 백성을 침탈하는 행위를 엄단하여 군기를 세우기도 했다. 그리고 대사헌으로 재직하면서 관리들의 규율을 바로잡는 데 힘썼고, 태종 13년(1413)에는 "의정부가 국정을 총괄하면서 불법을 자행하고 있으며, 지나치게 비대한 의정부의 권한을 6조로 돌려야 한다"는 상소를 올리는 등 왕권 강화 차원에서 권력이 집중된 의정부의 권한을 약화시키고 6조직계제를 추진했던 태종을 지원했다.

태종 14년(1414)에는 변정도감제조와 형조판서를 역임하며 고려 말기에 권세가들에 의해 천민이 된 양민들의 신분 복귀 사업을 통해 국가적으로 심각한 문제였던 노비 소유권과 관련한 송사(訟事)를 과단성 있게 처리하여 능력을 인정받았다. 노비는 조선에서 양반의 경제적 기반이면서 권세를 가늠하는 중요한 수단이었고, 국가적으로는 세금 징수와 군역의 의무 등 국가의 근간에 해당했기 때문에 대단히 민감한 문제였다.

특히 국가의 기틀을 구축해야 했던 조선 초기에는 노비의 소유권과 관련하여 국가와 양반 계층은 물론 백성들 사이에서 각종 송사가 끊이지 않았다. 조선 초기의 전·현직 재상들도 노비 문제로 인해 직간접적으로 고초를 겪을 정도였다. 이러한 상황에서 심온의 활동은 새롭게 구축되어 가던 양반들의 권세를 제약하고 국가권력을 강화하는 데 기여하게 된다.

심온은 이러한 과정에서 태종의 두터운 신임을 받으며 마흔도 되지 않은 나이에 6조의 판서를 두루 거치며 중견 관리로 성장했다. 그리고 태종 집권 후반기에는 실권을 쥐고 있던 좌의정 하윤이 '권력을 전횡한다'며 대간들의 탄핵을 받는 등 구설수에 오르면서 조정에서 더욱 주목받게 된다.

심온은 정치적으로 부상하면서 처신에 각별하게 신경썼지만 주변의 견제도 받았다. 본인의 의지와 관계없이 정치적 경쟁자가 된 것이다. 특히 태종 집권 말기로 접어들면서 심온은 황희 등과 함께 다음 세대의 대표 주자로 주목받았고, 하윤의 견제가 구체화된 것도 그 예였다.

다음 세대의 대표 주자로 주목받다

태종 16년(1416) 하윤은 태종에게 "심온과 황희는 매우 간악한 소인(小人)이니 의정부, 육조와 이조(吏曹)에 있는 것도 마땅하지 못하고, 직책이 전선(銓選)을 맡는 것은 더욱 불가합니다"라는 밀지(密旨)를 전한 일도 있었다. 태종은 이를 조말생(趙末生, 1370~1447)에게 보여주며 "황희와 심온이 무슨 불초(不肖)한 것이 있기에 비방하기를 이와 같이 심하게 하는가?"라고 물었고, 조말생이 하윤의 집으로 가서 하윤을 만나고 돌아와 태종에게 "하윤이 '황희와 심온이 노비 소송을 잘못 처리하고 남의 노비를 편법으로 빼앗는 등 간악하고 불초한 일이 아직도 많다'고 말했다"고 보고하자 태종은 "하윤을 만나 다시 알아보겠다"며 넘어간 일도 있었다.

〈세종실록〉에도 "평소에 심온이 하윤과 뜻이 서로 맞지 않았다"는 기록이 보이고, 세종이 즉위한 해에는 심온이 세종에게 "하윤이 빈객(賓客)과 많이 교통하고 뇌물을 많이 받아들이며, 대낮에 첩의 집에 드나드니, 추잡한 행실이 이와 같습니다"라는 말을 전했고, 세종은 다시 이 말을 상왕 태종에게 상세하게 전했다. 그러나 태종은 "신하가 밀고하는 것은 좋은 일이 아니다"라며 심온을 좋지 않게 생각하게 된다. 태종은 오히려 "심온은 양녕대군이 세자로 있을 때 그에 대해 부정적으로 사람들에게 말했다"고 지적하는 등 심온이 대신의 일을 왕에게 고하는 일에 대해 경고하기도 했다. 물론 여기에는 왕실 외척을 대표하는 심온이 사위 세종과 지나치게 가까워지면 그의 정치적 위상이 강화되는 반면, 왕권은 약화될 수 있다는 태종의 우려가 담겨 있었다.

당시 정국에서 심온의 존재감은 민제와도 달랐다. 따라서 평소 권력은 나눌 수 없는 것이라고 생각했던 태종으로서는 심온을 주목하지 않을 수 없었다. 물론 일찍부터 정치를 경험한 심온 역시 이러한 사실을 모를 리 없었다. 특히 그는 세자 양녕대군의 평소 행동거지를 문제 삼아 '현자(賢者)를 세자로 삼아야 한다'며 사위 충녕대군이 대안으로 거론되기 시작하자 더욱 조심했다. 본인의 의지와 상관없다고 해도 자신의 사위가 세자 양녕대군을 대신해서 세자로 거론된다는 것은 당사자는 물론 가족들의 목숨까지 달려 있는 민감한 사안이었기 때문이다.

더구나 심온의 집안은 조선 개국 후 일찍부터 명문가를 이루었고, 주변에 사람들도 모여들었다. 따라서 누군가 출세하기 위해 마음만 먹는다면 심온을 무고하여 위기에 빠뜨릴 수 있는 문제였다. 대표적인 예로 양녕대군의 문제에 대해 심온이 침묵으로 일관한다면 '국정에 무책임하다'는 비판으로부터 자유로울 수 없었고, 양녕대군의 문제를 지적하고 나서면 '사위 충녕대군을 권좌에 앉히려는 욕심 때문에 왕권을 넘본다'고 비판받을 수 있었다. 이 때문에 심온은 신중하게 처신했지만, '양녕대군이 후에 왕위에 올랐을 때 보복이 두려워 신하로서 양녕대군에 대해 진실을 말하지 않았다'는 이유로 탄핵받는 등 심온으로서는 마음고생이 이만저만이 아니었다. 그러나 마침내 사위 충녕대군이 태종의 뒤를 이어 왕위에 오름으로써 모든 것이 종료되는 듯했다.

심온은 "성품이 인자하고 온후해서 세상의 형편이나 인심을 거스르는 일이 없었다"는 평가를 받았다. 또한 그는 부정 비리에 단호했고, 청렴하게 관직 생활을 했다. 그런데 심온은 주변 사람들의 청을 거절하지 못해 구설수에 오르기도 했고, 세자 양녕대군과 어울렸던 구종수(具宗秀, ?~1417) 때문에 태종의 눈 밖에 벗어난 일도 있었다.

구종수는 왕족 사이에서 이간질한 죄로 체포된 김첨(金瞻, 1354~1418)을 조사한 내용을 같은 죄목으로 조사받던 이무에게 전했다는 사실이 밝혀져 기밀을 누설한 죄로 관직을 삭탈당하고 울진으로 유배되었다가 풀려나기도 했고, 왕명을 어기고 야밤에 세자궁의 담을 넘어 들어가 주연(酒宴)을 베풀기도 했다. 심지어 그는 형들과 함께 비밀리에 세자를 자기 집에 초청하여 기생을 불러다 향응을 벌이고 매와 비단 등을 뇌물로 바친 사실이 탄로나 유배되었다가 결국 참수된 인물이었다.

처신에 각별하게 신경썼지만…

구종수는 심온과도 가깝게 지냈다. 이에 상왕 태종은 심온에게 "사인(士人)을 널리 접촉하지 말고 조심하여 법도를 지키라"고 당부하기도 했다. 그런데 하루는 왕이 심온과 함께 손님을 서교(西郊)에서 전송하는데 구종수가 심온을 따라가다가 길에서 심온과 아무 거리낌 없이 농담하는 것을 상왕 태종이 알게 되어 불쾌하게 여긴 일도 있었다. 당시 심온은 "내가 그 사람(구종수)을 믿기가 이와 같이 어려운 줄 일찍이 알지 못하였구나"라고 스스로 자책했다고 한다.

또한 심온은 태종의 신임을 받았던 박은과도 사이가 좋지 않았던 것으로 전한다.

어진 사람을 골라 세자로 삼아야 한다는 '택현론(擇賢論)'의 대안으로 충녕대군이 주목받았을 때 박은이 심온을 만나면서 "충녕대군이 어질어서 중외에 마음이 쏠리니 마땅히 여쭈어서 처신할 바를 스스로 알게 하시오"라고 충고한 일이 있었다. 이 말은 박은의 진심 어린 충고일 수 있지만, 듣기에 따라서 차기 왕권을 거론한 불경스러운 말일 수도 있었다. 따라서 심온은 박은을 경계하게 되었고, 우연히 충녕대군과 마주앉게 된 박은이 충녕대군에게 무언가를 말하려고 하자 심온이 충녕대군에게 눈짓을 하여 자리를 뜨게 했다.

심온과 박은은 고려 말 비슷한 시기에 관직 생활을 시작했지만, 특별한 인연은 없었다. 그리고 조선 개국 후에는 출발부터 달랐다. 심온의 집안은 일찍부터 조선에 정치적으로 자리를 잡았고, 명문가로 뿌리내렸다. 하지만 박은의 경우 믿을 수 있는 건 자신의 능력뿐이었다. 이 때문에 박은은 "대인관계에 인색하고, 주변에 대한 배려가 부족하다"는 평가를 받았다. 따라서 "권력과 권위로만 사람들을 다스리지 않았다"고 평가받았던 심온의 포용력과 비교되기도 했다. 심지어 박은이 경쟁심과 시기심으로 심온을 견제했다는 이야기도 전한다.

특히 하윤을 포함한 태종의 측근들이 정계에서 물러나면서 심온과 함께 박은이 차세대 주자로 떠올랐다. 그러나 국정 현안은 물론 사소한 일에 대해서도 의견을 달리하는 일이 자주 발생하면서 두 사람 사이가 더욱 벌어지게 된다. 어느 날 경복궁에서 심온의 사위 유자해(柳子偕, 생몰 미상)가 박은을 보자 세종 옆에 선 채로 박은을 가리키며 "저 사람은 물러가서 제 집 앞에 엎드려 있을 일이지, 왜 아직까지 거들먹거리고 다니는지 모르겠습니다"라고 말했다. 이 말을 들은 박은의 친척인 이계주가 박은에게 전했고, 박은은 심온에게 더욱 좋지 않은 감정을 갖게 되었다고 한다.

1418년 세자 충녕대군이 왕위에 오르자 심온은 새로운 왕의 즉위를 알리는 사은사로 명나라에 갔다. 처음에 조정에서는 한장수(韓長壽)를 사신으로 추천했지만, 상왕 태종은 "한장수는 비록 왕실의 친척이기는 해도, 심온만 못하다. 또한 황엄이 평소 심온을 알고 지내는 사이이니 (심)온이 간다면 (황)엄은 반드시 정성을 다할 것이다"라며 심온을 추천했다.

여기서 황엄은 명나라 환관으로, 사신으로 조선을 자주 방문하여 공물을 지나치게 요구하는 등 조선을 곤혹스럽게 했던 대표적인 인물이다. 하지만 조선은 명나라와의 외교문제를 처리하는 과정에서 황엄의 도움이 필요했기에 그를 예우할 수밖에 없었다.

심온이 사은사로 결정되자 상왕 태종은 세종에게 "심온은 왕의 장인이니 마땅히 관직이 영의정이 되어야 할 것이다"라며 사신으로 가는 심온에게 최고의 예우를 했다. 이때 심온의 나이 44세였다. 따라서 사위의 즉위를 알리기 위해 명나라로 떠나는 젊은 영의정 심온에게 세인들의 관심이 쏠리게 된다.

44세에 영의정에 오르다

심온은 이미 세종이 즉위하기 전부터 그의 정치적 위상을 의식한 사대부들이 은근하게 접근할 정도로 주목을 받았다. 이에 심온은 이들을 경계하며 손님을 받지 않았고, 사위가 즉위하면 관직에서 물러나 조용히 여생을 보내야겠다고 결심했다. 그러나 새 왕의 즉위를 명나라에 알리고 허락을 받는 일은 국가적으로 가장 중요한 외교 업무였다. 따라서 심온은 국가의 명에 따라 길을 떠나야 했다.

실록에는 "심온이 사은사로 명나라로 떠나는 날 전송 나온 사람들이 구름같이 몰려들어 장안이 거의 텅 비었다"라고 기록하고 있다. 물론 이들이 모두 심온을 정치적으로 지지한 것은 아니었다. 당시에는 사신단 행렬이 좋은 구경거리였고, 새 왕의 즉위에 대한 관심이 사신단으로 확장되는 등 호기심에서 모여든 사람들도 있었다.

그럼에도 심온에 대한 관심이 대단했음을 짐작할 수 있다. 그런데 이 날의 분위기를 심온의 권세를 확인한 것으로 보는 시각도 있었지만, 한편에서는 이를 시기하고 경계하는 사람들도 있었다.

태종 역시 심온을 예의주시한 듯했다. 심온이 사은사로 명나라에 가게 된 일련의 과정에 따르면 태종이 보여준 태도뿐만 아니라 태종이 세종에게 "네 왕비의 아비가 사신으로 명에 갔다 돌아오면 연말이 되니, 친히 왕비의 인척들과 더불어 그 집에 가서 잔치를 베풀고 위로하라"고 당부한 말도 의미심장했다.

　태종 역시 즉위 과정에서 처가의 지원을 받았고 즉위에 성공한 후 왕자들과 함께 처가에 직접 가서 잔치를 베풀고 춤을 출 정도로 처가에 대한 고마움과 배려의 마음을 보여주었다. 그러나 태종의 처가, 즉 왕비의 집안은 몰락했다. 태종에게 고마움과 외척 세력에 대한 견제는 별개의 문제였던 것이다. 심온에 대한 태종의 태도 역시 예외일 수 없었다.

　충녕대군이 왕자 시절, 태종에게 심온은 왕권을 지원하는 신뢰하는 신하였고, 왕실 인척의 언행에 대해 단지 우려하는 수준이었다. 그러나 충녕대군이 세자 자리에 오르자 심온의 집안에 대해 태종은 차기 왕권의 안정 차원에서 강력하게 경고하게 된다. 외척들의 발호를 차단하는 것은 태종에게 가장 중요한 과제였기 때문이다.

　그리고 세종이 즉위하면서 심온의 집안은 왕실의 유일한 외척이 되었다. 반면 태종은 자신이 사망하게 되면 왕실에 남아 있는 어른이 아무도 없다는 점을 우려하지 않을 수 없었다. 따라서 태종에게 새로운 과제가 생겨난 것이다. 그런데 태종은 시간적 여유가 없었는지 심온이 사은사 임무를 무사히 마치고 돌아오는 길에 문제 제기를 하고 나서며 초강수를 두게 된다.

　태종은 세종에게 왕위를 물려주고 상왕으로 물러나면서 양위교서에 "주상(세종)이 장성하기까지 군사는 내가 친히 청단(聽斷)하겠고, 또 국가의 결단하기 어려운 일은 의정부와 육조에 명령하여 각기 가부를 들어 시행하겠지만, 나도 마땅히 가부의 논의에 참여하겠다"며 병권을 놓지 않았다.

　그런데 심온의 동생 심정이 병조판서 박습(朴習, 1367~1418)과 함께 상왕 태종이 병권을 장악한 것을 거론한 일이 알려지면서 사건이 시작된다.

당시 박습은 의금부에서 강상인(姜尙仁, ?~1418)에게 왕을 호위하는 병사가 상왕과 세종의 두 곳으로 나누어져 군사의 수가 줄어든 것을 우려하면서 "군사가 만약 한 곳에 모인다면 허술하지 않을 것이다"라고 말했다. 이에 "이관과 조흡(曹恰) 등이 대개 모든 처사는 한 곳에서 나와야 한다"며 "병권에 대한 명령권이 두 곳에서 나오는 것을 불평했다"고 와전되었고, 사건을 조사하는 과정에서 심온에게 불똥이 튀게 된다.

태종의 진심은 어디까지였을까?

태종은 강상인 등의 발언에 대해 "병권을 쥐고 있는 자신을 비판했다"고 화를 내면서 "불손한 역모의 마음을 품고 있다"며 직접 사건의 조사에 나섰다. 이제까지 왕권 강화와 관련해서 공신들이나 처가의 민씨 형제들에 대한 탄핵 상소가 끊이지 않았을 때 태종이 보여준 행동과 비교하면, 그가 이처럼 진노하며 직접 조사에 나선 것은 이례적인 일이었다. 더구나 이날은 전국적으로 고문과 죄를 다스리지 않는 금형일(禁刑日)이었으나 태종은 "병이 급하면 날을 가리지 않고 뜸질을 하는 법인데, 이것은 큰 옥사이니 늦출 수 없다"고 엄명을 내렸다.

사건은 우의정 이원(李原, 1368~1429) 등 고위직 관리들까지 연루되어 옥에 갇힐 정도로 파장이 커졌다. 세종은 상왕 태종에게 신중하게 대처할 것을 건의했지만, 태종은 "오히려 일이 명백하게 드러났다"며 사건 처리를 서둘렀다. 태종은 사람을 보내 좌의정 박은에게 궁궐로 들어오라고 했다. 그러나 일이 심상치 않게 돌아가는 것을 직감했는지 박은은 병을 핑계로 조정에 나오지 않았다. 상왕은 다시 사람을 보내 박은에게 사건을 설명하게 했다. 상왕은 박은이라면 자신의 의도를 읽을 수 있을 것으로 기대했기 때문이다. 박은은 그제야 궁궐로 나왔고, 실록에는 "박은이 상왕과 임금 앞에 나아가 심온의 잘못을 확실하게 알지 못하였음에도 불구하고 심온을 무고하였다"고 기록하고 있다.

결국 박은의 진언으로 태종은 역적의 원흉으로 심온을 지목하여 판의정감사 이옥을 의주에 보내 명나라에서 돌아오는 심온이 국경을 넘자마자 체포했다. 당시 태종은 평안도관찰사에게 심온이 도주할 것에 대비하라는 명까지 내렸다. 매사에 철두철미한 성격이었던 태종은 심온이 역적이라는 사실을 명백하게 하려는 의도와 함께 심온과 그 아버지의 영향력이 미쳤던 평안도 지역에서 혹시 저항이 있을지도 몰랐기 때문에 이에 대비했던 것이다.

심온이 체포된 후 사건 처리는 그야말로 일사천리로 진행되었다. 대신들이 "관련자들의 대질신문을 한 후 처형하자"고 건의했지만, 태종은 "이미 죄가 명백하니 대질신문은 필요 없으며, 참형에 처해야 한다"는 주장을 받아들였다. 결국 심온은 상왕과 세종에게 한마디도 하지 못하고 고문에 못 이겨 허위자백을 했고, 수원에서 사약을 받고 사망함으로써 사건이 발생한 지 불과 한 달 만에 막을 내렸다. 역모 사건은 물론 주요 사건의 처리 기간을 감안하면 대단히 신속하게 처리된 것이다.

태종은 미안한 마음이 들었는지 심온이 사망하자 "규례에 정해진 장사는 지낼 수 없다고 하더라도 후하게 지내주지 않을 수 없다"며 이양달에게 명해 묏자리를 정하고 수원부에 지시하여 장사를 치르게 하면서 장례에 필요한 물품을 내려주었다. 그리고 내시를 보내 장사를 주관하도록 명했고, 고을에 지시하여 제사도 지내게 했다. 심온은 명나라로부터 사위의 즉위를 허락받는 임무를 마치고 태종의 마지막 배려를 받으며 이

승에서의 삶을 마무리한 것이다. 그러나 태종은 심온의 가족들을 관노로 삼아 귀양 보냈고, 심온이 천거한 관리들까지 줄줄이 파직했다. 조정 내에서 심온에 대한 일말의 동정의 여지도 차단하려는 듯했다.

이렇게 해서 왕실 외척인 태종과 세종의 처가는 모두 왕권 강화와 관련해서 희생되는 인연을 남기게 된다. 이 때문에 세종은 외가는 물론 처가도 사라졌고, 이후 성종 대에 훈구 대신 한명회가 등장할 때까지 왕실 외척은 정치적으로 무력화된다. 뿐만 아니라 태종은 왕의 후궁 제도를 정비하여 세종에게 2~3명의 후궁을 맞아들이게 했다. 왕실 외척의 수를 늘려 권력을 분산시킴으로써 왕권에 장애가 되는 요인을 사전에 차단하려는 의도였다. 그런데 태종이 이처럼 신속하게 사건을 처리한 이유는 무엇일까?

박씨 집안과는 혼인하지 말라

태종은 자신이 살아 있을 때 왕권에 장애가 되는 요인들을 제거하고자 했다. 시간을 늦출수록 그에 따른 대가가 더 커진다고 생각했기 때문이다. 당시 51세였던 태종은 풍질 등으로 건강이 좋지 않았다. 어쩌면 그는 자신이 오래 살지 못할 것이라는 사실을 알고 있었는지 모른다. 더구나 왕실에는 자신 이외에는 왕권을 지켜줄 어른이 없었고 왕실 종친의 수도 적었다.

반면 왕실 외척을 대표하는 심온은 40대 초반의 젊은 나이로 조정에서 영향력도 지니고 있었다. 여기에 그의 아버지 심덕부 때부터 재상을 지내며 집안이 명문가를 이루었고, 심덕부의 아들 7형제가 모두 정치권에 몸담고 있었기 때문에 태종은 경계의 마음을 늦출 수 없었던 것이다.

그러나 왕권 강화에 희생된 심온의 죽음은 세종에게 정치적으로 상당한 부담이었다. 사건과 관련하여 많은 사람들이 피를 흘렸고, 장인의 억울한 죽음을 풀어주기 위해서는 부왕 태종이 내린 결정이 잘못되었다는 점을 공식적으로 인정해야 했기 때문이다. 그리고 당시 조정에는 사건처리 과정에 참여한 대신들이 대부분 생존해 있었다. 따라서 이 사건을 공개적으로 문제 삼을 경우 정치적인 논쟁으로 비화될 가능성이 충분했다. 세종은 대신들이 심온의 복권을 건의했을 때도 받아들이지 않다가 30여 년이 지난 집권 말기에 이르러서야 심온의 신원을 회복해 주었고, 문종 대에 비로소 심온과 가족들의 무고가 밝혀져 복권된다.

심온은 심준(沈濬)·심회(沈澮)·심결(沈決) 3형제를 두었다. 이들은 아버지의 역모죄에 연좌되어 세종 대에 관직에 등용되지 못하다가 문종이 즉위하여 심온의 무죄가 밝혀지면서 관직에 나아가게 된다. 특히 심회의 경우 서른이 넘은 나이에 음직으로 뒤늦게 관직 생활을 시작했고, 이후 세조 12년(1466) 좌의정에, 이듬해 영의정에 올랐다. 심회의 출세는 자신의 즉위를 정당화하려는 세조의 정치적 의도가 담겨 있었기 때문에 심회에게 힘이 실리지는 못했지만, 그의 집안은 다시 부흥기를 맞이하게 된다.

세조는 매일 대궐 안에서 심회에게 융성한 대우를 하며 총애했다. 심지어 세조는 심회의 이름을 부르지 않고, 숙부라고 불렀다. 심회의 집안은 세조의 외가이고 세조의 어머니 소헌왕후가 심회의 누이라는 관계를 감안하면 심회가 세조의 외삼촌인 것은 사실이었다. 그럼에도 심회에 대한 세조의 예우는 보기에 따라 지나친 면이 없지 않았다. 세조는 최고 지존인 왕이었고, 심회는 신하 중 한 사람에 불과했기 때문이다.

물론 세조 역시 이러한 사실을 모를 리 없었다. 여기에는 조카 단종을 죽이고 왕위에 오른 자신의 즉위 과정을 의식했던 세조의 정치적 의도가 담겨 있었다. 즉 세조는 즉위에 성공했지만, 왕실과 원로대신을 포함한 관료들의 지지가 절실했다. 따라서 자신의 외가이면서 이들과 폭넓은 관계를 형성하고 있던 청송 심씨 집안은 최고 적임자였고, 심회는 청송 심씨 집안을 대표하고 있었던 것이다. 그러나 심회는 아버지 심온이 관리로서 최고의 자리에 올랐다가 하루아침에 처형당한 사실을 잊을 수 없었고, 조정 내에서 자신의 정치적 입지에 대해서도 잘 알고 있었다. 이 때문에 그는 처신에 각별하게 신경을 썼다.

이런 심회에 대해 사관들은 "심회는 학문이 뛰어나지는 않았으나 천성이 강직하여 나랏일을 논할 때는 시대에 영합하거나 가벼이 결정하지 않고 처음부터 끝까지 신중하고 치밀하게 처리하였다"고 평가했다. 심지어 "왕실 외척으로 심회만큼 현명한 자는 없다"는 극찬은 심회의 처신이 어떠했는지를 보여주는 예라 하겠다. 그러나 심회는 사망 후 연산군 10년(1504) 갑자사화 때 폐비 윤씨 사건에 동조했다는 죄를 받아 부관참시를 당했다.

한편 《기재잡기(寄齋雜記)》 등 야사에는 "박은의 진술로 심온이 역모죄를 받아 처형당하게 되었다"며 심온이 죽기 전에 "앞으로 박씨 집안과는 혼인하지 말라"는 유언을 남겨 이후 두 집안은 혼인을 하지 않았다는 이야기도 전한다. 심온의 9세손인 심단(沈檀, 1645~1730)도 심온이 이러한 유언을 하게 된 이유를 기록으로 남겨놓았다.

정탁 (鄭擢)

"30대의 나이에 형제가 개국공신 1등에 오르다"

집안의 분위기에 영향을 받다

정탁(1363~1423)은 일반인들에게 잘 알려진 인물이 아니다. 하지만 그는 형 정총과 함께 개국공신 1등에 오를 정도로 조선의 개국 과정에 적극 참여했다. 남은과 남재 형제가 있기는 하지만, 16명의 개국공신 1등 중에서 정탁과 정총 형제는 30세와 35세의 젊은 나이라는 점에서 대단히 이례적이었다.

정탁 형제가 젊은 시절부터 적극적으로 급진 개혁 세력과 함께 활동하게 된 이유에는 그의 집안 분위기와도 연관이 있었다. 정탁은 청주 정씨 집안 출신으로 고려 후기의 명문거족에 속했다. 청주 정씨의 시조는 정극경(鄭克卿)으로, 지배 세력의 변동이 심했던 무신 집권기에 무공을 세우며 개경으로 진출했다. 이후 5대손인 정해(鄭楷, 1254~1305)가 원종 대에 과거에 급제하여 문인으로 관직 생활을 시작한 후 가문이 세족화의 기반을 마련하게 된다.

어려서 아버지가 사망한 정해는 자신의 능력으로 19세에 과거에 급제했고, "얼굴과 외모가 아름다웠고 수염이 그림 같았으며, 안으로는 강하나 밖으로는 온화하여 기쁨과 분노를 드러내지 않았고, 왕의 총애를 얻어 권력을 휘두르던 자들이 왕의 명령을 핑계 삼아 간청하더라도 들어주지 않았다"고 할 정도로 성품과 주변의 평판이 좋았다. 이후 그는 원의 간섭으로 충렬왕과 충선왕이 왕위에서 물러났다가 복위하는 과정에서 왕명의 출납과 궁중의 숙위 그리고 군사기밀을 담당하는 종2품 밀직사를 지내는 등 고위직에 올랐고, 충선왕의 개혁 정치에도 동참했다.

정해는 52세의 나이에 사망했지만, 그를 계기로 후손들이 과거를 통해 관직에 진출하여 문신 가문의 전통을 확립하게 된다. 이후 그의 집안은 재상지종이나 고려 후기에 새롭게 부상한 명문가와 혼인 관계를 맺으며 폭넓은 인맥을 형성하여 명문가로 성장한다. 예를 들면 전주 최씨와 순흥 안씨 등 성리학에 조예가 깊거나 과거에 급제한 사대부들과 학문적으로 교류하며 혼인 관계를 맺었고, 당대 최고의 명문가인 남양 홍씨와 안동 김씨 등과도 중첩된 혼인 관계를 맺었다.

그의 집안은 신학문인 성리학을 공부한 신흥사대부들도 배출했다. 특히 정해의 손자이자 정탁의 조부인 정포(鄭誧, 1309~1345)와 정오(鄭䫨, ?~1359) 형제가 개혁 성향의 집안 분위기를 이어받았다. 이들 형제는 모두 과거에서 차석으로 급제하여 관직에 진출했다. 시문과 글씨에 재능이 뛰어날 뿐만 아니라 충숙왕의 총애를 받았던 정포는 '잘못된 정치를 바로잡아야 한다'는 상소문을 올렸다가 파면되기도 했고, 주변의 견제를 받아 '정포가 원나라로 망명하려고 한다'는 무고로 지금의 울산인 울주(蔚州)로 유배되기도 했다. 그는 유배 중에도 "태연자약하여 활달한 장부의 기질을 잊지 않고 풍류 생활을 즐겼다"고 할 정도로 배포가 컸다.

정포의 동생 정오는 충혜왕이 즉위한 다음 해인 1331년 "정오가 '왕이 연소하여 정사의 체제를 잘 알지 못한다'고 왕을 비방했다"는 나인(內人) 최안계(崔安桂)의 무고로 이문소(理問所)에 투옥되고 장형을 당했다. 이문소는 원나라와 관련한 범죄를 다스리기 위해 개경에 설치한 기구였지만, 점차 부원세력(附元勢力)들의 권익을 옹호하며 논밭과 노비의 침탈을 방조하는 역할로 변질되었다. 공민왕 5년(1356)에는 '사람들의 거짓 호소를 듣고 여러 관청에서 판결한 토지와 집의 소유권과 권리를 증명하는 문서를 가로채어 옳은 것을 잘못되었다고 판정한다'는 비난까지 받았고, 지역의 관리가 관여하면 불법적으로 투옥·압박하는 등 횡포가 극심했다. 따라서 정오의 억울함과 고초는 물론 그의 집안 역시 마음고생이 얼마나 심했을지 짐작할 수 있다.

이처럼 정포와 정오 형제가 시련을 겪은 데에는 고려는 물론 원나라의 영향력과도 연관이 있었다. 그가 무고를 받아 울주로 유배된 것도 충혜왕의 측근들이 "정포 형제가 원으로 가서 왕기(王祺, 훗날 공민왕)를 곁에서 도울까 두렵다"고 참소했기 때문이다. 당시 원나라에 거주하던 왕기의 행보에 신경이 쓰였던 충혜왕은 정오는 영해(寧海)로, 정포는 울주수령으로 좌천시켰다가 다음 해 청주와 복주로 각각 자리를 옮기게 했다. 이때가 충혜왕 복위 3년(1342)이었다.

고려와 원나라에서 영향력을 지니다

정포는 장인 최문도(崔文度, 1292~1345)와 스승 최해(崔瀣, 1287~1340)를

통해 신학문인 성리학을 공부했고, 석학 이곡(李穀, 1298~1351) 등 이름난 선비들과도 교유했다.

최문도는 권문세가의 자제로, 일찍이 원나라에 들어가 선진 학문인 성리학을 접한 신진사대부였다. 그는 충숙왕 8년(1321) 원나라에서 과거에 급제했고, 고려에서 관직 생활을 하면서 성리학을 전파하며 사대부들 사이에서 영향력을 지니고 있었다. 최해 역시 충숙왕 7년(1320) 안축·이연경 등과 함께 원나라에 가서 과거에 응시했고, 최해만 급제하여 원나라에서 지방관으로 관리 생활을 하여 고려에서도 주목을 받았다.

원나라의 간섭기에 태어나 몽골과의 전쟁을 경험하지 않았던 고려의 지식인들은 대제국을 형성한 원나라에 친숙했다. 특히 이들은 고려와 원나라가 정복과 피정복 관계가 아니라 원에 사대를 함으로써 천하의 질서 속에서 자국의 평화를 보장받을 수 있다고 생각하는 등 원나라를 하나의 통일된 천하로 인정했다. 따라서 원을 통해 들어온 성리학을 공부한 고려의 지식인들 사이에서는 원나라 과거에 급제하여 학문적으로 실력을 인정받고, 원나라에서 관직 생활을 한 이력을 영예롭게 생각했다. 이곡은 아들 이색에게 "남아는 모름지기 황제의 대도(大都)에서 벼슬해야 한다"고 말했고, 정포도 유배에서 풀려나자 "대장부가 어찌하여 〔고려 땅〕 한 구석에서 답답하게 있을 것인가"라며 원나라로 갔다.

그러나 누구나 원나라의 과거에 응시할 수 있었던 것도 아니지만, 원나라의 과거에 합격한 고려인은 18명에 불과할 정도로 급제하기는 더욱 어려웠다. 더구나 원나라의 중앙에서 관직 생활을 했던 이곡과 이색 부자를 제외하면 대부분 성적이 상위권에 들지 못해 지방관이나 변방의 행성에서 근무했다.

최해 역시 비록 지방관으로 근무했지만 이는 실력을 인정받았음을 의미했다. 그러나 그는 5개월 만에 병을 핑계로 귀국하여 고려에서 관직 생활을 했다. 그는 "성품이 강직하여 세속에 아부하지 않고 거리낌 없이 남의 선악을 밝혀 윗사람의 신망을 사지 못하여 출세에 파란이 많았다"는 평가를 받을 정도로 청렴강직했고, 이제현과 민사평 등 신흥사대부들과도 교유했다.

정포가 이제현과 학문적으로 교감할 수 있었고, 성리학을 매개로 이제현의 문생인 이곡과 이제현의 아들 이달존 등 신흥 유신들과 교유할 수 있었던 것도 최문도와 최해의 영향이 컸다. 그러나 정포는 새로운 기회를 만들기 위해 원나라로 갔다가 37세의 나이에 객지의 여관에서 요절하고 말았다. 그리고 정오는 1351년 원에서 충정왕을 폐하고 왕기가 공민왕으로 즉위했을 때 1등 공신에 책봉되었다. 이후 그는 공민왕의 측근에서 활약하며 정국의 중심에 서는 듯했으나 공민왕 8년(1359)에 사망하고 말았다.

정포와 정오 형제의 삶은 이후 청주 정씨 가문이 고려 말기의 파행적인 정치 현실을 비판하며 개혁 성향을 지니게 된 것에도 영향을 미쳤다. 특히 정포의 아들이자 정탁의 아버지 정공권(鄭公權, 초명은 추, 1333~1382)은 "성품이 공검(恭儉)하고 근후(勤厚)하여 관직에 있을 때 항상 정도를 행했다"는 평가를 받았고, "민(民)에게 정사를 펴지 못함이 부끄럽다"는 아버지의 민본사상을 이어받아 현실 정치에 대한 책임과 참여의식이 강했다.

정공권은 공민왕 대에 이제현이 주관한 과거에 급제하여 이제현과는 좌주와 문생 관계였다. 정공권은 이러한 관계를 기반으로 이제현과 함께 세력을 결집하고 간관(諫官)으로 활약하면서 공민왕의 개혁 정치에도 참여했다. 그러나 그는 국정 운영에서 민생 안정을 최우선으로 삼았지만,

공민왕은 강력한 국왕 중심의 정치 운영 체제를 추구했다. 이 때문에 정공권은 공민왕과 갈등을 빚기도 했고, 특히 그는 공민왕이 정치에서 이탈하며 신돈을 중용하자 상소를 올려 반발했다. 정공권은 신돈을 통해 정국의 주도권을 장악하여 왕권 강화를 시도한 공민왕의 처사를 파행적인 측근 정치의 한 변형으로 인식했던 것이다.

파행적인 정치 현실을 비판하고 나서다

정공권은 이색과도 교유했고, 공민왕 15년(1366)에는 이존오(李存吾, 1341~1371) 등과 함께 "신돈이 국왕에게 무례하니 왕이 직접 나서서 기강을 바로 세워야 한다. …… 신돈이 등장한 후 하늘이 노하여 천지개벽이 속출하고 있다"고 극언(極言)을 했다가 공민왕의 미움을 사서 처형당할 위기를 겪기도 했다. 당시 신돈은 반대 세력을 숙청하기 위해 폭압적인 문초를 하며 그에게 거짓 자백을 강요했지만, 전혀 굴하지 않았다. 다행히 그는 이색의 도움으로 죽음을 면하고 동래현령으로 좌천되었고, 공민왕 20년(1371) 신돈이 제거된 뒤 다시 중앙으로 복귀하여 성균관대사성과 세자 우왕의 스승이 되었다. 그러나 우왕이 즉위하면서 권신 이인임이 권력을 장악하자, '간신들이 권력을 마음대로 전횡한다'며 분개하다가 우왕 8년(1382) 등창이 나서 사망하고 말았다.

이처럼 고려 말기에 성리학으로 무장한 신흥사대부이면서 대대로 간관직을 역임하고 혼탁한 정치에 비판적이었던 집안 분위기는 정탁과 정총 형제에게도 영향을 미쳤다.

정탁은 우왕 8년(1382) 과거에 급제했고, 형 정총은 그보다 6년 빠른 우왕 2년(1376) 과거법을 고쳐 시(詩)와 부(賦)로 치른 시험에서 장원급제하여 19세에 춘추검열(春秋檢閱)을 제수받아 관직에 나아갔다. 당시 우왕의 옹립을 주도했던 인물들은 과거제도를 공민왕 17년(1368) 이전으로 돌아가 향시와 전시를 폐지하고 시와 부로 관리를 선발했다. 지식인들은 이를 옳지 않은 일로 평가했지만, 정총의 경우 문학에 대한 재능도 뛰어났음을 알 수 있다.

정탁 형제는 최영이 우왕의 전폭적인 지원을 받으며 시도했던 요동정벌에 반대했다. 요동 정벌군이 출정할 때의 상황을 정탁은 다음과 같이 비판하는 시를 남겼다.

> 분주하게 융거(전쟁용 수레)를 몰아, 사월에 국경으로 나서네.
> 온 마을에 군사 점고 빈번하니, 단지 과부들만 보이네.
> 출병을 법도대로 하지 않으니, 슬픈 노래 멀고도 강개하다.
> 어찌 당랑(사마귀)이 수레를 막은 것과 다르랴, 민생만 병들게 하는 것을.
> 좋은 밭 채소는 다 썩을 것이니, 한 해 끝날 때는 무엇으로 거두리오.
> 홍경처럼 관을 걸고, 장저처럼 쟁기를 잡으려 했건만
> 그저 명예에 얽매여, 여러 해가 지나가버렸네.
> 안위가 천운에 달려 있으니, 누가 장차 하늘에 물으리오.
> 허물 뉘우쳐 진실로 고칠 수 있다면, 천자는 반드시 너그러이 용서하리라.
> 누가 정벌하러 가는 군대를 막아서, 어려움 끝에 태평함 다시 보게 하리오.

정탁은 농사를 돌보지 않고 군대를 동원하여 요동정벌에 나서는 것은 민생을 피폐하게 하고, 사대 관계를 지향하는 대명 외교의 의리와 명분에 어긋나는 것이라고 비판하면서 출병을 막지 못한 것을 스스로 한탄

했다. 그런데 이 논리는 이성계가 요동정벌이 불가하다며 제시한 이유와 유사하다는 점에서 당시 이들 형제와 이성계 사이에 교감이 있었을 가능성도 배제할 수 없다.

정탁 형제는 위화도회군이 단행된 후 성리학을 기반으로 민본정치를 실현하기 위해 새 왕조의 건국에 동참한다. 그러나 정탁 형제와 이성계가 어떻게 만났고, 급진 개혁 세력과 어떤 관계를 유지했는지는 구체적으로 전하지 않는다. 그리고 《고려사》와 《고려사절요》 등 우왕과 창왕 대의 기록에서 이들 형제와 관련한 구체적인 활동 역시 찾아보기 힘들다. 당시 정탁 형제가 젊은 나이였고, 우왕 대에 이색은 정몽주 등 제자인 신흥사대부들과 성균관을 중심으로 활동했지만, 이인임 정권에 비판적이었던 신흥사대부들은 우왕 대에 정치에 참여하지 않거나 소극적이었던 분위기와도 연관이 있는 듯하다.

왕후와 장상이 어찌 혈통이 있겠습니까

공양왕이 즉위하면서 정탁 형제의 활동이 보이기 시작한다. 정총의 경우 공양왕 1년(1389) 30대 초반에 이미 병조판서에 이어 이조판서 등 고위직에 올랐고, 이때부터 많은 표문과 전문 등 외교문서를 작성하는 등 폭넓은 분야에서 적극적으로 활동했다. 정총은 삼전삼읍(三奠三邑)이라는 도참설에도 등장한다. 여기서 정(奠)과 읍(邑)을 합치면 정(鄭)이 되어 '3명의 정씨, 즉 정총이 정도전·정희계와 함께 이성계를 도와 8백 년 왕업을 이룬다'는 뜻으로, 당시 정국에서 정총의 존재감이 뚜렷했다. 그리고 정탁 역시 공양왕 2년(1390) 좌정언에 이어 병조좌랑에 올라 형제가 개국 과정에 적극 참여했다.

공양왕 3년(1391) 4월 재이(災異)가 발생하여 공양왕이 "임금의 잘못과 시정의 득실, 민간의 폐단을 낱낱이 올리라"는 구언교서를 내리자 정총은 정도전·김자수·김초·허응 등과 함께 상소를 올리며 "공양왕이 군주권을 잘못 행사하여 천재지변이 일어났으니, 불사(佛事)를 중지하고 상벌을 공정하게 하며 인재를 등용하여 선정을 베풀어야 한다"고 주장했다. 그리고 공양왕이 척불론을 주장한 김초의 상소에 분노하여 김초를 처형하려고 했을 때 정탁이 구원에 나서는 등 정도전과 함께 척불운동에도 적극 참여했고, 이후에도 정도전과 뜻을 함께했다.

당시 척불운동은 단순히 불교를 배척하는 종교적 의미가 아니라 고려의 불교적 질서를 대체하여 성리학적 질서를 구축하려는 정치적 의미가 있었다. 즉 내재적·비현실적 불교에 비해 현세적·실용적 성리학은 정치체제를 구성하는 이념을 구축하기 위한 정치운동이었다. 이를 통해 반대파들에 대한 효율적인 공격과 함께 성리학자로서의 명분과 정치적 실리를 동시에 얻을 수 있는 등 척불운동은 급진 개혁 세력 입장에서는 정치적으로 상당한 의미가 있었고, 여기에 참여한 정탁 형제의 공도 컸다.

또한 정탁은 이색과 정몽주 등 온건 보수 세력에 대한 공격에 나서면서 할아버지 정포 때부터 이어져 오던 이곡과 이색 집안과의 교유 관계가 끝나게 된다. 그리고 조선 건국 후에는 이색과 학문적으로 명확한 경계를 지었다.

공양왕 4년(1392) 4월에 이성계가 해주에서 중상을 당하자 정몽주 등 온건 보수파들은 이 기회를 놓치지 않고 급진 세력에 대한 파상공세를 퍼부었다. 당시 급진파의 핵심으로 지목받았던 조준·정도전·남은 등이 탄핵을 받아 유배에 처해졌고, 이들의 처형도 시간문제인 듯했다. 급진

파 측이 최대의 위기를 맞게 된 것이다.

이때 어머니 상을 당해 삼년상을 치르던 이방원이 해주에 있는 이성계를 개경으로 모시고 왔고, 이성계에게 온건 보수 세력의 공격에 대응하기 위해 개경에 머물 수 있게 해달라고 요청했다. 하지만 이성계는 허락하지 않고 속히 어머니 묘로 돌아갈 것을 명했다. 낙담한 이방원이 집으로 돌아와 한탄하고 있을 때 정탁이 찾아와 이렇게 말했다.

"백성의 이해(利害)가 이 시기에 결정되는데도, 여러 소인들의 반란을 일으킴이 저와 같은데 공(公, 이방원)은 어디로 가십니까? 왕후(王侯)와 장상(將相)이 어찌 혈통(血統)이 있겠습니까?"

정탁은 이방원에게 망설일 시간이 없다며 사태 수습에 나설 것을 주장했고, 이방원은 정몽주를 제거하기로 결심했다. 여기에 조영무가 함께 하겠다고 자청하며 나서자 조영규와 그의 부하 이부(李敷, ?~1422) 등에게 함께 행동할 것을 명했다. 결국 정몽주는 이들에 의해 선죽교에서 피살되었다.

이처럼 정탁은 역성혁명을 공개적으로 발언하면서 이방원이 사태 수습에 나서는 데 결정적인 역할을 했고, 그 결과 대세를 반전시키며 역사의 물줄기를 바꾸어놓았다. 정탁 형제가 개국공신 1등에 올라 형 정총이 전지 150결과 노비 15구를 받은 것에 비해 동생 정탁이 전지 170결과 노비 20구를 받은 것은 이때의 공을 인정받았기 때문이다.

표전 문제로 형제가 운명을 달리하다

　정탁 형제는 조선 개국 후에도 가문의 대를 이어 내려온 문학적 재능을 바탕으로 예문춘추관태학사·정당문학 등을 역임하면서 외교문서를 작성하고 《고려국사》를 편찬하는 등 적극적으로 활동했다.
　《고려국사》의 경우 태조가 즉위한 해(1392)에 조준·정도전·박의중·윤소종 등과 함께 정총이 고려 역사의 편찬을 명받아 태조 4년(1395)에 태조 왕건부터 공양왕에 이르는 37권을 완성했다. 그런데 〈태조실록〉에는 《고려국사》가 완성되었을 때 정도전과 정총의 이름만 기록되어 있다. 태조의 명을 받았던 윤소종은 태조 2년(1393)에 사망했고, 박의중(朴宜中, 1337~1403)은 예문관학사로 편찬의 명은 받았으나 관직에 나오지 않았기 때문이다. 그리고 조준은 정도전보다 관직이 위에 있었으나 정도전이 정국을 주도하며 실질적으로 조준을 능가하여 두 사람이 대립하였고, 이러한 이유로 조준이 중도에 하차한 것으로 보고 있다. 따라서 정도전과 정총이 중심이 되어 《고려국사》의 편찬을 주도했고, 당시 정도전은 조선의 기틀을 잡기 위해 분주하게 움직였다는 사실을 감안하면 실질적으로 정총이 편찬 작업을 맡았을 가능성도 충분했다.
　그러나 정탁과 정총 형제는 명나라와의 이른바 '표전 문제'가 불거지면서 곤혹을 치르게 되고, 결국 형제가 운명을 달리하게 된다.
　표전 문제란 조선이 명에 보낸 외교문서인 표전 속에 "명나라와 황제를 희롱하는 뜻이 담긴 글자가 있다"며 명 황제 주원장이 조선의 사신을 억류하고, 문서를 작성한 책임자를 압송하라고 요구한 사건을 말한다. 표전 문제는 조선 초기에 3차에 걸쳐 벌어지는데, 1차와 2차 표전 문제에 정탁과 정총 형제가 연관되었다.

제1차 표전 문제는 태조 4년(1395) 10월에 벌어졌다. 주원장이 "조선의 사신이 가지고 간 표문에 문제가 있다"며 유구(柳珣, 1335~1398)와 정신의(鄭臣義, 생몰 미상) 등을 억류하며 조선을 압박했다. 이에 조선은 "소리와 언어가 중국과 다르고 학문이 천박하여 표전 양식을 제대로 알지 못해 언사가 경박하게 된 것이지 고의는 아니었다"고 해명하면서 "표문은 정탁이 쓰고 전문은 김약항이 썼는데 정탁은 마침 풍질을 앓아 움직일 수 없으니 김약항만 보낸다"고 설명했다.

2차 표전 문제는 같은 해 11월에 벌어졌으며, 이때 태조의 고명과 인신을 요청한 외교문서에 인용한 내용이 무례하다며 정총을 억류하고 책임자를 압송하라고 요구했다. 이에 태조는 명나라에 억류된 유구·정신의·정총·김약항 등을 군(君)으로 봉하고 가족에게 쌀과 콩을 하사하여 위로했으며, 대신들과 대책 회의를 열었다. 그러나 태조가 결정을 내리지 못하고 고민하던 중, 명에서 책임자로 정도전을 지목하여 재차 압송하라고 압박해 왔다. 이때 권근이 자신도 문서 작성에 관여했다며 명나라에 가겠다며 자청했고, 교정에 참여한 노인도와 함께 하윤이 사신으로 명나라에 들어가 당시 "정도전은 표문 작성에 관여하지 않았고 병이 나서 명에 갈 수 없다"고 해명했다. 하지만 주원장은 자신의 요구를 무시했다며 화를 냈고, 정총 등을 억류했다. 그리고 주원장은 권근에게 시를 짓게 하여 사신을 시험했다. 이에 권근이 지은 시를 보고 만족한 주원장이 의복을 하사하며 정총과 김약항 등도 함께 귀국시키겠다고 약속했다.

그런데 이들이 황제에게 인사하는 자리에 나가면서 권근은 황제가 하사한 옷을 입었으나 정총 등이 조선의 왕비 신덕왕후가 사망했다는 소식을 듣고 상복을 입고 나타나자 주원장이 분노했다. 당시 정총은 주원장의 명으로 금의위(錦衣衛)에서 국문을 받게 되자 두려운 마음에 도망치다가 붙잡혔고, 김약항과 노인도도 형을 당하게 되어 결국 권근만 태조 6년(1397) 3월 귀국했다. 같은 해 11월 성절사로 파견된 정윤보(鄭允輔)가 귀국하여 이들의 죽음을 보고했다. 태조는 "황제가 만일 (정)총 등을 죽였으면 예부에서 반드시 자문(咨文)이 있을 것이다. (정)윤보의 말을 믿을 수 없다"며 몹시 당황해했다.

명에서 돌아와 각종 구설수에 오르다

주원장이 조선에 보낸 공문 중에는 "지금 조선의 문인 정도전이란 자는 왕에게 어떤 도움을 주는가? 왕이 만일 깨닫지 못하면 이 사람이 반드시 화근(禍根)이 될 것이다. 지금 정총·노인도·김약항이 만일 조선에 있다면 반드시 정도전의 우익이 되었을 것이니, 곧 이들로 인하여 이미 화를 불러 그 몸에 미쳤을 것이다"라는 내용이 주목된다.

명나라에 억류되었다가 돌아온 정신의의 경우 1차 왕자의 난 때 정도전의 일파로 지목되어 순군옥에 갇혔다가 유배되었고, 정총 역시 정도전과 뜻을 함께했기 때문이다. 따라서 이는 조선에 대한 주원장의 정보력이 상당했다는 사실을 의미했지만, 한편으로는 누군가 조선에 대한 정보를 제공하고 있다는 의심도 들 만했다.

그러나 정탁은 정총이 사망하기 전에 조선으로 돌아왔고, 태조 5년(1396) 12월 좌승지에 임명되었다. 이어서 그는 태조 7년(1398) 1차 왕자의 난에서 이방원을 지원한 공으로 정사공신 2등에 올랐으며, 정종 2년(1400)에는 세자의 자리에 있던 이방원의 빈객이 되어 국정을 함께 의논할 정도로 이방원의 신임을 받았다. 이후 정탁은 같은 해 7월 정당문학에 제수되는 등 정치적 성장을 거듭했다. 그러나 그는 태종이 즉위한 후 재산을 모으는 데 욕심을 부리는 등 각종 구설수에 오르며 비난을 받기도 했다. 정탁의 욕심에 관한 내용이 실록에도 다양하게 기록되어 있다.

태종 3년(1403) 정탁이 내시별감(內侍別監) 노적(盧績)의 노비를 빼앗은 일이 있었다. 이에 노적이 신문고를 쳐서 억울함을 호소했고, 이 사실을 알게 된 태종이 사헌부에 조사를 명했다. 사헌부에서 '정탁에게 죄가 있다'고 보고하자 태종은 "정탁이 개국공신이고 경연에서 시강(侍講)을 한 공이 죄보다 크지만 법(法)도 폐할 수 없으니, 도성에서 멀리 떨어진 곳에 정탁의 농장이 있으면 그곳으로 내쳐라"고 명해 도성에서 30리 밖에 있는 해풍의 농장에 안치된다. 그러나 사헌부에서 "정탁은 두 번이나 공신이 되었고, 벼슬이 재보(宰輔)에 이르렀으니, 녹질(祿秩)의 풍족함과 토지와 노비의 많음이 그와 비교할 사람이 없습니다. 한천(韓蕆, 생몰 미상)이 아들 없이 많은 재산을 남기고 사망하자 조카들을 위협하여 한천의 재산을 차지했고, 노적의 노비를 한천의 노비 명단에 넣어 강제로 빼앗은 죄를 징계해야 합니다"라며 정탁의 직첩을 빼앗고, 변방 고을에 안치할 것을 건의했으나 태종은 답하지 않았다.

또한 그는 다음과 같은 이유로 사헌부의 탄핵을 받기도 했다.

"태상왕(太祖)께서 공인(工人)에게 명하여 주홍 서안(朱紅書案)을 만들게 하시고는 이를 잊으셨는데, 정탁이 서안이 아름다운 것을 알고 사려고 하니 공인이 '진상(進上)할 물건을 어찌 감히 사사로이 팔겠느냐?'고 하자, 정탁이 '내가 구경하고 돌려주겠다'며 빌려가서 오래되어도 돌려보내지 않으니 죄주기를 청합니다."

이 상소에 따르면 정탁은 태상왕의 물건을 탐해서 빼돌린 것으로 죄가 가볍지 않았다. 그러나 태종의 배려로 변방으로 옮겨졌다가 다음 달에 청성군 겸 판한성부사에 임명되었다. 그리고 태종 8년(1408) 태상왕이 사망하자 이를 명나라에 알리기 위해 정탁이 정부(鄭符, ?~1412)와 함께 사신으로 가면서 흑세마포 등 국가에서 금지하는 포물(布物) 40여 필을 몰래 싸가지고 갔다가 몰수당하고 감찰에게 탄핵을 받았다. 그러나 함께 탄핵받은 정부는 파직되었지만, 정탁은 공신이라는 이유로 처벌받지 않았다. 이후에도 그는 왜관에서 백은·인삼 등을 몰래 밀무역하다가 발각되었지만 비밀로 부치게 하는 등 일이 터질 때마다 태종의 비호로 무사히 넘어갔다.

세종 3년(1421)에는 정탁을 우의정에 임명하려고 하자 대신들이 "정탁은 재물과 이익에 마음을 두고 있으니, 재상의 직책에는 마땅하지 않다"며 반대한 일도 있었다. 하지만 상왕으로 물러나 있던 태종이 "정탁은 공이 높고 나이가 많으니, 재상의 자리에 있으면 어찌 근신하지 않겠는가?"라며 추천하여 재상에 올랐다. 이때 그의 나이 59세였다.

죽어서도 태종과 각별한 인연을 이어가다

이렇듯 태종은 정탁의 불법행위를 문제 삼기보다는 비호해 주었다. 태종이 자신의 측근 세력을 제거하고 왕권을 강화하는 과정에서도 정탁이 살아남아 재상의 자리까지 오를 수 있었던 이유를 크게 세 가지 관점에서 살펴볼 수 있다.

첫 번째는 젊은 시절부터 형제가 목숨을 돌보지 않고 조선의 건국 과정에 적극 참여했고, 두 번째는 고려 말기에 역성혁명을 처음으로 공개적으로 발언하며 이방원에게 정몽주의 제거를 주장하는 등 조선의 건국 과정에서 능력을 발휘했으며, 그리고 세 번째는 조선 건국 후 자신과 뜻을 함께하는 정치세력을 형성하지 않고 태종의 왕권 강화를 적극 지원한 것도 영향을 미쳤다.

정탁은 조선에서 관직 생활을 마치고 세종 5년(1423) 61세로 사망했다. 그의 묘는 현재 경기도 파주시 월롱면 덕은리에 있으며, 경기도 기념물 제173호로 지정되어 있다.

정탁은 사망한 이듬해인 세종 6년(1424) 배향공신(配享功臣)으로 태종의 문묘에 배향되어 죽어서도 태종과 각별한 인연을 이어갔다. 그가 사망하자 사관들은 "……(정)탁은 성질이 중후(重厚)하고 말이 적었다. 그러나 남보다 뛰어난 재능이 없었고, 자못 재물을 탐한다는 이름을 얻은 바 있었다. 다만 개국할 초기에 창의(倡義)한 공로가 있었으므로, 태종이 옛 공훈(功勳)을 생각하여 우의정을 삼았으나, 그 직위에 있으면서 자기의 의견을 진달하여 무엇 하나 의견을 내놓은 것이 없으니, 당시의 공론이 이를 가볍게 말하였다……"라고 혹평했다.

한편 정탁의 집안은 고려에 이어 조선에서도 명문가로 뿌리내렸다. 우의정을 지낸 정탁의 후손들 중에는 그와 동명이인으로 선조 때 좌의정을 지낸 정탁(鄭琢, 1526~1605)과 명나라와의 외교에서 일인자로 인정받은 청백리 정곤수(鄭崑壽, 1538~1602)가 있다. 그리고 광해군 때 대사헌을 지낸 정구(鄭逑, 1543~1620)는 17세기 초반 영남학파를 대표하는 학자였다. 뿐만 아니라 그는 예학자(禮學者)이자 문장가로 산수·병진(兵陣)·의약·풍수 등에도 능통했고, 남인과 북인의 정신적 지주이자 이론적 지주로 평가받을 정도로 뛰어난 사상가였다.

정탁(鄭琢) 역시 경사(經史)는 물론 천문·지리·상수(象數)·병가(兵家)

등에 정통했고, 선조 대에 혁혁한 공을 세운 재상이었다. 그는 임진왜란이 일어나자 선조를 의주까지 호종했고, 왜구와의 전투에서 큰 공을 세우며 활약했던 의병장 곽재우(郭再祐, 1552~1617)와 김덕령(金德齡, 1567~1596) 등을 천거하기도 했다.

정탁은 선조 28년(1595) 우의정에 올랐고, 선조 30년(1597) 정유재란이 일어나자 "72세의 노령의 나이에도 불구하고 자진해서 전장에 나가 군사들의 사기를 앙양시키려고 했으나 왕이 연로하다는 이유를 들어 만류했다"는 일화도 전한다. 같은 해 3월에는 옥에 갇힌 이순신(李舜臣, 1545~1598)이 죄가 없다는 사실을 적극 주장하여 죽음을 면하게 했고, 수륙병진협공책(水陸倂進挾攻策)을 건의하기도 했다. 이후 그는 선조 33년(1600) 좌의정에 올랐고, 공을 인정받아 공신으로 책봉되었다.

청주 정씨 가문의 사위들도 대부분 명문가 출신으로 과거에 합격한 문인들이 많았다. 이는 정해 이후 과거를 거쳐 관직에 진출했던 청주 정씨 집안이 자신들의 인맥 안에서 혼인 관계로 문신 가문의 전통을 확고하게 다져나갔음을 의미했다. 명나라에서 억울하게 사망한 정총 집안의 사위들도 대표적인 예에 해당했다.

가문이 경파와 향파로 분리되다

태종의 측근으로 막강한 권력을 행사하던 이숙번이 정총의 맏사위였고, 둘째 사위는 명문가 안동 김씨 집안의 김오문(金五文, 생몰 미상)이며, 셋째 사위는 태종 때 우의정을 지낸 유량의 아들 유좌이다. 또한 둘째 사위 김오문의 누나가 태종의 네 번째 후궁 명빈 김씨(明嬪 金氏, ?~1479)

이고, 그의 딸은 휘빈 김씨(徽嬪 金氏)로 문종이 세자 시절에 혼인한 세자빈이자 세종의 큰 며느리였다. 따라서 그녀는 정총의 외손녀가 되며, 〈세종실록〉에는 그녀의 불운한 결혼 생활에 대한 이야기가 전한다.

자존심이 강했던 그녀는 남편 문종이 자신에게 관심을 보이지 않고, 어렸을 때부터 친숙했던 궁녀와 사이가 좋은 것을 시기했다. 이 때문에 남편이 자신에게 관심을 갖게 하기 위해 세자(문종)를 수발드는 궁녀들의 신발을 훔쳐서 불에 태워 재로 만들어 술에 타서 세자에게 마시게 하는 등 갖가지 방술까지 동원했다. 이러한 행동이 결국 시어머니 소헌왕후에게 발각되었고, 소헌왕후가 이 사실을 남편 세종에게 알렸다. 이에 대단히 화가 난 세종은 대신들의 첩에게 들은 비방을 알려준 시녀 호초를 참수하고 휘빈 김씨는 폐서인하여 궁궐에서 쫓아냈으며, 김오문의 직첩을 회수했다.

한편 정탁의 집안은 고려 말기에 성리학에 기반하여 개혁 성향을 지닌 문인의 전통을 세우기는 했지만, 이들 모두가 조선의 개국에 참여한 것은 아니었다. 그의 집안인 청주 정씨 가문이 조선 개국 후 경파(京派)와 향파(鄕派)로 분파가 이루어진 것도 이와 무관하지 않다.

경파는 정포의 손자들인 정총과 정탁 형제가 조선의 개국에 참여하여 한양과 인근 지역에 거주하게 되었고, 정포의 호를 따서 설곡공파(雪谷公派)라고도 한다. 반면 향파는 정오의 아들 정침(鄭賝)이 충혜왕 복위 4년(1343) 과거에 급제하여 관직 생활을 하며 길재 등과 교유했으나 조선의 개국에 동참하지 않고 아버지의 외가인 안동으로 낙향하여 현재의 와룡면 지내리 모산에 정착했다. 따라서 정침은 안동 지역에 처음으로 정착한 청주 정씨 입향조(入鄕祖)가 되었고, 이들을 정오의 호를 따서 설헌공파(雪軒公派)라고 한다.

이처럼 설헌공파가 본향인 청주로 내려가지 않고, 아버지의 외가인 안동으로 낙향하여 자리를 잡게 된 이유에는 아마도 정포와 정오 형제의 선조들이 개경에서 활동하면서 본향 청주를 떠나게 되어 집안의 기반도 개경으로 이전한 것으로 보인다. 이러한 현상은 본향에 확고한 기반을 형성하지 못했던 고려시대의 향촌 출신들에게서 종종 나타나는 일로 특별한 현상은 아니었다.

정침의 아버지 정오의 묘는 개성에 조성된 것으로 전하며, 《고려사》에는 "정오가 사망하자 청주 사람들이 '흉악한 자 하나가 갔구나'라고 했다"는 기록도 주목된다. 비록 중앙의 정치 변동에 따라 고향으로 유배되기는 했지만, 지역에서 영향력을 행사하려고 했던 정오와 지역의 토착 세력 사이의 이해 충돌로 갈등이 벌어졌을 가능성을 배제할 수 없다. 이는 정침이 고향으로 낙향하지 않았던 또 다른 이유로 추론된다.

박은(朴訔)

"전하의 충신은 오직 박은뿐입니다!"

왕의 의도를 잘 읽는 것도 능력이다

박은(1370~1422)은 태종의 의도를 가장 잘 읽은 신하로 꼽힌다. 세종의 장인 심온이 역모죄로 처형당하는 과정에서 보여준 그의 행동이 대표적 예로, 박은에 대한 평가에 부정적인 경향이 있는 것도 이와 무관하지 않다. 하지만 태종의 입장에서 보면 박은은 충직한 신하였고, 그를 재상으로 등용한 것은 대단히 성공적이었다.

박은은 성장과정부터 평범하지 않았다. 그는 반남(潘南) 박씨 집안 출신으로, 호장공 박응주(朴應珠, 1214~1249)로부터 누대에 걸쳐 살아온 반남을 본관으로 삼았다. 반남은 현재의 전라남도 나주시에 속한 지명이다. 그의 집안에 대해서는 구체적으로 전하지 않아 고려 중기 이후 중앙 관직에 진출한 신흥 가문으로 보고 있다.

박은의 할아버지는 박수(朴秀)이고, 아버지는 박상충(朴尙衷, 1332~1375)

그리고 어머니는 고려 말기 대학자 이곡의 딸이다. 따라서 박은은 이곡의 외손자이고, 이곡의 아들 이색은 그의 외삼촌이 된다. 아버지 박상충은 처남이자 당대의 석학인 이색과 나란히 장원과 차석으로 과거에 급제한 수재였고, 경사(經史)와 역학(易學)에 능통하고 문장(文章)으로 명성을 떨쳤다.

박은의 집안과 외가는 모두 격동기였던 고려 말기에 현실 정치의 중심에 서 있었다. 이색은 설명이 더 이상 필요 없을 정도로 당대를 대표하는 대학자이자 관리였고, 조정에서 개혁에 앞장서며 신흥사대부들의 존경과 신뢰를 받았다. 박은의 아버지 박상충 역시 성리학을 추종한 신흥사대부로, 개혁 성향을 지닌 신흥사대부들의 선배에 해당했다.

박상충은 공민왕 16년(1367) 이색이 성균관을 재건하며 최고 책임자로 부임하면서 경학(經學)에 뛰어난 신흥사대부들을 교수로 등용할 때 정몽주·이숭인·박의중 등과 함께 선발될 정도로 성리학에 대해 상당한 학식과 개혁 사상을 지니고 있었다. 그는 우왕이 즉위한 해(1375) 권신 이인임 등의 친원정책에 반발하여 정도전·정몽주 등과 함께 친명외교를 강력하게 주장했고, 간관 이첨(李詹, 1345~1405)과 전백영(全伯英, 1345~1412) 등이 친원파 이인임과 지윤의 주살을 주장한 것에 연루되어 전녹생·정몽주·김구용·이숭인·염흥방 등과 함께 귀양 가던 중 장형(杖刑)의 휴유증으로 사망했다.

박은의 어머니도 이때의 충격으로 사망하여 박은은 6세의 어린 나이에 고아가 되었고, 불우한 성장기를 보내게 된다. 그러나 박은은 어려운 환경을 극복하고 학문에 전념하여 "식견이 넓게 통달하였고, 성격도 활달하고 너그러웠으며, 특히 사람들과 토론하는 것을 즐겼다"는 평가를 받을 정도로 훌륭하게 성장했다.

박은은 처음에 문음으로 관직에 나아갔으나 19세 때인 우왕 11년 (1385) 문과에 2등으로 급제하여 관직 생활을 시작했다. 이후 그는 3년 동안 외직에 근무하면서 좋은 성적을 받아 중앙으로 진출하게 된다. 그리고 박은이 탄핵을 받아 관직에서 물러나게 되었을 때 이성계의 도움으로 복직한 일도 있었다. 박은은 이때의 일에 감사하며 이성계에게 충성을 맹세했다는 이야기도 전한다. 하지만 박은은 '유량의 죄에 대한 처결을 가볍게 했다'는 상소로 춘천으로 쫓겨나는 등 자주 외직에 나아갔다. 이 때문에 그는 조선의 건국 과정에서 특별한 공을 세울 기회가 없었지만, 20대 중반의 나이에 조선에서 관직 생활을 시작한 그는 관리 평가에서 최고 성적을 받을 정도로 주변으로부터 능력을 인정받았다.

박은은 태조 3년(1394) 지영주사로 있을 때 이방원에게 충성을 맹세하는 등 이방원과도 가깝게 지냈다. 1차 왕자의 난이 일어나자 지방에서 군사를 동원하여 이방원을 지원한 공으로 중앙으로 복귀했고, 2차 왕자의 난에도 참여해 좌명공신 3등에 올라 반남군이라는 작호를 받았다.

이숙번과 하윤에게도 맞서다

태종이 즉위했을 때 30대 초반이었던 박은은 내외직을 두루 거치며 행정과 정치적 경륜을 쌓았고, 과거제도를 비롯해 사형에서 삼복법(三覆法) 시행과 형장 제도, 천재지변에 대비한 종자 보존법과 구황 물자 비축의 제도화, 노비문서 위조 방지책과 같은 노비제도의 정비 등 각종 제도와 법규를 정비하여 관리로서 업무 수행의 효율성과 합리성은 물론 국가의 기강을 세우고 사회질서를 바로잡는 데 기여했다.

예를 들면 박은은 죄수를 다루는 순금사(巡禁司) 판사로 재직할 때 죄인에게 가하는 장형의 수가 일정하지 않아 형벌이 공정하지 못하고 사망자까지 발생했으며, 뇌물에 따라 장형의 수가 결정되는 등 부정 비리가 많은 것을 발견하고 태종에게 건의하여 장형은 한 차례에 30대씩 하는 법을 정착시킨 일도 있었다. 실록에서는 이때의 일을 기록하면서 "덕을 본 사람이 많았다. …… 법 집행의 공정성을 확립하여 기강을 바로 세우고 희생자가 발생하는 것을 차단했다"고 칭송했다.

박은은 태종 16년(1416) 영의정 하윤과 좌의정 남재가 고령을 이유로 사직하자 47세의 나이에 우의정에 올랐다. 당시 그의 나이를 감안하면 소년입각(少年入閣)이라는 평가를 받을 정도로 파격적인 인사였다. 따라서 박은에게는 개인적인 영광이기도 했지만, 태종의 측근으로 공신 출신이 아닌 새로운 세대의 등장을 알리는 의미도 있었다. 물론 여기에는 태종의 정치적인 의도가 담겨 있었다.

이숙번을 정계에서 물러나게 하는 과정도 그 예였다. 태종은 우의정에 오른 박은을 불러 이숙번의 죄상을 귀뜸해 주었다. 마치 태종이 '그 죄로 이숙번을 문책하려고 하니 우의정이 먼저 나서서 문제를 제기하라'고 사전에 알려주는 듯했다.

박은은 본래 이숙번의 수하에 있었다. 이 때문에 박은이 우의정에 오르자 자존심이 강한 이숙번은 이를 대단히 불쾌하게 여겨 불만을 토로했고, 이것이 발단이 되어 평소 교만하고 남을 업신여기는 이숙번의 성격을 문제 삼아 '왕의 인사정책을 비난하는 불경을 저질렀다'는 죄로 탄핵받았다. 결국 박은이 우의정에 오른 지 10일 만에 이숙번은 고향 합천에 있는 그의 농장으로 유배되었고, 사망할 때까지 그곳에서 지내게 된다. 사실상 이숙번이 강제로 정계에서 물러나 연금 조치를 당한 것이다.

이후 세종 20년(1438) 세종은 《용비어천가(龍飛御天歌)》를 편찬하면서 "왕자의 난 당시의 기록이 부정확하고 임금이 아는 일도 많이 누락되어 있다. …… 생존해 있던 사람들 중 1차와 2차 왕자의 난에서 모두 핵심적인 역할을 했던 이숙번보다 더 잘 알고 있는 사람이 없다"는 이유로 이숙번의 유배를 잠시 풀어 한양으로 올라오게 했다. 당시 이숙번이 하는 일은 매일 경연청으로 출근해서 왕자의 난과 관련한 일을 구술하는 것이었다. 그런데 그는 예전의 잘못은 전혀 반성하지 않고 마치 유배에서 풀려난 것처럼 안하무인으로 굴었다. 이숙번은 세종이 자신의 능력을 알아주어 다시 등용해 줄 것으로 기대했던 것이다. 기대와 달리 자료 정리가 끝나자 세종은 함양에서의 유배 조치를 풀어주기는 했지만, 다시 등용하지 않고 거처를 제한하여 한양 근처인 경기도에서 자유롭게 사는 것을 허락했다. 이숙번은 실망이 컸던 탓인지 건강이 급격히 나빠졌고, 결국 2년 후 사망했다.

당시 세종의 조치와 관련하여 태종이 사망하기 전에 "이숙번을 절대 등용해서는 안 된다"는 유언을 남겼다는 이야기도 전한다. 그리고 세종의 주변에는 이미 뛰어난 인재들이 즐비했기 때문에 굳이 아버지 태종의 신하를 등용할 이유가 없었다. 결과적으로 이숙번은 유배된 그 순간에 정치생명이 끝난 것이었다.

한편 이숙번이 정계에서 물러난 후 박은은 충심으로 태종을 보필하며 측근으로 부상했다. 태종의 최측근인 하윤에게도 맞설 정도로 박은의 출세는 거칠 것이 없는 듯했다. 하윤이 좌의정 자리에 앉아 모든 일을 혼자 결정하는 일이 많자 박은은 '우의정 이하는 다만 서명만 한다'며 하윤의 독단을 따졌고, 자신의 의견을 받아들이지 않을 경우 서명하지 않는 일도 있었다.

측근 공신들의 공백을 메우다

박은은 하윤의 뒤를 이어 좌의정에 오르는 등 태종의 두터운 신임을 받으며 최고의 자리를 지켰다. 그러나 그는 처신이 문제되어 비판받는 등 주변으로부터 정치적인 견제를 받기도 했다.

김첨은 박은에게 "그대가 등용한 사람은 모두 그대의 집에 드나들던 자요. 우리들이 부탁한 사람은 모두 들어주지 아니하니 과연 옳은 일인가?"라며 박은이 그와 가까운 사람들을 챙긴다고 지적한 일도 있었다. 그리고 박은은 함께 재상 자리에 있었던 유정현과 의견이 맞지 않아 사이가 벌어지기도 했고, 민무구 형제 사건으로 조정에서 논란이 일어났을 때 '박은이 그들의 죄를 청하지 않았다'는 이유로 탄핵받기도 했다. 그러나 태종이 "박은은 죄가 없다"며 오히려 상소를 올린 관리를 면직시키자 부담을 느꼈던 박은이 "민무구 형제를 처벌하라는 상소는 옳은 것이었다"며 "이들의 복직이 이루어져야 자신도 관직에 나설 수 있다"고 태종에게 청한 일도 있었다.

태종 17년(1417)에는 박은이 노비 문제로 정역과 다투고 관직에서 물러나자 태종이 그를 다시 불러들였다. 이때 정흠지(鄭欽之)는 "박은이 재상으로 있으면서 국가의 큰일은 말하지 않고, 사사로운 일만 자주 왕에게 진언한다"고 상소했지만, 태종은 오히려 무고죄로 정흠지를 파직시켰다. 그리고 태종 18년(1418) 의정부사 권도(權蹈)가 "박은이 왕에게 의견을 전하는 데 착오가 있다"고 탄핵했을 때도 권도가 오히려 파면당하는 등 박은은 탄핵받을 때마다 태종의 비호로 관직 생활을 유지할 수 있었다.

박은 역시 태종의 의도를 읽고 적극 지원했다. 태종 집권 말기에 세자 양녕대군의 교체 문제로 조정에서 논란이 일어났을 때 대신들이 "양녕대군의 적장자인 어린 아들을 세자로 삼아야 한다"고 제안하자 좌의정 박은이 "지금은 어진 사람을 고르는 것이 마땅하다"고 주장하며 태종의 의중을 대신해서 지원한 것도 그 예였다.

박은은 세종 즉위 초에도 상왕 태종의 신임이 이어져 그 권세가 대단했다.

세종 2년(1420)에는 사헌부에서 대신들의 집을 찾아다니며 인사 청탁을 하는 부정을 단속하기 위해 분경(奔競) 제도를 실시했는데, 좌의정 박은의 집에 드나들던 사람을 붙잡았으나 친척이라고 해서 놓아준 일도 있었다. 당시 박은은 사인 오선경(吳先敬)을 시켜 사헌부 관리를 불러다가 "족친이 되는 사람까지 내왕을 금하라는 [왕의] 교지가 있었는가?"라며 따졌고, 이에 대한 회답(回答)이 없자 오선경은 사헌부 관리를 잡아다 문초까지 했다. 사헌부에서 이를 문제 삼아 "사헌부의 기강을 능멸한 것이다. …… 왕이 정한 법을 높이는 기본도 알지 못한 행동이니 죄로 다스려야 한다"며 세종에게 연이어 상소를 올렸지만, 세종은 "선경이 비록 죄가 있다 하더라도 이것으로 죄를 줄 수는 없다"며 허락하지 않았다. 이는 마치 박은은 자신의 신하가 아니라는 의미로 들리기도 한다.

심지어 세종은 세자의 자리에 오를 때부터 박은을 경계했다.

태종 18년(1418) 세종이 전격적으로 세자에 책봉되었을 때 박은이 태종의 뜻을 짐작하여 세자의 장인 심온에게 "왕(태종)이 충녕대군에게 왕위를 물려준다고 해도 아무 탈이 없을 것이다"라고 말했다. 이후 심온은 물론 세자 충녕대군 역시 박은을 경계하게 된다. 현왕(現王)이 생존해 있음에도 다음 왕위를 거론한다는 것은 목숨까지 잃을 수 있는 대역죄에 해당하는 민감한 사안이었기 때문이다.

왕위에 오른 세종은 이때의 일을 상왕 태종에게 "(박)은이 어느 날 (심)

온에게 왕위를 물려준다는 발언을 한 것으로 보아 그는 순결한 신하가 아닙니다"라고 전했다. 하지만 태종은 "내가 장차 왕위를 물려주겠다는 말을 하였고, (박)은이 직접 이것을 들었던 까닭에 그러한 말을 한 것이다"라며 문제 삼지 않았다. 여기에는 상왕으로 물러난 태종에게 박은은 여전히 신뢰하는 신하라는 의미가 담겨 있었다. 뿐만 아니라 박은은 심온의 사건 처리 과정에서 태종의 신뢰에 마치 보은이라도 하는 듯했다.

신은 일이 이 지경에 이른지 몰랐습니다

태종에 의해 세종이 전격적으로 왕위에 올랐지만, 태종은 여전히 마음이 놓이지 않았는지 다시 한번 초강수를 던졌다. 어쩌면 왕권에 대한 태종의 본능적인 위기의식이 발동했는지도 모른다. 바로 심온의 역모 사건을 들고 나온 것이다. 그리고 박은의 진술로 심온의 죄가 기정사실이 되어 결국 심온은 처형된다.

평소 박은과 심온의 사이가 좋지 않았는지 《연려실기술》에 따르면, "박은이 태종에게 '심온은 국구로 영의정까지 올랐는데, 영의정은 수상직이라고 해도 실권이 없는 자리라 이조·예조·병조를 겸하는 좌의정이 되려고 한다'고 고자질했다"는 이야기도 전한다.

물론 정도의 차이는 있지만, 박은과 심온이 경쟁 관계였다는 것은 전혀 사실무근이 아니다. 두 사람은 혁명 세대의 막내로 공신 출신들의 뒤를 이어 다음 세대를 이끌어갈 대표 주자에 해당했다. 태종은 이들의 관계를 적절하게 활용했고, 심온의 역모 사건으로 그 대미(?)를 장식하게 된다. 조금은 과장된 표현일 수 있지만, 이 사건은 태종의 총감독하에 이루어진 듯했고, 그야말로 일사천리로 사건이 처리되는 과정에서 박은이 결정적인 역할을 했기 때문이다.

실록에 따르면 심온의 역모 사건이 발생했을 때 상왕 태종은 즉시 좌의정 박은을 불렀다. 그러나 박은은 병을 핑계로 상왕의 부름에 응하지 않았다. 박은은 사태의 추이를 지켜보아야 한다고 판단했던 것이다. 상왕의 의도를 전혀 모를 리 없었지만, 상대는 현재의 국왕이자 앞으로도 왕위에 있을 세종과, 왕의 장인으로 조정에서 주목받고 있는 심온이었기 때문이다. 따라서 이 사건은 박은이 이제까지 경험한 것과는 비교할 수 없는 정치적으로 초대형 사건이었고, 신중에 신중을 기해야만 했다.

그런 박은의 심정을 헤아리고 있었던 태종은 다시 원숙(元肅, ?~1425)을 박은의 집에 보내서 다음과 같이 전했다.

"처음 강상인의 죄는 대간(臺諫)과 나라 사람이 두 번이나 청하였으니, 내가 그 정상(情狀)을 모르는 것이 아니나 근본적인 대책 없이 임시적으로 윤허하지 않고 다만 외방(外方)으로 내쫓기로 하였는데, 그 후에 생각해 보니 나의 여생은 많지 않고, 본 바가 많으므로 이와 같은 아주 간악한 죄인은 제거하는 것이 마땅하므로 다시 그 일을 신문(訊問)하여 지금에 이른 것이다. 심온이 '군사가 한 곳에 모이는 것이 옳다'는 말을 듣고 대답하기를 '군사가 반드시 한 곳에 모이는 것이 옳다'고 했다니 경(박은)은 이를 알아야 할 것이다."

태종의 교서는 마치 고민하던 박은에게 직접 해답을 던져준 듯했고, 고개를 숙이고 엎드려 교지를 듣던 박은은 상황 판단이 끝났는지 즉시 일어나 "신은 일이 이 지경에 이를 줄 몰랐습니다. 심온이 말한 바 한 곳은 어찌 우리 상왕전(上王殿)을 가리킨 것이겠습니까? 반드시 주상전(主上殿, 세종)을 가리킨 것이오니 그 뜻은 묻지 않아도 알 수 있습니다. 신 또한 아뢰올 일이 있으니 마땅히 두 임금 앞에 나아가서 친히 아뢰겠나이다"라고 말하고는 상왕전에 가서 심온의 죄를 진언했다.

대신들이 "심온을 강상인 등과 대질심문하자"고 건의했을 때도 박은이 "사실이 명백한데 더 이상 시간을 끌 필요가 없다"고 진언하여 결국 심온은 처형되고 말았다. 이 때문에 주변에서 '사건 조사가 무리하게 진행되었다'며 박은을 비판하는 목소리가 나왔지만, 태종의 입장에서 박은은 자신의 의도를 가장 잘 읽었을 뿐만 아니라 이를 그대로 실행에 옮긴 충직한 신하였다.

태종은 왜 박은을 주목했나?

지도자의 정치력은 통치 예술이라고 표현할 정도로 대단히 복잡미묘하다. 태종의 통치술 역시 예외는 아니었다. 그는 돌아가는 상황 파악과 이를 기반으로 한 치밀한 분석력 그리고 빠른 판단력을 지니고 있었고, 필요에 따라 상대방의 정곡을 찔러 단번에 제거하는 순발력을 발휘하기도 했다. 또한 그는 한번 마음먹은 일은 끝까지 파고드는 집요함과 예상하지 못한 상황에서 눈물을 흘리는 등 풍부한 감성까지 정치에 활용한 통치자였다.

태종은 또한 자신에게 충분한 명분이 있을 경우 구체적인 예를 조목조목 지적하며 논리적으로 대신들을 제압했지만, 대신들이 자신의 의도를 제대로 읽지 못하고 다른 주장을 하면 의외의 수로 허를 찌르며 이들의 주장을 무력화하거나 대리인을 내세워 상황을 반전시키기도 했다.

왕실 종친이자 개국 공신인 이거이 부자를 숙청하는 과정에서 대신들이 이거이 부자의 처형을 주장했을 때의 일도 그 예였다. 이거이를 제거하기는 했지만, 정치적인 이유로 왕실 인척들을 더 이상 죽이는 것이 무리라고 판단했던 태종은 이거이 부자의 처형을 주장하는 대신들에게 "내가 너희들의 출세를 위해 무고한 사람에게 죄를 주어야 하느냐!"라며 단호하게 물리쳤다. 대신들이 자신의 출세를 위해 상소문을 올리는 것이 아니라는 대의명분을 제시하지 못하면 더 이상 상소를 올릴 수 없게 한 것이다. 그런 점에서 이거이 부자의 문제를 거론하여 그들을 위기로 몰아간 것도 태종이었지만, 그들의 목숨을 살린 것도 태종이었다.

태종은 상황에 따라 단칼에 상대를 제압하기도 했지만, 시간을 두고 서서히 상대를 궁지에 몰아넣기도 했다. 그리고 때로는 대신들에게 사안을 던져놓고 자신은 한발 물러나서 대신들의 언행을 관망하는 자세를 취하는 등 다양한 방식을 동원했다. 이 때문에 태종의 의도를 몰라 대신들이 당황한 일이 한두 번이 아니었고, 복잡미묘한 통치술을 구사했던 태종의 의도를 읽어내려고 할수록 더욱 혼란에 빠지기도 했다. 심지어 태종의 의도를 잘못 읽었다가 유배를 당하거나 목숨이 위태로운 경우도 있었다.

따라서 태종의 의도를 가장 잘 읽었던 박은은 분명 주목받는 관리였다. 특히 자신의 영달만을 위해 윗사람의 뜻을 거스르지 않으려는 아첨꾼과는 다르다는 점에서 태종에게 그의 존재감은 남달랐다. 무엇보다 태종의 의도를 정확하게 읽어내기 위해서는 돌아가는 정국의 흐름을 꿰뚫고 있어야 했고, 여기에 연륜과 소신 등 다방면에 능력을 갖추고 있어야 했기 때문이다.

그럼에도 박은에 대한 평가가 엇갈리는 이유는 아마도 대인관계에서 포용력까지는 지니지 못한 그의 성품이 영향을 미친 것으로 보인다. 태종의 의도를 잘 읽었던 황희와 박은이 비교되는 것도 그 예였다. 황희가 관직 생활을 하며 여러 번 구설수에 올랐음에도 명재상(名宰相)으로 역사에 이름을 남긴 가장 큰 이유는 포용력이 있었기 때문이다. 그럼에도 통치자의 입장에서 인재를 양성하고 능력에 따라 적재적소에 배치하는 것은 대단히 중요한 일이었다. 따라서 박은을 등용한 태종의 용인술 또한 주목할 만하다.

박은은 죽을 때도 마치 '태종의 영원한 신하'라는 사실을 증명이라도 하듯 태종과 묘한 인연을 남겼다.

마지막까지 태종의 신하로 남다

심온의 역모 사건으로 형장으로 끌려가던 강상인은 수레에서 "나는 실상 죄가 없는데, 매를 견디지 못해 죽는다"고 억울함을 호소하며 울부짖었다. 그리고 이틀 후 세종은 대신들과 《대학연의》를 경연하는 자리에서 우문사급(宇文士及, ?~642)과 당나라 태종 이세민(李世民, 599~649)의 이야기가 나오자 "예로부터 간사하고 아첨하는 신하가 그 임금에게 아양 부리는 형상이 이와 같다. 그러나 그 신명(身命)을 끝까지 보전한 자가 없었다"라며 마치 박은을 염두에 둔 듯한 의미심장한 발언을 했다. 우문사급은 당나라 대장군으로, 어느 날 태종 이세민이 후원을 산책하다가 나무를 하나 보고 "나무가 참으로 좋구나"라고 하자 옆에 있던 우문사급이 "폐하의 안목이 참으로 대단하십니다. 이 나무는 폐하의 성덕으로 잘

자란 것 같습니다"라고 아부하는 등 태종 말년에 총애를 받으며 권세를 누렸던 인물이다.

그런데 세종은 32년 동안 즉위하면서 정치 보복은 물론, 오해를 불러일으킬 만한 정치적 사건을 찾아보기 힘들 정도로 문민정치를 실천에 옮긴 성군이다. 따라서 세종이 박은에 대한 자신의 불편한 감정을 솔직하게 남겼다는 것은 대단히 이례적인 일이었다. 세종에게 심온의 역모 사건은 그만큼 커다란 상처였음을 의미했다.

그러나 관점을 달리 하면 박은은 비록 세종이 즉위한 후에도 재상 자리에 있었지만, 세종의 즉위와 통치 기반을 구축하기 위해 상왕 태종을 보필한 신하였다. 따라서 세종의 재위 기간에 박은의 정치생명은 보장받기 힘들어 보였다. 다만 태종이 상왕으로 살아 있는 동안은 유예기간에 해당했다. 그런데 묘하게도 박은은 태종이 생존해 있던 세종 3년(1421) 병으로 좌의정을 사직했다.

이후 그의 병이 깊어지자 태종은 약과 음식을 보내며 문병하게 하는가 하면, 궁중에서 요리사까지 보내면서 "아침저녁으로 박은이 원하는 대로 반찬을 해주되 내가 먹는 것이나 다름없게 하라"고 명하는 등 각별하게 신경을 썼다. 당시 태종도 병중에 있었지만 환관을 보내 계속 문병하게 했고, 박은의 병이 오래간다는 말을 듣고 "어찌 일이 이 지경이 되었는가?"라며 눈물까지 흘리며 탄식했다.

태종보다 세 살 어렸던 박은은 이듬해인 세종 4년(1422) 53세로 사망했고, 태종은 그다음 날 사망했다. 박은이 사망하자 사관들은 "……(박은은) 비록 친척을 많이 등용하였으나 조정의 명사를 다 뽑아 썼으므로, 남들이 심히 원망하지 아니하였다. …… 식견이 밝고 통달하며, 활발하고도 너그러우며, 의논이 확실하였다. 내외의 직을 역임하여 업적이 심히 많았는데, 상왕(태종)이 크게 소중히 여겨 큰일을 의논할 때에는 반드시 그를 참여시켰다"라며 박은을 태종의 신하로 평가했다.

이처럼 박은이 관직 생활 동안 보여준 처신은 그가 일찍 부모를 여의고 성장한 개인적 환경과도 연관이 있는 듯하다. 그는 평소 사람을 사귀면서 사람의 마음을 가장 중요하게 생각했고, 한번 은혜를 입으면 끝까지 신뢰를 저버리지 않았다. 고려 말기에 그가 이성계의 도움으로 위기에서 벗어났을 때 충성을 맹세했다는 이야기가 전하는 것도 그 예이다.

이외에도 박은은 관직 생활을 하는 동안 그의 성품과 관련하여 많은 일화를 남겼다.

집안이 많은 일화를 남기다

세종 즉위 초기 유량이 계림부윤으로 있을 때였다. 연장자이자 상관이었던 유량이 사소한 일로 박은을 곤혹스럽게 하자 박은이 "공의 나이에 이르면 나 또한 공과 같게 될 것인데, 어찌하여 이처럼 곤혹스럽게 하느냐"고 따지며 끝까지 굴하지 않은 일이 있었다. 그런데 유량이 '항복한 왜인과 결탁하여 밀무역을 했다'는 혐의로 조사를 받자 조정에서는 "박은이 예전에 유량에게 모욕을 당했으니 반드시 유량의 죄를 조목조목 밝혀낼 것이다"라며 박은에게 조사의 책임을 맡겼다. 이 소식을 들은 유량은 "옛일을 생각하고는 눈물을 흘리며 풀려나는 것을 포기했다"고 한다. 그런데 조사를 마친 박은은 "가벼운 죄로 함부로 관리의 목숨을 빼앗는 것은 법도에 어긋나는 일이다"라며 가볍게 처결했다. 그러자 '사건 처리를 가볍게 했다'는 이유로 박은은 탄핵받아 춘천 지역으로 좌천되었음에도 소신을 굽히지 않았다. 이때의 일로 유량이 후에 재상의 지위에 올랐을 때 박은에게 "오래전부터 그대의 말채나 잡고 나의 평생을 마치려 했소"라며 고마운 마음을 전하기도 했다.

또한 사신으로 조선을 자주 왕래하던 명나라 환관 황엄의 횡포로 조선의 관리들이 몹시 힘들어했는데, 박은이 황엄의 횡포에 굴하지 않고 마음을 다해 예를 갖춰 대하자 황엄도 그의 인격에 반하여 횡포를 그치고 태종에게 "전하의 충신은 오직 박은뿐입니다!"라고 칭찬했다는 일화도 전한다.

박은의 집안은 조선에서 고위직 관리를 다수 배출하며 명문가를 이루었고, 그의 후손들 역시 많은 일화를 남겼다. 박은은 박규(朴葵)·박강(朴薑)·박훤(朴萱) 3형제를 두었고, 박훤의 아들, 즉 박은의 손자 박숭질(朴崇質, 1435~1507)은 연산군의 폭정이 극에 달했던 연산군 10년(1504)에 우의정에 오르고, 2년 뒤 좌의정에 오른다. 그러나 당시 정국에 부담을 느낀 박숭질은 관직에서 물러나기 위해 고의로 말에서 떨어져 석 달 동안이나 출근을 하지 않아 추국(推鞫)을 받고 면직되었다.

또한 박은의 사위 어효첨(魚孝瞻, 1405~1475)은 집현전 학자로 문명을 날렸고, 어효첨의 아들이자 박은의 외손자 어세겸(魚世謙, 1430~1500)은 연산군 때 우의정과 좌의정을 지냈다. 어세겸은 문무를 겸비한 인재로 관직에 나아가 많은 공을 세웠고, 권근·윤회·변계량·최항의 뒤를 이어 성종 말기에 조선을 대표하는 문장가로 인정받았다.

어세겸 역시 재미있는 일화를 많이 남겼다. 일찍이 학문과 관리로서의 능력을 인정받아 요직을 두루 거치며 재상직에 오른 어세겸은 사소한 일에 얽매이지 않았다. 그가 형조판서로 재직할 때는 출퇴근 시간에 구애받지 않았다고 해서 '정오를 알리는 북소리가 울릴 때 비로소 출근하는 관리'라는 뜻으로 '오고당상(午鼓堂上)'이라는 별명이 붙을 정도였다. 그럼에도 관리로서의 업무를 능률적으로 처리하여 민간인들 사이에 발생한 송사가 지체되는 일이 없었다. 그러나 그는 무오사화가 일어나자 사초(史草) 문제로 탄핵을 받아 좌의정에서 물러났다.

  박은의 장인 주언방(周彦邦, 생몰 미상)과 관련한 일화도 전한다. 박은이 관직에 나아간 다음 해인 우왕 12년(1386) 주언방이 부평부사로 재직할 때 지역에서 권신 염흥방과 최렴(崔濂, ?~1415)의 종들이 주인의 위세를 믿고 횡포를 부렸다. 한번은 주언방이 공무로 아전을 보내 군정(軍丁)을 점검하도록 하자 종들이 아전을 폭행하여 거의 죽을 지경에 이르렀다. 이에 주언방이 직접 징집영장에 해당하는 발군첩(發軍牒)을 들고 그 집에 갔다가 그 역시 무도한 종들에게 폭행을 당했다. 이 사실을 알게 된 우왕이 신귀생(辛龜生)을 파견하여 종들을 잡아다가 죄를 묻지도 않고 처형한 일도 있었다.

유정현(柳廷顯)

"비공신 재상 시대를 열다"

의외의 인사가 이루어지다

유정현(1355~1426)은 이제까지 등용된 재상들과 상당히 대조적인 이력을 지니고 있다. 그는 조선의 개국은 물론 두 차례의 왕자의 난에도 관여하지 않았다. 그렇다고 그가 이성계와 가까웠거나 개혁 성향을 지닌 신흥사대부들과 교류한 것도 아니었다. 오히려 그는 태조의 즉위 교서에서 "조선의 건국에 반대한 고려 구신(舊臣)들을 선별하여 56명을 처벌한다"고 발표한 명단에 이름이 포함되어 있었다.

당시 명단에 오른 고려의 구신 가운데 조선에서 재상까지 오른 인물은 유정현과 성석린 단 두 명뿐이다. 그중 성석린은 태종의 즉위를 지원한 공으로 좌명공신에 올랐지만, 유정현은 이때까지 등용된 재상 중에서 유일하게 공신 출신이 아니었다. 따라서 그는 조선 건국 후 최초로 비공신 출신으로 영의정에 오른 인물이다.

유정현은 처가의 복도 없었다. 그의 부인은 이성계의 이복형 이원계의 딸이다. 〈태종실록〉에 따르면 이원계는 아버지 이자춘과 첫 번째 부인 한산 이씨 사이에서 태어난 것으로 전한다. 이원계는 고려 말기에 2차례에 걸쳐 홍건적을 물리치고 개경 수복에 공을 세우는 등 이성계와 함께 전장을 누볐다. 그리고 위화도회군에도 참여했지만, 회군 5개월 만에 사망하여 조선의 건국과는 특별히 관계가 없다.

이원계는 이양우·이천우·이조·이백온 등 4남 3녀를 두었다. 이양우(李良祐, 1346~1417)와 이천우(李天祐, ?~1417)는 태종을 지원하여 고위직에 올랐으나, 이조(李朝, ?~1408)는 '종친의 권세를 빙자하여 불법을 마음대로 자행했다'는 비난을 받아 태조에게 미움을 받았다. 그럼에도 그는 광포한 행동을 그치지 않아 태종 1년(1401) 간관들의 탄핵을 받아 양주에 있는 농장에 위리안치되었다가 태종 3년(1403) 다시 옹진으로 유배되었다. 그리고 이백온(李伯溫, ?~1419)은 '종친으로서 주색을 탐함이 심하여, 강상(綱常)을 문란하게 했다'는 등 여러 차례 사헌부의 탄핵을 받았다.

이원계의 장녀는 승려 장담(張湛, 생몰 미상)이 환속하여 혼인했다. 이후 장담은 조선의 개국 과정에 참여하여 개국공신 2등에 책봉되었으나 2차 왕자의 난 때 이방간을 도운 죄로 파직되었고, 곤장을 심하게 맞아 사망했다. 그리고 둘째 딸은 변중량(卞仲良, ?~1398)과 혼인했다가 다시 유정현과 혼인한 것으로 기록되어 있다. 변중량은 정몽주의 문인으로, 공양왕 4년(1392) 이방원이 정몽주를 제거하려는 계획을 미리 눈치채고 이성계에게 문병 가는 정몽주를 말렸으나 정몽주가 듣지 않았다는 이야기가 전한다. 이후 조선에서 관직 생활을 하게 된 그는 1차 왕자의 난 때 정도전의 일파로 몰려 참살되었다.

이원계의 막내 딸은 홍노(洪魯)와 혼인했다가 다시 변처후(邊處厚)와 혼인했는데, 〈태종실록〉에는 "변처우는 성질이 경박(輕薄)하여 이원계의 딸을 취(娶)하였는데, 본래 홍노가 버린 아내였다. 부인의 세력에 의지하여 등용되기를 희망하고 그 직임에 부지런하지 않으니, 사람들이 모두 비웃었다"는 기록이 보인다.

유정현의 결혼과 관련해서는 구체적인 내용이 전하지 않지만, 이후 기록을 살펴보면 부인은 정오(鄭䫨)의 딸로 전한다. 그에 앞서 혼인한 부인 이씨의 경우 명문가의 딸이 재혼이나 세 번 혼인을 해도 본인은 물론 남편과 자녀의 이름이 족보에 올랐기에 특별한 일은 아니었다. 다만 그녀의 혈통이 문제가 되었다. 태종 13년(1413) 태종이 유정현을 정2품 참찬의정부사에 등용했을 때 유정현의 부인 이씨가 서얼의 소생이라는 이유로 사헌부에서 서경(署經)하지 않았다. 심지어 "유정현은 지난번에도 전하(태종)의 특명 때문에 어쩔 수 없이 서경했습니다. 그런데도 유정현이 그 아내를 버리지 않았기에 이번에 또다시 서경하지 않았습니다"라며 아내를 버리라는 압력(?)을 받았다. 서경은 왕이 새 관리를 임명할 때 성명·문벌·이력 등을 써서 사헌부와 사간원의 대간에게 그가 관리로서 적합한지 의견을 물었던 제도로, 인재를 적재적소에 등용하기 위한 철저한 인사 검증 시스템이었고, 한편으로는 대신들이 자기 마음대로 인사권을 행사하는 것을 견제하는 의미도 포함되어 있었다.

태종의 최측근도 비판하다

유정현이 열악한 환경을 극복하고 조선에서 영의정까지 오르며 오랜 기간 정치생명을 유지할 수 있었던 이유에는 그의 성품과도 연관이 있다. 대표적인 예로 그는 권력에 아부하거나 시류를 좇지 않았고, 예외를 인정하지 않을 정도로 원칙에 충실했다. 따라서 유정현은 관리로서의 충직함과 능력을 기반으로 성장한 인물로 평가할 수 있다.

유정현은 고려 말기에 음보로 관직에 나아갔다. 이후 그는 과단성 있고 깔끔한 일처리와 근면하고 검소한 관리로 평가받았다. 문인이었던 그는 외직으로 자주 나아가 야인과 왜인의 침입을 막아 공을 세우기도 했고, 천재지변 등으로 고통받는 백성들을 진휼하는 등 선정도 베풀었다.

유정현은 개혁 성향을 지니기는 했지만, 급진적이지는 않았다. 이 때문에 급진 개혁 세력으로부터 정몽주 일파로 탄핵받아 먼 곳으로 유배되기도 했다. 이후 조선 개국과 함께 복직이 이루어진 유정현은 저화(楮貨, 닥나무 껍질로 만든 종이돈)의 사용을 권장하는 법과 균전제, 호패법의 시행 등 새로운 왕조의 기틀을 세우기 위한 각종 법과 제도의 정착에 적극적인 관심을 기울였다.

유정현의 관직 생활에 태종의 신뢰와 지원도 큰 힘이 되었다. 태종이 자신의 즉위를 지원하지도 않았던 유정현을 주목한 이유에는 원칙을 따르는 그의 성품과 함께 개국공신과 측근 공신들을 견제하여 왕권 강화를 시도하려는 정치적 의도도 작용했다.

유정현은 잘못이 있으면 비판의 대상을 가리지 않았다. 대표적인 예로 태종의 측근인 이숙번이 권력을 전횡하자 이를 비판하는 상소를 거듭 올려 결국 이숙번의 공신녹권을 거두어들이게 했을 정도로 뚝심도 있었다.

유정현은 태종의 측근 등 공신들이 물러나면서 생긴 정치적 공백을 메우는 역할도 맡았다. 태종 15년(1415) 유정현 등이 민무휼과 민무회 형제의 죄를 명백하게 밝히기를 청하자 태종은 대언(代言)들을 물리치고 유정현과 함께 유관·박은·이원 등을 불러 의논하기도 했다. 그리고 태종

18년(1418) 태종이 세자 양녕대군의 폐위를 거론하자 대신들의 반대로 논란이 이어졌을 때 유정현은 "양녕대군이 자질이 부족하여 행동이 극악무도하니 종사를 이어받을 수 없다. 그러니 세자를 폐하여 어진 이를 세자로 삼아야 한다"며 세자 교체를 제일 먼저 주장했고, 일부 대신들 사이에서 "양녕대군의 장남이 세자 자리를 이어야 한다"는 의견이 나오자 "자질과 능력을 갖춘 자가 세자가 되어야 한다"며 명분보다 현실을 중시하는 소신을 보여주며 논란을 잠재웠다.

폐위된 세자의 거주지 문제에 대해서도 태종과 원경왕후가 부모의 입장에서 망설이자 유정현은 "새로 세자 자리에 오른 충녕대군에게 정치적인 부담을 주어서는 안 된다. 하루라도 빨리 한양에서 물러나게 해야 한다"고 직언했고, 결국 세자 자리에서 물러난 양녕대군은 경기도 광주로 거주지를 옮겼다.

이처럼 유정현은 정치적으로 대단히 민감한 문제까지 거침없이 거론했다. 특히 아무리 사심이 없다고 해도 누구나 거론할 수 있는 문제가 아니었다는 점에서 그의 성격을 잘 보여주는 사례이기도 하다. 그런데 폐세자 논의가 공개적으로 거론되기 얼마 전에 태종이 유정현을 재상으로 발탁했다는 점에서 태종의 용인술 또한 주목할 만하다.

유정현은 태종의 집권 후반기를 마무리하고 세종의 집권을 이어주는 가교 역할도 담당하는 등 태종 말기에서 세종 집권 초기 10여 년간 재상직을 지내면서 재상의 직위를 안정시키고 세종 대에 정치·경제·사회·문화적 발전 기반을 마련하는 데 공헌했다는 평가를 받았다.

내 사전에 예외는 없다!

유정현은 심온의 역모죄를 처리하는 과정에서 심문의 책임자인 도제조(都提調)를 맡기도 했다. 당시 역적의 수괴로 지목된 심온은 하루도 안 되는 사이에 두 차례나 몽둥이질을 당했고, 세 차례의 압슬형(壓膝刑)을 받았지만, 죄가 없었던 심온은 굴복하지 않았다. 이에 유정현은 "공의 지위와 권세로 미루어 오늘 이 국문하는 정세를 본다면 가히 알 것이다. 끝내 승복하지 않고 베기겠는가?"라며 심온에게 의미심장한 말을 했다. 유정현의 말에는 '이 사건이 단순히 역모죄의 진실을 가려내는 것이 아니라 정치적 사건'이라는 의미를 담고 있는 듯했다. 결국 심온은 모든 것을 내려놓았고, 한마디 변명도 남기지 않은 채 사약을 받았다.

원칙에 충실했던 유정현은 '형편을 고려하지 않고 융통성이 없다'는 등 주변 사람들의 원망을 사기도 했다. 태조 6년(1397)에는 곡식을 훔친 죄인을 취조하다 때려 죽여 벌금을 물기도 했고, 재상직에 올라서도 재상 등 고위직 관리들이 다수 포함되어 있을 정도로 예외를 두지 않고 각종 상소문을 올렸다. 이 때문에 관련 부서의 관리들이 상소문 처리로 인한 과다한 업무에 시달린다고 호소하기도 했다.

또한 그는 "성질이 심히 인색하여 추호도 남에게 주는 일이 없고, 과수원의 과일 하나도 모두 시장에 내다 팔아서 작은 이익까지 계산에 넣었다"고 하며, "정치를 하면서도 가혹하고 급하여 용서함이 적었고, 집에서는 재물에 인색하고 재화를 늘리어 비록 자녀라 할지라도 한 톨의 곡식도 주지 않았으며, 오랫동안 호조를 맡고 있으면서 출납하는 것이 지나치게 인색하여 사람들이 그를 많이 원망하며 상홍양(桑弘羊)이라고 했다"고 비판받을 정도로 공과 사를 막론하고 매사에 계산이 철두철미했다.

상홍양은 중국 전한 시대의 대표적 군주이자 성인과 폭군 그리고 혼군(昏君)이라는 평가가 엇갈리는 무제(武帝, BC 157~BC 87)와 소제(昭帝, BC 94~BC 74) 때 관리를 지낸 인물이다. 장사꾼의 아들로 태어난 그는 암산이 뛰어난 것으로 전한다. 그는 이러한 재능을 발휘하여 재무 관료로 두각을 나타냈고, 무제가 소금과 철의 전매 등 새로운 재정정책을 마련하라고 명하자 회계를 관장하며 균수평준법(均輸平準法)을 실시하고 염철과 술의 전매제 등을 시행하여 전국의 상품을 통제하고 물가를 억제하면서 상인들이 지나치게 이익을 남기지 못하도록 통제했다. 이를 통해 국가의 세수 증대를 꾀했지만, 그의 재정정책에 대한 민간의 불만이 높아져 현량문학(賢良文學)의 선비들과 전매법 등 민간을 괴롭히는 문제에 관련해서 궁정에서 격론을 벌였고, 이를 기록한 《염철론(鹽鐵論)》이 전한다. 이후 그는 대장군 곽광과 반목이 격화되어 연(燕)나라 왕 유단(劉旦, ?~ BC 80)·상관걸(上官傑, 생몰 미상) 등과 모반을 획책하다 처형되었다.

유정현이 영의정에 있을 때는 세종의 둘째 형 효령대군의 장인 정역의 종이 그의 곡식을 장리(長利)로 빌려 썼는데, 흉년이 계속되어 빚을 갚지 못하자 유정현이 사람을 보내 종의 집에 있는 가마와 솥을 모두 빼앗아 오게 한 일이 있었다. 당시 효령대군이 유정현의 아들 유장을 불러 지나치다고 지적하면서 "솥과 가마를 돌려주지 않으면, 세종에게 알리겠다"고 하자 유장은 "아버지가 제 말을 듣지 않은 지 이미 오래되었으니, 다른 사람을 시켜 전하는 것이 좋겠다"고 대답했다. 이후 사람들은 "비록 굶어 죽는 한이 있더라도 다시는 영의정의 장리는 쓰지 않겠다"고 했다는 이야기도 전한다.

유정현은 법 집행에도 과격할 정도로 원칙에 충실했고, 예외를 두지 않았다. 세종 7년(1425) 유정현이 화폐 사용을 권장하는 책임자인 경시

제조(京市提調)로 있을 때의 일도 대표적인 예로 꼽을 수 있다.

법 집행에도 예외를 두지 않다

태종은 최초의 화폐인 저화(楮貨)를 발행해 화폐유통을 강력하게 추진했다. 하지만 적은 발행량과 높은 액면가 그리고 제한된 교환처 등 제도와 기술적으로 미비한 점이 많았고, 백성들도 적응하지 못해 성급하게 시행했다는 지적을 받았다. 그리고 세종 5년(1423)에 조선통보(朝鮮通寶)라는 동전을 만들어 국가에서 정책적으로 유통에 관심을 기울이는 등 화폐의 제조와 유통을 시도했다가 중단한 경험이 있었다.

당시 세종이 화폐유통에 관심을 기울인 이유는 백성의 편의를 도모하고 국가재정 수입의 확대 등을 기대했기 때문이다. 세종은 동전 제조에 필요한 동(銅)을 확보하기 위해 사찰의 동종(銅鐘)까지 녹여서 충당했고, 국가 차원에서 동전 사용을 적극 장려하면서 세종 7년(1425)에는 시장에서 물물교환을 금지하는 엄격한 법까지 만들었다. 그리고 세종은 법 집행에 융통성 없기로 소문난 유정현을 등용했다. 이러한 조치는 화폐유통에 대한 세종의 의지를 짐작할 수 있지만, 화폐의 사용은 기대에 미치지 못했다. 백성들은 여전히 중요한 물품을 구입할 때 면포 등과의 물물거래에 익숙했기 때문이다.

당시 유정현은 국책사업을 성공시키기 위해 비록 작은 물건이라도 화폐를 사용하지 않는 자는 집과 재산을 모두 몰수할 정도로 법에 따라 엄격하게 처벌했다. 이 때문에 산에서 나무를 주워다 팔아서 하루 땟거리 채소와 양식을 구하던 가난한 사람들이 잡혀가 곤장을 맞거나 수군

(水軍)에 끌려가 가족들과 생이별을 하는 등 몹시 고통을 받았고, 가난하게 살던 유정현의 조카는 무명을 주고 쌀 한 끼와 바꾸려다가 붙잡혀 법에 따라 처벌받는가 하면 심지어 목숨을 끊는 사람들까지 생겨났다.

유정현은 영의정으로 있던 세종 2년(1420) 토지 소유의 제한과 토지의 균등 분배를 골자로 하는 법의 제정도 제안했다. 토지문제는 고려가 몰락하게 된 근본적인 원인이었고, 조선 개국 후에도 여전히 최대 현안이었다. 국가 차원에서 사회질서 유지의 근간이면서 재정 확충과 왕권과도 밀접한 관련이 있었을 뿐만 아니라 공신들을 비롯한 대지주의 입장에서는 자신의 권력과 가문의 위상을 뒷받침하는 근간이었기 때문에 토지문제는 대단히 민감한 문제였다. 이 때문에 유정현의 제안에 대해 세종이 가을에 다시 논하자고 유보한 일도 있었다.

이처럼 세종까지도 부담을 느낄 정도로 원칙에 충실했던 유정현은 주변으로부터 인심을 잃었지만, 정치적 논란에 휘말리는 일은 거의 없었다. 덕분에 그는 영의정까지 오르며 오랫동안 정치생명을 유지할 수 있었다.

유정현은 하윤이 재상직에서 물러나면서 이루어진 인사에서 좌의정에 발탁되었고, 같은 해 영의정 남재가 물러나자 후임으로 영의정에 올랐다. 당시 좌의정에는 박은이 등용되었다. 세종 8년(1426)에는 좌의정 이원이 '탐욕스럽고 청렴하지 못하다'는 이유로 탄핵을 받아 유배에 처했을 때 유정현은 장리 사건으로 고신을 받지 못하고 있었으나 세종의 명으로 고신을 받아 좌의정에 오르게 된다.

그러나 고위직에 오를수록 정무적 판단 또한 중요했기에 그에 대한 평가는 엇갈렸다. 그가 사망했을 때 사관들이 "유정현은 성격이 매우 소심하고 손해 보기를 싫어하며, 욕심이 많은 인물이다. …… 지방 외직을 돌 때도 선정을 베풀지 못했으며, 태종 10년(1410) 형조판서로 승진하였으나 그해 형조에서 맡은 바 임무를 다하지 않는다고 하여 면직당했다"고 혹평한 것도 그 예였다.

공신의 시대가 막을 내리다

세종이 즉위한 후에 상왕으로 물러난 태종의 존재감은 여전히 컸다. 따라서 국정을 책임진 재상은 상왕의 의중도 살펴야 했다. 그런데 영의정 유정현과 좌의정 박은은 의견이 다른 경우가 적지 않았다. 예를 들면 심온이 처형된 후 상왕 태종이 그의 가족들을 어떻게 처리할지에 대해서도 두 사람의 의견이 달랐다. 박은은 "심온의 가족은 죄가 없으며, 심온의 부인은 중전의 어머니이므로 연좌의 예에 따르는 것은 옳지 않다"고 답했다. 즉 박은에 따르면 '심온의 역모 사건'은 심온의 처리로 종료되었음을 의미했다. 반면 유정현은 "법에 따라 의정부제조로 하여금 연좌해야 한다"며 가족들도 법에 따라 처리해야 한다는 원칙을 고수했다.

또한 세종이 즉위한 다음 해 상왕 태종이 세종과 사냥을 떠나려고 하자 유정현은 "왕(세종)이 즉위한 지 얼마 되지 않아 민생을 살피는 것이 우선이며, 백성들의 농사에 방해가 된다"는 이유를 들어 반대했다. 그러나 박은은 상왕 앞에서 유정현을 정면으로 반박하면서 사냥에 나서는 것을 찬성했다. 당시 두 사람은 서로 얼굴빛이 달라질 정도로 언쟁을 벌여 마치 영의정과 좌의정이 정치적으로 경쟁을 벌이는 듯했다.

그러나 유정현은 큰 문제없이 관리 생활을 마무리했고, 세종 8년(1426) 병으로 사직한 후 4일 만에 72세의 나이로 사망했다. 그가 사망하자 정숙(貞肅)이라는 시호(諡號)를 내리며 "……숨기지 않고 굽함이 없는 것을 정(貞)이라 하고, 헤지지 않게 꽉 잡은 마음으로 결단하는 것을 숙(肅)이라 한다. 유정현의 사람됨은 엄의 과단(嚴毅果斷)하고 검약 근신(儉約謹愼)하여, 일을 조리 있게 처리하고 논란하여 토의함에 강정(剛正)하여 피하는 바가 없었다. …… 처음부터 끝까지 임금이 그의 소신(所信)을 중히 여겼다……"고 평가했다. 한편으로는 "상왕으로 물러난 태종과 긴밀한 관계를 유지하면서 왕의 의견에 거스르지 않는 범위 내에서 활동하면서 국가 기강을 바로잡고 백성들의 삶을 평안하게 보살피는 일국의 재상으로서의 직분에는 충실하지 못했다"는 등 부정적인 평가도 받았다.

그럼에도 유정현은 개인적으로 권력을 전횡하거나 돌아가는 정치적 상황을 자신에게 유리하게 활용하는 등 사적인 이익을 위해 정치를 했던 소인배들과는 달랐다. 그런 점에서 그는 조선이 건국의 기틀을 잡아가는 과정에서 정치인과 관료의 경계에 서 있던 인물이었다. 따라서 그에 대한 평가는 오늘날에도 우리에게 원론적인 질문을 던지고 있다.

즉 어느 시대 어느 제도나 예외 없는 원칙을 적용하는 것이 가능한 일인지, 그리고 예외가 있다면 그것은 무엇을 위한 것이고, 최고의 정책이라고 해도 백 퍼센트 완벽하게 목표를 달성하는 것이 가능한 것인지 등이다. 특히 정치의 궁극적 목적이 정신적·물질적으로 백성들의 편안한 삶에 있다면, 공인이었던 유정현에 대한 평가는 우리에게도 많은 생각을 하게 한다. '교왕과정(矯枉過正)'이라는 옛말이 있다. 즉 굽은 것을 바로잡으려다가 정도가 지나치게 된다는 말을 다시 생각해 본다.

한편 유정현의 죽음으로 세종의 사람들이 본격적으로 등용되는 시대가 열리게 된다. 그런 점에서 정치와 거리를 두었던 그의 관직 생활은 그 자체로 누구보다도 정치적인 의미를 지녔다고 할 수 있다.

유정현은 유의(柳儀)와 유장(柳章) 형제를 두었다.

유관(柳寬)

"나이는 잊어라!"

공과 사를 분명하게 구별하다

유관(1346~1433)은 조선시대를 넘어 우리 역사에서 청백리(淸白吏)를 대표하는 재상이다. 일반적으로 청백리라고 하면 원칙과 엄격함 그리고 모든 일에 빈틈이 없는 이미지가 연상되지만, 유관은 이와는 다른 이미지가 전한다는 점도 대단히 주목된다. 우리 시대에도 이런 관리가 있었다면 상당히 행복했을 것이라는 생각이 든다. 그와 관련한 자료를 보면 청렴하게 관직 생활을 하면서도 활력이 넘치고 기분이 좋아지는 에너지가 느껴지기 때문이다.

유관은 80세가 넘는 나이에도 재상으로 국정 운영에 적극적으로 참여하며 백성들의 삶을 최고의 과제로 삼았다. 세종 11년(1429)에 그는 "매년 음력 3월 3일과 9월 9일 대소신료들과 중외의 선비 그리고 백성들이 경치 좋은 곳을 찾아가 즐겁게 놀며 태평한 기상(氣像)을 형용(形容)하도록 하자"고 건의하여 세종의 허락을 받기도 했다.

매년 음력 3월 3일과 9월 9일은 모심기로 한 해 농사를 시작하고 추수로 농사를 마무리하는 시기에 해당한다. 따라서 유관의 건의는 농경 국가에서 축제일을 정해 농민들의 노고를 격려하여 궁극적으로 농업의 생산력 향상을 장려하고, 한편으로는 국왕과 신하 그리고 백성들이 모두 즐기며 국민 통합과 국가 발전의 활력소로 삼자는 의미가 있었다. 평소 대단히 절제되고 검소한 생활을 했던 유관이었지만, 백성들의 생활에 활력소를 찾아주고 국가적 에너지를 결집하는 축제의 필요성을 주장했다는 점에서 당시로서는 대단히 획기적인 발상이었다.

또한 유관은 다음과 같은 유명한 일화의 주인공이기도 하다.

"어느 날 조정의 고위 관리들이 어떻게 살고 있는지 궁금했던 태종은 이를 조사해서 보고하라는 명을 내렸다. 그런데 태종은 '판서 유관이 지금의 동대문 밖 창신동 근처인 숭신동에서 울타리도 없는 초가집에서 살고 있다'는 보고를 받았다. 태종은 '판서의 집이 그토록 누추해서야 조정에 나와 마음 놓고 업무를 볼 수 있겠는가?'라며 밤사이에 몰래 사람을 시켜 울타리를 만들어주었다. 다음 날 아침 유관이 자신의 집에 울타리가 생긴 것을 보고 대강의 일을 짐작했지만, 전혀 내색하지 않고 태종 앞에 나아가 평소와 같이 업무를 보았다. 그러자 주변에서 '왕의 호의를 무시한다'며 유관의 태도를 우려했지만, 유관은 전혀 신경쓰지 않았다."

유관은 훗날 이때의 일에 대해 "사사로운 감정에 사로잡히면 국정에 제대로 임할 수 없으니, 감사하는 마음으로 더욱 열심히 일하면 될 뿐이다"라며 왕과 관련한 일이라 해도 공(公)과 사(私)를 분명하게 구별했다.

그런데 유관의 집은 울타리만 문제가 아니었다. 그는 집에서도 "살림을 돌보지 않고 오직 서사(書史)로 스스로 즐기고, 비록 가난하여 먹을 것이 없어도 조금도 개의치 않았다"고 한다. 그리고 평생 동안 베옷과 짚신으로 살았고, 오랫동안 집을 보수하지 못해 장마철이 되면 물이 여기저기 새어 방안에서도 우산을 받쳐 들고 있을 정도였다. 하지만 유관은 비가 오는 날이면 부인에게 "우리는 다행히 우산이라도 있어서 비를 피할 수 있지만, 우산이 없는 집에서는 어찌할꼬?"라며 자신보다 어렵게 사는 백성들의 삶을 먼저 걱정했다.

이처럼 성품이 곧고 순수했던 유관은 관직 생활을 시작한 고려왕조에 이어 조선에서도 태조부터 세종까지 두 왕조에 걸쳐 모두 8명의 왕을 모시며 두터운 신임을 받았고, 조정 대신들의 존경을 받았다.

백성을 위하는 한결같은 마음으로…

유관은 문화 유씨 집안 출신으로, 고려의 개국공신 유차달(柳車達, 880~?)이 시조다. 유관의 본향이 문화가 된 것은 유차달이 황해도 문화 지방의 토호였고, 문화는 지금의 황해도 신천군 서부와 안악군 남부 일대인 유주를 말한다. 그리고 '고려의 문신으로 성품이 청렴하고 부지런하다'고 평가받았던 정당문학 유공권(柳公權, 1132~1196)은 유관의 7대조가 되고, 아버지는 삼사판관을 지낸 유안택(柳安澤)이다.

유관은 공민왕 20년(1371) 26세의 나이에 문과에 급제하여 관직 생활을 시작했다. 그는 학문과 문장이 뛰어났고, 승려의 수를 줄이고 오교·양종의 철폐를 주장하는 등 불교의 배척에도 적극 나선 전통 유학자였다. 그리고 그는 신흥사대부들과도 교류하는 등 개혁 성향도 지니고 있었다. 하지만 유관은 조선의 개국에는 적극적으로 참여하지 않았다. 그럼에도 그가 개국원종공신에 책봉되고 등용된 이유에는 관리로서의 능력과 개혁 성향의 신흥사대부들과의 인연 그리고 고려의 구신을 포용하려는 의도 등 복합적인 요인이 작용했다.

유관이 조선에서 처음으로 맡았던 소임이 이틀에 한 번씩 태조에게 《대학연의》를 강의하는 내사사인이었다는 점도 주목된다. 조선의 창업주인 태조에게 왕도(王道)의 가르침이 담긴 《대학연의》를 강의한다는 것은 그가 학식과 덕망을 갖춘 학자로 인정받았음은 물론 그에 대한 인간적인 신뢰가 두터웠음을 의미했기 때문이다.

이후 유관은 태조의 집권기에 각종 제도를 정비하는 과정에서 중국의 옛 제도 등 고서에 기록된 사례들을 필요할 때마다 막힘없이 적절하게 제시하며 태조를 보필했고, 태조가 계룡산으로 천도하려고 했을 때에도 관련 사례들을 제시하며 한양 천도를 주장해 관철시킬 정도로 폭넓은 분야에서 능력을 발휘했다.

그는 엄정한 형률(刑律)의 적용을 건의하여 제도로 정착시키는 등 건국의 기틀을 다지는 과정에도 적극 참여했다. 그리고 강원도와 전라도관찰사, 계림부윤(경주시장) 등 지방관을 지내며 백성을 위하는 한결같은 마음으로 선정을 베푸는 등 뛰어난 업무 능력과 청렴한 관리로 인정받으며 중견 관리로 성장했다.

유관은 세종의 명을 받고 윤회(尹淮, 1380~1436) 등과 함께 《고려국사》의 개작 작업에도 참여했다. 《고려국사》는 조선 건국 후 태조의 명에 따라 정도전과 정총 등이 편찬한 역사서이다. 그러나 《고려국사》는 단기간에 편찬되었고, 작성자인 개국공신들의 주관이 개입되어 있으며, 건국 과정에 대한 기록이 부실하다는 지적을 받았다. 이에 태종 14년(1414) 하윤·남재·변계량 등에게 개수 작업을 명했으나 2년 후 하윤의 사망으로 완성되지 못했다.

이후 세종이 즉위하면서 《고려국사》의 공민왕 이후 기사 서술이 잘못되어 있다"고 지적한 뒤 유관과 변계량에게 개수 작업을 명해 세종 3년(1421)에 완성하게 된다. 이때 공민왕 이후의 기사 중 고려 사신(史臣)의 사초(史草)와 다른 내용은 물론, '고려 왕실의 용어로 중국에서 사용하는 용어와 일치하는 것' 중에서 정도전 등이 미처 고치지 못한 것을 모두 개서하였다. 그러나 당시 사용하던 용어 등 국제관계와 관련된 부분에서는 유교적이고 사대적인 관점이 오히려 강화되어 반포하지 못하고 다시 세종 5년(1423) 유관과 윤회에게 2차 개수 작업을 명해 문제가 된 용어를 실록과 대조하여 당시 사용했던 용어를 그대로 쓰도록 하여 세종 6년(1424)에 완성하게 된다. 이를 《수교고려사(讐校高麗史)》라고 한다. 그러나 이것도 직서(直書)를 강경하게 반대한 변계량의 주장으로 반포가 중지되었다.

참으로 겁 없는 신하다!

유관은 각종 국가 행사에서 음악의 사용에 대한 제도를 비롯해 화폐 제도의 정착과 인구 분산정책 등 각종 제도의 정착과 경기도 지역 논밭의 유실을 계산하여 합리적으로 세금을 부과하는 등 민생 안정에도 적극적인 관심을 기울였다. 그리고 예문관대제학으로 있을 때 왕에게 민생 현장을 책임진 관리들의 근무 태도를 상소문으로 올리면서 다음과 같이 주장하기도 했다.

"······수령이 어질고 어질지 못함에 따라 백성이 잘 살고 못 사는 문제가 달려 있습니다. ······ 백성들이 억울해서 하소연해도 억누르기만 하고 풀어주지 않으며, 그들에게 매질하며 쫓아내기까지 하고서 하는 말이 '형벌을 엄하게 하지 않으면 위엄이 서지 않는다'고 하고, '다급하게 독촉하지 않으면 일을 처리하지 못한다'며 이러한 짓을 하는 자들이 종종 있습니다. 그런데 감사는 이런 사람들을 '일처리를 잘한다'고 생각하여 성적을 보고할 때 높은 등급을 줍니다. 이에 후임으로 온 관리도 그대로 본받으니 백성들이 어떻게 안심할 수 있으며, 그들의 원망을 풀어낼 수 있겠습니까? 원컨대 각 도에 명을 내리시어 수령들로 하여금 모두 백성을 사랑할 것을 염두에 두고 각박한 짓을 하지 않도록 힘써서 원망에 가득 찬 공기를 가시게 하옵소서."

이처럼 유관은 조선이 건국의 기틀을 마련하며 안정을 찾아가면서 관리와 백성들이 유리되는 관료주의의 폐단이 생겨나고, 형식적으로 제도만 따르는 관리의 근무 평가로 인해 발생하는 백성들의 고충을 직접 왕에게 보고하며 개선할 것을 건의했다.

그렇다고 유관이 제도보다 인자함을 앞세워 관리들이 임무를 수행할 것을 강조한 것은 아니었다. 그는 국가의 기강을 바로잡는 관리의 수장인 대사헌을 두 번이나 지냈고, "이단을 배격하고 나라의 기강을 바로잡기 위해 법을 한결같이 집행했다"는 평가를 받을 정도로 법과 제도에 따른 원칙을 중시했다. 그는 평소에도 "모든 형률의 적용은 공정하고 엄격해야 한다"며 신분 고하를 막론하고 모두에게 법이 공평하게 집행되도록 제도를 정비했고, 고문의 남발로 고통받는 등 억울한 백성이 발생하지 않도록 법조문을 정비하고 관리들에게는 "형법 공부를 해야 한다"고 강조했다.

또한 그는 태종의 집권기에 왕의 사냥에 따른 폐단을 상소하는 등 소신과 추진력도 있었다. 태종은 평소 그의 일하는 태도를 보며 "유관은 참으로 겁 없는 신하다"라고 칭찬을 아끼지 않았고, 그를 신임하여 중용했다.

유관은 태조와 세종에게 학문을 가르친 스승이었고, 세종의 명으로 수재들이 모인 집현전 관리들에게 시(詩)를 시험할 정도로 문학과 경사(經史)에 모두 밝아 학문의 균형을 지닌 보기 드문 학자이자 관리였다. 그러나 공직 생활 동안 유관에게 시련이 없었던 것은 아니다.

유관은 태종 1년(1401) 언관을 탄핵했다는 이유로 김효손(金孝孫, 1373~1429)과 함께 파직되어 대사헌에서 물러나기도 했고, 태종 3년(1403)에는 "노비 송사에서 패한 소감(少監) 도희(都熙)가 송사를 맡았던 이사영(李士穎)을 원망하여 말하기를, 지난날 이사영 등이 모반을 꾀했다"고 고발한 사건에 연루되어 고초를 겪기도 했다. 이 일은 무고로 밝혀졌지만 사실을 신속하게 고하지 않았다는 이유로 유관에게 책임을 물어 고향인 문화로 유배된 것이다.

이후 유관은 1년 만에 복귀했고, 태종 집권 말기에 전격적으로 교체된 세자(세종)의 학문 수련을 위해 세자좌빈객으로 임용되었다. 그리고 세종이 즉위한 후에는 70세가 넘는 고령의 나이에 예문관대제학에 등용되는 등, 유관의 학식과 덕망을 인정했던 세종 역시 그를 중용했다.

유관은 세종이 즉위한 후 몇 차례에 걸쳐 명나라 사신을 접대하는 임무를 원활하게 수행하는 등 외교 분야에서도 탁월한 능력을 인정받았다. 명의 사신을 맞이하는 일은 학식과 경륜이 있는 대신들이 주로 맡는 업무라는 사실을 감안하면 세종 대에 유관의 존재감을 짐작할 수 있다.

유관은 세종 6년(1424) 정탁이 우의정에서 물러나자 그 후임으로 우의정에 올랐다. 당시 그의 나이 79세로, 역대 재상 중에서 최고령으로 재상에 올랐고, 2년 후인 세종 8년(1426) 81세로 재상직에서 물러날 때까지 적극적으로 업무를 수행했다. 그리고 퇴직한 후에도 매월 1일 왕을 알현하여 정사에 참여할 수 있도록 요청하는 등 고령의 나이에도 부지런하고 적극적인 목민관(牧民官)으로서의 자세를 잃지 않았다.

최고령으로 재상에 오르다

유관은 세종 10년(1428) '단군이 도읍한 곳을 찾아내어 국가의 정통성과 뿌리를 찾아야 한다'며 다음과 같은 글을 올리기도 했다.

"황해도 문화현은 신(臣)의 본향으로, 마을의 나이 많은 사람들의 이야기를 들어보면 매우 유서 깊은 곳입니다. 구월산(九月山)은 단군조선 때 아사달산(阿斯達山)이라 했고, 신라 때는 궐산(闕山)이라고 했습니다. 이 지역은 처음에 궐구현(闕口縣)이라고 불렀습니다. …… 그 후 산의 이름은 '궐' 자를 느리게 발음하여 구월산이라고 했습니다. 이 산의 동쪽 재(嶺)의 중간에 신당(神堂)이 있습니다. 언제 세워졌는지는 정확하지 않지만, 신당의 북쪽 벽에 단웅천왕(檀雄天王), 동쪽 벽에 단인천왕(檀因天王), 서쪽 벽에 단군천왕(檀君天王)이 있어 사람들은 삼성당(三聖堂)이라 부르고, 그 산 아래 마을은 성당리(聖堂里)라고 합니다. 신당 부근에는 까마귀와 참새, 고니와 사슴들도 감히 접근하지 않고, 날씨가 가물 때 비를 빌면 다소 응보를 얻는다고 합니다. 어떤 이들은 '단군은 아사달산에 들어가 신선이 되었으니, 아마도 단군의 도읍이 이 산 아래 있었을 것이다'라고 합니다.

삼성당은 아직도 있어서 그 자취를 볼 수 있으나 지금은 땅 모양을 살펴보건대 문화현의 동쪽에 이름이 장장(藏壯)이라는 곳이 있는데, 마을의 노인들이 전하는 말에 따르면 '단군이 왕검성(王儉城)에 도읍하였으니, 지금 기자묘(箕子墓)가 있는 곳이 바로 그곳이다'라고 합니다.

신이 살펴본 바로는 단군은 요임금과 같은 때에 왕이 되었으니 그때부터 기자에 이르기까지 천여 년이 넘습니다. 어찌 아래로 내려와 기자묘와 같다고 주장한단 말입니까? 또 어떤 사람들은 '단군은 단목(檀木) 곁에 내려와서 태어났다'고 하여 지금의 삼성설(三聖說)은 진실로 믿을 수 없다고 하니, 신이 다시 살펴보건대 태고적 맨 처음에 혼돈이 개벽하여 먼저 하늘이 생기고 뒤에 땅이 생겼으며, 이미 천지가 있게 된 뒤에는 기가 화하여 사람이 생겼습니다. 그 뒤로 사람이 생겨나서 모두 형상을 서로 잇게 되었으니 어찌 사람이 생긴 지 수십만 년 뒤의 요임금 때에 다시 기가 화하여 사람이 생겨나는 이치이겠습니까? 단군이 그 나무 곁에서 생겨났다는 설은 진실로 황당무계한 것입니다. 엎드려 바라옵건대 사물을 분별하는 전하의 안목으로 헤아려 결정하시고 담당 부서에 명하여 도읍한 곳을 찾아내어 그 의혹을 없애게 하소서."

유관이 83세의 나이에 이 글을 썼다는 사실도 놀라운 일이지만, 유학자인 그가 우리 신화에 관심을 기울였다는 점도 그렇고, 특히 '우리 민족의 시조인 단군에 대해 이제까지 서로 다르게 기록되어 있거나 누락된 내용들을 조사해서 더 이상 잊히기 전에 바로잡아야 한다'고 공식적으로 주장했다는 점도 대단한 의미가 있다.

즉 유관의 제안은 단군의 고조선 역사가 권외(圈外)로 처리될 정도로 단군 이래의 상고사에 대한 역사 인식이 부족했던 시기에 이루어졌고, 여기에는 '민족의 시조와 관련한 우리 고대사를 확실하게 정리하여 국가의 정체성을 확립해야 한다'는 의미가 담겨 있었다. 이는 '우리 역사는 중국의 요순시대보다 오래된 독립된 역사를 지니고 있다'는 자부심 회복과 단군이 도읍한 곳을 찾아내는 것은 단순히 지나간 역사의 흔적을 찾는 일이 아니며 현실적이면서 실천적 의미를 찾는 작업을 통해 '조선의 역사적 정통성을 확립해야 한다'는 시도와도 연관이 있었다.

고려가 멸망한 뒤 건국된 조선은 우리 역사의 재정립을 통해 새로운 왕조 국가의 정통성을 확립해야 했다. 그러나 조선이 고려 이전의 고구려나 백제 또는 신라의 어느 한 국가의 정체성을 계승한다는 것은 국가의 통합 차원에서 설득력에 한계가 있었고, 역사적 연원 또한 너무 짧았다. 이에 따라 더 위에서 역사적 시조를 찾을 필요가 있었지만, 오랫동안 단군에 대해 적극적인 관심을 기울이지 않았다. 따라서 우리 역사상 최초의 건국시조인 단군에 주목하여 역사의 출발점으로 삼은 것은 이를 통해 삼국시대와 고려시대를 모두 포용함으로써 국가의 정통성은 물론 국민의 자부심을 세우는 등 단군을 우리 역사에서 모든 것의 근원으로 삼아 국가와 민족의 정체성을 확립하려는 시도였다.

나이는 잊어라!

세종 15년(1433) 유관은 왕의 허가를 받아 기영회(耆英會)도 만들었다. 기영회는 본래 개국 공신 세력과 태종의 즉위를 지원한 측근 공신 세력 등 각 정파 사이의 정치적 갈등이 표면화되자 이를 완화하려는 의도에서 이거이의 주도로 태종 4년(1404)에 결성되었다.

이 모임에 참여할 수 있는 자격은 70세 이상의 고위직 관리 출신으로 덕망과 작위를 갖춘 사람들이었고, 재상을 지낸 경우 나이 제한이 없었다. 당시 권중화·조준·하윤·이거이 등 10여 명이 이 모임에 참여하여 마시고 읊조리는 것만 즐길 뿐 세간의 시비나 득실에 관해서는 논하지 않기로 약속했다. 그러나 권근이 이 모임에 대해 "국가의 원기 배양을 여기서 볼 수 있다"고 평가한 것으로 보아 정치적 의도에서 원로들을 배려한 모임이라는 성격을 발견할 수 있다.

반면 유관이 세종에게 건의한 기영회는 성격이 달랐다. 그는 "70세가 넘은 1~2품 관직을 지낸 전직 원로대신들이 기영회를 통해 국가에 봉사하며 여생을 보내게 하자"고 제안했다. 여기에는 태종 16년(1416) 좌의정으로 물러난 뒤 20여 년을 한가롭게 지내다 세종 21년(1439) 94세로 사망한 이귀령(李貴齡, 1346~1439)과 80세의 나이에 색동옷을 입고 100세의 어머니 앞에서 춤을 추는 등 효자로 이름을 떨친 이정간(李貞幹, 1360~1439)을 비롯해 전 이조판서 박신(朴信)·전 판한성부사 허주(許周)·공조판서 조계생(趙啓生) 등의 원로들이 참여했다.

조선시대에는 70세 넘게 산다는 것이 드문 일이었다. 이에 당시 70세가 넘은 나이에 1품 이상 관직을 지내며 국정에 참여할 경우 예조에서 왕에게 보고하여 지팡이에 머리가 비둘기 모양으로 장식된 '궤장'을 하사하고 잔치를 베풀어주었다. 그런데 세종 대에 70세가 넘은 고령의 나이에도 관직 생활을 하는 사람들이 많이 눈에 띈다는 점도 흥미롭다.

예를 들면 세종 14년(1432) 근정전에서 80세 이상의 남자 노인을 위해 연회를 베풀었을 때 정2품 이상 관리가 6명, 4품 이상이 17명, 5품 이상과 평민·천례(賤隸) 등 86명의 노인이 참석할 정도로 고령자가 많았다. 그리고 그 이유와 관련하여 몇 가지 관점에서 살펴볼 수 있다.

먼저 정치적 관점에서 보면, 태종 집권 후반기에 들어서면서 왕권 강화를 기반으로 정국이 안정을 찾아갔다. 따라서 각종 정변으로 처형되거나 정치적 암투로 희생되는 관리들이 대폭 줄어들게 된다. 그리고 세종 대에 들어서면서 전 시대에 비해 생활이 안정되었고, 관리들의 재직 기간을 보장하려는 노력이 적극적으로 이루어졌다.

유관 역시 세종으로부터 궤장을 하사받았고, 88세에 사망하여 조선 역대 재상 중에서 황희 다음으로 장수했다. 그가 사망했을 때 세종이 문상을 가려고 하자 지신사 안숭선(安崇善, 1392~1452)은 "오늘은 잔치를 베푼 뒤이고, 또 예조에서 아직 정조장(停朝狀)을 올리지 않았으며, 날이 저물고 비가 내리니 내일 거행하도록 하소서"라고 세종에게 건의했다. 여기서 정조장이란 2품 이상의 대신이 사망했을 때 예조에서 조회(朝會)를 정지하는 절목(節目)을 적어 바치는 글을 말한다. 종2품은 1일, 정2품은 2일 그리고 정1품은 3일 동안 조회를 하지 않았다.

하지만 세종은 이러한 관례를 무시하고 상복을 갖추어 입고 궐 밖까지 나가 그의 죽음을 애도했다. 세종은 유관과 같은 청렴하고 성실한 관리가 자신을 보필해 준 것에 대한 감사의 마음을 전하고 싶었던 것이다. 뿐만 아니라 유관은 청렴한 관리의 표상으로 역사에 이름을 남겼고, 그가 평소 했던 말은 현대사회의 관리들에게도 커다란 귀감이 되고 있다.

"수령이 사무 처리하는 것을 좋아하고 형벌을 엄하게 함으로써 위엄을 세우려고 한다면, 반드시 억울하게 고통받는 백성들이 생길 것이다. 따라서 모름지기 수령은 이를 경계해야 한다."

고령의 나이에도 부지런하기가 그 누구도 따라갈 수 없었던 유관의 넘치는 활력은 이러한 마음으로부터 나왔던 것이다.

황희(黃喜)

"처음부터 준비된 재상은 아니었다"

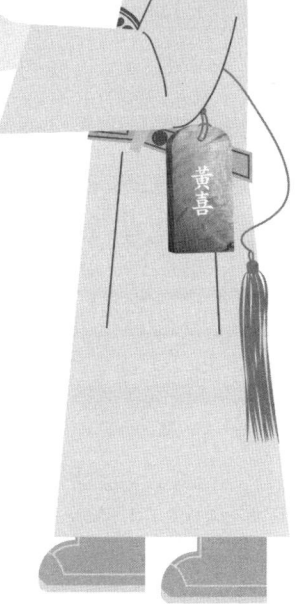

정사보다 야사에 더 많이 등장하다

황희(1363~1452)는 우리 역사를 대표하는 재상으로, 많은 일화에 등장하는 주인공이기도 하다. 그러나 그와 관련한 이야기들은 대부분 야사(野史)에 전할 뿐 정사(正史)에서 확인할 수 있는 내용은 많지 않다. 또한 그는 고려의 유력 가문 출신도 아니었고, 개국과 태종의 즉위를 지원한 이른바 3공신 출신도 아니었다. 심지어 뚜렷한 교유 관계나 학맥도 전하지 않는 등 그와 관련한 자료는 극히 일부분에 지나지 않는다. 그럼에도 황희가 주목받는 이유는 무엇일까?

태종의 뒤를 이어 세종으로 평화적인 정권교체가 이루어지면서 세종의 즉위와 관련한 공신은 배출되지 않았다. 반면 태조 대부터 신진 유학자이자 소장 관리들이 꾸준하게 성장하여 새로운 세대로 부상했고, 세종 대에는 이들 중에서 능력을 인정받은 관리들이 재상으로 등용된다.

특히 황희의 등용으로 정치 성향이 강한 재상에서 국정을 관리하는 관료형 재상으로 세대교체가 확실하게 마무리된다. 물론 이러한 분위기가 자연스럽게 이루어진 것은 아니다.

공신 출신 관리들은 권력에 민감하게 반응하는 등 정치 성향이 강했고, 이들이 딴마음을 먹을 경우 왕권에 위협적인 존재로 바뀔 수 있었다. 이 때문에 태종은 집권 기간 내내 왕권에 위협이 될 것으로 판단되는 공신들을 적절하게 견제하며 통치 기반을 구축했다. 그러나 이들은 새로운 왕조의 건국이나 자신이 모시는 주군이 왕위에 오르는 과정에서 목숨을 걸고 지원했기에 왕을 중심으로 충성도와 결집력이 강했다. 따라서 이들의 퇴장은 왕권의 불안 요인이기도 했다.

세종의 경우 목숨을 바치는 것까지는 아니라 해도 자신의 즉위를 지원한 세력이 형성될 기회가 없었고, 자신을 지원해 줄 관리들을 육성할 시간적 여유도 없었다. 따라서 세종은 빠른 시간 안에 왕을 지원하며 헌신적으로 국정에 참여하는 참모를 육성해야 했다. 인재를 육성할 때까지 최소한의 시간이 필요하다는 점에서 세종에게 황희는 존재감이 남달랐다.

황희의 본관은 장수로, 고려 명종(明宗, 1131~1202) 때 전중감 황공유(黃公有)가 무신 이의방(李義方, ?~1174)의 난을 피해 산하(山河)가 수려한 지금의 남원 지역 장수현으로 이주한 후 이곳을 본관으로 하였다. 그리고 황희는 판강릉부사 황군서(黃君瑞, 1328~1402)의 아들로 개성에서 태어났다. 황희는 어려서부터 총명하다고 소문이 났고, 성품 또한 너그럽고 침착한 것으로 전한다. 그가 태어나 성장하던 시기에 남부 해안 지역에서는 왜구들이, 북쪽에서는 홍건적이 침입했고, 대륙에서는 원나라의 쇠퇴와 명나라의 부상으로 세력이 교체되었으며, 국내 정국은 신돈의 전횡과 공민왕의 시해 그리고 폐가입진으로 창왕이 폐위되는 등 대내외적으로 혼란스러웠다.

황희는 이처럼 혼란한 국내외 상황을 직접 겪으며 성장했고 이른 나이인 14세에 음보로 관직에 진출했다. 이후 그는 21세에 사마시, 23세에 진사시에 합격했고, 공양왕이 즉위한 해(1389) 문과에 급제했다. 황희의 좌주는 당대 유학의 거두인 이색의 아들 이종학(李鍾學, 1361~1392)이었다. 따라서 그는 신학문인 성리학 등 이색 계열의 학문을 접한 것으로 보인다. 그리고 그는 관직 생활을 하면서 "사려가 깊고 청렴하며, 부모에 대한 효성과 국가에 대한 충성심이 깊다"는 평가를 받았다.

고려와 각별한 인연을 남기다

황희가 관직 생활을 시작한 시기의 고려 정국은 위화도회군으로 권력을 장악한 급진 개혁 세력에 의해 우왕에 이어 창왕이 폐위되고 공양왕이 즉위했으며, 급진 개혁 세력이 전제 개혁을 단행하면서 온건 보수 세력의 거센 저항을 받는 등 한 치 앞도 내다볼 수 없었다. 당시 황희는 초임 관리였던 탓인지 구체적인 활동은 보이지 않는다. 다만 그가 급진 개혁 세력에 동조하지 않은 것만은 분명하다. 3년 후인 1392년 7월 고려가 멸망하고 조선이 건국되었고, 관직에서 물러나 있던 황희는 태조 3년(1394) 태조가 주변의 추천을 받아 그를 등용하여 조선에서 관직 생활을 이어가게 된다.

고려에서 불과 3년 동안 관직 생활을 하다가 조선이 건국되었지만, 황희는 고려의 관리로 각별한 사연이 있다. '두문불출(杜門不出)'의 유래담과 함께 그가 두문동(杜門洞)에서 은거 생활을 했다는 유명한 일화를 말한다. 두문동은 고려의 수도 개경 인근의 경기도 개풍군 광덕산 기슭에 있는 마을로, 조선 개국 후 고려에 대한 충절을 지킨 120여 명의 선비와 무인들이 동서(東西)로 나누어 은거 생활을 한 것으로 전한다. 이에 태조는 새로 개국한 조선에서 능력 있는 관리의 충원과 함께 고려의 관리들을 포용하는 정책의 일환으로 두문동에 사람을 보내 새 왕조에 참여할 것을 권유했다. 하지만 아무도 응하지 않았다고 한다.

당시 두문동에서 가장 나이가 많은 원로 선비가 "고려의 신하된 자로 두 임금을 섬길 수 없으나 지금의 백성은 고려의 백성이니 우리 가운데 한 사람을 뽑아 백성들을 보살필 수 있도록 세상에 내보내는 게 좋겠다"고 제안했다. 이에 두문동 선비들은 논의 끝에 가장 나이가 젊은 황희를 내보내기로 결정한다.

황희는 선비들의 결정에 반발했지만, "이미 늙은 우리들은 고려에 충절을 지키며 얼마 남지 않은 삶을 살다가 죽으면 영광이지만, 도탄에 빠진 백성의 삶을 안정시키려면 젊고 능력 있는 선비가 나서야 한다"고 설득해서 황희가 두문동을 나오게 된다.

태조는 이후에도 두문동 선비들을 설득했지만, 더 이상 협조하지 않자 통로를 하나만 남겨놓은 다음 두문동 주위에 짚더미를 쌓아놓고 불을 지르는 초강수를 두었다는 이야기도 전한다. 하지만 한 사람도 나오지 않고 모두 불에 타 죽었다고 해서 이후 한곳에 틀어박혀 밖으로 나오지 않는 것을 가리켜 '두문불출한다'는 유래담이 생겨났고, 황희는 조선에서 두문동을 대표하는 관리로 이름을 남기게 된다. 그러나 당시의 정사(正史)에는 두문동 일화에 대한 기록이 전하지 않아 사실을 확인할 수 없다. 그리고 두문동에서 은거 생활을 한 것으로 전하는 사람들이 이후 조선에서 관직 생활을 했다는 기록도 보인다.

황희의 아버지 황군서도 조선 개국 후 충주절제사를 지냈으며, 태조 3년(1394) 선위사로 제주도에 파견되어 제주도 특산물 암말 육포의 진상을 중단할 것을 건의하여 성사시키는 등 명신(名臣)으로 평가받았다.

그러나 조선에서 관직 생활을 하게 된 황희는 나이도 젊었고 관직 경력도 짧아 그리 주목받지 못했다. 그는 왕과 대소신료들이 정사를 논의할 때 자기 의견을 강력하게 주장하지 않는 등 말을 아꼈고, 특히 사소하거나 소모적인 논쟁에는 끼어들지 않았다. 반면 그는 원칙을 고수하다가 태조의 눈 밖에 나서 좌천과 파직을 반복하는 등 관직 생활이 순탄하지 않았다. 황희가 관직 생활 초기에 행정의 운영보다는 원칙을 고수하는 경향이 강했던 것이 그 이유였다.

태조의 눈 밖에 나다

태조 6년(1397) 황희가 언관으로 재직할 때였다. 부모가 사망하여 상중에 있던 정란(鄭蘭)을 태조가 관직에 임명하자 당시 황희는 "정란의 신분에 문제가 있어 예법(禮法)에 어긋난다"는 이유로 서경(署經)에 서명하지 않아 파직된다.

보통 대간들은 비공개로 세 차례나 모여 인사 자료를 바탕으로 철저하게 심사한 후 왕에게 동의 여부를 보고했다. 새로 임명된 관리가 적합하다고 판단되면 서명을 하여 인사가 이루어졌지만, 50일 이내에 대간들의 서명을 받지 못하면 해당 관리는 취임할 수 없었다. 그러나 시간이 지나면서 가문이나 당파 간의 갈등이 벌어지는 과정에서 이 서경제도를 전략적으로 이용해 상대를 견제하기도 했고, 심지어 서경제도를 악용해 뇌물이 오가는 등 심각한 폐해도 발생했다. 때로는 왕의 인사권에 대한 관리들의 견제로 왕과 대신들 사이에 갈등이 벌어지기도 했다. 이 때문에 왕의 입장에서는 자신의 인사권에 사사건건 제동을 거는 서경을 매우 불편한 제도로 받아들였고, 조선 초기부터 왕의 인사에 거부권을 행사한 대간과 왕 사이에 팽팽한 긴장감이 흘렀다.

태조는 "도대체 대간들은 무엇을 하는 자들이냐?"라고 언성을 높였고, 태종도 예외는 아니었다. 성군 세종도 서명을 거부하는 대간들에게 "임명장에 빨리 서명해 주라"고 독촉하기도 했고, "대간들이 마음 내키는 대로 하니 실로 불편한 일이다"라고 불평하며 대간들의 비공개 회의를 1회로 줄이고 회의에서 논의한 내용을 요약해서 보고하라는 명을 내리는 등, 서경제도는 태조 대부터 '축소(태조)-복원(정종)-축소(태종)-복원(세종)-축소(세종)-무력화(세조)-축소 복원(성종)' 등 우여곡절을 겪었다.

당시 태조 역시 '황희가 왕의 인사권에 제동을 걸었다'며 대단히 불쾌하게 생각했다. 하지만 황희가 태조의 인사에 거부권을 행사한 이유는 단순히 왕권에 대한 견제가 아니라 정란이 적임자가 아니라고 판단했기 때문이다. 황희는 평소 "인재의 발굴과 등용은 공정한 인사 원칙을 지키며 적재적소에 관리를 배치해야 한다"고 강조했고, 스스로 이를 실천에 옮겼다. 이 때문에 태종 대에는 "황희가 재상을 무시하고 인사 문제에 독단적인 행동을 한다"고 대신들이 반발하기도 했다.

황희는 얼마 되지 않아 복직이 이루어졌지만, 다음 해인 태조 7년 (1398) '언관으로 사사로이 정치를 논했다'는 죄로 경원(慶源)의 교수관(教授官)으로 좌천되기도 했고, '태조의 할머니 경순왕후의 능인 순릉(純陵) 등 태조의 조상들의 능이 왕릉도 아닌데 지나치게 화려하다'며 사사로이 논의하는 자리에서 당시 언관인 황희가 이 문제를 지적하지 않았다며 '직책을 소홀히 했다'는 이유로 책임을 물어 벼슬이 강등되어 외방으로 쫓겨나기도 했다. 하지만 얼마 지나지 않아 왕자의 난으로 정권이 바뀌어 정종 1년(1399)에 복직이 이루어졌다. 같은 해 양홍도(楊弘道)가 6품 무관직인 낭관에 제수되었을 때 그의 어머니가 김윤택의 여종이었다는 이유로 황희가 서명하지 않자 정종에게 불려가 서명하라는 명을 받았고, 그 책임을 물어 허조 등과 함께 파면되기도 했다.

태종 15년(1415)에는 이조판서로 재직하면서 노비 판결을 잘못한 책임을 물어 호조판서 심온과 함께 파직되었고, 태종 16년(1416)에는 양녕대군의 폐위를 극력 반대하다가 파직되고 서인으로 강등되어 고향인 남원으로 유배되었다. 이때까지는 우리에게 잘 알려진 후덕하고 유연한 정치력을 발휘하는 황희의 모습은 찾아볼 수 없다.

태종과의 만남으로 서서히 변화하다

사람들은 황희가 세종의 치세 기간에 재상직을 탁월하게 수행한 것만 기억한다. 그러나 세종 대의 황희는 태종 대에 관리로서의 경륜이 중요한 배경이 되었다는 사실에 주목할 필요가 있다. 그가 태종을 만나면서 바뀌기 시작했기 때문이다.

박석명의 후임으로 황희가 지신사에 오를 때 황희와 태종의 인연에 얽힌 유명한 일화가 전한다. 지신사는 승정원의 수석 승지를 말한다. 승정원은 왕이 내리는 교서나 신하들이 왕에게 올리는 글 등 왕과 관련한 문서를 취급하는 기관으로, 요즘의 대통령 비서실에 해당한다. 그 책임자는 도승지로 비서실장에 해당하고, 지신사는 수석 비서관과 비교할 수 있다.

박석명은 우왕 11년(1385) 16세에 과거에 급제하여 공양왕 때 병조판서를 지낼 정도로 일찍이 관리로서의 능력을 인정받은 인물이다. 그러나 그는 공양왕의 아우 왕우의 사위라 조선의 개국 과정에 참여하지 않았다. 이 때문에 조선 개국 후 7년간 은거 생활을 하다 정종이 즉위한 후 뒤늦게 지신사로 등용되었다.
　박석명이 젊었을 때 "정종과 같은 이불을 덮고 자다가 꿈에 용이 나타나 놀라서 깨어보니 옆에서 태종이 자고 있었다"는 이야기가 전하는 등 박석명은 고려 말기에 정종과 태종 형제와 친분 관계를 유지했다. 아마도 이러한 인연이 있었기에 그가 조선에서 관직 생활을 하게 된 것으로 보인다.
　박석명은 지신사로 일하며 정종에 이어 태종의 절대적인 신임을 받았다. 그가 병으로 사직하기를 청하자 태종은 "경과 같은 사람을 천거해야만 허락하겠다"고 말할 정도였다. 당시 박석명이 평소 친분이 두텁던 황희를 추천하자 태종이 수락했다. 이는 태종이 평소 황희에 대해 주목하고 있었음을 의미했지만 황희가 단번에 중용된 것은 아니었다.
　박석명은 태종이 즉위한 직후 황희를 추천한 후에도 두 차례 더 추천했다. 마침내 태종은 삼년상을 치르고 있던 황희를 등용하지만 처음부터 황희를 신임한 것은 아니었다. 태종은 황희를 여러 관직에서 경험을 쌓게 하면서 눈여겨본 뒤 태종 5년(1405) 지신사로 발탁했다. 이후 황희는 4년 동안 정신적으로나 육체적으로 상당한 에너지가 필요했던 지신사의 임무를 충실하게 수행하며 태종으로부터 찬사받을 정도로 능력을 인정받았다.
　태종 대의 승정원은 단순하게 왕명을 출납하는 기관이 아니라 때로는 대간을 억압하거나 인사행정에 간여하여 재상들의 세력을 억제하고 왕의 친위 세력을 확보하는 역할도 담당했다. 이 때문에 뚝심도 있어야 했지만, 왕의 절대적인 신임 없이는 업무 수행이 불가능했다. 황희에 대한 태종의 신뢰가 어느 정도였는지는 곳곳에 기록으로 남아 있다.

태종 대에 재상의 평균 재직 기간이 1년 4개월이었고, 판서는 평균 7개월, 지신사는 평균 6개월이었다는 사실을 감안하면 황희가 지신사로 재직한 4년이라는 기간은 태종의 신임을 잘 보여주는 예라 하겠다. 그리고 태종 10년(1410) 황희는 대사헌을 1년 넘게 역임하여 태종 대의 대사헌이 대부분 1년을 넘지 못하고 교체된 것과도 비교된다. 심지어 세 차례 대사헌을 지낸 이원은 총 기간이 1년이 채 되지 않았다. 이는 태종이 대사헌 교체로 사헌부를 앞세워 대신들을 효과적으로 제어했음을 의미했고, 한편으로는 태종에게 황희는 견제의 대상이 아니라 통치 과정에서 최고의 참모였음을 의미했다.

태종은 평소 "황희는 비록 공신은 아니지만, 나는 그를 공신으로 대했고, 하루라도 그를 보지 못하면 반드시 불러서 만났으며, 잠시라도 좌우를 떠나지 못하게 했다"고 공개적으로 말했으며, 황희의 병이 위급하다는 소식에 어의(御醫)를 보내 병을 치료하게 명한 후 하루에도 서너 번씩 안부를 물었다. 마침내 황희의 병이 낫자 태종이 기뻐하며 어의의 노고를 치하하고 상을 내렸다는 이야기도 전한다.

왕의 지근거리에서 국정을 경험하다

황희가 지신사로 재직하던 태종 집권 전반기는 두 차례의 선위 파동과 명나라 황실과 조선 왕실의 혼인 문제 그리고 목인해의 고변 사건과 민무구 형제의 옥사 등 정치적으로 대형 사건들이 이어졌고, 태종은 이러한 기회를 활용해 공신들의 충성도를 시험하며 그 결과에 따라 정치적 처분을 단행하기도 했다. 이는 황희가 지신사로 근무하며 왕의 지근거리에서 정치적 사건에도 깊이 참여했음을 의미했다.

태종은 황희에게 "……이 일은 나와 경만이 알고 있으니, 만약 누설된다면 경 아니면 내가 한 것이다"라고 말할 정도로 황희와 은밀한 사안까지 의논했다. 따라서 지신사는 기밀 유지가 생명이었고, 정치적으로 대단히 민감한 사안이 발생할 때마다 냉정하게 정세를 판단하고 치밀하게 대처해야 하는 등 한순간도 긴장을 늦출 수 없는 자리였다.

황희는 지신사로 왕의 명령을 출납하는 일은 물론 현직 관리나 관직에서 물러난 주요 인물들의 성향도 파악하고 있었다. 〈문종실록〉에 따르면 황희가 지신사 시절 "훈구 대신들이 좋아하지 않아 더러 그의 간사함을 말하는 사람도 있었다"며 황희가 훈구 대신들의 동향을 파악하고 있었고, 조정의 여러 사안에 대해 매일 태종과 대면하여 크고 작은 일들을 상의하고 실행에 옮겼다는 기록도 보인다.

어느 날 목인해가 '조대림이 반역을 꾀한다'고 무고했을 때, 태종은 황희에게 이 사건을 말하며 어떻게 할 것인지에 대해 상의했다. 그러자 황희는 태종에게 주모자가 누구인지 물었고, 태종은 당시 조대림과 친분관계가 있던 조용(趙庸, ?~1424)이라고 말했다. 조용은 정몽주의 문인으로 대사성을 지낸 인물이었다. 그러나 황희는 곧바로 "조용의 사람됨은 아이와 임금을 죽이는 일은 결코 하지 않을 것이니, 주모자가 될 수 없다"며 태종의 판단을 바로잡아줄 정도로 주요 대신들의 인성까지 파악하고 있었다.

〈태종실록〉에는 "황희는 지신사로 오래 있으면서 두 정승이 천거하더라도 쓰지 않는 사람이 많았고, 자기와 친하고 믿는 사람을 임금께 여러 번 칭찬하여 벼슬에 임명하니 재상이 매우 꺼려하였다"는 기록도 보인다. 이는 황희가 인사에서 주관적인 판단으로 영향력을 행사하는 등 아직은 덜 다듬어진 모습을 보여주는 예로 해석되기도 한다. 그러나 당시 황희는 이들이 추천한 인사들을 선별해서 태종에게 보고했기 때문에 재상들이 추천한 인사가 채택되지 않는 경우가 있었다. 달리 말하면 황희의 뒤에 태종이 있었기 때문에 좌의정 겸 이조판서 성석린과 우의정 겸 병조판서 이무가 관리들에 대해 섣불리 반대할 수 없었던 것이다. 이렇게 태종은 황희를 앞세워 공신 출신 관리들을 견제하면서 자신의 의도대로 관리를 임명했던 것이다.

공신들의 견제에 성공한 태종이 6조직계제에 적극적으로 관심을 기울이던 시기에 황희는 이조판서 10개월, 호조판서 3개월 반, 예조판서 1년 9개월, 병조판서 1년 9개월, 형조판서 3개월, 공조판서 3개월 등 6조의 장관직을 두루 거치며 태종을 지원했다.

이 무렵 황희 외에 함부림·유정현·박은·이숙번·심온·김여지 등이 조정에서 주목받기 시작했다. 함부림(咸傅霖, 1360~1410)의 경우 개국공신으로 성격이 강직해 직언을 서슴지 않았고, 서리를 능숙하게 다루어 관직을 맡을 때마다 칭송을 받았다. 하지만 그는 태종 10년(1410)에 사망했다. 태종의 행동 대장 격으로 심복 중의 심복이었던 이숙번은 태종 9년(1409) 2차 선위 파동 때 태종의 신임을 잃었고, 결국 정계에서 물러나게 된다. 유정현은 유일한 비공신 출신으로 주로 지방직을 거쳐 영의정까지 오르기는 했지만, 정무적 판단이 필요한 정치력에는 '우유부단하다'는 평가를 받는 등 한계가 있었다. 황희와 함께 과거에 급제하여 그의 후임으로 지신사를 거쳐 뒤늦게 판서직에 오른 김여지(金汝知, 1370~1425)는 "성품이 충직하고 도량이 넓었으며, 태종과 세종 대의 성세(聖世)에 일익을 담당했다"는 평가를 받았지만, 조정에서 대신들의 의견을 조율하는 등의 통솔력을 발휘하기에는 한계가 있었다.

이외에도 판서직을 거치며 정치력을 발휘했던 관리로는 태종의 즉위를 도와 공신에 책봉된 박은이 있었다. 그는 태종 집권 말기에서 세종 집권 초기에 재상에 올라 하윤이 퇴장한 후 조정의 실세로 떠오른다. 마지막으로 심온은 태종 14년(1414) 이후 이조와 호조의 판서직에 주로 재직하면서 황희와 함께 노련한 공신 세력을 견제하며 부상했다. 그럼에도 공신과 비공신을 모두 합해서 태종 대에 6조의 판서를 두루 거친 관리는 황희 외에는 찾아보기 힘들다. 특히 그는 이러한 이력을 쌓으면서 정치와 국가의 운영이 어떻게 시행되는가를 직접 경험한 유일한 정치인이자 관리로 성장했고, 세종과의 인연으로 이어지게 된다.

태종의 철저한 검증 절차를 통과하다

태종은 즉위 후 왕권 강화를 통한 중앙 집권적 왕조 국가의 구축에 적극적인 관심을 기울였다. 이 과정에서 개국공신들의 견제에 나서면서 개국에는 참여하지 않았지만 이후 조정에 출사한 관리들을 적절하게 활용했다. 특히 태종은 권력에 대한 관심보다는 민생 안정을 위해 사심 없이 일하는 관리의 육성이 절실하다고 판단했다. 태종이 황희를 "개국공신은 아니지만, 공신으로 예우했다"고 말한 이유도 여기에 있다. 그런 점에서 권력과 관련해서 대단히 민감했던 태종은 대신들에게 무척 까다로웠지만, 황희는 그의 검증 절차를 통과했음을 의미했다.

태종은 처남인 민무구·민무질 형제가 권세를 지나치게 남용하자 황희에게 대책을 세우라고 밀명을 내리기도 했다. 이에 황희는 이들을 탄핵하는 상소를 올렸고, 민씨 형제들의 잘못이 공개적으로 논의에 부쳐지게 된다. 이 무렵 조선은 개성에서 한양으로 재천도한 시기였고, 조정에는 황희를 비롯해 새로운 세대로 자리 잡기 시작한 이숙번과 심온 외에도 성석린 등이 태종을 지원했다.

당시 황희는 승정원에서 일하며 태종의 지근거리에 있었고, 심온과 박석명 그리고 성석린의 집안은 왕실과 혼인을 맺으며 각별한 관계를 유지했다. 여기에 성석린의 문생인 허조가 박석명과 황희의 추천으로 등용되어 의례 정비를 주도하며 조정에서 하윤과 권근 등의 공백을 메웠다. 이후 허조 역시 태종으로부터 '참된 재상', '나의 주석(柱石)'이라는 평가를 받을 정도로 능력을 인정받았고, 세종 대에 재상으로 발탁된다.

황희가 태종의 두터운 신임을 받자 하윤이 견제하기도 했다. 〈세종실록〉에 따르면 세종은 두 사람의 관계에 대해 다음과 같이 말하기도 했다.

"태종께서 황희를 지신사로 삼고자 하여 하윤에게 의논했다. (하)윤이 '(황)희는 간사한 소인이오니 신용할 수 없습니다'라고 했으나 태종께서는 듣지 않고 마침내 제수했다. 이후 윤과 희는 서로 사이가 나빠서 항상 단점을 말했다. 조말생은 윤의 편인데, 윤이 집정(執政)하자 말생에게 집의(執義)를 제수했다. 그때 희가 대사헌으로 있어서 고신에 서경하지 않아 윤이 두 번이나 희의 집에 가서 청하였으나, 희가 듣지 않았다. 윤이 항상 스스로 말하기를, '태종께서 희를 지신사로 삼기를 의논하시기에 내가 나쁘게 말했더니, 희가 이 말을 듣고 짐짓 내 말을 이처럼 듣지 않는다'고 하였다. 또 희의 과실이 사책(史冊)에 실려 있는 것을 내가 이미 보았다."

그러나 황희를 비롯해 맹사성과 허조 등이 단순히 태종에게 충성을 다하는 가신(家臣) 집단을 형성한 것은 아니었다. 특히 황희는 태종이 일으킨 네 차례의 선위 파동을 포함해 관리들 사이의 정치적 갈등으로 인한 각종 상소문이나 명확한 물증이 없는 역모 사건을 꾸며 관련자들의 처형을 주장하는 등의 정치적 논쟁에는 참여하지 않았다.

뿐만 아니라 그는 좀처럼 자신의 의견을 앞세우지 않았고, 주로 듣는 자세를 취했다. 이 때문에 "황희는 중립하여 되어가는 꼴을 보고만 있다"는 비판을 받기도 했다. 어쩌면 여말 선초의 격동기를 겪었던 경험이 그의 관직 생활에 영향을 미쳤는지도 모른다. 하지만 황희가 모든 문제에 이러한 태도를 보인 것은 아니다.

황희는 민생 안정과 국가의 기강을 바로 세우는 일과 직결한 문제에는 자신의 의견을 양보하지 않을 정도로 강경했다. 심지어 "왕이 부당한 것을 마땅하다 하고 마땅한 것을 부당하다고 하면, 폐단이 없을 수 없다"며 대신들이 섣불리 말하지 못했음에도 왕에게 직언을 망설이지 않았다. 여기에서 주목되는 점은 그가 단순히 자기 주장을 앞세우기보다는 소모적인 논란을 줄이고 일을 되게 하는 데 중점을 두었다는 것이다.

사관들이 황희를 "의견을 물음에 대답하는 데에는 언사가 온화하고 단아하며, 의논하는 것이 모두 사리에 맞아 조금도 틀리거나 잘못된 점이 없었으므로 임금도 그를 가볍게 대하지 않았다"고 평가할 정도로 황희는 필요하다고 판단되면 태종을 설득했고, 태종 역시 그를 신중하고 사려 깊은 의논 대상으로 대했다.

다시 좌천당하다

태종이 황희를 주목한 이유는 기본적으로 그의 일처리 능력에 대한 신뢰가 있었기 때문이다. 태종의 최측근인 하윤이나 심복 이숙번은 권세가의 자리에 올라 권력을 남용하는 등 구설수에 오르며 때때로 왕권에 장애가 되었지만, 황희는 붕당을 만들거나 권세를 이용하여 사적인 이익을 추구하지도 않았다. 따라서 기득권 세력을 형성한 공신과 측근을 포함해 조정에서 영향력이 있는 대신들을 견제하며 정국을 안정적으로 이끌기 위해서는 사심 없이 일하는 지원 세력이 필요했던 태종에게 황희는 최고의 적임자였다.

특히 황희는 태종의 철저한 검증을 통과했다는 점에서 태종에 의해 철저하게 키워지고 성장한 관료였다. 반면 황희는 세자 양녕대군의 폐위를 반대했고, 세종의 세자 책봉과 즉위 과정을 지원하지 않았다. 따라서 엄밀하게 말하면 황희는 처음부터 세종의 사람은 아니었다.

태종 16년(1416) 세자 양녕대군의 방탕한 생활과 불손한 언행 등을 이유로 태종이 세자의 폐위에 대해 황희에게 의견을 묻자 황희는 "세자가 아직 나이가 어린 탓이니 시간이 지나면 나아질 것"이라고 대답했다. 이 일로 황희는 태종의 노여움을 사서 이조판서에서 공조판서로 좌천되었다가 다시 외직인 평안도도순문사 겸 평양부윤으로 쫓겨났다. 이해 여름 황충(蝗蟲, 풀무치)이 크게 일어나 농작물을 해치자 태종은 황희에게 "황충을 잡는 데 뜻이 없다면 대신의 체모가 아니다"라는 말까지 했다. '임지에 있으면서 해충이나 잡으라'며 자리만 차지하는 구신과 다름없는 취급을 한 것이다. 이후 임기가 만료된 황희는 형조판서로 돌아왔지만, 태종은 그를 다시 판한성부사로 좌천시켰다.

태종은 이미 양녕대군에게 마음이 떠난 상태였다. 따라서 태종은 황희라면 자신의 마음을 충분히 헤아려 왕과 대신들 사이에서 세자 교체에 대한 중재자 역할을 할 것이라고 기대했다. 뿐만 아니라 태종은 황희보다 네 살이 어렸지만, 대신들 앞에서 왕과 신하라기보다 부모와 자식 같은 관계라고 말할 정도로 대단히 특별하게 여겼다. 따라서 태종은 세자를 교체하려는 자신에게 반기(?)를 든 황희에게 크게 분노했고, 배신감까지 들었다. 〈태종실록〉에는 태종이 당시의 심정을 다음과 같이 말했다는 기록도 보인다.

"……내가 황희에 대해 사람이 다른 사람의 자식을 양육하는 것같이 하였고, 또 부모가 자식을 길러 장성케 하는 것같이 하였다. 대언(代言)에 오래도록 직임시켰다가 전직(轉職)시켜 성재(省宰, 2품 이상의 벼슬)에 이르게 한 것은 공신이라도 비할 바가 아니었다. 그리하여 일찍이 말하기를 '내가 죽는 날에 황희는 따라 죽기를 원할 것이다'라고 하였다. 길재는 전조(고려)에 주서(注書, 정7품 벼슬) 직임을 받았으나 '충신은 두 임금을 섬기지 않는다'고 하여 우리 조정을 섬기지 않았다. 나는 황희가 나에게 이처럼 하리라고는 생각하지 않는다……."

길재는 젊었을 때 태종과 같은 마을에 살면서 교유했던 절친한 사이였고, 고려 말기에 과거에 급제하여 관직 생활도 함께했다. 하지만 조선 건국 후 그에게 여러 번 출사를 권했지만, 끝내 나오지 않았다. 태종으로서는 길재에 대한 서운함이 더할 수밖에 없었다. 따라서 태종이 '길재가 비록 고려에서 낮은 벼슬을 지냈지만, 고려에 대한 충절을 지켰다'는 사실까지 거론하며 자신이 각별하게 배려했던 황희와 비유한 것은 태종의 마음이 어떠했는지 미루어 짐작할 수 있다. 황희도 이러한 마음을 모를 리 없었지만 그는 태종과 생각이 달랐다.

우여곡절 끝에 세종을 만나다

황희가 양녕대군의 폐위를 끝까지 반대한 이유는 단순히 양녕대군의 잘못을 옹호한 것이 아니었다. 그는 왕조 사회에서 적장자가 왕위를 물려받는 법통을 세워 모순을 남기지 않는 것이 이후 정국의 안정과 직결된다고 믿었다. 더구나 조선이 건국한 후 10년도 되지 않아 이미 두 차례의 왕자의 난을 경험했다. 따라서 장자를 폐하고 동생을 세워 혹시라도 발생할지 모르는 분란의 씨앗을 키우는 일을 반복하지 않기 위해 적극 반대했던 것이다.

결국 태종 18년(1418) 5월 세자의 폐위를 반대했던 황희는 남원으로 유배되고 일주일 후 충녕대군이 세자로 책봉된다. 그리고 두 달이 지난 8월 세자에게 전격적으로 왕위를 물려주고 태종이 상왕으로 물러났다.

세종이 즉위하자 대신들은 '황희를 처벌해야 한다'는 상소를 여러 날 동안 계속해서 올렸다. 황희는 "민무구 형제의 사건 처리에 관여했기 때문에 이로 인한 정치 보복이 두려워 양녕대군에게 결점이 있음에도 오히려 이를 변명하며 세자의 폐위를 적극 반대했다"는 비판까지 받았다. 그러나 태종은 "세자 교체와 관련해서 황희가 거짓으로 대답하여 정직하지는 않았으나 왕명의 출납을 맡아서 나라를 속인 적은 없다"고 변호했다. 그리고 남원으로 유배 보낼 때도 사람을 보내 '압령(押領)하지는 않을 것이다'라고 전하는 등 황희를 배려했다. 하지만 세종의 즉위로 황희는 태종과의 인연은 물론 그의 정치생명 역시 완전히 끝난 듯했다.

상왕 태종은 사망할 때까지 왕실 외척인 심온의 역모 사건을 처리하는 등 세종의 왕권에 위협이 될 것으로 우려되는 세력들을 제거했다. 그리고 태종이 사망하기 몇 달 전인 세종 4년(1422) 2월 태종은 세종에게 황희의 복직을 부탁하며 장차 그가 중요하게 쓰일 인물이라는 말을 남겼고, 태종이 사망한 후 황희의 복직이 이루어졌다.

결과적으로 태종 말기에서 세종 즉위 초기까지 남원에서 유배 생활을 하고 있던 황희는 정치적으로 민감했던 시기를 비켜갈 수 있었던 셈이다. 그리고 태종의 뜻에 따라 세종과 황희의 만남이 이루어졌고, 이 두 사람의 만남은 조선의 역사에서 대단히 각별한 의미가 있었다.

병권을 쥐고 정사에 관여하던 상왕 태종이 사망함으로써 세종의 시대가 열렸지만, 왕권이 안정적이지는 않았다. 북쪽의 여진족과 남쪽의 왜적들이 노략질을 하며 백성들을 괴롭혔고, 즉위 초기부터 가뭄과 홍수가 이어졌다. 민심도 좋지 않았다.

세종 5년(1423)에 강원도 고성에서 홍민(洪憫) 등이 "새 임금이 즉위하여 흉년이 들어 살기가 매우 어려운데, 만약 내가 왕이 된다면 매년 풍년이 들 것이다"라는 말을 했다가 단죄된 일도 있었고, 이듬해에는 청주 아전 박광과 곽절이 "양녕대군이 즉위하면 백성들이 자애로운 덕을 받게 될 것인데 즉위하지 못하여 덕을 받지 못한다"고 말했다가 처벌받은 일도 있었다.

또한 세종은 아직 경험이 많지 않은 젊은 왕이었고, 조정에는 병권을 독점하여 권세를 누리던 조말생을 포함해 원로대신들이 버티고 있었다. 따라서 이들을 어떻게 할 것인가는 세종의 왕권과 관련해서 커다란 과제였다.

바로 이러한 시기에 복직이 이루어진 황희와 세종의 각별한 인연이 시작된다. 당시 기근이 발생했던 강원도 지역의 관찰사 이명덕(李明德, 1373~1444)이 구황(救荒)의 계책을 잘못 써서 백성들의 고통이 더욱 심해지자 세종은 특명을 내려 황희를 파견했다. 황희는 60대에 들어선 고령의 나이에도 불구하고 밤낮을 가리지 않고 백성들의 진휼에 나섰고, 황희의 일 처리 능력을 보고받고 세종은 크게 기뻐했다. 이후 황희는 다시 조정으로 돌아왔으며, 세종은 황희를 점차 신임하고 중용하게 된다.

모든 지혜와 처신은 민생(民生)으로 귀결되다

황희는 6조의 장관을 두루 거치며 세종을 지원했다. 특히 세종 7년(1425)에서 8년(1426) 사이 정국을 주도하던 조말생 등 태종 대의 구신(舊臣)들의 기세가 꺾이고 실질적인 세종의 친정이 시작되면서 황희의 존재감은 빛을 발하게 된다. 세종이 경복궁 안에 내불당(內佛堂)을 지으려고 하자 유학자들이 강력하게 반발했던 사건이 그 예였다.

궁궐 내에 사찰을 설치하는 문제는 숭유억불을 내세운 조선 사회에서 대단히 민감한 사안이었다. 따라서 유학자들이 거세게 반발했고 이에 세종도 궁궐 밖으로 나가버리는 가출(?)을 시도할 정도로 첨예하게 맞서자 황희가 중재에 나섰다. 황희는 80세가 넘는 노구를 이끌고 손자뻘 되는 유학생과 학사들을 일일이 찾아다니며 설득했다. 당시 그는 "비록 세종이 불교를 믿지 않는다고 해도 불교를 수용했던 태조와 태종 등 선왕의 유지를 하루아침에 제거하는 일은 옳지 않다"는 논리로 이들을 설득했다. 그리고 "유교를 숭상하는 국가에서 궁궐 내에 불당을 설치하는 것이 옳은 일은 아니지만, 그렇다고 업무를 전폐하고 백성을 돌보지 않는 것 또한 옳지 않다"는 이유를 내세워 타협안을 제시했다. 불교를 배척하는 것도 유학자의 의무였지만, 민생을 돌보지 않는 것도 그에 못지않은 지식인이자 유학자의 중요한 책무를 외면하는 일이었기 때문이다. 결국 황희의 중재로 내불당이 설치되었고, 논란은 마무리된다.

이처럼 황희는 세종과 대신들 사이에서 첨예한 문제가 발생할 때마다 중재에 나서서 정국을 안정시켰고, 세종은 불교 수용에 강력하게 반발하는 대신들을 상대로 한발도 물러서지 않고 자신의 의지를 관철했다는 점에서 결과적으로 왕권 강화에도 기여했다. 그러나 그가 단순히 권력에만 관심을 기울인 것은 아니었다.

황희의 모든 지혜와 처신은 민생으로 귀결되었다. 즉 황희는 '청렴하고 너그러움'을 상징하는 인물이지만, 위민정치와 관련해서는 한번 세운 뜻을 굽히지 않고 끝까지 밀어붙였다. 또한 그는 "조종(朝宗)의 옛 제도를 경솔하게 변경할 수 없다"며 제도의 잦은 변경이나 급격한 변화를 경계했다. 잦은 제도의 변경으로 인해 백성들이 혼란을 겪고, 제도에 대한 신뢰를 잃게 되어 사회질서가 혼란에 빠지는 것을 우려했기 때문이다. 사관들은 이러한 황희에 대해 다음과 같이 평했다.

"천성이 너그럽고, 부드럽고, 신중하며 재상으로서의 식견과 도량을 지니고 있었다. …… 또 일을 처리함에 공명정대하고 사사로운 규정에 얽매이지 않고 큰 도리와 사리에 맞게 일을 처리하였다. 그러므로 일을 처리하는 데 이랬다 저랬다 하지 않았다……."

국정 운영을 책임진 재상으로서 신중하면서도 확고한 자기 원칙이 있었던 황희의 균형감각과 신뢰감이 느껴진다.

또한 그는 민생과 관련하여 곡식의 종자를 개량하여 배급하고, 각 도에 뽕나무 재배를 장려하는 등 백성들의 의식주와 관련한 생활개선과 함께 수입 증대에도 힘썼고, 민생 현장에서 일하는 지방관의 임명과 관리의 효율적인 운영 정책에도 각별한 관심을 기울였다. 그리고 옥사(獄事)을 다스림에도 "차라리 형벌을 가볍게 하여 실수할지언정 억울하게 형벌을 받는 백성이 한 명이라도 발생해서는 안 된다"며 백성을 상대로 공권력을 행사할 때 신중할 것을 강조했고, 4군 6진 개척과 매년 수차례씩 쳐들어오는 야인과 왜구에 대한 방비책을 강구하는 등 유비무환(有備無患)을 바탕으로 국방정책에도 각별한 관심을 기울였다.

나라의 재목은 평소에 잘 다듬어야 한다

황희는 형식과 권위주의를 배격하고, 백성들의 삶을 향상하는 일이라면 실용적인 면에도 적극적인 관심을 기울였다. 지방 관아의 노비 출신 장영실(蔣英實, 생몰 미상)의 재주를 아꼈던 세종이 그를 중앙으로 불러올려 관직을 주려고 했을 때였다. 대간들은 "천민 출신에게 미관말직을 주는 것은 부당하다"며 강력하게 반대했다. 이에 황희는 "재능이 뛰어나다면 신분에 제약을 받지 않고 관직을 제수하는 것이 옳다"며 세종을 지원했다. 장영실이 능력을 발휘하여 '과학을 위해 태어난 인물'이라는 칭송을 받으며 역사에 길이 남는 업적을 쌓은 것도 세종과 함께 황희가 있었기에 가능했던 것이다.

황희는 의례상정소 제조로 있으면서 세종의 결재를 받아가며 이직과 하윤의 《속육전》에 이어 종래 원집(元集)과 속집(續集)으로 나뉘어 내용이 중복되고 누락되거나 현실과 괴리되는 것을 수정·보완하여 《신찬경제속육전(新撰經濟續六典)》도 완성했다. 이전까지의 법률이 중국식 한문으로 표기되어 조선의 상황에 적합하기보다는 중국식 고전주의를 따랐다면, 《신찬경제속육전》의 완성으로 비로소 법률에서도 세종 특유의 조선주의가 완성되었으며, "예법을 널리 바르게 잡는 데에 노력해, 원나라의 영향이 지대한 고려의 예법을 명나라의 예법과 조선의 현실을 참작해 개정하고 보완하였다"는 평가와 함께 황희를 이직의 뒤를 이어 당대의 법률 전문가로 꼽았다.

황희는 재상의 자리에 오른 후에도 특유의 유연함과 노련함으로 세종을 지원하며 정국을 안정적으로 이끌었고, 우리 역사에서 '황희 정승'으로 불리며 재상을 상징하는 대명사가 될 정도로 후덕한 성품과 관련한 일화들도 많이 남겼다. 하지만 그는 누구에게나 그렇지는 않았다. 그가 문종과 단종 대에 최고 실권자 자리에 오른 김종서에게 대단히 혹독하게 대했다는 일화는 대표적 예이다.

평소 황희가 김종서를 대하는 것을 보고 그의 성품을 알고 있었던 주변 사람들조차 의아해했고, 심지어 '황희가 개인적으로 김종서를 미워한다'는 말까지 돌았다. 하루는 지인이 "왜 그렇게 김종서를 미워하느냐?"고 묻자, 황희는 "김종서는 다음 대에 재상에 오를 재목감이다. 그에게 조그만 잘못을 용납하는 습관이 생긴다면 훗날 백성과 나라에 큰 피해로 돌아올 수 있다. …… 나라의 재목은 평소에 잘 다듬어야 한다"고 이유를 설명했다.

황희는 세종 9년(1427) 어머니가 사망하여 삼년상을 치르기 위해 사직했다가 세종의 명으로 다시 좌의정에 올랐다. 이때 자신의 정치생명이 막을 내릴 뻔했던 양녕대군과의 묘한 인연으로 업무를 시작했다.

경기도 광주에 기거하던 양녕대군은 한양을 오가며 문제를 일으켜 잦은 구설수에 올랐고, 혹시라도 권력에 아첨하는 이들이 양녕대군을 앞세워 정치적 혼란이 벌어질 우려도 있었다. 비록 양녕대군이 그러한 마음을 먹지 않는다고 해도 누군가에 의해 악용될 여지가 있었던 것이다. 이 때문에 일부에서는 '양녕대군을 처형해야 한다'는 극단적인 주장까지 나왔다. 하지만 황희는 '양녕대군을 왕실과 먼 곳으로 보내야 한다'는 상소를 올렸다. 세종이 형제를 죽인 왕이라는 오명을 남기지 않고, 혹시 있을지도 모르는 정치적 변란의 위험을 사전에 예방하여 양녕대군을 보호하기 위한 신하로서의 책임을 다한 것이다.

그러나 황희는 이후에도 시련이 이어졌다. 세종 12년(1430)에 목장 관리를 잘못하여 국마(國馬) 1천여 필을 죽게 한 죄로 태석균(太石鈞)이 사헌부에 구금되었을 때 좌의정으로 있던 황희가 일을 가볍게 처리해 달라고 건의한 일이 문제가 되었다. 당시 사헌부에서는 "일국의 재상이 죄를 다스리는 데까지 개입하는 것은 사리에 맞지 않으며, 대신이 사헌부의 일에 개입하는 관례를 남기게 되니 엄하게 다스려야 한다"고 황희를 탄핵하여 관직에서 물러나 은거 생활을 하기도 했다.

최장수 재상을 지내다

황희는 태종의 천거로 정계에 복귀한 지 4년 만인 세종 8년(1426) 좌의정 유정현이 병으로 사직하여 이루어진 개각에서 우의정에 올랐다. 이때 황희의 나이 65세였다. 그리고 황희와 함께 좌의정에 올랐던 이직이 다음

해 물러나자 황희와 맹사성이 각각 좌의정과 우의정에 올랐고, 세종 14년 (1432) 영의정에 올라 세종 31년(1449)까지 18년 동안 영의정을 지내는 등 황희는 조선에서 60년이 넘는 기간에 걸쳐 관직 생활을 하며 90세까지 장수했고, 그 절반에 해당하는 30여 년간 세종을 보필하며 24년 동안 최장수 재상을 지냈다.

세종이 집권한 시기는 조선이 건국된 지 30년도 채 되지 않은 때였다. 그럼에도 조선은 태종 대를 거치면서 정국이 빠르게 안정을 찾아갔고, 세종이라는 성군이 "세종의 재위 기간 동안 대풍년이 한 번도 들지 않았음에도 굶어 죽는 백성이 한 사람도 없었다"고 할 정도로 선정을 베풀며 건국의 기틀을 완성해 나갔다. 물론 세종과 그의 시대가 최고의 평가를 받기까지는 황희와 같은 명재상의 지원이 있었기에 가능했다.

황희는 집현전을 중심으로 문물 진흥을 지휘·감독하는 등 각종 문물 제도의 정비에도 적극적인 관심을 기울였고, 이를 통해 왕조 국가의 기반 확립에 지대한 공을 세우며 태종에 이어 세종의 두터운 신임을 받았다. 황희에 대한 세종의 신뢰 역시 실록의 곳곳에서 발견할 수 있다.

세종 13년(1431) 어느 날, 세종은 황희와 함께 태종 대의 재상들을 다음과 같이 평가했다.

"……지금의 대신으로는 (황)희와 같은 이가 많지 않다. 전에 지나간 대신들을 말하자면, 하윤·박은·이원 등은 모두 재물을 탐한다는 이름을 얻었는데, 윤(崙)은 자기의 욕심을 채우기를 도모하는 신하이고, 은(訔)은 임금의 뜻을 맞추려는 신하이며, 원(原)은 이(利)만 탐하고 의(義)를 모르는 신하였다."

황희는 정치·사법·행정·인사·외교·군사 등 여러 분야에서 뛰어난 업무 능력을 기반으로 재상으로서 확실하게 업무를 장악했고, 의정부와 왕의 논의 구조를 일원화하여 그 기능을 자리 잡게 하는 등 국왕과 정사를 의논하고 여론을 수렴하여 백성을 편안하게 다스리는 것을 최고의 가치로 삼아 실천에 옮겼다. 그렇다고 그는 재상으로서의 권한을 자주 행사하지는 않았다. 그는 왕의 조력자로서 그리고 대소신료를 대표하여 6조의 독립성을 인정하는 가운데 의견을 조율하고 진언했다.

또한 그는 혼자서 모든 일을 처리하지 않았다. 대표적인 예로 세종 시대의 재상으로 호흡이 척척 맞았던 맹사성과 함께 이른바 '황·맹 시대'를 열었고, 맹사성에 이어 허조가 가세하여 세종을 보필하며 그야말로 황금시대를 이루었다. 실록에 따르면 "허조는 나라를 근심하기를 자기 집과 같이 하고, 거짓이 없는 참된 마음으로 나라와 사회를 위해 일했으며, 말과 행실이 모두 본받을 만하였다. 대개 황희의 중후(重厚)함은 대체(大體)를 얻고, 허조의 충직함은 법을 지켰으니, 수성(守成)의 어진 재상이라고 이를 만하다"고 극찬할 정도였다.

한편 세종 대에는 유교의 이념을 기반으로 사회질서를 구축하는 과정에서 사안에 따라 논란이 이어지는 경우가 적지 않았다. 이 과정에서 중국의 고사나 관련 자료들에 지나치게 얽매여 갑론을박이 벌어졌고, 조선의 실정보다 유교 경전에 따른 교조주의적 논리에 사로잡혀 결론을 내리지 못하고 많은 시간을 보내기도 했다. 이러한 과정에서 '백성을 위한 정치'는 말만 풍성한 '탁상 위의 정치'라는 비판을 받는 등 그들만의 정치로 변질되기도 했다. 하지만 황희 등은 세종을 지원하며 큰 틀에서 법으로 해결해야 할 일과 운영의 묘를 살리는 일을 적절하게 구사하며 언제나 백성의 편에서 무리 없이 정국을 이끌었다.

열 번이나 사직을 청했지만 거절당하다

세종 역시 왕의 권위를 앞세워 대신들을 강력하게 통제하지는 않았다. 다음의 일화도 그 예이다.

"윤소종의 아들 윤회(尹淮, 1380~1436)는 어려서 읽지 않은 책이 없었고, 한번 본 것은 끝까지 잊지 않을 정도로 소문난 천재였다. 윤회는 과거에 급제하여 관직에 나와서도 능력을 발휘하여 태종에 이어 세종의 총애를 받았다. 그러나 그가 술을 너무 마셔 과음할 때가 많자 그의 재주를 아낀 세종이 하루에 술을 석 잔 이상 마시지 못하도록 명했다. 그러자 윤회는 연회가 있을 때면 큰 그릇으로 술을 석 잔씩 마셨다. 이를 본 세종은 '술을 금하는 것이 도리어 권하는 셈이 되었다'며 웃었다."

이 이야기는 명석했던 윤회의 재치를 전하는 내용이기도 하지만, 관점을 달리하면 왕의 진심을 무시하고 왕명을 거역하여 왕이 조롱거리가 될 수 있는 사안이었음에도 세종은 웃어넘긴 것이었다. 그런 점에서 세종과 윤회는 그 임금에 그 신하였다.

또한 세종은 합리적인 사고와 판단으로 명재상들을 앞세워 대신들을 이끌었다. 어느 날 대신들이 "백성들의 간통 사건으로 풍기가 문란해지는 것을 엄격한 법으로 다스려야 한다"고 주장하자, 세종은 "여자들이 좋지 못한 행동을 하는 것은 혼인 시기를 놓친 까닭이다"라고 문제의 근본 원인을 지적하며 "남녀의 욕구를 법으로만 막을 수 있겠는가?"라며 교화 등, 법 이외의 해법을 제시했다. 세종은 사회질서의 유지가 강력한 법으로만 가능한 것이 아니라는 점을 알고 있었던 것이다.

한편 황희를 대단히 아꼈던 세종은 70세가 넘은 고령을 이유로 황희가 사직을 청했을 때 그가 업무에 시달릴 것을 염려하여 업무 시간과 업무의 양을 줄여주면서까지 그를 가까이 두었다. 황희는 세종 31년(1449) 87세의 나이로 관직에서 물러날 때까지 세종의 곁을 지켰고 세종이 사망하고 2년 후인 문종 2년(1452) 90세로 세상을 떠났다. 그가 사망하자 왕은 물론 대소신료들이 지위 고하를 막론하고 문상하지 않은 사람들이 없을 정도로 모두들 그의 죽음을 애도했다.

문종은 황희를 세종의 묘정에 배향하는 교서에서 "……인사행정을 맡은 지 16년 동안 인재들을 명백히 식별하였으며, 재상에 머문 24년 동안 나라가 반석처럼 든든해졌다. 노쇠하여 열 번이나 퇴직을 청했지만 임금은 늘 '나를 도우라'는 말만 하였다. …… 4대 임금을 섬겨 오면서 더욱 돈독했고, 나이 아흔 살이 되어서도 덕망과 지위가 높았으니, 실로 임금의 팔과 다리요, 나라의 기둥과 주춧돌이었다"라고 평했다.

황희는 관리로서는 최고의 지위에 올라 명재상으로 존경을 받으며 세상을 떠났지만, 모든 것이 완벽한 사람은 아니었다. 그는 관직 생활 동안 잘못을 저질러 구설수에 오르기도 했고, 특히 아들과 사위 등 가족들이 저지른 잘못으로 변명을 반복해야 했다.

그럼에도 황희의 존재감은 남달랐다. '큰 지혜는 어리석은 것처럼 보인다'는 '대지약우(大智若愚)'라는 옛말이 있다. 중국 송나라 최고의 시인 소동파(蘇東坡, 1037~1101)는 이 말을 인용해서 벼슬길에 나아가는 사람에게 "위대한 용기는 겁을 먹은 것과 같고, 위대한 지혜는 어리석은 것과 같다. 지극한 어짊은 장생(長生)의 묘책을 쓰지 않아도 오래간다"는 축하의 글을 써주기도 했다. 마치 황희를 두고 한 말인 듯하다.

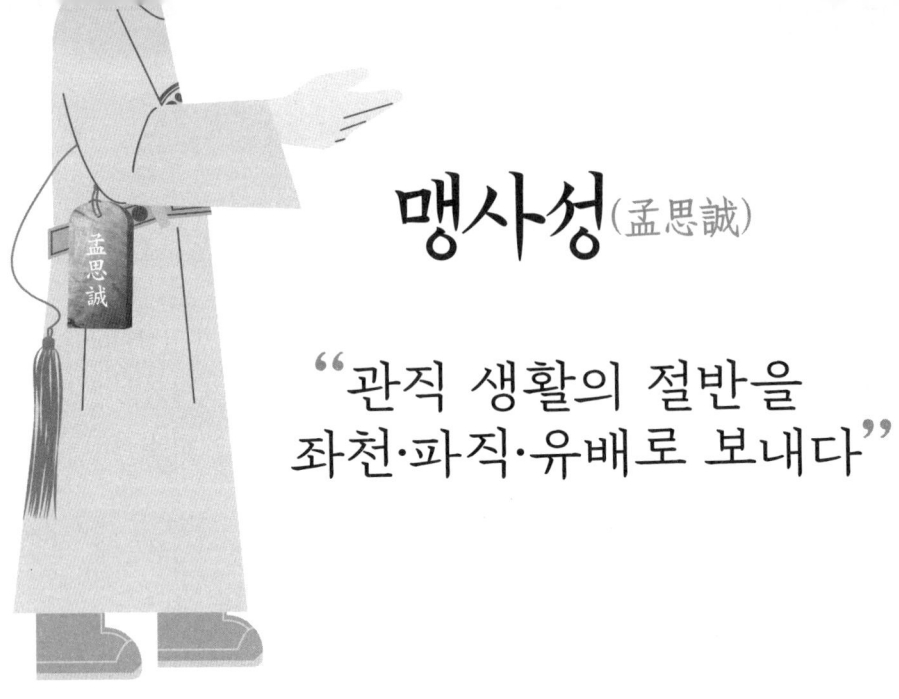

맹사성(孟思誠)

"관직 생활의 절반을 좌천·파직·유배로 보내다"

최고의 조건을 갖추고 관직 생활을 시작하다

맹사성(1360~1438)은 명문가에서 태어나 성장했고 관직에 나아가서는 충효의 상징이자 청백리이며, 명재상으로 평가받는다. 뿐만 아니라 그는 음악과 풍류에 통달했고, 스스로 즐길 줄도 알았던 멋진 선비이면서 동시에 '누구와도 비교할 수 없는 자기 절제력과 도덕성을 갖추었다'는 극찬을 받았다. 한마디로 그는 모든 것을 갖추었고 성공한 삶을 살았다.

맹사성은 신창(新昌) 맹씨 집안 출신으로, 증조부 대부터 맹사성에 이르기까지 모두 과거에 급제하여 관직 생활을 하면서 가문을 크게 일으켰다. 맹사성의 할아버지 맹유(孟裕, 생몰 미상)는 권신 최영과도 친분이 두터웠던 것으로 전한다. 맹사성의 아버지 맹희도(孟希道, 생몰 미상)는 조선에서 관직 생활을 하지 않았지만 조선시대에 편찬된 《삼강행실도(三綱行實圖)》에 아들 맹사성과 함께 나란히 실려 있을 정도로 효성이 지극했고,

성품이 청렴하며 절개가 굳은 선비였다.

맹사성은 아버지가 온양에서 은거 생활을 할 때 태어나 성장했고, 아버지의 절친한 후배인 권근의 문하에서 수학했는데 하나를 배우면 열을 깨우칠 정도로 명석하다는 맹사성의 소문을 듣고 권근이 스승이 되겠다고 자청했다고 하며, 권근은 후에 위기에 처한 맹사성의 목숨을 구해주기도 했다.

맹사성이 최영의 손녀사위가 된 것과 관련해서 다음과 같은 재미있는 일화도 전한다.

"맹사성이 아버지와 함께 온양에서 살 때 동네 아이들과 최영의 배 밭에 서리를 갔다. 이때 낮잠을 자고 있던 최영이 꿈에 용(龍)이 나타나자 놀라서 깨어났는데, 배 밭에서 서리하는 아이들을 발견하고 호통을 쳤다. 놀란 아이들이 정신없이 도망갔는데 유독 한 아이만 먹던 배를 손에 들고 꼼짝도 하지 않고 서 있었다. 최영은 호기심에 아이를 불러서 '어느 집 아이인가?'라고 물었더니, 아이가 '아버지는 맹(孟)자 희(希)자 도(道)자이고, 할아버지는 유(裕)자입니다. 주인 허락도 없이 배를 따 먹어 죄송합니다'라고 또박또박 예를 갖춰 대답했다. 아이에게 끌린 최영은 낮잠을 잘 때 용이 나타난 신기한 꿈을 떠올리며 아이의 집에 찾아가 아이가 성장하면 자신의 손녀딸과 사돈을 맺자는 약속을 했다. 그리고 아이들이 성장해서 할아버지의 약속대로 혼인하게 되었다."

맹사성은 우왕 12년(1386) 27세 나이에 과거에 급제하여 관직 생활을 시작했다. 그러나 2년 만에 위화도회군이 일어났고, 처조부 최영과 함께 장인 최담이 반역죄로 처형되면서 처가가 몰락하게 된다. 그러나 사위인 맹사성은 다행히 연좌되지 않았고, 관직 생활을 계속하며 승진을 거듭할 정도로 급진 세력으로부터 능력을 인정받았다. 뿐만 아니라 맹사성은 조선 건국 후에도 관직에 나아갈 정도로 그의 집안과 건국 세력의 각별한 인연도 전한다.

맹사성의 할아버지 맹유는 고려의 충신으로, 두문동에서 고려에 충절을 지키다 사망한 것으로 전한다. 그리고 수문전제학을 지낸 아버지 맹희도는 공민왕 때 혼탁한 정치를 한탄하며 관직을 버리고 온양으로 낙향하여 후학들을 가르치며 초야에 묻혀 살았다. 이후 조선이 개국하고 맹희도에게 여러 번 관직을 내렸으나 거절했다고 한다. 하지만 맹희도는 아들 맹사성의 관직 생활을 적극 지원한 것으로 전한다.

권근의 〈맹선생시권서〉에 따르면 맹희도는 아들의 관직 생활을 위해 잠시 은거 생활에서 벗어나 관직에 형식적으로 취임한 뒤 바로 은퇴하였고, 태조가 정도전 등과 함께 온양에 행차했을 때 태조의 성덕(聖德)을 칭송하고 정도전·조준과도 만나는 등 고려에 대한 절개를 지키면서도 아들의 원만한 관직 생활을 위한 부모로서의 헌신적인 모습도 발견할 수 있다.

최대 위기를 맞이하다

조선에서 맹사성의 등용은 뛰어난 인재의 발탁과 함께 고려의 충신 집안 후손을 포용하는 정치적 명분이 있었다. 그러나 맹사성은 조선에서의 관직 생활이 순탄하지 않았다.

공신들이 정국을 주도한 조선 초기에 맹사성은 특별히 주목받지 못했다. 이 때문에 그는 한동안 중앙에서 활동하지 못하고 외직을 전전했으며, 심지어 시련까지 연속되었다. 맹사성은 조선 건국 후 태종 말기까지 26년 4개월의 관직 생활을 하면서 절반에 해당하는 13년 2개월 동안 좌천과 파직 그리고 유배를 반복했고, 목숨이 위험했던 적도 있었다.

이처럼 맹사성의 불우했던 관직 생활에는 당시 정국을 바라보는 그의 인식도 영향을 미쳤다. 그는 은연중에 개국공신에 대해 부정적인 태도를 보였고, 그가 관제 개혁의 모범으로 고려 초기를 염두에 두었던 것도 그 예였다. 여기에 온화한 성품으로 인해 때때로 우유부단하다는 지적을 받았다.

태조 5년(1396) 평소 태조가 아끼던 개국공신이자 신덕왕후의 조카사위 정희계의 시호를 올렸을 때 성의 없이 시호를 책정했다며 태조가 분노한 일이 있었다. 이 일로 관련 부서에 있던 맹사성이 '정희계의 시호를 올리는 데 아무런 반박도 하지 않았다'고 탄핵받아 관직에서 물러났다. 맹사성은 2년 후인 태조 7년(1398) 왕자의 난으로 태조가 물러나고 정종이 즉위한 후 우간의대부로 복직했지만, 같은 해 '노비 소송을 잘못 처리한 사간원과 형조의 관련자를 문책하지 않았다'는 책임을 물어 다시 파직되었고, '노비의 소송과 관련한 재판을 맡아보던 관의 기밀을 누설했다'는 죄로 온수(溫水)로 귀양 가기도 했다. 그리고 맹사성은 대사헌으로 재직하던 태종 8년(1408) 관직 생활 중 최대의 위기를 맞게 된다.

맹사성은 지평(持平) 박안신(朴安信, 1369~1447)과 태종의 사위 조대림을 무고한 목인해의 처형을 늦추고 사건을 재조사하자고 건의한 것이 문제가 되어 순금사에 투옥된다. 당시 태종은 사실이 명확한데도 왕실 인척인 조대림을 재조사하자는 것은 왕실을 능멸하는 처사라며 분노했고, 맹사성 등 사헌부와 사간원 핵심 관리들을 모두 옥에 가두고 주모자를 극형에 처하라고 명했다.

　맹사성은 심문 과정에서 매를 견디지 못하고 '왕실을 약화시킬 의도가 있었다'고 승복하여 장남 맹귀미(孟歸美)와 함께 능지처참에 처하게 될 위기를 맞게 된다. 이에 대신들 사이에서 맹사성을 구명하기 위한 움직임이 일어났고, 병석에 있던 성석린과 권근까지 급하게 가마를 타고 대궐에 나아가 태종에게 극간했다. 뿐만 아니라 맹사성의 아버지와 동년배로 친분이 있었던 하윤은 울면서 맹사성을 구원했고, 이숙번은 태종의 면전에서 "맹사성의 옥사를 처리한 관원들이 전하의 뜻에 아첨하였습니다. 만약 주상께서 맹사성을 죽인다면 신은 머리를 깎고 도망가겠습니다"라고 위협까지 했다.

　뿐만 아니라 '조영무 등 태종의 측근들과 황희 등 조정의 대신들까지 나서 처벌이 지나치다'는 상소를 올리며 태종을 설득하여 장 1백 대를 맞고 한주향교(韓州鄕校)의 재복(齋僕, 노복)으로 귀양 가는 것으로 마무리된다.

　맹사성을 구명하기 위해 세자 양녕대군도 나섰다. 두 사람의 인연은 맹사성이 한때 세자의 스승이었고, 명나라에 사신으로 함께 갔을 때 세자가 맹사성을 두텁게 신임한 것으로 전한다. 덕분에 맹사성은 죄가 감해져 한양 이외의 지역에 거주하는 것이 허락되어 3년 동안 지내다가 태종 11년(1411) 정상이 참작되어 복직된다.

　그러나 맹사성의 아들 맹귀미는 곤장을 맞은 장독이 풀리지 않은 상태에서 장인 이무가 민무구 형제의 옥사에 연루되자 다시 하옥된다. 다행히 맹귀미는 연좌되지 않고 풀려났지만, 연이은 옥고(獄苦)로 사망하고 만다. 아마도 이때가 맹사성에게는 가장 고통스러운 시간이었을 것이다.

　이외에도 맹사성은 성석린 덕분에 죽음을 면한 후 평생 그를 부모처럼 섬겼고, 성석린이 사망한 후에도 비가 오나 눈이 오나 그의 집 앞을 지날 때면 반드시 예를 표했다는 이야기도 전한다.

세종 시대에 가장 적합한 관리로 성장하다

태종은 맹사성에게 곡식 20석을 하사하고 위로의 술자리를 베푸는 등, 맹사성에 대한 태도가 서서히 바뀌기 시작했다. 물론 여기에는 맹사성이 조대림 사건으로 고초를 겪었고 아들 맹귀미까지 사망한 것에 대한 미안한 마음도 있었겠지만, 맹사성 역시 태종의 주목을 받게 되었음을 의미했다.

맹사성이 보여준 인간관계와 그의 처신도 주목받기에 충분했다. 그가 처형당할 위기에 처했을 때 많은 조정의 대신들이 그를 구원하기 위해 적극적으로 나섰던 일이 대표적인 예였다. 또한 그는 관직 생활을 하면서 어떤 정치세력과도 연관이 없었고, 공적인 업무 외에는 관리들과 일절 접촉하지 않았다. 따라서 그는 권력을 남용하여 사적인 이익을 추구하지도 않았지만, 각종 청탁이나 비리와도 무관했다. 여기에 관리로서의 그의 능력도 주목받았다.

맹사성은 조선 건국 후 6조직계제를 실시하며 각 부의 장관인 판서 밑에 차관에 해당하는 종2품 참판제도를 두었을 때 초대 참판을 역임했고, 이후 6조의 장관인 판서를 거치면서 관리로서의 경륜을 쌓아갔다. 특히 그는 학문은 물론 음률(音律)에 능하여 손수 악기를 만들기도 했고, 통소를 잘 부는 등 예술적 재능도 뛰어났다. 그리고 이러한 재능을 인정받아 예악을 다루는 분야에서 오랫동안 일했다. 태종 11년(1411) 판

충주목사로 임명되었을 때 예조에서 "맹사성이 음률에 정통하므로 선왕(先王)의 음악을 복구하기 위해 한양에 머물게 하여 바른 음악을 가르치도록 하자"고 건의했고, 이듬해 풍해도관찰사에 임명되자 영의정 하윤이 음악에 밝은 맹사성을 한양에 머물게 하여 악공(樂工)을 가르치도록 건의하기도 했다.

태종 역시 맹사성의 사람됨과 능력을 알아보게 되면서 신뢰하게 되었고, 각별하게 배려했다. 효성이 지극했던 맹사성이 늙은 아버지의 병간호를 위해 사직하기를 청했을 때 태종은 이를 허락하지 않았고, 몇 달 후 그를 충청도관찰사로 임명하여 약을 주면서 고향에 있는 아버지를 간호할 수 있도록 배려한 일도 있었다. 이러한 인연은 자연스럽게 세종으로 이어지게 된다.

태종 18년(1418) 맹사성은 아버지의 병환이 깊어져 사직했다가 세종이 즉위한 해에 이조판서로 등용되어 세종과의 인연이 시작된다. 세종 7년(1425) 좌의정 이원이 사신으로 북경에 갈 때 "삼군도진무(三軍都鎭撫)가 모두 무신이므로, 문무(文武)가 교대로 임무를 담당하는 법에 맞지 않는다"며 문신으로 교체할 것을 건의하자 세종이 적임자를 추천하라고 명했다. 당시 인사 담당자 허조가 맹사성을 적임자로 추천하여 문신으로는 최초로 군사 조직의 으뜸 벼슬인 도진무가 되어 명나라에 사신으로 다녀오기도 했다.

이러한 과정을 거치며 맹사성은 세종 시대에 가장 적합한 관리로 성장했다. 대표적인 예로 맹사성은 궁중음악을 전반적으로 개혁하는 등 '우리 음악 체계를 정비하여 수준을 높였다'는 평가를 받는다. 고구려의 왕산악, 신라의 우륵과 함께 우리나라 3대 악성(樂聖)으로 꼽히는 박연이라는 걸출한 인물이 음악 분야에서 세종의 치적을 결정적으로 뒷받침하지만, 맹사성은 세종과 박연 사이에서 음악적 식견을 기반으로 새롭게 우리 음악을 세우려는 세종의 의도에 맞춰 자신의 재능을 유감없이 발휘한 것이다.

뿐만 아니라 평소 중국 음악에 지나치게 의존하여 우리 실정에 맞지 않는 음악에 불만을 지니고 있었던 세종은 우리 정서를 담은 우리의 음악을 체계적으로 정리하여 발전시키고자 했고, 맹사성은 세종의 의도를 실천에 옮긴 최고의 파트너였다. 세종 13년(1431) 세종이 국가적인 의식에 향악(鄕樂)을 중지하고 아악(雅樂)으로 바꾸려고 하자 대신들이 반대했지만 세종은 맹사성에게 명해 우리 음악사에서 대단히 의미 있는 작업들을 완성했다.

또한 그는 악공을 가르치거나 과거 응시자들의 문학과 학문적 소양을 평가하는 시험 감독관도 자주 맡았다. 그리고 현실 정치의 삭막함 속에서도 항상 여유를 잃지 않았고, 평소 부지런하고 검소했던 그는 재상직에 올라서도 앉아서 업무를 처리하지 않고 시간이 날 때마다 민정 시찰을 나가 백성들의 먹고사는 문제를 주의 깊게 관찰하여 정책에 반영했다.

남의 부탁을 거절하지 못해 고초를 겪다

맹사성은 평생을 청렴결백한 관리로 살면서 많은 일화를 남긴 주인공이기도 하다. 다음과 같은 이야기도 그 예이다.

"항상 녹봉으로 받은 식량으로 생활했던 맹사성이 하루는 밥상에 햅쌀이 올라오자 부인에게 '어디서 난 것이냐?'고 물었다. 부인이 '녹미가 너무 오래 묵어 먹을 수 없어 이웃집에서 빌렸다'고 대답하자 맹사성은 '녹봉을 받았으면 마땅히 그것을 먹으면 되었지 쌀은 왜 빌렸소?'라고 말했다."

그는 평소에도 남루한 옷을 입고 다녔고, 집은 매우 협소하고 비바람도 제대로 막기 힘들 정도였다. 어느 날 병조판서가 일을 여쭈러 찾아왔을 때 마침 폭우가 내려 집안 곳곳에 비가 새어 의관이 모두 젖었다고 한다. 일을 마치고 집에 돌아온 병조판서는 "재상의 집이 그러한데, 내 어찌 행랑채를 만들겠는가?"라며 탄식하고는 짓고 있던 행랑채를 철거했다는 이야기도 전한다.

맹사성은 관직 생활을 하면서 소를 타고 출퇴근한 것으로도 유명하다. 그리고 자신의 집 근처에 살던 선배의 집 앞을 지날 때면 항상 타고 가던 소에서 내려 걸어갈 정도로 주변 사람들에게도 마음을 담아 예를 다했다. 또한 번거로운 행차를 싫어했던 그는 재상에 올라서도 검은 소를 타고 다녀서 사람들이 그가 재상인 줄 몰랐다고 한다. 다음의 이야기도 그 예이다.

"맹사성은 한 달에 한 번씩 온양에 있는 아버지 산소에 성묘를 다닐 때도 소를 타고 다녔다. 어느 날 안성과 진위(지금의 평택)의 군수가 재상 맹사성이 지나갈 것이라는 정보를 입수했다. 이들은 예를 갖추어 하인들을 대동하고 장호원 부근에서 맹사성을 기다렸다. 그러나 하루 종일 기다려도 맹사성이 나타나지 않자 군수 일행은 지쳐버렸다. 그때 마침 소를 타고 늙은 선비가 지나가자 하인들이 쫓아가서 군수에게 예의를 갖추지 않고 지나가는 늙은 선비를 희롱했다. 그러자 늙은 선비는 '온양에 사는 맹고불(孟古佛)이 군수에게 아뢴다고 전하라'는 말을 남기고 가버렸다. 이 말을 전해

들은 군수는 맹고불이 맹사성의 호인 것을 뒤늦게 알고 당황해서 뛰어가다가 허리에 차고 있던 관인(官印)을 깊은 연못에 빠뜨리고 말았다."

이후 이 연못을 인침연(印沈淵)이라고 부르게 되었다는 유래담이 전한다. 그러나 성격이 소탈하면서 조용하고 엄하지 않았던 맹사성은 사람들의 잘못에 대해 비판하거나 남의 청을 거절하지 못해 구설수에 올라 주변으로부터 "조정의 중요한 일을 결정하는 데 과단성이 부족하다"는 평가를 받기도 했다.

맹사성은 이러한 성격으로 인해 고초를 겪기도 했다. 세종 9년(1427)에 '양녕대군이 저지른 잘못을 고하지 않았다'고 연이어 상소를 받았으나 세종이 무시해서 무사히 넘어간 일도 있었다. 그러나 같은 해 황희의 사위 서달이 맹사성의 본향인 신창(新昌) 지역의 아전을 때려죽인 사건을 원만하게 해결해 달라는 황희의 부탁을 받고 나섰다가 의금부에 투옥되어 고초를 겪기도 했다. 다행히 맹사성은 세종의 배려로 2주 만에 복직되었고, 그해에 좌의정 이직이 물러나고 이루어진 개각에서 황희가 좌의정에 오르고 맹사성이 우의정에 올랐다. 이때 맹사성의 나이 68세였다.

맹사성은 황희보다 세 살이 많았고, 과거급제도 더 빨랐다. 하지만 맹사성은 관직에서는 늘 황희의 뒤를 이었다. 두 사람은 최고의 파트너였고, 세종도 두 사람의 의견을 존중했으며 신임도 두터웠다. 맹사성이 우의정에 있을 때 〈태종실록〉을 감수했는데, 세종이 실록을 보자고 명하자 맹사성은 "왕이 실록을 보고 고치면 반드시 후세에 이를 본받게 되어 사관이 두려워서 그 직무를 수행할 수 없을 것입니다"라고 반대했고, 세종은 더 이상 요구하지 않았다.

기다림의 미학과 느림의 철학을 실천에 옮기다

맹사성은 황희와 함께 재상으로 재직하며 관리의 기강을 바로잡고 대신들의 의견을 조율하는 등 재상의 권력을 강화하기보다는 관리의 능력과 자율성을 존중하며 유교 통치 이념을 바탕으로 민본정치를 실천에 옮겼다. 그리고 공명정대하게 일을 처리하였으며, 어느 때보다 토론 정치를 활발하게 진행했다는 평가를 받는다. 그러나 맹사성과 황희의 의견이 항상 같지는 않았고, 그들의 사이에는 세종이 있었다.

어느 날 명나라 사신이 사냥용 매를 구하기 위해 조선에 왔다. 명나라 사신은 매를 잡기 위해 함경도에서 민간인의 개를 빼앗는 등 횡포가 심했다. 평소 청렴결백하여 조선 백성은 물론 야인의 물건에도 절대로 손대지 않았던 이징옥(李澄玉, ?~1453) 장군이 이를 보고 분개하여 잡아놓은 해동청(海東靑, 매)을 고의로 놓아주고, 개 주인을 몰래 불러 개를 훔쳐가도록 방조했다가 발각된 일이 있었다.

이 소식을 보고받은 세종은 "매와 개 한 마리를 아끼려다가 대체(大體)를 잃게 되었다"고 걱정하면서 어떻게 수습해야 할지 재상들에게 물었다. 이에 황희는 바른대로 처리해야 후환이 없을 것이라며 "이징옥을 처벌해야 한다"는 의견을 내놓았다. 하지만 맹사성과 허조는 "이징옥을 처벌하면 범죄 사실을 인정하는 것이니, 이 사실을 명나라 황제가 알게 되면 변괴가 발생할 수도 있다"는 이유를 내세워 이징옥의 처벌에 반대했다. 이에 세종은 당사자에게는 억울한 면이 있지만, 외교적으로 심각한 문제가 발생할 수도 있는 민감한 문제라는 이유로 황희의 의견에 따랐다.

한편 맹사성은 요즘 말로 하면, 정치에서 기다림의 미학과 느림의 철학을 즐길 줄 아는 정치인이었다. 어쩌면 그가 소를 타고 출퇴근한 것에도 단순히 검소함만이 아니라 소를 통한 배움이 담겨 있었는지도 모른다. 다시 말해 느린 듯하지만, 자신에게 주어진 임무를 충실하게 수행하는 소를 통해 현실 정치에서 정치의 흐름을 타며 느림의 철학을 실천에 옮긴 것을 의미한다.

여기에 고려에 충절을 지키다 사망한 할아버지와 혼탁한 정치에 미련 없이 관직을 버리고 낙향했던 아버지 그리고 고려 말기에 실권자였던 처조부 최영과 장인의 처형 등 평범하지 않았던 가족사를 통해 일찍이 정치의 무상함을 깨닫지 않았을까. 그가 "비록 벼슬이 낮은 사람이 찾아와도 반드시 공복(公服)을 갖추고 대문 밖에 나아가 맞아들여 윗자리에 앉히고, 돌아갈 때에도 공손하게 배웅하여 손님이 말을 탄 뒤에야 방으로 들어왔다"고 할 정도로 지위 고하를 막론하고 예를 갖추어 성심으로 대했던 것도 '권력은 영원한 것도 아니고, 소유할 수 있는 것이 아니다'라는 사실을 깨달았음을 의미한다. 그럼에도 그가 조선 개국 후에도 끝까지 현실 정치를 외면하지 않았던 이유는 바로 백성이었다. 국가는 바뀌어도 정치의 근간인 백성은 바뀌지 않기 때문이다.

맹사성은 세종 11년(1429) 궤장을 하사받고 70세가 넘은 고령의 나이에도 재상으로 근무하며 나라에 봉사했다. 세종 대에는 맹사성 외에도 이직·황희·민여익·연사종·권진·변계량·허조 등 고령의 관리들이 적지 않았다. 이 때문에 세종은 이들이 과중한 업무로 인해 건강을 해칠 것을 우려하여 재상들이 5일에 한 번씩 순번으로 출근하여 정사를 보도록 배려하기도 했다.

맹사성은 세종 13년(1431) 황희가 그동안 공석이었던 영의정에 올랐을 때 좌의정에 올랐고, 권진(權軫, 1357~1435)이 우의정에 오르게 된다. 세종은 이후 6조직계제에서 의정부서사제로 권력구조를 변경하였고, 이에 따라 국왕에게 과도하게 집중되는 국정을 맹사성은 황희와 함께 풍부한 경륜을 바탕으로 재상이 이끄는 내각 정치의 틀을 잡아 나갔다.

  맹사성은 세종 17년(1435) 고령을 이유로 좌의정에서 물러나 50년 간의 관직 생활을 마감했다. 그리고 고향으로 낙향하여 시를 읊고 악기를 불며 풍류를 즐기다가 3년 후인 세종 20년(1438) 79세로 사망했다. 맹사성은 외아들 맹귀미가 일찍 사망했고, 맹효증(孟孝曾)과 맹계증(孟季曾) 형제를 손자로 두었다.

참고 문헌

고전 및 사전
《국어대사전》
《국조인물고》
《두산세계대백과사전》
《연려실기술》
《조선왕조실록》(번역본)
《한국민족문화대백과사전》

단행본
김기협, 《밖에서 본 한국사》, 돌베개, 2008.
김성준, 《한국중세정치법제사연구》, 1985.
김영수, 《건국의 정치: 여말 선초, 혁명과 문명전환》, 이학사, 2006.
김진섭, 《왕비 궁궐 담장을 넘다》, 지성사, 2019.
_____, 《정도전의 시대를 읽다》, 지성사, 2020.
김창현, 《조선 초기 문과 급제자 연구》, 일조각, 1999.
박용운, 《고려시대사(下)》, 일지사, 1989.
삼봉정도전기념사업회, 《정치가 정도전의 재조명》, 경세원, 2004.
_____, 《성리학자 정도전의 국제적 위상》, 경세원, 2008.
성낙훈 외, 《재미있게 간추린 한국인물탐사기 3: 조선의 인물 1》, 오늘, 1996.
연세대학교 국학연구원 편, 《중세사회의 변화와 조선 건국》, 혜안, 2005.
이이화, 《한국사 이야기 8: 개혁의 실패와 역성혁명》, 한길사, 1999.
_____, 《한국사 이야기 9: 조선의 건국》, 한길사, 2000.
이한우, 《태종 조선의 길을 열다》, 해냄, 2008.
정두희, 《조선초기의 정치지배세력 연구》, 일조각, 1983.
최승희, 《조선초기 정치사연구》, 지식산업사, 2002.

논문

강문식, 〈성석린의 관료 활동과 한성부〉, 《서울과 역사》 95, 2017.
강순애, 〈조선 태종조 좌명공신 책봉 교서와 관련 문서의 기록 연구〉, 《한국서지학회》, 2019.
강은경, 〈고려시대 본관에서의 정주와 타향으로의 이동〉, 《사학연구》 81, 2006.
강지언, 〈위화도 회군과 그 추진 세력에 대한 검토〉, 《이화사학연구》 21, 1993.
김윤주, 〈조선 초 공신 책봉과 개국·정사·좌명공신의 정치적 동향〉, 《한국사학보》 35, 2009.
_____, 〈조선 태조-태종 대의 정치와 정치세력〉, 서울시립대학교 박사학위논문, 2011.
김정자, 〈소위 두문동 72현의 정치성향〉, 《부산대사학회》 15-16, 1992.
김형수, 〈「권중화개국원종공신록권」에 대한 일검토〉, 《한국중세사연구》 16, 2004.
남지대, 〈조선 태종의 권위 확충〉, 《규장각》 45, 2014.
_____, 〈태조 삼년상을 통한 태종 왕통의 완성〉, 《규장각》 49, 2016.
_____, 〈조선 태종은 왜 이무를 죽였을까〉, 《규장각》 50, 2017.
류주희, 〈조선 태종대 정치세력 연구〉, 중앙대학교 박사학위논문, 2001.
_____, 〈조선초 비개국파 유신의 정치적 동향〉, 《역사와 현실》 19, 1998.
류창규, 〈이성계의 세력과 조선건국〉, 서강대학교 박사학위논문, 1996.
문철영, 〈조선 초기의 신유학 수용과 그 성격〉, 《한국학보》 10, 1984.
문형만, 〈조준의 생애에 관한 일고찰〉, 《논문집》 12, 1982.
민현구, 〈고려후기 권문세족의 성립〉, 《호남문화연구》 6, 1974.
민현구·이익주 외, 〈고려의 멸망과 조선의 건국〉, 《한국사 시민강좌》 35, 일조각, 2004.
박정민, 〈여말선초 청주정씨 가문의 정치활동과 성격 변화〉, 한국교원대학교 석사학위논문, 2018.
박원호, 〈명초 문자옥과 조선표전문제〉, 《사학연구》 25, 1975.
_____, 〈고려말 조선초 대명외교의 우여곡절〉, 《한국사시민강좌》 36, 2005.
박천식, 〈조선 건국공신의 연구: 정치세력 규명의 일환으로〉, 전남대학교 박사학위논문, 1985.
소 종, 〈조선 태종대 방촌 황희의 정치적 활동〉, 《역사와 세계》 47, 2015.

송기중, 〈조선조 건국을 후원한 세력의 지역적 기반〉, 《진단학보》 78, 1994.

송웅섭, 〈고려 말~조선 전기 '정치세력의 이해' 다시 보기〉, 《역사비평》 120, 2017.

윤두수, 〈조선태조의 관제개혁과 개국공신〉, 《고고역사학지》 7, 1991.

이익주, 〈고려말 신흥유신의 성장과 조선 건국〉, 《역사와 현실》 29, 1998.

_____, 〈고려 말 정도전의 정치세력 형성 과정 연구〉, 《동방학지》 134, 2006.

이정주, 〈조선 건국을 둘러싼 정통과 이단의 격돌: 고려 공양왕 3년 척불논쟁 참가자 분석〉, 《한국사학보》 10, 2001.

_____, 〈태조~태종 연간 맹사성의 정치적 좌절과 극복〉, 《조선시대사학보》 50, 2009.

이태진, 〈고려말, 조선초의 사회변동〉, 《진단학보》 55, 1983.

이형우, 〈우왕의 왕권강화 노력과 그 좌절: 우왕 6년 이전을 중심으로〉, 《역사와 현실》 23, 1997.

이혜순, 〈성석린 연구〉, 《한국한시작가연구》 2, 1996.

이희관, 〈조선초 태종의 집권과 그 정권의 성격〉, 《역사학보》 120, 1988.

장득진, 〈조준의 정치활동과 그 사상〉, 《사학연구》 38, 1984. 정두희, 〈조선 초기의 삼공신 연구〉, 《역사학보》 75-76, 1990.

_____, 〈조선건국초기 정치체제의 성립과정과 그 역사적 의미〉, 《한국사연구회》 67, 1989.

정재훈, 〈조선개국공신 졸기 분석〉, 《고고역사학지》 5~6, 1990.

_____, 〈조선초기 왕실혼과 왕실세력의 형성〉, 《한국사연구》 95, 1996.

정치헌, 〈여말선초 과거 문신세력의 정치동향〉, 《한국학보》 64, 1991.

정혜순, 〈독곡 성석린의 생애와 현실인식〉, 《석당논총》 43, 2009.

_____, 〈여말선초 여흥민씨 가문의 동향〉, 《석당논총》 47, 2010.

최재진, 〈고려말 동북면의 통치와 이성계의 세력 성장: 쌍성총관부 수복이후를 중심으로〉, 《사학지》 26, 1993.

한충희, 〈조선 태종왕권의 정치적 기반 연구〉, 《대구사학》 63, 2001.

허흥식, 〈고려말 이성계(1335-1408)의 세력기반〉, 《고병익회갑기념논총: 한국사편》, 1984.

홍영의, 〈고려말 신흥유신의 추이와 분기〉, 《역사와 현실》 15, 1995.

황재문, 〈두문동 72현의 일화 연구: 전승의 경과와 수용의 양상을 중심으로〉, 《국문학회》 25, 2012.

우리 역사와 문화를 조곤조곤 읽어주는

"최고의 정치는 요리하듯이, 그리고 밥은 백성에게 하늘이고, 백성 없는 왕의 밥상은 존재할 수 없다"는 기치로, 외교와 민생 그리고 왕권의 확립까지 수라를 둘러싼 조선 역사를 읽는 이 책은 우리에게 잘 알려지지 않은 조선시대 수라상에 관한 이야기다.

조선시대 수라간은 궁궐에서 엄격하게 통제되는 곳 중 하나였다. 수라에는 왕 한 사람만을 위한 대단히 생소하고 어려운 용어들이 사용되었고, 사람들이 함부로 입에 올리는 것을 금기시했으며, 접근할 수도 없었다. 따라서 오늘날 수라와 관련한 기록과 정보를 찾아보기란 어려운 일이다. 이 책은 《조선왕조실록》의 자료를 바탕으로 수라와 긴밀하게 연결된 조선의 정치와 사회 그리고 문화를 정리했다. 수라와 조선의 역사를 연결 짓는 일은 절대 권력자인 왕이 가장 높은 곳이면서 모든 것의 중심이었던 궁궐에서 나라 살림을 어떻게 요리했는지 살펴보는 과정이기도 하다. 밥은 백성에게 하늘이고, 백성 없는 왕의 밥상은 존재할 수 없기 때문이다.

수라와 왕이 베푸는 잔칫상 등 왕의 밥상에는 왕을 포함한 왕실의 존엄성을 상징하는 의미들이 담기게 된다. 그러나 왕의 밥상이 화려하고 풍성하기만 한 것은 아니었다. 평상시 왕과 왕실에서의 낭비는 가장 경계해야 할 대상이었고, 솔선수범해서 근검절약하는 것을 최고의 미덕으로 삼았다. 백성들에게 부담을 주지 않는 정치가 왕이 할 수 있는 최상의 정치이면서 왕과 왕실이 존재하는 이유이기도 했다.

모두 7부로 구성된 이 책은 정치를 중심으로 한 통치자와 요리사의 관계에 대한 이야기를 시작으로 조선시대의 역대 왕들이 수라를 통해 정치를 어떻게 요리했는가를 살피고 있다. 왕이 주관하되 주변의 대신들과 역사에 기록되지 않은 백성들의 노고가 담긴 왕의 밥상을 꾸밈없이 보여준다.

왕의 밥상
수라와 궁궐 요리사 그리고 조선의 정치

김진섭 지음 | 153×217 | 272쪽 | 23,000원

작가 김진섭의
다양한 시선과 만나다!

조선의 어전회의에서는 왕과 대신들 사이에 어떠한 이야기가 오고 갔을까? 왕과 대신들이 만나 서로 묻고 답하며 치열하게 논쟁했던 어전회의(御前會議) 현장을 마치 생중계하듯 흥미롭게 묘사하고 세세하게 풀어낸 역사 교양서다. 이 책은 정치와 경제뿐 아니라 민생과 제도, 법률과 사회, 문화와 풍속 등 국정 전 분야를 망라한 실록 속 어전회의 기록을 통해 조선 왕조의 흥망을 통찰하고, 역사의 역할과 가치를 재조명한다.

조선의 어전회의는 주로 왕에게 문안을 드리던 조회(朝會)·조참(朝參)·상참(常參) 등의 정례회의와 국정을 논하던 경연·백관회의 등을 통해 이루어졌다. 이 가운데 어전회의의 핵심이라 할 수 있는 경연은 특별한 이유가 없는 한 매일 두세 차례씩 실시했기 때문에 "조선시대의 경연은 국왕과 신하 간 교류와 소통의 기회이기도 했고, 경연의 성패가 백성들 삶에 영향을 미쳤다"라는 평가를 받는다.

회의에는 정승·판서를 비롯한 중신과 대간·홍문관 등의 관원, 기록을 맡은 사관 등이 참석했는데, 작가는 이 책에서 조선왕조 500년의 시공간을 넘나들며 세종 같은 성군(聖君)에서 황희, 맹사성 등의 명재상들을 소환하여 그들이 어떻게 합리적인 의사결정을 이루어내고 협치에 이르게 되었는지를 주제별로 구체적인 사례를 포함해 다루고 있다.

작가는 특히 첨예하게 의견이 갈렸던 사례들, 즉 개국 초기에 국정에 부담을 주는 천도를 강행하려는 태조와 이를 말리는 정도전 이야기, 왕의 인사권을 제한하는 서경 문제로 끝까지 직언을 서슴지 않았던 은여림과 태종 이야기, 양반인 황효원이 노비의 딸을 적처로 삼은 문제를 두고 성종과 대신들이 대립한 이야기, 금주령을 위반하면 사형에 처했던 영조와 한마디 말로 영조의 마음을 돌렸다는 구상 이야기 등 왕과 대신들이 며칠에서부터 해를 넘기면서까지 논의를 거듭하며 소통한 모습들을 섬세하게 펼쳐냈다. 물론 명나라 풍수지리가를 고집하며 그에게 지나치게 의존했던 선조 이야기 등 불통의 사례도 빼놓지 않았다.

어찌하오리까?
조선시대 어전회의 현장을 들여다보다

김진섭 지음 | 153×217 | 272쪽 | 23,000원

정도전의 시대를 읽다
격변기의 혁명과 개혁 그리고 진보와 보수

자신이 세운 나라에서 철저하게 외면당한 비운의 인물 정도전! 지금 이 시대에 그와 그의 시대를 다시 살펴보는 것은 혁명과 개혁 그리고 진보와 보수의 첨예한 대립이 아직도 진행 중이기 때문이다. 우리 역사에는 위기 때마다 사회에 대한 철저한 고민과 미래를 내다보는 안목으로 그 대안을 제시했던 역량 있는 인물이 등장했다. 도무지 회생의 기미가 보이지 않고 혼돈으로 가득 찬 고려 말기와 새로운 왕조의 태동기에 역사의 중심에 서서 조선을 설계한 정도전은 뛰어난 문인이면서 훌륭한 군사 전략가였고, 새 나라 조선의 이념을 세운 사상가이자 조선 건국을 위해 현실정치에 뛰어든 개혁가이자 실천가였다. 또한 그는 민본주의 사상을 현실정치에서 펼치려고 노력한 정치인이었으며 위대한 경세가라고 평가받는다. '실천이 전제되지 않은 사상은 죽은 것이 다름없다'는 실천궁행(實踐躬行)을 최고의 가치로 삼은 정도전의 민본주의 정치사상은 "백성을 위하고(爲民), 사랑하고(愛民), 존중하고(重民), 기르고(牧民), 편안하게(安民)"하는 것으로, 오늘날에도 여전히 유효하다.

김진섭 지음 | 153×217 | 504쪽 | 29,000원

왕비, 궁궐 담장을 넘다
기억의 역사에서 기록의 역사까지, 조선 왕비 이야기

특별하고도 색다른 만남, 조선 역사를 더 깊이 이해할 수 있는 또 다른 즐거움, 44명의 조선 왕비를 만난다. 순탄하게 왕비의 자리에 오른 인물들은 물론, 왕비의 자리에 올랐다가 쫓겨난 왕비들 그리고 세자빈의 자리에 올랐지만 본인이 요절했거나 배우자인 세자가 요절하여 끝내 왕비의 자리에 오르지 못하고 후에 왕비에 추존된 소혜왕후와 신정왕후 등 모두 44명의 왕비를 소개한다. 유교 사회의 여필종부가 아닌 정치인으로서, 새로운 관점으로 조선 왕비에 주목한다.

다양한 관점에서 서술한 왕비 이야기는 읽는 재미와 함께 상상의 나래를 펼치도록 이끌어준다. 왕비 단락 말미에 능을 안내하는 그림을 보면, 한 번쯤 그곳에 들러 고인과 대화를 나누고픈 충동에 사로잡힐지도 모른다. 첫 장을 펼치면 17세기의 〈한양도〉와 함께, 각 표제지 뒷장에 왕과 왕비의 관계도를 곁들여 독자들의 이해를 도왔으며, 책의 말미에는 이 책에 등장하는 역대 왕비들의 간략한 정보를 표로 정리했다. 역사의 한 축을 이룬 주체로서 구중궁궐 담장을 넘어 우리에게 다가온 44명의 왕비들과의 만남은 특별하고도 색다른 기회이자 조선 역사를 더 깊이 이해할 수 있는 또 다른 즐거움이다!

김진섭 지음 | 153×217 | 624쪽 | 30,000원

조선의 책
지식의 보물창고를 털다

이 책은 우리 문화와 역사를 주제로 오랫동안 강연과 글쓰기를 해온 작가가 서지(書誌)에 관한 정보보다는 책에 소개된 '콘텐츠'에 주목하여 완성한 인문 교양서다. 조선시대에는 문자(한자)를 독점한 사대부가 한자로 된 글을 읽고 쓰고 했지만, 그들이 남긴 책은 우리의 다양한 문화를 기록한 것이었다. 작가는 인문 콘텐츠의 마중물이 될 역사적, 문학적 가치가 높은 조선의 책 12권을 주제와 형식에 따라 일기문(日記文), 이야기책, 백과사전의 세 가지로 분류하고 내용과 편저자 등과 관련한 책들을 함께 소개하여 100여 권 안팎의 도서를 담아냈다. 이와 더불어 책 속의 재미있고, 은밀하고, 기이하고, 우스운 이야기들을 풍부하게 수록함으로써 문화 콘텐츠의 기본 원천을 마련했다.

바야흐로 콘텐츠의 시대다. 전 세계를 사로잡은 한류는 처음 드라마에서 시작해 영화, 공연, 애니메이션, 게임 등으로 확장되었고, 이들은 모두 문화 콘텐츠 장르다. 우리의 고유성과 정체성을 간직한 문화 콘텐츠가 세계 시장을 흔들고 있는 셈이다. 문화 콘텐츠의 핵심 동력이 인문학이라는 점을 생각하면 인문학적 지식의 보고(寶庫)인 '조선의 책'을 둘러보는 의미는 충분할 것이다.

김진섭 지음 | 153×217 | 560쪽 | 33,000원

이야기 우리 문화
일상 속 우리 역사와 문화 제대로 읽기

수천 년의 세월을 거쳐 살아남은 '이야기'를 통해 우리 문화의 역사와 의미를 알기 쉽게 익히는 흥미진진한 교양서다. 까마귀는 왜 길조에서 흉조가 되었을까? 누전 차단기는 왜 하필 개구리도 맹꽁이도 아닌 '두꺼비집'일까? 후추가 임진왜란의 원인이 되었다는 이야기는 사실일까? 무열왕 김춘추의 조상이 도깨비라는 허무맹랑한 설화는 왜 탄생했을까? 계모설화에는 왜 항상 '아들'이 아닌 '딸'이 등장할까? 왕실에서 쓰던 존칭 '마누라'는 왜 한갓 여염집 아내를 부르는 호칭이 되었을까? 이처럼 우리가 미처 알지 못했던, 우리 문화 속 동물과 음식, 인물 그리고 풍속에 담긴 오해와 진실을 담았다. 때론 시공을 넘나드는 판타지로 호기심과 상상력을 자극한다.

오랜 시간 우리 민족의 삶에서 살아남은 수많은 신화와 전설, 민담, 각종 고전 문헌 등을 근거로 이 같은 호기심에 답하는 이 책은, 우리 문화의 다양한 스펙트럼과 의미를 제대로 이해할 수 있는 흥미진진한 교양서이다. 장대한 시간의 흐름 속에 마모되지 않은 생명력 있는 이야기들을 통해 우리 고유문화의 형성 과정과 그 결과물을 입체적으로 살펴봄으로써 미처 알지 못했던 우리 문화의 겉과 속을 더욱 깊이 이해할 수 있다.

김진섭 지음 | 153×217 | 352쪽 | 27,000원　＊올해의 청소년 교양도서(상반기), 국립중앙도서관 사서 추천도서

신화는 두껍다
신화와 역사가 만나는 우리 신화 읽기

이 책은 역사 속의 신화, 신화 속의 역사를 다양한 시각에서 접근하여 우리 신화의 의미를 찾는 기록이다. 우리나라 고대국가 건국신화의 주인공들은 고대국가의 창건을 주도한 개국시조이자 씨족의 시조, 국가적 영웅이면서 동시에 가문의 문을 연 씨족의 영웅이다. 그러므로 영웅이 어떻게 탄생하고, 어떤 과정을 거쳐 나라를 건국했는지를 전하는 건국신화는 기본적으로 왕실의 정통성을 입증하기 위한 이야기와 더불어 역사를 담고 있다. 이렇듯 역사와 신화는 함께 읽혀야 하는 긴밀한 관계에 놓여 있으며, 작가는 이에 걸맞게 각 신화와 관련된 중국과 우리의 역대 고전 문헌의 설명을 자세히 덧붙이고, 관련 유물들을 함께 설명한다.

김진섭 지음 | 153×217 | 512쪽 | 35,000원

일제강점기 입학시험 풍경

지금 우리 교육은 일제강점기 교육제도에서 자유로울 수 있을까? 이 책은 주제별로 분류하여 일제강점기 입학시험 풍경을 담았다. 근대 교육과 제국주의 교육으로 탄생한 교육제도! 이 책은 일상과 교육 현장에서 일제의 식민 통치가 어떻게 작용했는지 100여 년이 지난 오늘날 우리의 교육을 되돌아보는 소중한 기회. 일제강점기 입학시험 제도가 어떤 목적으로 시행하게 되었는지, 당시 사회상을 알 수 있는 신문과 잡지 등 일상의 자료를 통해 어떤 일들이 벌어졌는지, 어떤 사회적 파장을 일으켰는지 다양한 사례를 접할 수 있다.

김진섭 지음 | 153×217 | 384쪽 | 27,000원　＊한국출판문화산업진흥원 '2021년 인문 교육 콘텐츠 개발 지원 사업' 선정작

비겁한 근대, 깨어나는 역사
기억되지 않은 독립운동가, 기록되지 않은 독립운동사

문명과 야만의 시대, 그 치열하고 처절한 시대를 살아온 이 땅의 독립군! 독립운동가 대부분은 스스로 기록을 남기지 않았고, 관련 자료도 많지 않아 대단히 제한적일 뿐만 아니라 일제에 의해 독립운동이 지워지거나 축소 또는 왜곡되었다. 이러한 의미에서 비록 단편적이기는 하지만, 관련 신문 자료를 바탕으로 우리에게 잘 알려지지 않은 독립운동가와 그들의 활동을 정리했다. 일제강점기, 야만의 시대에 독립을 향한 그들의 뜨거운 열정을 불러내어 잠들어 있는 역사를 깨우는 기회가 되었으면 하는 바람이다.

김진섭 지음 | 153×217 | 280쪽 | 19,000원